ALTE ABENTEUERLICHE REISEBERICHTE

Reinhold Forster und sein Sohn bei Studien auf Tahiti

Georg Forster

Entdeckungsreise nach Tahiti und in die Südsee 1772–1775

Neu herausgegeben
von
Hermann Homann
Mit 29 zeitgenössischen Abbildungen

EDITION ERDMANN

Der diesem Buch zugrunde liegende Bericht ist entnommen aus »Georg Forster's sämtlichen Schriften. Herausgegeben von dessen Tochter. In neun Bänden. Erster und zweiter Band. Leipzig 1843.« Die Abbildung und die Karte entstammen den Berichten Georg Forsters und des Kapitäns James Cook über die Reisen in das Südmeer, ferner der »Malerischen Reise um die Welt« von J. Dumont d'Urville, Leipzig 1835. Das Porträt der beiden Forster auf Tahiti von William Hodges befindet sich im Nachlaß Georg Forsters. Biographische Einzelheiten verdankt der Verfasser den Werken »Weltreise nach Deutschland« von Heinrich Reintjes (Düsseldorf 1953) und »Der Weltumsegler« von Kurt Kersten (Bern 1957).

CIP-Kurztitelaufnahme der Deutschen Bibliothek

Forster, Georg:
Entdeckungsreise nach Tahiti und in die Südsee:
1772–1775 / Georg Forster. Neu hrsg. von Hermann Homann. –
Stuttgart; Wien: Thienemann, Ed. Erdmann, 1995.
(Alte abenteuerliche Reiseberichte)
ISBN 3-522-60160-2

Umschlag und Einband: Hilda und Manfred Salemke, Karlsruhe
Druck und Bindung: Offizin Andersen Nexö Leipzig GmbH
Printed in Germany
5 4 3

INHALT

Georg Forster, genialer Sohn eines genialischen Vaters

Als der achtzehnjährige Georg Forster mit seinem Vater Johann Reinhold Forster am 11. Juni 1772 im Hafen von Plymouth das Schiff »Resolution« betrat, um mit dem berühmten Kapitän James Cook die Welt zu umsegeln, hatte er bereits ein abenteuerliches Leben hinter sich, stets im Gefolge seines Vaters, stets auch mit ihm und seinen Plänen und Abenteuern verbunden. Georg Forster wurde am 27. November 1754 in dem Dorf Nassenhuben bei Danzig (Gdańsk) geboren. Sein Vater, der junge Pfarrer Reinhold Forster, Sohn des Dirschauer Ratsherrn Georg Reinhold Forster, hatte das berühmte Joachimsthalsche Gymnasium in Berlin besucht und hier, unzweifelhaft ein Sprachengenie, neben den klassischen Sprachen Latein und Griechisch auch Englisch und Französisch und sogar Koptisch gelernt. Nach dem Willen seines Vaters, des Ratsherrn, sollte er die Rechte studieren, während seine Neigung den Naturwissenschaften galt. Merkwürdigerweise wählte er nun in Halle die Theologie, widmete sich aber in der Hauptsache orientalischen Sprachen. Immerhin legte er seine Examina als Theologe ab, und nachdem er in Danzig durch seine hinreißenden Predigten Aufsehen erregt hatte, bekam er die Pfarrstelle in Nassenhuben.

Der junge Pfarrer heiratete Justina Elisabeth Nicolai, Tochter des Bürgermeisters von Marienwerder, und wurde mit reichem Nachwuchs bedacht, dem ältesten Sohn Georg folgten fünf Kinder. Der Vater hatte selber schon als Kind das Lateinische neben der Muttersprache gelernt. »Nun hielt er es ebenso bei Georg, der im Zimmer des Vaters kriechend von dem Goldglanz der Foliantentitel angelockt wurde, sich an den Büchern hochzurichten; somit machte die Wissenschaft ihn gewissermaßen zum aufrechten Wesen.« (Reintjes) Als der stets kränkliche Knabe heranwuchs, war sein Vater ihm ein unermüdlicher Lehrmeister, nicht nur in alten und neuen Sprachen, sondern vor allem auch in den naturwissenschaftlichen Forschungen und Entdeckungen, an deren Spitze das Linnésche System stand. Der Pfarrer besorgte sich trotz seines schmalen

Gehalts die kostspieligen Werke aus Wissenschaft und Forschung, und an allen Studien in der Gelehrtenstube wie auch in der freien Natur mußte und wollte sein Sohn Georg teilnehmen.

Die mißliche Lage in dem Pfarrhaus, das mehr einer Kate glich, wurde noch durch den Siebenjährigen Krieg erschwert, der zwar keine eigentlichen Kriegshandlungen in das Gebiet um Danzig trug, aber eine sieben Jahre dauernde Besetzung durch russische Truppen, die das Land brandschatzten und die Bauern und Bürger mit Einquartierungen und Requisitionen heimsuchten. Der Pfarrer Forster konnte seine Familie nur durch den Verkauf des elterlichen Hauses in Danzig vor der schlimmsten Not bewahren. Mit ungebändigter Unrast setzte er aber seine Arbeiten und Studien in der Studierstube und vor allem in der Natur fort, wobei sein Sohn Georg ihm immer unentbehrlicher wurde.

Als der Siebenjährige Krieg im Jahre 1763 endete, zogen die russischen Besatzungstruppen ab, aber die Zarin Katharina II. ließ in Danzig ihren Geschäftsträger Oberst von Rehbinder im Amt. Als dieser tüchtige Außendiplomat den vielseitig gebildeten und rastlos strebenden Pfarrer kennenlernte, schlug er ihm vor, nach Petersburg zu gehen und in den Dienst der Zarin zu treten. Katharina II., die versuchte, wenn auch mit mäßigem oder gar keinem Erfolg, Ideen der Aufklärung zu verwirklichen, hatte im Jahre 1763 in einem Manifest westeuropäische und vor allem deutsche Siedler zur Einwanderung in das Wolgagebiet aufgerufen. Als aber der Erfolg nur gering blieb, bildete sie eine Kommission, die die Bedingungen der Ansiedlung studieren und Vorschläge zur Hebung der Verhältnisse in den Siedlungsgebieten machen sollte.

Reinhold Forster machte sich, begeistert von seiner neuen Aufgabe, mit seinem elfjährigen Sohn Georg, den er nicht entbehren wollte oder konnte, nach Petersburg auf und wurde auch in das endlos weite Siedlungsgebiet an der Wolga entsandt. Hier studierte er die Lebensverhältnisse der Ansiedler, die Tier- und Pflanzenwelt, die Bodenbeschaffenheit und das Wetter, und bald schon hatte er eine umfangreiche Denkschrift fertiggestellt, in der er durch Pläne und Zeichnungen belegte Vorschläge für eine Besiedlung des endlos erscheinenden Gebietes darlegte, wo wahrlich noch ursprüngliche Zustände herrschten. Nebenbei lernten die beiden Forster die

Sprachen der Kirgisen, Kalmücken und Baschkiren und durchstreiften die Steppen, um günstige Siedlungsplätze zu finden.

Schließlich schickte Reinhold Forster seine Denkschrift auf dem Instanzenweg, d. h. über den Gouverneur von Saratow, nach Petersburg. Er hatte aber wohl – Aufklärer und Humanist, der er war – umstürzlerische Gedanken und Vorschläge über die Landverteilung, das Gerichtswesen und die Verwaltung dargelegt und war deswegen von dem Gouverneur abfällig beurteilt worden, jedenfalls ließ der Zarenhof ihn fallen, ohne daß er je einen Rubel für seine Arbeiten erhalten hatte. Trotzdem blieb Reinhold Forster noch ein Jahr in Petersburg, wo sein Sohn Georg die deutsche Schule besuchte, die einzige Schule in seinem Leben. Nebenbei half er unermüdlich seinem Vater bei der Ordnung der gesammelten Steppenpflanzen und Mineralien. Das Ergebnis war ein Bericht über die Vegetation im Wolgagebiet an Carl von Linné in Uppsala, den berühmtesten Naturforscher jener Zeit. Nebenbei verdienten beide ihren Unterhalt durch Übersetzungen, vom Zarenhof war nichts zu bekommen. Und als Reinhold Forster ein ganzes Jahr vergeblich auf eine Anstellung in der Siedlungskommission gewartet hatte, verließ er mit seinem Sohn die russische Hauptstadt.

Nun wäre die Rückkehr des Pfarrers zu seiner Familie nur zu verständlich gewesen, besonders da die letzten Nachrichten von dort recht ungünstig gelautet hatten. Der adlige Patron der Gemeinde hatte die Pfarrstelle neu besetzt und damit die Pfarrersfrau Forster genötigt, mit ihrer Kinderschar das Pfarrhaus zu verlassen und eine notdürftige Bleibe zu suchen. Es ist ohnehin ein Rätsel, wie sie ihre Familie erhalten hat, und es heißt, sie habe viele der kostbaren Bücher veräußert, die ihr Gatte ohne Rücksicht auf seine Vermögenslage gekauft hatte. Nun aber kam der entlassene Pfarrer nicht einmal auf den Gedanken, zu seiner bedrängten Familie zurückzukehren. Er entschloß sich vielmehr, mit seinem Sohn Georg nach England zu reisen, in das Land seiner Vorfahren, die um 1640 in die bürgerliche Revolution mit Cromwell verwickelt gewesen und nach Danzig emigriert waren.

Während der zwei Wochen dauernden Schiffsreise über die Ostsee und Nordsee lernten Vater und Sohn die englische Sprache, und als sie in England eintrafen, erhielt Johann Reinhold Forster schon bald einen Lehrauftrag für Sprachen und Naturgeschichte am College zu Warrington. Damit waren seine wirtschaftlichen Verhältnisse so gut geordnet, daß er seine Familie nachkommen lassen konnte. Gleichzeitig schien sich auch für seinen Sohn Georg eine glänzende Zukunft zu öffnen, da ein Londoner Handelsherr, der mit Rußland gute Beziehungen unterhielt, den jungen, aber erfahrenen und vor allem sprachenkundigen Georg in sein Handelskontor aufnahm. Der Knabe, der mit den Wissenschaften großgeworden war, zeigte sich aber völlig ungeeignet zum Kaufmannsberuf, und er wurde so krank, daß die besorgte Mutter ihn nach Warrington zurückholen mußte. Als er nach sechsmonatiger Behandlung durch einen tüchtigen Arzt endlich geheilt war, nahm der geniale Knabe seine naturwissenschaftlichen Arbeiten mit dem Vater wieder auf. Der Vater aber hielt es in seinem Lehramt nicht lange aus. Zwar war er bereits in den Kreis der führenden Gelehrten seiner Zeit aufgenommen worden, aber der selbstsichere und auch rechthaberische Mann hielt es in der Enge des Lehrbetriebes nicht aus. Sein Lehrvertrag wurde nach zwei Jahren nicht erneuert, und er verzichtete darauf, um die Verlängerung zu bitten. Kurz entschlossen packte er seinen bescheidenen Hausrat und die umfangreiche Bibliothek und siedelte nach London um.

Reinhold Forster hatte begründete Hoffnung, daß der einflußreiche Seefahrer und Geograph Dalrymple ihn als Wissenschaftler mit nach Borneo nehmen werde, sobald er von der Ostindischen Kompanie zum Gouverneur ernannt worden sei. Da sich aber das ganze Projekt zerschlug, mußte Reinhold Forster weiter durch die Fronarbeit als Übersetzer den Unterhalt für seine Familie sichern. Er übertrug wissenschaftliche Werke und Reisebeschreibungen ins Englische, und es ist zu vermuten, daß sein Sohn Georg die Hauptlast dieser mühseligen Arbeit tragen mußte. So arbeitete der Siebzehnjährige an der Übersetzung des umfangreichen Werkes »Alte Geschichte Rußlands« von Michail Lomonossow mit, weiter an der englischen und deutschen Ausgabe der »Reise um die Welt 1766–69« von Bougainville und vieler anderer Werke. Die Bekanntschaft mit dem einflußreichen Geographen Dalrymple sollte aber doch noch von Nutzen sein, als die zweite Expedition des Kapitäns James Cook in das Südmeer vorbereitet wurde.

Die erste Weltumseglung Cooks (1768–1771) war kaum erfolgreich beendet, da beschloß die Royal Society, den tüchtigen Kapitän auf eine zweite Reise auszusenden, die vor allen Dingen der Erkundung des geheimnisvollen, unbekannten Südlandes dienen sollte. An dieser Expedition wollte wie an der ersten der berühmte Naturforscher Joseph Banks teilnehmen. Da er die Kosten aus seinem Vermögen bestreiten wollte, stellte er allzu hohe Ansprüche, insbesondere an die Unterbringung seiner selbst, des Assistenten Dr. Solander und einiger Zeichner und Diener, ja, man erzählte sogar, daß er einige Flötisten zu seiner Unterhaltung mitnehmen wolle. Die Forderungen des tüchtigen Wissenschaftlers, der knapp dreißig Jahre alt war, mußten abgelehnt werden, worauf er auf die Mitreise verzichtete, zwei Wochen vor der geplanten Abreise. Der Geograph Dalrymple schlug nun Reinhold Forster vor, und die Admiralität entschloß sich, ihn als wissenschaftlichen Mitarbeiter gegen ein Salär von viertausend Pfund an der Reise teilnehmen zu lassen. Forster willigte ein und stellte als einzige Bedingung, seinen unentbehrlichen achtzehnjährigen Sohn Georg mitnehmen zu dürfen, was ihm ohne weiteres bewilligt wurde.

Knapp zwei Wochen blieben ihnen nun, sich auf die für drei Jahre geplante Reise vorzubereiten, dann betraten sie im Hafen von Plymouth die »Resolution«, das Schiff des berühmten Weltumseglers Kapitän James Cook, das neben der »Adventure« vor Anker lag, dem zweiten Schiff, das unter Kapitän Furneaux mit auf die Reise um die Welt gehen sollte. Unter mehr als zweihundert Teilnehmern der Reise sollte aber gerade der jüngste, Georg Forster, dazu ausersehen sein, einen an Fakten und Ereignissen geradezu überquellenden Bericht über diese Weltreise zu schreiben, der ihm die Ehrung eintrug, der »Schöpfer der künstlerischen Reisebeschreibung in deutscher Sprache« zu sein.

Hermann Homann

EINLEITUNG

Entdeckungen im Südmeer und Vorbereitung auf die Reise

Der Anteil der gelehrten Welt an den neuesten Entdeckungen im Südmeer hat auch die älteren, zum Teil schon vergessenen Reisen wieder in Erinnerung gebracht. Doch könnte es von Nutzen sein, daß ich die bisherigen Entdeckungsreisen erwähne, ehe ich die Beschreibung unserer eigenen beginne. Auch ist es der Mühe wert, daß ich von der Ausrüstung unserer Schiffe berichte, weil sie ungleich vollkommener war, als sie bei dergleichen Expeditionen bisher zu sein pflegte.

Zunächst muß ich jedoch die Benennung der Meere erklären, wie ich sie im folgenden Werke gebraucht habe: Das Meer zwischen Afrika und Australien haben wir den Südlichen Indischen Ozean genannt, und diese Benennung könnte vom Wendekreis des Steinbocks bis zum Polarkreis gelten. Das eigentliche Südmeer erstreckt sich von Australien bis Südamerika. Man pflegt ihm zwar in seinem ganzen Umfang den Namen des Pazifischen oder Stillen Ozeans beizulegen, allein diese Benennung kann nur innerhalb der Wendekreise gelten, da die See jenseits dieser Grenzen so stürmisch ist wie jede andere. Der Äquator teilt das Stille Meer in zwei fast gleiche Teile, in das nördliche und südliche. Was nördlich vom Wendekreis des Krebses liegt, hat bisher noch keinen eigenen Namen, was aber südlich vom Wendekreis des Steinbocks liegt, ist eigentlich das große Südmeer bis zum antarktischen Polarkreis.

Nachdem der Spanier Vasco Nuñez de Balboa im Jahre 1513 das Südmeer von den Gebirgen in Panama entdeckt und darin gebadet hatte, um es in Besitz zu nehmen, war Ferdinand Magellan, ein portugiesischer Edelmann, der erste, der es befuhr. Er verließ Sevilla im August 1519 und kam durch die nach ihm benannte Meerenge am 27. November 1520 ins große Südmeer. Von da segelte er nordwärts und richtete seinen Lauf nicht eher nach Westen, als bis er innerhalb des Wendekreises und nahe an den Äquator gekommen war. Nachdem er den Äquator passiert hatte, entdeckte er die Ladronen- oder Diebsinseln und die Philippinen, wo er ums Leben kam.

Cortez, der Eroberer Mexikos, schickte im Jahre 1536 seine Kapitäne Pedro Alvarado und Hernando Grijalva nach den Molukken. Sie befuhren das Stille Meer unweit des Äquators und entdeckten einige Inseln in der Nachbarschaft von Neu-Guinea. Im Jahre 1567 wurde Don Alvaro Mendaña von Peru auf Entdeckungen ausgeschickt. Die Salomonsinseln wurden auf dieser Reise entdeckt. Im Jahre 1575 machte Mendaña eine zweite Reise, von der aber nichts bekanntgeworden ist. Die dritte ging 1595 vor sich. Mendaña durchkreuzte diesmal das Stille Meer ungefähr auf dem 10. Grad südlicher Breite. Zuerst fand er eine Gruppe von vier Inseln, die er Marquesas nannte, weiterhin einige kleine Eilande und endlich ganz im Westen die große Insel Santa Cruz, die Kapitän Carteret hernach wiedergefunden und Egmont genannt hat.

Pedro Fernandez de Quiros hatte Mendañas letzte Reise mitgemacht. Er wurde 1605 von Peru ausgeschickt, ein südliches festes Land zu entdecken, dessen Existenz er vermutlich selber behauptet hatte. Bisher hatte man sich nahe an den Äquator gehalten, er aber richtete seinen Kurs nach Süden und entdeckte einige Inseln auf dem 25. und 28. Breitengrad. Eine davon fand Kapitän Carteret kürzlich wieder und nannte sie Pitcairns Eiland. Die neunte Insel, die er entdeckte und Sagittaria nannte, ist unstreitig die von Wallis wiedergefundene Insel Tahiti. Von da ging er über die Linie nach Mexiko zurück. Sein Reisegefährte aber, Luis Vaez de Torres, entdeckte die Durchfahrt zwischen Neu-Guinea und Australien, die Kapitän Cook hernach Endeavour-Street nannte.

Cornelis Schouten und Jakob le Maire verließen Holland 1615 und waren die ersten, die durch le Maires Meerenge und um das Kap Hoorn schifften. Im Stillen Ozean machten sie keine wichtigen Entdeckungen, östlich von Tahiti einige kleine, niedrige Eilande und gegen Westen einige hohe Inseln.

Von Batavia wurde 1642 Abel Jansen Tasman ausgeschickt. Er reiste zunächst nach der Insel Mauritius und von dort gegen Süden bis zum 49. Breitengrad. Er segelte quer über den Indischen Ozean und entdeckte Van-Diemens-Land, also die südliche Spitze von Australien, einen beträchtlichen Teil von Neu-Seeland und einige Inseln nördlich von Neu-Seeland im Stillen Meer.

Einige Holländer schickten 1721 Jakob Roggeveen ins Südmeer.

Er steuerte von Kap Hoorn aus nach Norden, bis er die Osterinsel entdeckte. Von dort ging er in den Wendezirkel, verlor auf einer niedrigen Insel unweit Tahiti eins seiner Schiffe und entdeckte einige unbeträchtliche Inseln zwischen dem 13. und 15. Breitengrad.

Duclot Guyot fand auf der Rückreise von Peru die Insel im südlichen Atlantik, die Anthon Roché 1675 entdeckt und Isle de Saint Pierre genannt hatte. Sie wurde auf unserer Reise Süd-Georgien getauft. Ihm folgten Kapitän Wallis und Kapitän Carteret, die in der Magellanischen Meerenge voneinander getrennt wurden. Wallis sah einige niedrige Eilande, die Quiros schon 1606 entdeckt hatte, und fand die Insel Tahiti. Carteret segelte mehr gegen Süden und fand des Quiros erste Insel Encarnacion und des Mendaña Santa Cruz.

Herr von Bougainville wurde vom französischen Hof im Jahre 1766 auf Entdeckungen ausgeschickt. Er fand einige aus Korallenklippen entstandene Eilande ostwärts von Tahiti und traf auf dieser Insel neun Monate nach Kapitän Wallis ein. Nachdem seine Leute sich einige Tage erfrischt hatten, segelte er weiter, entdeckte einige Eilande gegen Westen, sah des Quiros Tierra del Espiritu Santo und fand neue Länder um Neu-Guinea.

Im Jahre 1768 hielt die Königliche Gesellschaft der Wissenschaften zu London bei Seiner Großbritannischen Majestät um die Ausrüstung eines Schiffes an, damit der bevorstehende Durchgang der Venus vor der Sonne gehörig beobachtet werden könne. Kapitän James Cook wurde zum Befehlshaber der zu diesem Zwecke erwählten Bark »Endeavour« ernannt und ihm neben Herrn Carl Green von der Königlichen Gesellschaft die Beobachtung des Durchgangs aufgetragen. Herr Joseph Banks, ein wohlhabender junger Mann, ging aus Liebe zur Naturgeschichte mit auf die Reise und unterhielt auf eigene Kosten einen Lehrling des berühmten Ritters von Linné, namens Solander, als seinen Gefährten. Der Durchgang der Venus wurde auf Tahiti beobachtet. Danach ging Kapitän Cook auf Entdeckungen aus. Er fand die Gesellschafts-Inseln und segelte von da bis zum 40. Grad südlicher Breite, wohin vor ihm noch kein Seefahrer im Südmeer gekommen war. Die völlige Entdeckung des von Tasman gesehenen Neuseeland, die gefährliche Fahrt an der noch unbekannten Ostküste von Australien und die wiedergefundene Durchfahrt des Torres zwischen Australien und Neuguinea waren die merkwürdigen Begebenheiten dieser Reise. Herr Banks fand zwischen zwölf- und fünfzehnhundert noch unbekannte Pflanzengattungen und eine beträchtliche Anzahl Vögel, Fische, Amphibien, Insekten und Würmer.

Im Jahre 1769 segelte Herr von Surville in Diensten der französischen Ostindischen Compagnie von Pondochery über die Philippinen nach Neuseeland. Er ankerte dort in der Doubtles-Bai und sah am 9. Dezember den Kapitän Cook auf der »Endeavour« vorübersegeln. Hernach stach er zwischen 30 und 40 Grad südlicher Breite quer über das Südmeer und kam zu Callao in Peru bei der Landung ums Leben. Im Jahre 1772 fand Kerguelen im Indischen Ozean fast auf gleichem Meridian mit der Insel Mauritius eine andere Insel, und als er im gleichen Jahre zum zweitenmal ausgeschickt wurde, kam er unverrichteterdinge zurück. Während Kerguelens erster Reise segelten Dufresnes Marion und Crozet vom Kap der Guten Hoffnung nach Van-Diemens-Land und Neuseeland und entdeckten südlich von Madagaskar einige öde Inseln. Die Neuseeländer brachten Marion ums Leben, worauf Crozet die Reise fortsetzte und nach Manila ging.

Vor Kapitän Cooks Rückkehr mit der »Endeavour« hatte man noch behauptet, daß sich das Festland im Südmeer bis zum 30. Breitengrad erstrecke, also unter einem günstigen Himmelsstrich gelegen und deshalb ein wichtiger Gegenstand der europäischen Politik sein müsse. Zwar hatte diese Meinung einen gefährlichen Stoß dadurch erhalten, daß er bis zum 40. Breitengrad gekommen war und kein Land gefunden hatte. Man ließ sich dadurch aber nicht irremachen. Das Festland, so hieß es, erstrecke sich vielleicht nur nicht an jenem Punkte so weit nach Norden; Kapitän Cook sei in eine große Meeresbucht geraten, oder falls man etwas zugeben müsse, so dürfe es nur um zehn Grad zurückverlegt werden. Überdies sei ja auch das Meer um den Südpol noch ganz unberührt geblieben und von keinem Schiff befahren worden. Um nun dem Streit ein Ende zu machen, ging unsere Reise auf Befehl Seiner Königlichen Großbritannischen Majestät vor sich. Kapitän Cook erhielt Befehl, die Sommermonate zu Entdeckungen gegen den Südpol hin anzuwenden, sobald aber die Jahreszeit kalt, stürmisch, neblig und unsicher würde, nach den Wendekreisen zurückzukehren und die Lage der bisher entdeckten Inseln vermittels unserer neuen astronomischen Instrumente genauer zu bestimmen. Fände er kein großes Festland, so sollte er so nahe am Südpol wie möglich ostwärts segeln, bis er die Erdkugel umrundet hätte.

Man hatte auf Byrons, Wallis und Carterets Reisen erfahren, daß die dazu gebrauchten Kriegsschiffe schlecht gewählt waren, hauptsächlich weil sie keinen ausreichenden Vorrat an Lebensmitteln und Gerätschaften mitnehmen konnten. Kapitän Cook suchte sich also schon für seine erste Reise eins von den Schiffen aus, die in England zum Transport von Steinkohle gebraucht werden. Ein Schiff, das zu Entdeckungsreisen tauglich sein soll, so sagte er, muß Lebensmittel und andere Vorräte für drei Jahre fassen können, aber weder sehr groß sein noch zu tief im Wasser gehen, damit es zur Not auch in den engsten und seichtesten Hafen einlaufen kann. Es darf nicht leicht auf dem Grunde sitzenbleiben, muß am Boden einen Stoß aushalten und leicht ans Ufer gelegt werden können, wenn eine Ausbesserung nötig sein sollte. In einem solchen Schiff kann ein tüchtiger Seemann sich überall hinwagen und jede Küste anlaufen. Von dieser Art waren nun auch die beiden Schiffe, mit denen wir die Reise um die Welt unternahmen, und ich bin überzeugt, daß sie zu einer so gefährlichen Reise auch die tauglichsten waren.

Das größere von 462 Tonnen mit 16 vierpfündigen Kanonen wurde die »Resolution« genannt und von Kapitän Cook kommandiert, das kleinere von 336 Tonnen, die »Adventure«, von Kapitän Tobias Furneaux. Ersteres hatte 112 Mann Besatzung, letzteres nur 81 Mann, die Sternkundigen, Naturforscher, Maler und ihre Bedienten abgerechnet. Verschiedene Offiziere, Unteroffiziere und Matrosen hatten schon eine Reise um die Welt mitgemacht und waren um so geschickter, abermals dazu gebraucht zu werden. Auf jedem Schiff befand sich ein Sternkundiger, den die »Kommission der Meereslänge« besoldete, auf dem größeren Schiff Herr Wilhelm Wales und auf der ›Adventure‹ Herr Wilhelm Bailey. Sie hatten alle nötigen astronomischen und nautischen Instrumente, besonders vier Längen-Uhren, drei von Arnold und eine von Kendall verfertigt. Auf der »Resolution« fuhr auch Herr Wilhelm Hodges mit, ein Landschaftsmaler, der nicht nur Ansichten von verschiedenen

Gegenden, sondern auch, soweit seine Kenntnis der menschlichen Figur reichen wollte, die Einwohner gezeichnet hat.

Die Herren Banks und Solander, Kapitän Cooks Reisegefährten auf der ersten Reise, hatten sich vorgenommen, zum zweitenmal mit ihm zu gehen. Herr Banks hatte sich in große Kosten gesetzt und mit allen Notwendigkeiten versehen. Außer Solander sollten zwei junge Leute ihm bei botanischen und zoologischen Beschreibungen Hilfe leisten und drei andere die neuentdeckten Tiere und Pflanzen zeichnen. Sogar Zoffani, ein geschickter deutscher Maler, hatte versprochen, ihn zu begleiten. Herr Banks verlangte nun noch einige Änderungen auf dem Schiffe, um etwas mehr Bequemlichkeit auf der Reise zu haben. Der Minister für das Seewesen hatte jedoch kein Verständnis für diese Forderungen, die er einem so uneigennützigen Förderer der Wissenschaften wohl hätte zugestehen sollen. Nachdem Herr Banks lange genug vergebens auf günstigen Bescheid gewartet hatte, erklärte er endlich, zehn Tage vor der geplanten Abreise, daß er die Reise nicht antreten wolle. Darüber war der Minister recht aufgebracht, und er rächte sich mit der Erklärung, daß die Wissenschaft auch ohne Herrn Banks bereichert werden könne. Von der Summe, die das Parlament für die Reise ausgesetzt hatte, waren gerade noch 4000 Pfund Sterling übrig. Nichts konnte dem Minister erwünschter sein. Man forderte meinen Vater auf, als Naturforscher mit Kapitän Cook zu reisen, ließ ihn aber nichts von der Schikane merken, die diesen Ruf veranlaßt hatte. Das Parlament gestand ihm und mir die obengenannte Summe zu, und wir traten die Reise in der Hoffnung an, den Verlust, der der Wissenschaft durch Herrn Banks Weigerung entstanden war, wenigstens einigermaßen zu ersetzen.

In jedem Schiff wurden die Bestandteile eines kleinen Bootes von 20 Tonnen mitgenommen, das bei Gelegenheit zusammengesetzt werden konnte, falls die Schiffe verlorengingen oder wir etwas zu verschicken hätten. Sie wurden aber erst gebraucht, als wir gegen Ende der Reise Mangel an Brennholz litten. Mit Geräten zur Fischerei waren wir ebenfalls versehen, und um Lebensmittel von den Wilden erhandeln zu können, hatte man dem Kapitän allerlei grobe Tücher, Eisengerät und andere Waren mitgegeben. Auch wurden auf Befehl der Admiralität einige hundert vergoldete Schaumünzen mit dem Bild des Königs geprägt, um unter die Wilden ausgeteilt zu werden.

Die Gesundheit des Schiffsvolks ist bei langen Seereisen so wichtig, daß man zu ihrer Förderung und Erhaltung diesmal auf außerordentliche Mittel bedacht war. Hierzu hatte man verschiedene Lebensmittel ausfindig gemacht und vor allen Dingen unser deutsches Sauerkraut nebst eingekochter gallertiger Fleischbrühe in großer Menge an Bord geschafft. Wir hatten in der »Resolution« sechzig große Fässer Sauerkraut, die bei unserer Rückkehr am Kap der Guten Hoffnung gänzlich geleert wurden. Die vielen Veränderungen des Klimas hatten ihm nichts geschadet. Vierzehn Tage vor unserer Ankunft in England fanden wir die letzte Tonne, die man bis dahin übersehen hatte, und auch diese enthielt so frisches und schmackhaftes Sauerkraut, daß verschiedene portugiesische Herren, die auf der Reede von Fayal mit uns speisten, nicht nur mit großem Appetit davon aßen, sondern sich den Rest ausbaten, um ihre Freunde an Land damit bewirten zu können. Es wurde meist zweimal die Woche, auf See aber und in südlicheren Breiten auch öfter gereicht. Die Portion war je Kopf ein Pfund. Dem deutschen Leser die guten Eigenschaften dieses Gerichts darzulegen, wäre überflüssig, doch kann ich nicht umhin zu sagen, daß es vielleicht das beste Mittel gegen den Skorbut ist.

Die Tafeln oder Kuchen von eingekochter Fleischbrühe verdienen den nächsten Platz als bewährte gesunde Nahrungsmittel. Wir hatten davon an die 5000 Pfund. Wöchentlich kochte man dreimal Erbsen zu Mittag, und jedesmal wurden etwa zwei Lot solcher Fleischbrühe je Mann darin zerlassen. Unglücklicherweise waren unsere Erbsen sehr schlecht und blieben trotz allen Kochens hart und unverdaulich. Bisweilen wurde die Fleischbrühe auch zum Frühstück mit Weizengraupen oder Hafermehl verdickt zugerichtet. Einunddreißig Fässer mit eingekochter Würze (Maische) oder Bier, das bis zu einer sirupähnlichen Konsistenz eingekocht war, wurden ebenfalls mitgenommen, um durch Zusatz von Wasser ein gesundes Getränk zu erhalten. Allein im heißen Klima verloren wir diesen Vorrat, der in Gärung geriet und die Fässer sprengte.

Für die Kranken hatte man besonders vorgesorgt. Salup, aus der Wurzel einer Orchis (Zweiblatt) bereitet, wurde dem Wundarzt für die skorbutischen Kranken anvertraut. Robb, ein dick eingekochter Saft von Zitronen und Orangen, wurde als Arznei mitgegeben, da das Mittel aber sehr teuer war, wurde es in zu geringen Mengen gegeben und hatte keine vollständige Wirkung. Das schätzbarste Mittel gegen den Skorbut, das selbst den gefährlichsten Grad dieser Krankheit kuriert, ist die frische Infusion von Malz. Wir hatten dreißig Tonnen Malz an Bord, und sobald sich der Skorbut bemerken ließ, wurde täglich eine frische Infusion gemacht. Die wirklich Kranken mußten täglich drei Quart trinken. Bei geschwollenen Gliedern oder Beulen wurden die Treber mit dem besten Erfolg als warme Umschläge gebraucht.

Die Gesundheit unseres Schiffsvolkes wurde noch durch verschiedene andere Maßnahmen gefördert. Die wichtigste war, daß man die Leute so viel Wasser trinken ließ, als sie nur mochten. Es wurde auch keine Gelegenheit versäumt, frisches Wasser zu füllen. Eine andere notwendige Vorsicht ist Reinlichkeit. Es wurde nicht nur scharf darauf gesehen, daß die Matrosen sich selbst und ihre Kleidung rein hielten, sondern auch die Küchengeräte wurden stets untersucht. Die Betten mußten bei trockenem Wetter tagsüber an Deck gebracht werden. Am wichtigsten aber war das Räuchern mit einer Mischung aus Schießpulver und Essig oder auch Wasser, und die fast wöchentlichen Feuer, die im Schlafraum des Schiffsvolks, in den Kajüten der Offiziere und selbst im unteren Raum, wohin die Pumpen reichten, angezündet wurden. Ungesunde, faule Ausdünstungen und Feuchtigkeiten wurden auf diese Weise zerteilt und unschädlich gemacht und die Luft gereinigt. Dazu kam noch die Einteilung der Mannschaft in drei, nicht wie sonst auf Kriegsschiffen üblich ist, in zwei Wachen. Dadurch waren die Leute dem Wetter weniger ausgesetzt und hatten Zeit, ihre Kleider notfalls zu trocknen. In kalten Gegenden wurden auch warme Kleidungsstücke ausgeteilt.

Erfahrene Ärzte, Seeleute und Menschenfreunde hatten diese Hilfsmittel vorgeschlagen. Der Wundarzt, mein Vater und einige andere Personen im Schiff rieten den fleißigen Gebrauch derselben unaufhörlich an, und die vortrefflichen Wirkungen zeigten sich bald so deutlich, daß man sie in der Folge für ganz unentbehrlich ansah. Unter göttlicher Führung blieben wir auf diese Art bei guter

Gesundheit. Der Präsident der Königlichen Gesellschaft der Wissenschaften, Sir John Pringle, spricht davon ausführlich als erfahrener Arzt in seiner am 30. November 1776 gehaltenen Rede bei der Verleihung der Copleyschen Denkmünze an Kapitän Cook. Die Lobsprüche, die er unserem berühmten Seemann gibt, und die Denkmünze sind mehr als hinreichend, die Wichtigkeit der von Cook befolgten Gesundheitsregeln darzutun.

1. Kapitel

Abreise – Fahrt von Plymouth nach Madeira – Beschreibung dieser Insel

Kaum war das Schiff »Endeavour« im Jahre 1771 wieder nach England zurückgekommen, als man schon den Entwurf zu einer neuen Reise machte, auf welcher die südlichen Gegenden unserer Erdkugel weiter erforscht werden sollten. Zwei tüchtige, starke Schiffe, die »Resolution« und die »Adventure«, wurden ausgerüstet und die Kapitäne James Cook und Tobias Furneaux zu Befehlshabern ernannt. Am 11. Juni erhielten mein Vater und ich Befehl, die Reise gleichfalls zu unternehmen, um Gegenstände der Naturgeschichte zu sammeln, zu beschreiben und zu zeichnen. In möglichster Geschwindigkeit rüsteten wir uns zu diesem Vorhaben und schickten innerhalb neun Tagen unsere Reisegerätschaften an Bord der »Resolution«. Am 26. verließen wir London und kamen in zwei Tagen nach Plymouth, wo aber unser Schiff noch nicht eingetroffen war.

Früh am 3. Juli sahen wir die »Resolution« auf der Reede vor Anker liegen. Kapitän Cook gedachte noch acht bis zehn Tage hier zuzubringen, und wir nutzten diese Zeit, die Zinnbergwerke in Cornwall zu besuchen. Kapitän Cook bekam in Plymouth Verhaltungsbefehle, denen zufolge er nach Madeira segeln, sich dort mit Wein versehen und am Kap der Guten Hoffnung anlegen sollte, um beide Schiffe mit Lebensmitteln zu versorgen. Von dort aus sollte er südlich laufen, um womöglich das Kap der Beschneidung zu entdecken, das der französische Entdecker Bouvet unter dem 54. Grad s. Br. und ungefähr 11 Grad ö. L. angibt. Endeckte er dieses, so sollte er untersuchen, ob es festes Land oder nur Teil einer Insel sei. Dann sollte er die Entdeckungen fortsetzen und so weit als nur möglich gegen den Südpol vorzudringen versuchen. Sollte aber das Kap der Beschneidung nur das Vorgebirge einer Insel oder gar nicht aufzufinden sein, so blieb ihm übrig, so lange südwärts zu steuern, als er Hoffnung hätte, ein großes festes Land zu finden, alsdann aber seinen Lauf nach Osten zu richten und so nahe am Pol wie möglich rund um die Welt zu segeln. Sooft die Jahreszeit den Aufenthalt gefährlich machen würde, sollte er sich nach einem bekannten Ort gegen Norden unter milderen Himmelstrichen zurückziehen, um seine Leute zu erfrischen und die Schiffe instand zu setzen. In unvorhersehbaren Fällen könne er nach eigenem Gutdünken verfahren, und ginge unglücklicherweise die »Resolution« verloren, so sollte er die Fahrt mit dem kleineren Schiffe fortsetzen.

Sonnabend, den 11. Juli, begaben wir uns an Bord. Am folgenden Tage, als der Wind ziemlich heftig blies, bemerkte mein Vater, der zufällig an Deck umherging, eine Änderung der Lage unseres Schiffes, und ihn dünkte auch, als wenn es auf die Klippen zutriebe. Er teilte diese Vermutung dem Lotsen Gilbert mit, der sogleich bemerkte, daß die Kette, woran das Schiff lag, gebrochen war. Gleich auf den ersten Lärm waren alle Matrosen in Bewegung, die Segel wurden aufgespannt und die Kabel in Bereitschaft gesetzt, und nun liefen wir an der »Adventure« und an einem anderen Schiff vorbei und entgingen der großen Gefahr, an den Felsen zu scheitern. Unsere Seeleute schlossen aus diesem bedenklichen und glücklichen Vorfall auf einen günstigen Verlauf der ganzen Reise, und wir konnten nicht umhin, die Leitung der göttlichen Vorsehung in diesem wichtigen Augenblick zu erkennen, der alle unsere Hoffnungen beinahe vereitelt hätte.

Montags früh, am 13. Juli, segelten wir in Begleitung der »Adventure« von Plymouth ab. Ich sandte einen Abschiedsblick auf Englands fruchtbare Hügel zurück und ließ dem Gefühl freien Lauf, bis endlich die Heiterkeit des schönen Morgens und die Neuheit unserer Fahrt durch die glatte See Oberhand gewannen und die trüben Gedanken zerstreuten. Bald blieb der berühmte hohe Leuchtturm hinter uns, der mitten im Meer auf dem Felsen Eddistone erbaut ist und den man unmöglich anschauen kann, ohne für die einsamen Wächter zu zittern, die oft drei Monate lang, von aller Gemeinschaft mit dem festen Lande abgeschnitten, dort zubringen müssen.

In dem Maße, wie wir uns vom Lande entfernten, wurde der Wind heftiger. Die Wellen wuchsen, das Schiff rollte von einer Seite zur anderen, und die der See nicht gewohnt waren, ja selbst einige der ältesten Seeleute, litten nun unter der Seekrankheit. Diese Übelkeit war aber nicht bei allen von gleicher Dauer, und nach drei Tagen fanden wir uns durch gewärmten Portwein mit Zucker und Gewürzen wiederhergestellt. Am 22. sahen wir den Leuchtturm bei Corunna. Wir hatten völlige Windstille, die See war glatt wie ein Spiegel, und Kornfelder, umzäunte Weiden, kleine Dörfer und adlige Höfe verschönerten die bergige Landschaft. Abends sahen wir ein spanisches Fischerboot und setzten ein Boot aus, um frische Fische zu kaufen. Die Oberfläche des Meeres war mit Tausenden von kleinen Krabben bedeckt. Das kleine Fahrzeug war eine Tartane aus Marseille, mit 100 Tonnen Mehl für Corunna beladen. Die Leute baten um frisches Wasser, weil sie durch widrige Winde zwei Monate verschlagen worden waren und sich seit vierzehn Tagen nur von Brot und einer kleinen Portion Wein genährt hatten. Der Offizier, der unser Boot kommandierte, schickte sogleich die leeren Fässer an das Schiff, um sie füllen zu lassen, und die armen Leute nahmen sie mit solchen Mienen wieder in Empfang, aus welchen die lebhafteste Freude strahlte. Sie dankten dem Himmel und uns und freuten sich, daß sie endlich wieder Feuer machen und etwas Warmes genießen könnten.

Am folgenden Nachmittag segelten drei spanische Kriegsschiffe nach dem Hafen Ferrol vorbei. Eins schien 74 Kanonen, die anderen zwei aber nur 60 zu führen. Das letzte zog englische Flaggen auf, nachdem wir aber die unsrige gezeigt, ließ es sie wieder herunter, feuerte eine Kanone ab und steckte die spanische Flagge auf. Bald darauf feuerte es eine Kugel nach der »Adventure« ab, weil wir aber fortsegelten, ohne uns an sein Feuern zu kehren, kam das spanische Schiff zurück und schoß noch eine Kugel ab, die dicht vor dem Schiff vorbeiging. Kapitän Cook ließ nun unser Schiff in den Wind legen, und die »Adventure« tat ein Gleiches. Der Spanier rief dies Schiff auf Englisch an und fragte, was für eine Fregatte da vor ihnen wäre, wobei er auf uns zeigte. Sobald er eine Antwort bekommen hatte, wollte er auf eine ähnliche Frage, die man ihm vorlegte, nicht antworten, sondern erwiderte: »Ich wünsche Euch glückliche Reise!« Nach diesem Auftritt, der für die »Herren der See« nicht gerade schmeichelhaft war, setzten wir unsere Reise fort und passierten in der Nacht das Kap Finisterre. Einige Meerschweine schwammen vorüber, und das Meer leuchtete. Besonders schienen die Spitzen der Wellen und das Kielwasser aus einer Masse von lauter Licht zu bestehen.

Am 28. erblickten wir gegen 6 Uhr morgens die Insel Porto Santo, die vier bis fünf deutsche Meilen lang, unfruchtbar und schlecht bewohnt ist. Sie hat nur eine Stadt, die in einem Tal liegt, das dem Anschein nach voller Weinberge ist. Kurz darauf kamen wir auf die Höhe von Madeira und der Inseln Desertas, die unsere Seeleute die Deserteurs zu nennen pflegten. Die Stadt Santa Cruz auf Madeira lag nachmittags um 6 Uhr gerade vor uns. Wir sahen die Berge von tiefen Klüften und Tälern durchschnitten und auf den Bergrücken verschiedene Landhäuser, deren anmutige Lage zwischen Weinbergen und hohen Zypressen der Gegend ein romantisches Aussehen gab. Wir wurden mit Booten in die Reede von Funchal bugsiert, weil es völlig windstill war, und erst in dunkler Nacht kamen wir vor Anker.

Früh am 29. wurden wir durch den malerischen Anblick der Stadt Funchal angenehm überrascht. Sie liegt rund um die Reede und hat die Gestalt eines Amphitheaters, um so vorteilhafter fallen die Gebäude und Häuser ins Gesicht. Viele sind zwei Stockwerke hoch und haben flache Dächer, welches ihnen eine Ähnlichkeit mit der Einfachheit der morgenländischen Bauart gibt, die in England unseren schmalen Häusern mit hohen, schrägen und einer Reihe von Schornsteinen bepflanzten Dächern gänzlich zu fehlen pflegt. Am Ufer sieht man verschiedene Batterien, und die Reede wird von einem alten Kastell bestrichen, das auf einem steilen schwarzen Felsen liegt, der bei hohem Wasser von der See umgeben ist.

Um 7 Uhr kam ein Boot zu uns, das einen Kapitän do Sal an Bord hatte. Dieser Offizier ist einer von den zweien des Gesundheitskollegiums, die die Quarantäne der Schiffe bestimmen, die aus verdächtigen, der Pest unterworfenen Gegenden kommen. Er erkundigte sich nach unserem Gesundheitszustand und dem Lande, woher wir kämen. Kurz nachher landeten wir und gingen mit unseren Kapitänen zu Herrn Loughnan, einem englischen Kaufmann, der alle hier einlaufenden königlichen Schiffe mit den erforderlichen Notwendigkeiten versieht. Herr Loughnan empfing uns mit einer Gastfreiheit und einem Anstande, der ihm und der Nation Ehre macht.

Die Stadt entspricht bei weitem nicht dem Eindruck, den sie beim Anblick von der Reede aus erregt. Die Straßen sind eng, schlecht gepflastert und schmutzig. Die Häuser sind zwar aus gehauenem oder gebackenem Stein erbaut, innen aber dunkel. Mit Glasfenstern sind nur die Häuser versehen, die den englischen Kaufleuten oder anderen vornehmen Einwohnern gehören, die übrigen haben Laden von Lattenwerk, die erforderlichenfalls ausgehoben werden können.

Am folgenden Tage fingen wir an, die landeinwärts gelegenen Gegenden der Insel zu untersuchen. Um fünf Uhr morgens gingen wir an einem Bach entlang bergauf. Nachmittags kamen wir zu einem Kastanienwald, der unweit der höchsten Bergspitze dieser Insel liegt. Am Tage darauf wurden Anstalten zu unserer Abreise gemacht, und ich verließ gerührten Herzens dies reizende Land und diese edelmütigen Freunde, und es bleibt mir die Freude, britische Gastfreundschaft auch außerhalb des Landes gefunden zu haben.

Ehe ich diese Insel ganz verlasse, will ich Anmerkungen einrükken, die ich dort zu machen und zu sammeln Gelegenheit hatte. Die Insel Madeira wurde am 2./3. Juli 1419 von Joao Gonzales Zarco entdeckt. Funchal ist die einzige Stadt dieser Insel, außerdem gibt es noch sieben Städtchen oder Villas. Der Gouverneur ist das Oberhaupt auf dieser Insel, auf Porto Santo, auf den Salvages und auf den Ilhas Desertas. Das Justizdepartement untersteht dem Corregidor, der vom König eingesetzt wird. Die ausländischen Kaufleute wählen ihren eigenen Richter, der zugleich die königlichen Zölle und Einkünfte einzunehmen hat. Diese belaufen sich auf etwa 120000 Pfund Sterling und bestehen in Fruchtzehnten und in einer Abgabe von zehn Prozent auf alle einkommenden Waren, Lebensmittel ausgenommen, und in einer Auflage von elf Prozent von allen ausgehenden Gütern. Es gibt nur eine reguläre Kompagnie von hundert Mann, die Miliz ist dagegen dreitausend Mann stark und in Kompagnien eingeteilt. Weder Offiziere noch Gemeine dieser Miliz werden besoldet, weil man aber einen gewissen Rang durch sie bekommt, bemüht sich jeder, darin aufgenommen zu werden.

Die Anzahl der Weltgeistlichen auf dieser Insel beläuft sich auf zwölfhundert, wovon viele als Hausgeistliche gebraucht werden. Seit der Vertreibung der Jesuiten gibt es keine öffentliche Schule mehr, außer einem Seminar, in dem auf Kosten des Königs zehn Studenten von einem Priester unterrichtet werden. Auch ist zu Madeira ein Kapitel unter einem Bischof, dessen Einkünfte beträchtlicher sind als die des Gouverneurs. Es gibt hier sechzig bis siebzig Franziskaner in vier Klöstern, und ungefähr dreihundert Nonnen sind auf vier Klöster verteilt.

Das gemeine Volk ist schwärzlich von Farbe und wohlgebildet, doch haben sie große Füße, welches vom Ersteigen der steilen und steinigen Wege in den Bergen herkommen mag. Sie haben schwarze Augen und schwarzes Haar, das von Natur in Locken fällt, bei einigen aber anfängt, sich wollig zu krausen, eine Eigenschaft, die man vielleicht ihrer Vermischung mit Negern zuschreiben könnte. Die Frauenspersonen sind häßlich, es fehlt ihnen die blühende Farbe, die neben der gefälligen Gestalt dem weiblichen Geschlecht unserer nördlichen Gegenden den Vorzug über alle anderen Frauen gibt. Hier auf Madeira sind sie klein und stark von Knochen, allein die richtigen Verhältnisse ihres Wuchses, die schönen Hände und die großen, lebhaften Augen entschädigen sie einigermaßen für jene Mängel.

Die Leute auf dem Lande nähren sich fast nur von Brot und Zwiebeln oder Wurzeln und etwas Fleisch. Sie essen jedoch keine Eingeweide oder anderen Fleischabfall, weil die elendesten Bettler von ihnen Kaldaunenschlucker genannt werden. Sie trinken Wasser oder ein dünnes Getränk aus Weintrebern und Wasser, das durch die Gärung etwas scharf und säuerlich wird. Der Wein, der diese Insel so berühmt gemacht hat, kommt selten vor ihren Mund. Ihre Hauptbeschäftigung ist der Weinbau, da dieser aber den größten Teil des Jahres keiner Wartung bedarf, können sie sich um so mehr ihrer Neigung zum Müßiggang überlassen.

Die Weinberge werden immer nur für ein Jahr verpachtet. Der Pächter bekommt vier Zehntel vom Gewächs, vier weitere Zehntel müssen dem Grundherrn, ein Zehntel an den König und eins an die Geistlichkeit entrichtet werden. Ein so geringer Gewinn und die Aussicht, daß sie nur für andere arbeiten, muß natürlicherweise Mut und Hoffnung niederschlagen, dennoch sind sie bei aller Unterdrükkung lustig und vergnügt, singen bei der Arbeit und versammeln sich des Abends, um nach dem Klang einer Guitarre zu tanzen und zu springen.

Die Männer gehen meist schwarz gekleidet, aber gewöhnlich passen die Kleider nicht und scheinen meist fünfzig Jahre aus der

Mode zu sein. Die Damen sind feiner und angenehm gebildet, aber die Eifersucht, die den Männern angeboren zu sein scheint, hält sie stets eingeschlossen und beraubt sie des Glückes, das den ärmeren Landfrauen unbenommen bleibt. Die Vornehmen bilden eine Art Adel, aber ihr Ahnenstolz macht sie ungesellig und unwissend und verleitet sie zu einem lächerlich affektierten vornehmen Wesen.

Wo Erde, Lage und Wasser es nur erlauben, wird Wein gebaut. Ich sah hier Trauben, die über sechs Pfund wogen. Der Wein ist von verschiedener Güte, der beste wird von einer Art Trauben gemacht, wovon die Reben auf Befehl des Infanten Don Henrich aus Candia hierhergebracht und angepflanzt worden sind. Er heißt Madeira-Malvasier. Die Pipe (etwa 410 l) kann hier nicht unter vierzig bis zweiundvierzig Pfund Sterling eingekauft werden. Jahr um Jahr werden etwa 30000 Pipen geerntet, davon 13000 Pipen der besten Sorten ausgeführt, das übrige zum eigenen Konsum gebraucht, teils zu Branntwein gebrannt, der nach Brasilien geht, teils wird Weinessig daraus gemacht.

Die Weinberge sind entweder mit Mauerwerk oder mit Hecken von Granatäpfeln, Myrten, Brombeeren und wilden Rosen umzogen. In den Gärten werden Pfirsiche, Aprikosen, Quitten, Äpfel, Birnen, Walnüsse, Kastanien und andere europäische Gewächse gezogen, zuweilen auch tropische Gewächse, wie Pisangs, Guaven und Ananas.

Die zahmen Tiere, die wir in Europa haben, sind auch auf Madeira anzutreffen, und obgleich die Hammel und Ochsen nur klein sind, ist ihr Fleisch doch wohlschmeckend. Die Pferde sind ebenfalls klein, aber sicher auf den Knochen. Sie klettern mit großer Fertigkeit die steilsten Fußsteige hinauf, denn andere Wege gibt es hier nicht. Von Räderfuhrwerk weiß man hierzulande gar nichts, in der Stadt aber gibt es eine Art Schleifen oder Schlitten, die aus zwei durch Querhölzer verbundenen Brettern bestehen, die vorn einen spitzen Winkel bilden. Man spannt Ochsen davor und bedient sich ihrer, um Weinfässer und andere schwere Waren fortzuschaffen.

Von wildem Geflügel gibt es hier mehr Arten als von anderem Wildbret, wovon das Kaninchen der einzige Repräsentant ist. Es gibt hier keine einzige Schlangenart, aber alle Häuser, Gärten und Weinberge wimmeln von Eidechsen. Die Mönche eines hiesigen Klosters klagten, daß solche ihnen viel Schaden im Garten täten, weshalb sie einen großen Kessel in die Erde gegraben hätten, in dem die Tiere sich zu Hunderten fingen und umkommen mußten. An den Küsten Madeiras fehlt es nicht an Fischen, da sie aber zur Beobachtung der Fasttage dennoch nicht reichten, führten englische Schiffe Heringe und trockenen Stockfisch ein.

2. Kapitel

Reise von Madeira nach den Inseln des Grünen Vorgebirges und von da nach dem Vorgebirge der Guten Hoffnung

Am 1. August gingen wir nebst der »Adventure« wieder unter Segel. Ein Nordostwind begünstigte unsere Fahrt dermaßen, daß wir bereits am 4. frühmorgens Palma zu Gesicht kriegten. Diese Insel gehört zu denjenigen, die den Alten unter dem Namen Glückliche Inseln (insulae fortunatae) bekannt waren, und eine derselben hieß damals schon Canaria. Sie waren in Europa vergessen, bis gegen Ende des 14. Jahrhunderts der Geist der Schiffahrt und der Entdekkungen wieder erwachte. Um diese Zeit fanden einige Abenteurer sie von neuem, und biskayische Seefahrer landeten auf der Insel Lanzarote, von wo sie einhundertsiebzig Eingeborene mit sich fortschleppten. Louis de la Cerda, ein spanischer Edelmann aus der königlichen Familie in Kastilien, erhielt das Eigentumsrecht auf diese Inseln durch eine päpstliche Bulle und führte den Titel eines Prinzen der Glücklichen Inseln, ohne sie jedoch wirklich in Besitz zu nehmen. Hierauf wurden sie im Jahre 1402 abermals von Johann Baron von Bethancourt aus der Normandie besucht, der sie in Besitz nahm und sich König der Kanarischen Inseln nannte. Sein Enkel aber trat sein Anrecht an Don Henrich, Infanten von Portugal, ab, und endlich wurden sie den Spaniern überlassen, die sie jetzt noch besitzen.

Am folgenden Tage passierten wir die Insel Ferro. Wir sahen Fliegende Fische, die sich, von Boniten und Doraden verfolgt, über die Oberfläche des Wassers erhoben. Sie flogen nach allen Richtungen, nicht nur gegen den Wind, und wenn sie den Kamm einer Welle trafen, flogen sie durch diese hindurch und auf der anderen Seite weiter. Nun hatten wir fast täglich das Schauspiel, unabsehbare Züge dieser Fische um uns her zu sehen. Bei dem einförmigen Leben, das wir zwischen den Wendekreisen führten, gab uns jeder kleine Umstand Gelegenheit zu Betrachtungen. Wenn wir zum Beispiel die Boniten und Doraden auf der Jagd nach den kleineren Fliegenden Fischen antrafen und sahen, wie diese ihr Element verließen, um in der Luft Sicherheit zu suchen, so war die Anwendung auf den Menschen nur zu natürlich. Denn wo ist wohl ein Reich, das nicht dem Ozean gliche, in dem die Großen in allem Pomp ihrer Größe nicht die Unterdrückung der Kleineren suchen sollten?

Am 8. hatte das Seewasser eine weißliche Farbe. Da die veränderte Farbe des Seewassers oft von einer Untiefe, einer Sandbank oder einem Felsen herrührt, warfen wir das Senkblei aus, fanden aber mit fünfzig Faden (1 Faden = 1,8 m) keinen Grund. Abends passierten wir den Wendekreis des Krebses. Um diese Zeit beschlugen unsere Bücher und Gerätschaften mit Schimmel, und Eisen und Stahl fingen in freier Luft an zu rosten. Wegen dieser Beschaffenheit der Luft ließ der Kapitän das Schiff fleißig mit Pulver und Weinessig ausräuchern. Es ist sehr wahrscheinlich, daß die Luft Salzteilchen enthalten mußte, denn bloße Nässe und feuchte Dünste bringen keine solche Wirkung hervor.

Zu den Mitteln gegen den Skorbut, die wir von England aus mitgenommen hatten, gehörte auch eine verdickte Essenz von Bier. Davon führten wir verschiedene Fässer an Bord, doch ehe wir Madeira verließen, war sie bereits in Gärung geraten, und jetzt sprengte sie gar die Fässer und lief aus. Der Kapitän ließ sie aus dem unteren heißen Lager auf das kühlere Verdeck bringen, allein die freie Luft verstärkte die Gärung derart, daß sie manchem Fasse den Boden ausstieß, dies aber mit einem Knall, als wenn eine Flinte abgeschossen würde. Auf Anraten meines Vaters wurde eine gärende Tonne auf ein Faß umgefüllt, das zuvor tüchtig ausgeschwefelt worden war. Dies stillte nun zwar die Gärung für einige Tage, dann kam sie wieder, vornehmlich in den Fässern, die der freien Luft ausgesetzt waren.

Am 11. August entdeckten wir Bonavista, eine von den Kapverdischen Inseln, und am folgenden Morgen sichteten wir auch die Insel Mayo. Gegen Mittag näherten wir uns endlich der Insel San Jago und ankerten um drei Uhr nachmittags in der Bai von Porto Praya. Früh am folgenden Morgen gingen wir an Land und besuchten den Kommandanten Don Joseph de Sylva, der uns beim Generalgouverneur einführte. Dieser residiert gewöhnlich in der Hauptstadt San Jago, da er aber kränklich war, hatte er sich hierherbegeben, wo die Luft gesünder sein soll. Er wohnte in den

Zimmern des Kommandanten, der sich unterdessen in einer elenden Hütte behelfen mußte.

Porto Praya liegt auf einem steilen Felsen. An der Seeseite bestehen die Festungswerke aus alten verfallenen Mauern, an der Landseite nur aus einem niedrigen Steinwall. Nahe beim Fort steht ein ansehnliches Gebäude, das einer Gesellschaft von Kaufleuten zu Lissabon gehört. Da wir Lebensmittel einkaufen wollten, verwies uns der Gouverneur an den Agenten, allein es war ein sehr bequemer Herr, der uns zwar alles versprach, am Ende aber nichts weiter verschaffte als einen einzigen mageren Ochsen. Die Handelsgesellschaft tyrannisiert die armen Einwohner und verkauft ihnen die elendesten Waren zu ganz unerhörten Preisen.

Die Einwohner sind häßlich und fast schwarz und haben wolliges Kraushaar und aufgeworfene Lippen. Der Herr Kanonikus Pauw zu Xanten hält es für ausgemacht, daß sie von den ersten portugiesischen Kolonisten abstammen und nach und nach in ungefähr dreihundert Jahren, durch neun Generationen, ihre jetzige schwarze Farbe bekommen haben. Ob diese aber lediglich durch die Hitze des heißen Erdteils oder vielmehr durch Verheiratung mit Schwarzen von der Nachbarküste entstanden ist, darüber will ich nichts entscheiden. Ich glaube, daß wir an Weißen nicht mehr als fünf oder sechs gesehen haben.

Am Abend gingen wir an Bord zurück, da aber die Brandung höher war als am Morgen, mußten wir uns nackend ausziehen, um zum Boot waten zu können, das unsere guten Schwimmer unterdessen mit Wasserfässern und Erfrischungen beladen hatten, die am Lande zu bekommen gewesen waren. Dies hatte jedoch nicht ohne Furcht vor den Haien geschehen können, deren es in diesem Hafen eine große Menge gab.

Da nicht viele frische Lebensmittel in Porto Praya zu bekommen waren, wollten wir uns dort auch nicht länger aufhalten. Einige Tonnen brackigen Wassers, ein einziger abgehungerter Ochse, einige langbeinige Ziegen, etliche magere Schweine, Truthühner, Hühner, nebst ein paar hundert unreifen Orangen und schlechte Pisangfrüchte war alles, was wir erlangen konnten. Da den Matrosen alles willkommen ist, was Zeitvertreib schafft, hatten sie etwa zwanzig Affen gekauft. Sie waren kleiner als Katzen, von grünlich-brauner Farbe mit schwarzen Köpfen und Pfoten. Die Possen dieser Kreaturen waren unterhaltend genug, solange das Spielwerk noch neu war. Allein es dauerte nicht lange, so wurde man ihrer überdrüssig, prügelte sie oft auf grausame Weise von einer Ecke des Schiffes in die andere und ließ sie endlich aus Mangel an frischem Futter verhungern, so daß nur drei davon lebend ans Kap kamen.

Am Abend gingen wir unter Segel und steuerten nach Süden. Am 16. sahen wir abends einen hellen, feurigen Meteor von länglicher Gestalt und bläulicher Farbe. Am Mittag waren wir 55 Seemeilen von San Jago entfernt, und noch immer folgte eine Schwalbe dem Schiffe nach. Gegen Abend setzte sie sich auf eins der Schießlöcher, da sie aber von den Segeln beunruhigt wurde, suchte sie in der Folge ihr Nachtquartier in dem Schnitzwerk am Heck und folgte an den zwei folgenden Tagen unablässig dem Schiffe. Während der ganzen Zeit sahen wir viele Boniten um das Schiff herum, aber alle Versuche, sie mit der Angel oder mit Harpunen zu fangen, waren vergebens. Dagegen glückte es unseren Matrosen, einen Hai, der fünf Fuß lang war, mit der Angel zu fangen. Am folgenden Tage aßen wir etwas vom Hai und fanden es gebraten von erträglichem Geschmack, wegen des Fettes aber unverdaulich.

Zwei Tage später wurde Henry Smock, einer von den Zimmerleuten, vermißt. Er hatte an der Außenseite des Schiffes gearbeitet und war allem Anschein nach ins Wasser gefallen. Wegen seiner Gutherzigkeit und seines gesetzten Wesens wurde er sogar von seinen Kameraden beklagt, eine sichere Gewähr dafür, daß sein Verlust den Seinigen noch schmerzlicher gewesen sein muß.

Seit wir San Jago verlassen, hatten wir oft Regen. Der Kapitän ließ über das ganze Schiff Zelttücher und Decken ausspannen, um das Regenwasser aufzufangen, und wir bekamen eine solche Menge davon, daß sieben Fässer damit gefüllt werden konnten. Unser Kapitän wußte aus Erfahrung, daß auf langen Reisen eine reichliche Verteilung von frischem Wasser ungemein viel zur Erhaltung der Gesundheit beiträgt. Die Ursache hiervon läßt sich auch leicht erklären: Wenn es reichlich getrunken und auch zum Waschen des Körpers und des leinenen Zeuges gebraucht wird, so verdünnt es nicht nur das Blut, sondern durch die Reinlichkeit bleiben auch die

Schweißporen der Haut stets offen. Auf diese Weise wird die zur Gesundheit nötige Ausdünstung nicht unterbrochen.

Der heutige Regen hatte unsere arme Schwalbe durch und durch naß gemacht. Sie setzte sich auf das Geländer am Hinterteil des Schiffes und ließ sich fangen. Ich trocknete sie und ließ sie im Steuerraum fliegen, wo sie sogleich über die Fliegen herfiel. Beim Mittagessen öffneten wir die Fenster, und sie setzte sich wieder in Freiheit. Um sechs Uhr abends kam sie in den Steuerraum zurück, und nach einer abermaligen Fliegenjagd flog sie fort und blieb die Nacht über außen auf dem Schiffe. Frühmorgens kam sie wieder, und da sie gutes Obdach bei uns fand, wurde das arme Tierchen dreister und wagte sich durch jedes Schießloch oder Fenster ins Schiff, bis sie schließlich fortblieb. Es ist wahrscheinlich, daß sie einem Fühllosen in die Fäuste gefallen und gefangen worden ist, um ein Traktament für eine geliebtere Katze zu werden.

Die Geschichte dieses Vogels zeigt sehr deutlich, wie einzelne Landvögel so weit auf die See gebracht werden können. Sie folgen den Schiffen, wenn sie vom Lande abgehen. Die Erfahrung lehrt, daß auch wohl ganze Schwärme durch heftige Stürme auf die offene See gejagt werden, wo sie dann auf Schiffen Ruhe suchen. Kapitän Cook bestätigte mir dies aus eigener Erfahrung. Er befand sich einst zwischen Norwegen und England in einem heftigen Sturm, als sich eine Flucht von vielen hundert Vögeln ins Takelwerk setzte. Es waren auch einige Habichte darunter, die über die kleineren herfielen und ein reichliches Mahl hielten. Am 23. sahen wir einige Wale von fünfzehn bis zwanzig Fuß Länge. Man hielt sie für Nordkaper. Wir sahen auch einige Fregattvögel, die von den Matrosen für ein Zeichen des nahen Landes gehalten werden, wir waren aber über hundert Seemeilen von der Küste entfernt.

Am 1. September zeigten sich verschiedene Doraden, und wir sahen nicht weit vom Schiff einen großen Fisch, der von den Holländern Seeteufel genannt wird und seiner Gestalt nach zu den Rochen gehört. Am 3. sahen wir große Scharen von Fliegenden Fischen und fingen einen Bonito, der aber unschmackhaftes Fleisch hatte. Zwei Tage später erhaschten wir eine Dorade, aber für die Tafel ist auch dieser Fisch wegen seines trockenen Fleisches von keinem sonderlichen Wert, desto mehr aber ergötzt er, wenn man ihn schlachtet, durch das unerhört schöne Farbenspiel seiner Haut. Sie verändert sich unaufhörlich, und eine herrliche Farbenmischung wechselt mit der anderen, solange der Fisch noch eine Spur von Leben in sich hat.

Am 9. passierten wir die Linie bei einer gelinde wehenden Luft. Unsere Matrosen tauften ihre Kameraden, die sie noch nicht passiert hatten und sich nicht durch Trinkgelder loskaufen wollten. Wer die Salztaufe über sich ergehen ließ, zog nachher frische Kleider an, und da dies auf der See nicht zu oft geschehen kann, war das Untertauchen, statt eine Strafe zu sein, vielmehr heilsam und gesund. Für die Trinkgelder wurden starke Getränke angeschafft, und diese vermehrten die Lustigkeit und Laune.

Seit dem 8. hatten sich ständig mehrere Arten von Seevögeln, wie Fregattvögel, Sturmvögel, Möwen und Tropikvögel, sehen lassen. Auch war die See einigemal mit Mollusken bedeckt. Unter diesen gab es eine Art, die blaugefärbt, ungefähr wie eine Ackerschnecke gestaltet und mit vier Armen versehen war, die sich in viele Äste teilten. Wir nannten sie Glaucus atlanticus.

Während unserer Fahrt innerhalb des heißen Himmelstrichs, den wir jetzt verließen, waren wir dermaßen an die Wärme gewöhnt worden, daß wir jetzt schon eine große Veränderung des Klimas fanden, obgleich es kaum zehn Grad kälter war. Ich empfand diesen Unterschied am nachdrücklichsten, dann mir brachte er einen heftigen Schnupfen, Zahnweh und geschwollene Backen ein.

Am 4. Oktober sahen wir Haufen der kleinen Sturmvögel. Am folgenden Tage zeigten sich auch die ersten Albatrosse. Am 17. entstand plötzlich Lärm. Es hieß, einer unserer Leute sei über Bord gefallen. Wir wendeten das Schiff, um ihm zu Hilfe zu kommen, da wir aber in der See nirgends etwas gewahrten, wurde die Namenliste abgerufen, und zu unserer großen Freude zeigte sich, daß keiner fehlte. Unsere Freunde an Bord der »Adventure« erzählten uns, sie hätten aus unserem Manöver unsere Besorgnis erraten, aber zugleich ganz deutlich einen Seelöwen gesehen, der zu diesem falschen Lärm Veranlassung gegeben hatte.

Am 19. ging die See sehr hoch aus Süden, und ein großer Wal, desgleichen ein zwanzig Fuß langer Hai schwammen am Schiff vorüber. Da wir schon lange in See waren, hatte der Kapitän an den Fleischtagen, das ist viermal die Woche, Sauerkraut an die Leute austeilen lassen, für jeden ein halbes Quart. Am 24. ließ der Kapitän, da die »Adventure« weit zurückgeblieben war, ein Boot aussetzen, in dem verschiedene Offiziere und Reisende aufs Vogelschießen ausgingen. Dies gab uns wiederum Gelegenheit, die beiden Arten von Albatrossen und eine große schwarze Art von Sturmvögeln zu untersuchen. Wir hatten nun seit neun Wochen kein Land gesehen, und das Reisen zur See fing an, denen unter uns verdrießlich und widerlich zu werden, die nicht an das einförmige Leben an Bord, an das Einerlei der Lebensmittel und der übrigen Gegenstände gewöhnt waren. Auch uns würde dies ebenso unangenehm vorgekommen sein, wenn wir nicht von Zeit zu Zeit Beschäftigung gefunden und uns mit der Hoffnung ermuntert hätten, daß manche wichtige Entdeckung in der Naturgeschichte auf uns warte.

Am 29. früh entdeckten wir das äußerste Ende von Afrika. Es war von Wolken und Nebel bedeckt, und einige Sturmtaucher und Enten kamen von dort auf See. Um drei Uhr nachmittags klarte die Luft endlich auf und ließ uns die Küste deutlich sehen. Da der Wind sehr frisch und die »Adventure« noch weit zurück war, durften wir es nicht wagen, noch diese Nacht in die Tafelbai einzulaufen. Wir nahmen deshalb die Segel ein, zumal es sehr finster war und harter Regen mit Stoßwinden ständig wechselte.

Kaum war es Nacht geworden, als die See rundum einen bewunderungswürdigen Anblick bot. Der ganze Ozean schien Feuer zu sein. Jede brechende Welle war an der Spitze von einem hellen Glanz erleuchtet, der dem Lichte des Phosphors glich, und an den Seiten des Schiffes bildeten die anschlagenden Wellen eine feuerhelle Linie. Hier konnten wir auch große leuchtende Körper im Wasser erkennen. Um dies wunderbare Phänomen zu untersuchen, ließen wir einen Eimer Seewasser aufs Verdeck holen, und es fand sich, daß unzählbare leuchtende Körperchen von rundlicher Gestalt, die mit großer Geschwindigkeit umherschwammen, den glänzenden Schein hervorbrachten. Als ich das Wasser mit der Hand umrührte, blieb eins von den hellen Körperchen daran hängen, und ich machte mir diesen Umstand zunutze, um es mit dem Mikroskop zu untersuchen. Hier zeigte es eine kugelförmige Gestalt, etwas bräunlich und durchsichtig wie Gallert, mit dem stärksten Glase aber entdeckten wir an diesem Atom eine kleine Öffnung und darin vier bis fünf

Darmsäcke, die unter sich zusammenhingen. Ich versuchte einige in einem Tropfen Wasser zu fangen, um sie unters Mikroskop zu bringen, aber sie wurden durch die geringste Berührung beschädigt, und sobald sie tot waren, sah man an ihnen nichts mehr als eine zusammenhängende Masse von Fasern. Nach zwei Stunden hörte das Meer gänzlich auf zu leuchten. Wir säumten nun nicht länger, von dem ersten untersuchten Kügelchen eine Zeichnung zu machen und unsere Beobachtung niederzuschreiben, aus der sich vermuten läßt, daß diese kleinen Tiere vielleicht die Brut einer Medusenart sind, doch können sie auch wohl ein eigenes Geschlecht ausmachen.

Nach einer sehr regnerischen Nacht liefen wir endlich bei Tagesanbruch in die Tafelbai ein. Die im Hintergrund liegenden Berge waren nun ohne Wolken und setzten uns durch ihren steilen, felsigen und dürren Anblick in Erstaunen. Als wir tiefer in die Bai kamen, entdeckten wir die Stadt am Fuße des schwarzen Tafelberges und gingen bald darauf vor Anker. Nachdem wir das Fort begrüßt und von verschiedenen Bedienten der Holländisch-Ostindischen-Compagnie an Bord unseres Schiffes Zuspruch bekommen hatten, gingen wir in Begleitung unserer beiden Kapitäne in der frohen Erwartung an Land, daß wir in einem so weit entfernten Weltteil viel Neues für die Wissenschaften finden müßten.

3. Kapitel

Aufenthalt am Kap – Nachricht von der dortigen Kolonie

Kaum waren wir aus unseren Booten gestiegen, so machten wir dem Gouverneur Baron Joachim von Plettenberg unsere Aufwartung. Er ist ein Mann von Wissenschaft und großen Kenntnissen, dessen Höflichkeit und Mitteilsamkeit uns gleich einen guten Begriff von ihm beibrachte. Hierauf verfügten wir uns zu den anderen Ratspersonen, dann gingen wir zu dem Befehlshaber der False Bai, in dessen Haus die Kapitäne der englischen Schiffe gewöhnlich einzukehren pflegen und wo auch wir unser Quartier zu nehmen gedachten. Fast alle Bedienten der Compagnie vermieten Zimmer an die Offiziere und Reisenden der Schiffe, die auf ihrer Fahrt von und nach Indien hier anlegen.

Der Unterschied zwischen dieser Kolonie und der portugiesischen Insel S. Jago war auffallend. Dort hatten wir ein Land gesehen, das unter dem glücklichsten Himmelsstrich gelegen ist, aber es war durch seine trägen Bewohner ganz vernachlässigt. Hier fanden wir mitten in einer Wüste, die von gebrochenen Massen schwarzer, fürchterlicher Berge umgeben war, eine nette Stadt aufgebaut, mit einem Wort, wir sahen hier überall Fleiß und Arbeitsamkeit von Glück gekrönt. Die Straßen sind breit und regelmäßig, die vornehmsten mit Eichen bepflanzt, und einige haben in der Mitte einen Kanal. Da es ihnen aber an der erforderlichen Wassermenge fehlt, kann trotz der vielen Schleusen nicht verhindert werden, daß einzelne Teile des Kanals oft ohne Wasser sind und dann keinen angenehmen Geruch ausströmen. In der ganzen Stadt ist nur eine Kirche. Die Toleranz, die den Holländern in Europa so viel Nutzen verschafft hat, ist in ihren Kolonien nicht zu finden. Erst seit ganz kurzer Zeit haben sie den Lutheranern erlaubt, hier und in Batavia Kirchen zu bauen, und gegenwärtig haben sie noch keinen eigenen Prediger am Kap, sondern müssen sich mit den Schiffspredigern der dänischen oder schwedischen Ostindienfahrer begnügen, die gegen gute Bezahlung ein- bis zweimal im Jahr hier predigen und das Abendmahl austeilen. Die Sklaven sind noch viel übler dran, denn weder ihre Herren noch die Regierung kümmern sich um einen so geringfügigen Umstand, als ihnen die Religion der Leibeigenen zu sein dünkt, die denn auch, im ganzen gesehen, gar keine haben. Einige wenige sind dem mohammedanischen Glauben zugetan und versammeln sich wöchentlich einmal in dem Hause eines freien Mohammedaners, um einige Kapitel aus dem Koran zu lesen.

Die Anzahl der Sklaven beläuft sich auf etliche hundert, die allesamt in einem großen Hause wohnen. Ein anderes großes Haus ist zum Hospital für die Matrosen der Schiffe bestimmt, die auf ihren Ostindienreisen hier anzulegen pflegen und gewöhnlich eine Menge von Kranken an Bord haben. Ein solcher Ostindienfahrer bringt bis zu achthundert Rekruten nach Batavia, und da sie auf der langen Reise sehr eng zusammengepfercht und an Wasser sehr knapp gehalten werden, dazu nichts als Eingesalzenes zu essen bekommen, so ist es kein Wunder, daß ihrer so viele draufgehen. Es ist etwas sehr Gewöhnliches, daß ein holländisches Schiff von Europa bis hierher achtzig oder gar hundert Tote zählt und bei seiner Ankunft hier noch zwei- bis dreihundert Kranke ins Hospital schickt.

Am Tag nach unserer Ankunft richteten die Astronomen Wales und Baily ihre Instrumente am Ufer auf. An diesem Tage begannen auch wir unsere botanischen Exkursionen. Der Boden erhebt sich von der Stadt nach den drei Bergen, die hinter der Bai liegen. Die höheren Gegenden sind, so dürr und öde sie auch von der See her aussehen, mit einer Menge verschiedener Pflanzen bewachsen, jedoch zum größten Teil mit Sand bedeckt. Wir brachten Tag für Tag reiche Ernten an Kräutern und Tieren zurück und wunderten uns, daß so viele den Naturkundigen ganz unbekannt waren, da sie sich doch hart an den Mauern einer Stadt finden, von woher die Sammlungen von ganz Europa ständig versorgt worden sind.

Einer unserer Ausflüge war nach dem Tafelberg gerichtet. Er ist steil und wegen der vielen losen Steine schwer zu ersteigen. Auf mittlerer Höhe kamen wir an eine Schlucht, deren Seiten aus senkrechten und oft überhängenden Felsschichten bestanden, aus deren Rissen kleine Quellen sprudelten. Nach einem dreistündigen Marsch erreichten wir endlich den Gipfel des Berges, der fast eben, sehr unfruchtbar und fast ganz von Erdreich entblößt ist. An Tieren trifft man manchmal Antilopen, heulende Paviane, einsame Geier

Kapstadt und das Tafelgebirge

und Kröten. Die Aussicht von der Höhe ist groß und malerisch. Die Bai unter uns schien ein kleiner Fischteich zu sein. Die Stadt mit ihren Gärten und Häusern sah wie Kinderspielzeug aus. Unter allen umliegenden Gegenden zog keine unsere Aufmerksamkeit mehr auf sich als die an der südlichen Seite des Tafelberges, denn diese zeichnete sich durch die Menge der Plantagen aus. An jedem kleinen Bache sieht man eine Plantage, die aus Weinbergen, Kornfeldern und Gärten besteht.

Wir brachten von unseren botanischen Zügen immer so ansehnliche Ladungen mit, daß wir im Ernst besorgt wurden, es möchte uns beiden trotz allen Fleißes nicht möglich sein, alle Pflanzen zu beschreiben, zu zeichnen und aufzubewahren, die wir in den noch unbesuchten Ländern zu finden hofften. Wir sahen es daher als einen glücklichen Zufall an, einen Gelehrten, den Dr. Sparman, hier anzutreffen. Er hatte unter dem Vater der Kräuterkunde, dem großen Ritter Carl von Linné, studiert, darauf eine Reise nach China und eine zweite nach dem Kap unternommen, um seine Kenntnisse zu erweitern. Der Gedanke, in völlig unbekannten Ländern neue Schätze der Natur zu sammeln, nahm ihn so völlig ein, daß er sich alsbald anheischig machte, mit uns um die Welt zu reisen.

Während unseres Hierseins setzten unsere Leute neues Takelwerk auf, reinigten und besserten die Außenseite des Schiffs aus und nahmen Branntwein nebst anderen Bedürfnissen für die Mannschaft und einiges Schafvieh für die Kapitäne und Offiziere an Bord. Auch wurden einige Widder und Mutterschafe eingeschifft, die für die Einwohner in der Südsee bestimmt waren, allein die lange Dauer unserer Reise brachte diese Tiere so herunter, daß unser gutes Vorhaben gänzlich vereitelt wurde. Wir schafften uns auch einen Hühnerhund an, damit er auf der Jagd etwa ein Wildbret heranholen könne. Es kostete viel Mühe, ein solches Tier aufzutreiben, und wir mußten einen ungeheuren Preis dafür zahlen, obgleich er uns nachher wenig Dienste tat. Am 22. wurde unser Gepäck an Bord gebracht, und am gleichen Tage verließen wir die Tafelbai. Ehe ich aber nun in der Geschichte der Begebenheiten unserer Reise fortfahre, will ich versuchen, eine kurze Nachricht über den derzeitigen Zustand dieser holländischen Kolonie zu geben.

Die südlichste Spitze von Afrika wurde schon in den Zeiten des ägyptischen Königs Necho und auch später unter der Regierung von Ptolomäus Lathyrus umschifft. Dann aber vergaß man ihre Lage dergestalt, daß sie durch Bartholomäus Diaz, einen portugiesischen Seemann, im Jahre 1487 wiederentdeckt werden mußte. Vasco da Gama umschiffte dies Vorgebirge im Jahre 1497 und fand den Weg nach Indien. Indessen blieb die Entdeckung des Kaps ungenutzt, bis im Jahre 1650 der holländische Wundarzt van Riebeck den Vorteil sah, den die holländische Compagnie haben müßte, wenn an diesem zwischen Holland und Indien gelegenen Ort eine Kolonie angelegt würde. Er stiftete daher diesen Pflanzort, der seitdem immer in den Händen der Holländer geblieben ist.

Der Gouverneur hängt unmittelbar von der Kompagnie ab und hat den Vorsitz im Rat, dessen Mitglieder in je einem Zweig der Gesellschaft die Aufsicht führen. Die regulären Truppen bestehen aus 700 Mann. Die Einwohner stellen eine Miliz von viertausend Mann, die durch Signale in wenigen Stunden alarmiert werden können. Aus ihrer Zahl läßt sich ungefähr die Volksmenge der Kolonie bestimmen, die sich so weit ausgebreitet hat, daß die entferntesten Kolonisten über vier Wochen reisen müssen, ehe sie das Kap erreichen. Auf einen weißen Einwohner zählt man fünf oder mehr Sklaven, die Vornehmen am Kap halten oft zwanzig bis dreißig. Im ganzen haben es diese Leibeigenen aber gut, doch müssen alle barfuß gehen, da die Herren sich Schuhe und Strümpfe als Unterscheidungszeichen vorbehalten. Die Sklaven werden hauptsächlich von Madagaskar gebracht, doch gibt es auch eine Menge Malayen, Bengalesen und einige Neger unter ihnen. Die Kolonisten bestehen aus holländischen Familien, französischen Protestanten, hauptsächlich aber aus Deutschen. Da alle Lebensmittel recht wohlfeil sind, befinden die Leute sich durchweg in guten Umständen, doch gibt es hier keine so großen Reichtümer wie in Batavia zu erwerben. Wie man mir sagte, hat der reichste Mann am Kap nicht über 200000 Taler Vermögen.

Auf dem Lande sind die Leute schlicht und gastfrei. In den entferntesten Gegenden sollen sie unwissend sein, weil sie oft etliche Tagereisen weit auseinander wohnen und keine andere Gesellschaft als Hottentotten haben. Weinbau wird nur in den Plantagen betrieben, die wenige Tagereisen von der Stadt entfernt liegen. Sie wurden bereits von den ersten Kolonisten angelegt, deren Familien sie auch erblich gehören. Jetzt aber gibt die Kompagnie nichts mehr auf Erbe, sondern verpachtet die Ländereien nur jahrweise, und dies hindert die Anlage neuer Weinberge. In den entfernteren Plantagen wird daher auch nur Korn und Vieh gezogen. Wir hörten von zwei Pächtern, die je 15000 Schafe und entsprechende Herden von Hornvieh halten. Es gibt viele, die große Herden zur Stadt treiben, aber Löwen, Büffel und die Beschwerlichkeiten einer so weiten Reise vermindern die Trift oft, ehe sie auf den Marktplatz gelangen. Sie nehmen bei solchen Gelegenheiten ihre Familien mit und bedienen sich hierzu großer Wagen, die mit Leinwand oder Leder bespannt sind und von acht, zehn oder gar zwölf Ochsen gezogen werden. Außer dem Schlachtvieh bringen sie auch Butter und Schaftalg, das Fleisch und die Haut vom Flußpferd nebst Löwen- und Rhinozerosfellen auf den Markt. Für ihre Feld- und Viehwirtschaft halten sie sich Sklaven, mieten aber auch ärmere Hottentotten dazu, die kein eigenes Zuchtvieh haben.

Das Land versieht die Schiffe aller Nationen, die hierherkommen, mit Lebensmitteln. Das Klima ist so gesund, daß die Einwohner selten erkranken und daß Fremde sich vom Skorbut und anderen Leiden schnell erholen. Die Einwohner holländischer Herkunft haben ihre angeborene Gestalt behalten. Sie sind durchgehends dick und fett, wozu ihr gutes Leben nicht wenig beitragen mag. Die ursprünglichen Landesbewohner, die Hottentotten, haben sich in das Landesinnere zurückgezogen, so daß der nächste Kraal fast hundert englische Meilen von der Stadt am Kap entfernt ist. Dennoch kommen sie bisweilen hierher, um ihr Vieh zum Kauf anzubieten oder um den Holländern beim Viehtreiben zu helfen.

Im Pflanzenreich herrscht hier eine bewunderungswürdige Mannigfaltigkeit. Obschon wir uns gar nicht lange aufhielten, fanden wir dennoch verschiedene neue Arten, und zwar nahe bei der Stadt, wo wir sie am wenigsten vermuteten. So beträchtlich auch die Sammlungen schon waren, haben wir doch mehr als tausend neue Arten angetroffen. Das Tierreich ist ebenso reich. Die größten vierfüßigen Tiere, der Elefant, das Rhinozeros und die Giraffe, sind an der Spitze von Afrika zu Haus. Sie sind aber so häufig gejagt worden, daß sie nur noch selten vorkommen. Das Nashorn ist so rar geworden, daß der Gouverneur eine Verordnung hat ergehen lassen müssen, um die gänzliche Ausrottung zu verhindern. Das Flußpferd wird hier Seekuh genannt und war ehedem unweit der Stadt schon in der Saldanha-Bai anzutreffen, jetzt aber ist es so selten geworden, daß es innerhalb einer großen Entfernung vom Kap nicht mehr geschossen werden darf. Das Fleisch wird hierzulande für einen Lekkerbissen gehalten, jedoch schmeckte es mir nicht besser als festes Rindfleisch. Zu den großen Tieren gehört auch der Büffel. Er hält sich ebenfalls nur in den entlegeneren Gegenden auf und soll von ausnehmender Stärke und Wildheit sein. Außer diesen Büffeln gibt es noch eine andere Art, von den Eingeborenen Gnu genannt, sie scheinen wegen ihres feineren Baues aber eher zum Antilopengeschlecht zu gehören.

Am Kap fehlt es auch nicht an reißenden Raubtieren, und die Kolonisten können sich nicht Mühe genug geben, sie auszurotten. Löwen, Leoparden, Tigerkatzen, gestreifte und fleckige Hyänen, Schakale und andere nähren sich hauptsächlich von Antilopen und kleinen vierfüßigen Tieren, wovon das Land voll ist. Die Zahl der Vogelarten ist sehr groß, und viele sind mit den schönsten Farben gezeichnet. Von Schlangen, darunter einige, deren Biß tödlich ist, von Insekten und anderem Gewürm wimmelt es gleichsam am Kap. Die Küsten sind reich an wohlschmeckenden Fischen. Mit einem Wort, so große Reichtümer auch jetzt schon aus Afrika gebracht worden sind, so gibt es im Pflanzen- und Tierreich Afrikas doch noch große Schätze für die Naturwissenschaft.

4. Kapitel

Reise vom Kap nach dem antarktischen Zirkel – Erste Fahrt in höhere südliche Breiten – Ankunft an der Küste von Neuseeland

Am 22. November, nachmittags um vier Uhr, segelten wir aus der Tafelbai und begrüßten beim Abschied das Fort. Das unruhige Element, dem wir uns nun wieder anvertrauten, bewillkommnete uns auf keine angenehme Art, denn wir hatten die ganze Nacht mit Stoßwinden zu kämpfen. Am folgenden Tage um acht Uhr morgens verloren wir das Kap aus dem Gesicht und liefen gen Süden. Da wir nun auf einer Reise begriffen waren, die noch niemand vor uns unternommen hatte, und wir auch nicht wußten, wann und wo wir einen Erfrischungsort finden würden, gab der Kapitän Befehl, mit dem Trinkwasser gut hauszuhalten. Dazu wurde eine Schildwache an das Wasserfaß gestellt, und von der Mannschaft bekam jeder ein gewisses Maß zugeteilt. Der Kapitän selber wusch sich mit Seewasser, und unsere ganze Reisegesellschaft mußte sich ein gleiches gefallen lassen. Auch wurde die Destilliermaschine in Gang gehalten, um die tägliche Abnahme des Trinkwassers in etwa zu ersetzen.

Am 24. nachmittags fingen wir neun Albatrosse an Schnüren, die wir mit einem Stückchen Schafsfell bestückt hatten. Einige dieser Vögel maßen von einer Flügelspitze zur anderen über zehn Fuß. Das Gefieder der jüngeren war mit vielen braunen Federn vermischt, die ausgewachsenen aber waren ganz weiß bis auf die Flügel, die schwärzlich oder schwarz gesprenkelt waren. Am 29. wurde der Wind so heftig, daß wir nur das Focksegel setzen konnten, zugleich ging die See fürchterlich hoch und brach oft über das Schiff. Wer kein Seemann war, wußte sich in diese neue Lage gar nicht zu schikken, und da wir bisher gutes Wetter gehabt hatten, waren in den Kajüten keinerlei Anstalten getroffen worden. Das Schwanken des Schiffes richtete deshalb schreckliche Verwüstungen unter unseren Tassen, Gläsern, Schüsseln und anderem Geschirr an, allein die lustigen Auftritte, zu denen es bei dieser allgemeinen Verwirrung kam, bei denen man sich unmöglich des Lachens enthalten konnte, machten uns gegen diesen Verlust gelassener. Das Übelste dabei war, daß die Decken und Fußböden in den Kajüten gar nicht trocken wurden, und das Heulen des Sturmes im Tauwerk, das Brausen der Wellen nebst dem gewaltigen Hin- und Herwerfen des Schiffes waren neue Szenen, aber höchst widrig und unangenehm. Hierzu kam noch, daß die Luft schon recht scharf zu werden begann, wie auch der häufige Regen dem Schiffsvolk den Dienst noch schwerer machte. Um nun die Leute einigermaßen zu schützen, ließ der Kapitän die Kleider austeilen, die von der Admiralität zu diesem Zwecke angeschafft worden waren. Ein jeder, der im Dienst dem Ungestüm des Wetters ausgesetzt war, vom Leutnant bis zum gemeinsten Matrosen, bekam ein Wams und ein paar Schifferhosen vom dicksten wollenen Zeug, welche die Nässe lange abhielten und, wie alle Artikel, die die Admiralität von Lieferanten beschaffen läßt, nur den einzigen Fehler hatten, daß sie durchgehend zu kurz oder zu knapp waren.

In dieser Nacht erlebten wir einen kritischen Augenblick. Ein Unteroffizier, der im Vorderschiff schlief, erwachte von ungefähr und hörte Wasser durch den Schlafraum rauschen. Er sprang aus dem Bett und fand sich bis an die Waden im Wasser. Augenblicklich machte er dem Offizier auf dem Achterdeck Meldung, und in wenigen Minuten war alles in Bewegung. Man fing an zu pumpen, und die Offiziere redeten den Leuten mit einer ungewohnten und daher bedenklichen Güte Mut ein, nicht nachzulassen und aus allen Kräften zu arbeiten. Dennoch schien das Wasser überhandzunehmen. Jedermann geriet in Furcht und Schrecken, und die Dunkelheit der Nacht vergrößerte nur noch die Abscheulichkeit unserer Lage.

Die Schöpf- und Kettenpumpen wurden in Gang gebracht, und die Leute arbeiteten mit dem größten Eifer. Endlich entdeckte man zu unserem größten Glück, daß das Wasser nicht durch ein Leck eindrang, sondern daß es durch ein Luftloch in der Vorratskammer des Bootsmanns hereinkam, das nicht fest genug geschlossen worden war. Es wurde augenblicklich abgedichtet, und so kamen wir diesmal ohne einen anderen Schaden davon, als daß die Kleider und das Gepäck der Matrosen und Offiziere ganz durchnäßt worden waren.

Das stürmische Wetter dauerte bis zum 5. Dezember, an welchem Tage der Wind zum erstenmal, seit wir das Kap verlassen hatten, so gemäßigt war, daß die höchsten Bramsegel gesetzt werden konnten. Die Freude über das gute Wetter war aber von kurzer Dauer. Nachmittags fiel bereits wieder Regen, und die Wellen, die sich von Westen heranwälzten, verkündeten uns, daß wir aus diesem Strich Wind zu erwarten hätten. Er stellte sich auch wirklich ein, und am 7. stürmte es dermaßen, daß wir nachmittags nur noch ein Segel führen konnten. Eine Menge Sturmvögel und Seeschwalben waren uns vom Kap gefolgt, ohne sich an das Stürmen des Windes und der See zu kehren, das sie im Gegenteil in immer größerer Zahl herbeizuführen schien. Von Zeit zu Zeit ließen sich auch Albatrosse sehen. Am 8., da die See immer noch sehr unruhig und der Wind sehr heftig war, ließen sich zum erstenmal Pinguine und Haufen von Seegras unweit des Schiffes sehen. Diese Umstände begünstigten unsere Hoffnung, Land zu finden, denn bisher wurde es für ausgemacht gehalten, daß Pinguine und Seegras niemals fern von der Küste angetroffen würden. Die Erfahrung aber hat gelehrt, daß man sich auf diese Zeichen nicht verlassen kann.

Am 9. morgens konnten wir endlich wieder unsere großen Segel setzen, weil der Sturm nachgelassen hatte. Das Thermometer war auf 35 Grad gesunken, stieg mittags um einen Grad höher, obgleich wir uns erst unter 49 Grad 45 Minuten südl. Breite befanden. Nachts wurde es wieder kälter, und in unserem Trinkfaß fing das Wasser am Rande an zu gefrieren. Diese Kälte war der Vorbote des Treibeises, das wir am folgenden Morgen antrafen. Das erste, was wir davon zu sehen bekamen, war ein großer Klumpen, dem wir eiligst ausweichen mußten. Ein anderer war dicht vor uns, und einen dritten erblickten wir zwei Meilen entfernt, wo er wie eine Kreideklippe aus dem Meer emporragte. Nachmittags fuhren wir an einer anderen ungeheuren Eismasse vorbei, die ungefähr 2000 Fuß lang, 400 breit und wenigstens zweimal so hoch wie unser mittlerer Brammast, also ungefähr 200 Fuß hoch war. Da die Masse des Eises sich zum Seewasser ungefähr wie 10 zu 9 verhält, muß die Masse des Eises über dem Wasser wie jene unter dem Wasser wie 1 zu 9 sein. Wenn das Eis, das wir vor uns sahen, von regelmäßiger Gestalt gewesen ist, dann muß es 1800 Fuß tief im Wasser und im ganzen 2000 Fuß hoch gewesen sein. Rechnen wir nun seine Breite auf 400 Fuß und für seine Länge 2000, dann muß dieser einzige Klumpen 1600 Millionen

Kubikfuß Eis enthalten haben. Dergleichen ungeheure Eismassen treiben allem Anschein nach nur sehr langsam, denn da der größte Teil unter Wasser ist, kann die Gewalt des Windes und der Wellen nur wenig Eindruck auf sie machen. Strömungen in der See sind vielleicht die Hauptkräfte, wodurch sie in Bewegung gesetzt werden.

Am 11. Dezember liefen wir an einer Eisinsel vorbei, die wenigstens eine halbe englische Meile lang war. Die Wellen brachen sich mit solchem Ungestüm daran, als ob es ein unbeweglicher Felsen gewesen wäre. Der Kälte des Himmelstrichs ungeachtet waren unsere Schiffe doch immer noch von Sturmvögeln, Albatrossen und Pinguinen umgeben. Ein Nordkaper und verschiedene Wale, die sich zwischen den Eismassen zeigten und die traurigen Seegegenden in diesem eiskalten Klima einigermaßen belebten, brachten uns auf den Gedanken, daß wir doch vielleicht noch ein südliches Grönland zu erwarten hätten.

Abends sondierten wir mit einer Leine von hundertfünfzig Faden (etwa 275 m), fanden aber keinen Grund. Wir waren jetzt unter der Polhöhe, in welcher der Kapitän Bouvet das Kap Circonsion entdeckt haben will. Jeder erwartete daher mit großer Ungeduld, Land zu erblicken, und der geringste Umstand, wenn es auch nur ein schwarzer Fleck auf dem Eise war, erregte unsere ganze Aufmerksamkeit. Die trügerische Gestalt der Nebelbänke oder der in Schneegestöber eingehüllten Eisbänke hatten schon manchen falschen Lärm veranlaßt, und die »Adventure« wurde durch solche Täuschung oft verleitet, uns falsche Signale zu geben, daß sie Land sähe. Die Idee von Bouvets Entdeckung hatte die Einbildungskraft eines unserer Leutnants derart erhitzt, daß er immer wieder in den Mastkorb kletterte und endlich am 14. morgens um sechs Uhr dem Kapitän ernsthaft meldete, er sehe Land. Diese Neuigkeit brachte uns alle an Deck. Wir sahen aber nichts als ein ungeheures Eisfeld vor uns, und eine große Menge Eisinseln ragte dahinter empor, die im Dunst des Horizonts wirklichen Bergen ähnlich sahen. Scharen von Pinguinen und Seevögeln fanden sich bei diesem weitverbreiteten Eise, und verschiedene Walfischarten bliesen rund um uns her.

Am Nachmittag kamen wir durch viel gebrochenes Eis und sahen ein zweites großes Eisfeld, jenseits dessen verschiedene unserer Leute noch immer Land zu sehen behaupteten. In der Nacht schneite es stark, und bei Anbruch des Tages wurde es sehr neblig, aber zugleich fast meeresstill. Herr Wales und mein Vater nutzten die Gelegenheit, in einem kleinen Boot die Wärme der See in verschiedener Tiefe zu messen. Als sie jedoch damit beschäftigt waren, wurde der Nebel so dick, daß sie beide Schiffe aus den Augen verloren. Wie ihnen dabei zumute sein mochte, läßt sich leicht erachten. In einem kleinen Boote, in dem sie weder Mast noch Segel hatten, sondern nur zwei Ruder, befanden sie sich auf dem unermeßlichen Ozean, fern von irgendeiner bewohnten Küste, überall von Eis umgeben und ohne Lebensmittel. Unter ständigem Rufen ruderten sie eine Weile bald hier-, bald dorthin, aber umsonst. Alles war still um sie her, und sie konnten vor Nebel keine Bootslänge weit sehen. In dieser Ungewißheit hielten sie es für das beste, still zu liegen, und sie hofften, daß die Schiffe nicht außer Sicht getrieben würden. Endlich hörten sie in großer Entfernung eine Glocke läuten. Das war ihren Ohren himmlische Musik. Sie ruderten darauf zu und erhielten endlich auf ihr ständiges Rufen von der »Adventure« aus Antwort. Nunmehr eilten sie an Bord, höchsterfreut, der Gefahr eines langsamen, fürchterlichen Todes glücklich entkommen zu sein. Nachdem sie eine Weile an Bord gewesen waren, ließen sie eine Kanone abfeuern, und als sie beim Antwortschuß fanden, daß die »Resolution« so nahe war, daß sich beide Schiffe anrufen konnten, kehrten sie in ihrem Boot nach ihren feuchten Betten und baufälligen Kajüten zurück, die ihnen nun noch einmal soviel wert waren wie zuvor.

Da wir nun gegen Süden hin lauter feste, große Eisfelder vor uns fanden, konnten wir auf diesem Striche nicht weiter vordringen, und nachdem wir mehrmals vergeblich versucht hatten, uns einen Weg durch das dichte Eis zu bahnen, änderten wir unseren Lauf und steuerten längs demselben, oft durch große Strecken gebrochenen Eises hindurch, das die Nordfahrer Packeis nennen, gegen Osten. Hagel- und Schneeschauer verdunkelten ständig die Luft und ließen uns den belebenden Anblick der Sonne immer nur auf kurze Zeit genießen.

Obgleich wir der großen Eisfelder wegen unseren Lauf nach Osten hatten richten müssen, verloren wir unseren Auftrag, den kalten Erdzirkel zu untersuchen, dennoch nie aus den Augen und steuerten deshalb, sobald die See offener wurde, gleich wieder nach Süden. Wegen des geringen Windes bei Anbruch des nächsten Tages nutzten wir die Gelegenheit, ein Boot auszusetzen, um in unseren Untersuchungen über die Strömung und Wärme der See fortzufahren. Wir versäumten auch nicht, die Sturmvögel, die uns umschwärmten, näher zu untersuchen, zu beschreiben und zu zeichnen, welches heute um so besser geschehen konnte, weil wir mehrere schossen, die in einer Art Neugier über dem Boot schwebten.

Am folgenden Morgen führte uns ein frischer Wind an verschiedenen Eisfeldern vorüber, und außer den Vögeln ließen sich auch einige Walfische sehen. Wir Passagiere feierten den heutigen ersten Christtag in Gesellschaft unserer Seeoffiziere dem Herkommen nach recht vergnügt, und die Matrosen ließen sich durch die gefährliche Nähe der Eisberge nicht im geringsten abhalten, diesen Festtag mit Lärmen und Trinken zu verbringen, wozu sie ihn besonders bestimmt zu haben scheinen.

Am folgenden Morgen segelten wir durch viel Packeis, wovon einiges ganz schmutzig und tauend aussah. Die untergehende Sonne verschaffte uns abends einen herrlichen Anblick, denn sie färbte die Spitzen einer im Westen liegenden Eisinsel mit funkelndem Golde und teilte der ganzen Masse einen blendenden Purpurglanz mit. Eine völlige Windstille, die am 27. folgte, gestattete uns, in einem Boot auf die Jagd zu gehen. Obgleich sie uns mit den Pinguinen nicht sonderlich glücken wollte, belustigten sie uns doch wenigstens durch die Geschwindigkeit ihrer Bewegungen. Sie tauchten, blieben eine ganze Weile unter Wasser, tauchten auf und von neuem wieder unter und schossen zuletzt in gerader Linie fort, so daß sie mit einemmal außer Schußweite waren. Endlich kamen wir doch einem nahe genug, aber obschon wir ihn mehr als zehnmal mit Hagel trafen, mußten wir ihn doch mit einer Kugel totschießen. Es zeigte sich, daß das Schrot an den harten Federn abgeprallt war, denn dies Tier hat ein sehr dickes Gefieder aus langen, schmalen Federn, die schuppenartig dicht übereinanderliegen und den Pinguin gegen Kälte und Nässe schützen. Auch die Sturmvögel haben gleich den Pinguinen ein sehr dichtes und dickes Gefieder. Aus jeder Wurzel wachsen statt einer Feder ihrer zwei, nämlich eine gewöhnliche Feder und eine Duhne oder Flaumfeder, davon eine in der anderen liegt und solchergestalt eine warme Decke bildet. Wir haben sie zwischen Neuseeland und Amerika über siebenhundert Seemeilen vom Lande entfernt angetroffen, eine Weite, die sie unmöglich hätten erreichen können, wenn ihnen nicht eine besondere Stärke der Muskeln und die Länge ihrer Flügel dazu behilflich gewesen wären.

Sobald wir sie anschossen, spieen sie eine Menge schleimigen Fraß aus, der dem Anschein nach erst frisch verdaut war und den die übrigen gleichwohl mit einer Gier verschlangen, die langes Fasten und großen Hunger anzudeuten schien. Es muß daher wohl allerlei Blubber-Arten (Mollusken) in diesem Eismeer geben, die bei schönem Wetter heraufkommen und dem gefräßigen Vogel zum Futter dienen. Es war uns angenehm, Gegenstände zu finden, die zu solchen kleinen Betrachtungen Anlaß gaben. Bei der Einförmigkeit, in welcher wir Stunden, Tage und Monate in diesem öden Teil der Welt zubringen mußten, dienten sie uns wenigstens dann und wann zu einer kleinen Abwechslung. Fast immer in dicke Nebel gehüllt, bei Regen, Hagel und Schnee, mitten im Sommer eine bis zum Gefrierpunkt kalte Luft, rund um uns her unzählbare Eisinseln, an denen zu scheitern wir stets Gefahr liefen, unsere tägliche Kost nichts als Eingesalzenes, wodurch unser ganzes Blut in Unordnung geriet... dies zusammengenommen waren Unannehmlichkeiten, die uns allen den sehnlichsten Wunsch abnötigten, daß wir endlich in eine mildere Himmelsgegend kommen möchten. Zum Glück waren unsere Matrosen noch immer guten Mutes und von Skorbut frei. Dies hatten sie ohne Zweifel den prophylaktischen Mitteln, vornehmlich der eingekochten Fleischbrühe und dem Sauerkraut zu danken, wovon jeder seine gemessene Portion bekam. Nur zwei bis drei von unseren Leuten, die eine ungesunde Anlage hatten, konnten dem Skorbut nicht entgehen, insbesondere wurde ein Zimmermann, namens Georg Jackson, schon am zehnten Tage unserer Reise davon befallen. Das Zahnfleisch ging bei ihm in Fäulnis über, und die Zähne saßen so locker, daß sie seitwärts lagen. Man machte mit einer Marmelade von Rüben und Karotten einen Versuch bei ihm, allein sie half zu weiter nichts, als daß sie den Leib offen hielt. Unser Wundarzt Patton machte darauf eine Kur mit der Malzinfusion, und diese brachte den Kranken nach wenigen Wochen wieder zurecht. Seine Zähne wurden wieder fest, und er bekam gleichsam ganz neues Zahnfleisch. Da aber seine kränkliche Anlage blieb, mußte er mit dem Gebrauch der Bierwürze fortfahren.

Das neue Jahr (1773) fing mit Schnee und kalten Stürmen an, die uns bis zu dem Meridian zurücktrieben, unter dem das von Kapitän Bouvet angeblich entdeckte Kap Circoncision liegen sollte. Da sich hier abermals Seehunde und Pinguine zeigten, faßten einige von uns neue Hoffnung, hier Land zu erblicken. Nachdem wir aber eine gute Strecke gesegelt waren, fanden sie sich in ihren Erwartungen schmerzlich betrogen. Da der Wind sich nach Nordwest umsetzte, richteten wir unseren Lauf wieder nach Osten und kamen von neuem an die Stelle, wo wir am 31. Dezember viel Eis gefunden hatten, es war aber jetzt weggetrieben.

Am 9. des Morgens war eine große Eisscholle mit Bruchstücken ringsum zu sehen, und da wir gelindes Wetter hatten, wurde beigelegt und ein Boot ausgesetzt, um von dem losen Eis soviel wie möglich aufzufischen. Die Eisschollen wurden auf das Hinterdeck geworfen, in Stücke geschlagen und in Fässer gepackt. Dann ließen wir etwas davon in Kesseln schmelzen und das übrige Eis ganz warm übergießen. Auf diese Weise bekamen wir heute einen für dreißig Tage ausreichenden Vorrat an frischem Wasser. Zwei Tage später hatten wir wieder Gelegenheit, uns mit frischem Wasser zu versehen, und das Schiffsvolk tat die saure Arbeit mit frohem Mut, ob ihnen gleich die Hände wund dabei wurden.

Wir erblickten einige große Walfische, die dem Augenmaß nach sechzig Fuß lang sein mochten. Am 17. vormittags passierten wir den antarktischen Zirkel und traten nun in die eigentliche südliche Hemisphäre ein, die bis dahin noch allen Seefahrern verschlossen geblieben war. Um fünf Uhr nachmittags sahen wir mehr als dreißig große Eisinseln vor uns und am Horizont einen starken weißen Schein in der Luft, der noch mehr Eis prophezeite. Kurz nachher passierten wir viel kleines Brucheis, das sich so sehr anhäufte, daß die wellenförmige Bewegung des Meeres dadurch gehindert wurde und die See nun ganz eben zu sein schien, obschon der Wind noch ebenso frisch blies wie vorhin. Über dieses Brucheis hinaus erstreckte sich ein unabsehbares Feld von festem Eis. Da es deshalb unmöglich war, auf diesem Kurs weiterzusegeln, ließ Kapitän Cook jetzt, da wir 67 Grad 15 Minuten südlicher Breite erreicht hatten, beide Schiffe wenden und gegen Nordost zu Nord steuern. Auf dieser ganzen südlichen Fahrt hatten wir bisher nirgends Land, aber allerorten Walfische und Sturmvögel angetroffen.

Am 31. abends passierten wir eine große Eisinsel, die in dem Augenblick, als wir an ihr vorbeikamen, mit einem schrecklichen Krach in Stücke zerfiel. Am folgenden Tage trieb ein großer Haufen Seegras am Schiff vorüber, und nachmittags rief Kapitän Furneaux von der »Adventure« herüber, er sei an einem großen Haufen Seegras vorbeigekommen und habe eine Menge Taucher gesehen, die denen im englischen Meer ähnlich seien. In der Ungewißheit, ob dieser Anzeichen wegen Land in der Nähe sein könnte, legten wir die Nacht über bei und segelten erst bei Anbruch des Tages weiter. Mittags befanden wir uns auf 38 Grad 36 Minuten südlicher Breite. Da dies ungefähr die Polhöhe ist, auf der die französischen Entdekkungen liegen sollen, richteten wir am Nachmittag unseren Lauf gegen Südsüdwest, bekamen aber am folgenden Tage so heftigen Wind, daß wir die Bramsegel einnehmen mußten. Da nun nirgends Land zu finden war, gaben wir alle ferneren Nachforschungen auf und gingen von neuem auf Südostkurs. Obgleich wir nun das Land nicht fanden, so haben wir dennoch der Geographie einen Dienst erwiesen, indem daraus unleugbar erhellt, daß die französische Entdeckung nichts weiter als eine kleine Insel, keineswegs aber das nördliche Ende eines großen, festen Landes ist.

Am 8. bekamen wir des Morgens einen außerordentlich dicken Nebel, in welchem wir unsere Begleiterin, die »Adventure«, aus dem Gesicht verloren. Dieses Vorfalls wegen ließ unser Kapitän am heutigen und auch an den folgenden Tagen erst alle halben Stunden und hernach alle Stunden eine Kanone abfeuern, allein es erfolgte keine Antwort, und auch die Leuchtfeuer, die wir in beiden Nächten unterhielten, halfen zu nichts. Da nun alle Versuche, unsere Begleiterin wiederzufinden, umsonst waren, sahen wir uns am 10. in die traurigen Notwendigkeit versetzt, nach Süden allein fortzufahren und uns in die Gefahren dieses kalten Himmelstriches von neuem, aber ohne die Hoffnung zu wagen, von unseren Gefährten Rettung und Hilfe zu erlangen, falls unser Schiff verloren gehen sollte.

Am 17. nahmen wir ungefähr unter dem 58. Breitengrad viele Eisschollen ein und füllten unsere Fässer. In der Nacht hatten wir ein schönes Phänomen bemerkt, das sich auch in den folgenden

Nächten zeigte. Es bestand aus langen Säulen weißen Lichtes, die sich am östlichen Horizont fast bis zum Zenit erhoben und über den ganzen südlichen Himmel ausbreiteten. Zuweilen waren sie am oberen Ende seitlich gebogen und dem Nordlicht unseres Weltteils ähnlich, aber doch darin verschieden, daß sie nur eine weißliche Farbe hatten, unsere Nordlichter dagegen verschiedene, besonders die Feuer- und Purpurfarbe anzunehmen pflegen. Der Himmel war meist klar, wenn dies Phänomen sich zeigte, und die Luft so scharf und kalt, daß das Thermometer meist auf dem Gefrierpunkt stand.

Als wir am 24. ungefähr auf dem 62. Grad südlicher Breite waren und abermals auf ein festes Eisfeld trafen, beschloß der Kapitän endlich, für diesmal nicht weiter nach Süden zu gehen. Wir waren nun auch lange genug ohne Erfrischung auf See gewesen, das Wetter wurde täglich rauher und ließ uns schon im voraus empfinden, wie schrecklich der Winter sein müsse. Auch wurden die Nächte bereits länger und unsere Schiffahrt dadurch immer gefährlicher. Es währte indessen noch bis zum 17. des folgenden Monats, ehe wir wirklich von diesen kalten Gegenden Abschied nahmen. Wir hatten viel Ostwind, der Nebel und Regen brachte und uns in Gefahr setzte, an den hohen Eisinseln zu scheitern. Unter anderen kamen wir an einer vorbei, die von außerordentlicher Größe war und in der Mitte ein grottenähnliches Loch hatte, das dergestalt durch und durch ging, daß man das Tageslicht an der anderen Seite sehen konnte.

Unserer guten Vorbeugungsmittel ungeachtet zeigten sich bei einigen unserer Leute starke Symptome von Skorbut. Es wurde ihnen also frische Bierwürze verordnet, wodurch sie ganz oder wenigstens zum Teil geheilt wurden. Das rauhe Klima wurde auch den Schafen sehr nachteilig, sie wurden krätzig, fielen auf Haut und Knochen zusammen und wollten fast nicht mehr fressen. Unsere Ziegen und Schweine warfen zwar, aber die Jungen kamen entweder tot zur Welt oder gingen bald vor Kälte ein. Kurz, es wurde Zeit, die höheren Breiten zu verlassen und nach einem Hafen zu eilen, wo wir unsere Leute erfrischen und die wenigen Schafe retten konnten.

Nunmehr fingen wir endlich an, nach Nordosten zu steuern, um das Südende von Neuseeland zu erreichen. Je weiter wir nach Norden kamen, desto mehr Seehunde kamen uns von der Küste Neuseelands her entgegen. Am 25. sahen wir den Stamm eines Baumes und einige Grasklumpen vorüberschwimmen, deren Anblick unsere Matrosen mit neuem Mut belebte. Kurz darauf erblickte man in Nord-Ost zu Ost Land, und am Nachmittag um 5 Uhr befanden wir uns nur noch wenige Meilen von einer felsigen Küste. Da wir der Küste so nahe waren, wurde das Senkblei ausgeworfen, wir fanden aber mit 30 Faden keinen Grund, desto unvermuteter war es uns, als die Wache plötzlich vom Mast herabrief, daß wir dicht an einigen Felsenklippen wären. Das Schiff wurde in aller Eile umgewandt, und wir entfernten uns sicherheitshalber vom Lande. Am folgenden Morgen fand sich, daß der vor uns liegende Teil von Neuseeland gerade die vom Kap West südwärts gelegene Spitze des Landes war, die Kapitän Cook auf seiner vorigen Reise mit der »Endeavour« noch nicht untersucht hatte.

Hier endete nun unsere erste Fahrt in die südlichen Breiten, auf der wir, ohne Land zu sehen, vier Monate und zwei Tage zugebracht hatten, aber diese ganze Zeit von der Vorsehung vor besonderen Unglücksfällen bewahrt worden waren. Unsere Segel waren zerrissen, das Tauwerk in Stücken, das Schiff wurde von den Wellen hin und her geworfen, oder wenn das nicht geschah, legte der Wind es ganz schief auf die Seite. Das Tau- und Takelwerk war mit Eis überzogen, und wehe den Händen, die daran arbeiten mußten. Unablässig mußten wir befürchten, gegen die hohen Eismassen zu laufen, und diese Gefahr kam so oft und schnell, daß die Leute selten ihre Ruhestunden genießen konnten. So war denn unsere Reise in der Tat nichts anderes als eine stete Folge von Mühseligkeit und Elend gewesen. Zu allem gesellte sich noch die düstere Traurigkeit, die unter dem arktischen Himmel herrscht, wo wir oft ganze Wochen in undurchdringlichen Nebel gehüllt zubringen mußten und die Sonne nur selten zu sehen bekamen. Wenn man dies alles bedenkt, so ist es wahrlich zu verwundern und als ein deutliches Merkmal der göttlichen Obhut anzusehen, daß wir von all den Folgen nichts erlitten, die von so gehäuftem Elend zu befürchten waren.

5. Kapitel

Aufenthalt in der Dusky-Bai – Beschreibung derselben Nachricht von unseren Verrichtungen

Nach einer Fahrt von einhundertzweiundzwanzig Tagen, auf der wir ungefähr dreitausendfünfhundert Seemeilen in offener See zurückgelegt hatten, kamen wir endlich am 26. März mittags in der Dusky-Bai an. Diese Bai hatte Kapitän Cook bereits auf seiner vorigen Reise entdeckt, ohne sie jedoch zu besuchen. Aus großer Ungeduld wünschten wir, gleich an der Mündung der Bai vor Anker zu kommen, allein da das Senkblei dort eine allzu große Tiefe, nämlich vierzig Faden anzeigte und etwas weiter gar mit sechzig kein Grund zu finden war, mußten wir weiter hineinsegeln. Das Wetter war schön und warm, und ein sanfter Wind führte uns an vielen felsigen Inseln vorbei, die alle mit Bäumen und Büschen bewachsen waren. Ganze Scharen von Wasservögeln belebten die Felsen, und das Land ertönte vom Gesang der gefiederten Waldbewohner.

Um drei Uhr nachmittags kamen wir endlich an einer Insel vor Anker. Kaum war das Schiff in Sicherheit, als unsere Matrosen ihre Angeln auswarfen, und nach wenigen Augenblicken sah man sie eine Menge vortrefflicher Fische aus dem Wasser ziehen. Wir fanden sie von bestem Geschmack, und da wir so lange gefastet hatten, war es kein Wunder, daß uns diese neuseeländische Mahlzeit als die herrlichste in unserem ganzen Leben vorkam. Zum Nachtisch ergötzte sich unser Auge an der vor uns liegenden Landschaft, die aus Felsen bestand, von Wäldern gekrönt, deren Alter in die Zeit der Sündflut zu reichen schien, und wo sich allerorten Wasserfälle herabstürzten. Zwar hätte es bei weitem nicht solcher Schönheiten bedurft, um uns zu entzücken, denn nach einer so langen Entfernung vom Lande ist es wahrlich sehr leicht, selbst die ödeste Küste für das herrlichste Land der Schöpfung anzusehen.

Gleich nach Tische wurden zwei Boote ausgesetzt, um für unser Schiff einen sicheren Hafen ausfindig zu machen, da unser Ankerplatz nur fürs erste gut genug war. Wir machten uns diese Gelegenheit zunutze, Untersuchungen in der Naturgeschichte anzustellen, und wir trennten uns, um von beiden Booten aus Entdeckungen zu machen. Beide Parteien fanden günstige Häfen mit einem Überfluß an Holz und Wasser, und sie trafen so viele Fische und Wasservögel an, daß man hoffen konnte, es werde uns an nichts fehlen. So günstige Aussichten bewogen den Kapitän, einige Zeit hier zuzubringen, da er auf seiner ersten Reise dies südliche Ende von Neuseeland nur flüchtig untersucht hatte. Unsererseits fanden wir sowohl im Tier- als auch im Pflanzenreiche neue Reichtümer, und es gab kaum eine Gattung, die mit den bekannten völlig übereinstimmte.

Am folgenden Tage wurde in aller Frühe ein Boot nach der Küste geschickt, und nach Verlauf dreier Stunden brachte es so viele Fische aufs Schiff, daß das ganze Schiffsvolk eine Mahlzeit davon halten konnte. Der beste und wohlschmeckendste davon war eine Art Kabeljau, den die Matrosen wegen seiner Farbe Kohlfisch nannten. Um neun Uhr gingen wir unter Segel und liefen den gestern ausfindig gemachten Ankerplatz an, der Pickersgill genannt wurde. Hier lagen wir in einer kleinen Bucht nahe am Ufer, das wir mit einem Steg aus wenigen Planken erreichen konnten. Die Bäume standen so nahe am Schiff, daß die Äste bis an unsere Masten reichten, und ein schöner Strom frischen Wassers floß nur einen Pistolenschuß weit vom Schiff entfernt.

Unsere erste Arbeit war nun, einen nahegelegenen Hügel abzuholzen, um die Sternwarte und die Schmiede dort aufzustellen. Unser Eisenwerk hatte eine schnelle Ausbesserung dringend nötig. Zu gleicher Zeit wurden auch für die Segelmacher, Böttcher, Wasserträger und Holzhauer Zelte aufgeschlagen. Dabei verringerte sich bereits die gute Meinung, die unsere Leute von diesem Lande gehabt hatten, denn die ungeheure Menge von Schlingpflanzen, Dornen, Strauchwerk und Farnkraut machten es ungemein mühsam, ein Stück Land davon zu befreien, und dies ließ uns voraussehen, daß es ungemein mühsam sein werde, tief in das Innere des Landes einzudringen. In der Tat ist es wahrscheinlich, daß in diesem Teil von Neuseeland die Wälder noch unangetastet und in ihrem ursprünglichen Zustande geblieben sind. Überall lag auch eine Menge von verfaulten Bäumen im Wege, die vom Winde umgeworfen oder vor Alter umgefallen und zu einer fetten Holzerde geworden waren. Oft bedeckte eine täuschende Rinde das innere verfaulte Holz, und wer es wagte, darauf zu treten, fiel bis mitten an den Leib hinein.

Das Tierreich lieferte uns auch einen Beweis, daß die Dusky-Bai gänzlich unbewohnt sein müsse, denn eine Menge kleiner Vögel schienen noch nie einen Menschen gesehen zu haben, so unbesorgt blieben sie auf den nächsten Zweigen sitzen oder hüpften wohl gar auf dem äußersten Ende unserer Vogelflinten herum. Diese unschuldige Dreistigkeit schützte sie anfänglich, denn wer hätte so hartherzig sein können, sie zu schießen. Wenige Tage später aber hatte eine Schiffskatze ausfindig gemacht, daß hier eine vortreffliche Gelegenheit zu einem herrlichen Fraß sei, worauf sie jeden Morgen einen Spaziergang ins Holz unternahm, um eine schreckliche Niederlage unter den kleinen Vögeln anzurichten.

Bei dem Überfluß an Fischen und Wasservögeln fehlte es auf unserer Tafel nur noch an frischem Gemüse. Diesem Mangel suchten wir daher auf unseren botanischen Spaziergängen abzuhelfen und fanden gleich am ersten Tage einen zur Myrthenfamilie gehörigen Baum, der gerade in Blüte stand. Die Blätter waren angenehm aromatisch und gaben beim ersten Aufguß dem Wasser einen angenehm aromatischen Geschmack, der aber beim zweiten Aufguß einer ungemeinen Bitterkeit wich. Der Gebrauch dieser Pflanze trug viel dazu bei, das Blut zu reinigen und alle skorbutischen Symptome zu vertreiben. Man versuchte auch die Blätter eines anderen Baumes zur Infusion zu gebrauchen, und wir fanden bald, daß er wegen seines harzigen Geschmacks zu jenem gesunden Getränk, das in Westindien unter dem Namen Sprossenbier bekannt war, gebraut werden konnte. Ungeachtet sich in den hiesigen Wäldern nur der Sprossenbaum fand, von dem man etwas genießen konnte, so waren die übrigen in großer Menge und Verschiedenheit vorhandenen Bäume teils zum Schiffbau, teils zu Tischler- oder anderer Holzarbeit gut zu brauchen.

Wir waren nicht zwei Tage in dieser Bai, da waren wir bereits überzeugt, daß sie bewohnt sein müsse. Als nämlich am 28. morgens einige Offiziere in einem kleinen Boot auf die Jagd gingen und in eine Bucht ruderten, wurden sie auf dem Strande einige Einwohner gewahr, die ein Kanu ins Wasser setzen wollten. Bei ihrer Annäherung fingen die Neuseeländer an, laut zu rufen, und da man sie ihren Schreien nach für zahlreicher hielt, als sie wirklich waren, gingen die Offiziere zurück und gaben dem Kapitän Nachricht von dieser Ent-

Tätowierte neuseeländische Krieger

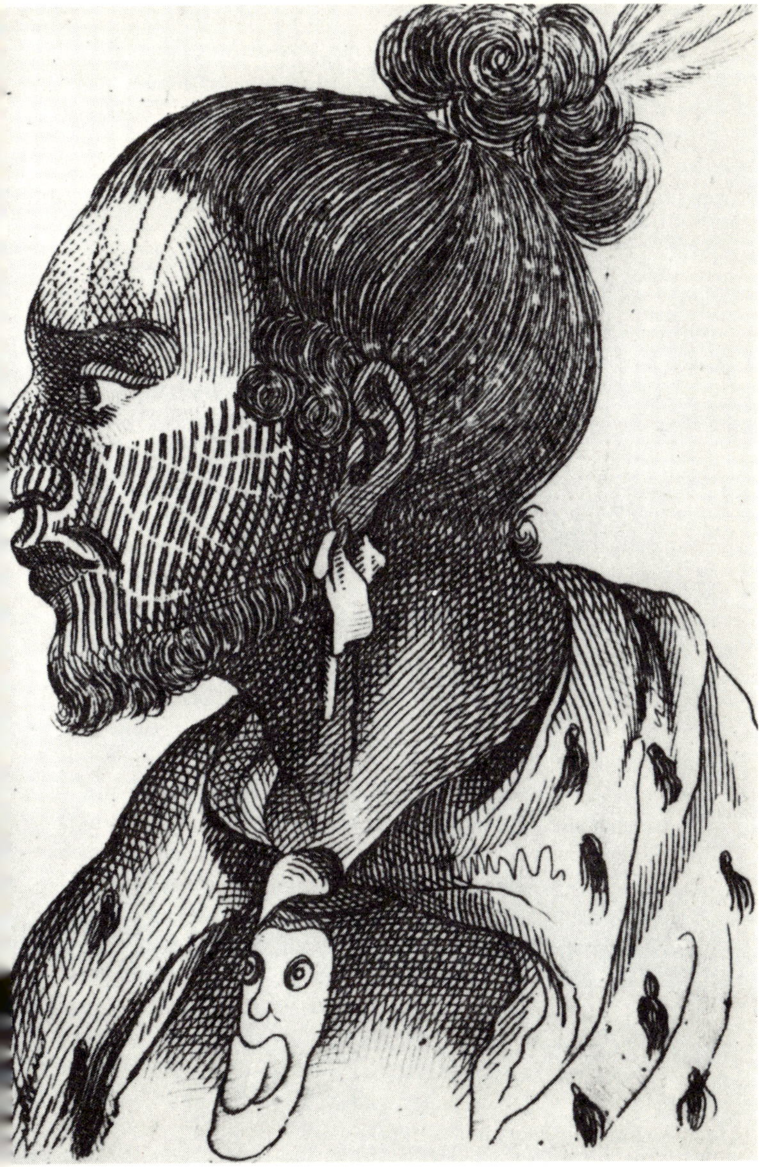

deckung. Kaum waren sie an Bord, als sich an einer Landzunge ein Kanu sehen ließ. Es war mit sieben oder acht Leuten besetzt, die uns eine Zeitlang anguckten, aber durch kein Zeichen der Freundschaft, wie durch Zurufen, Aushängen von weißen Tüchern, Zeigen von Glaskorallen und dergleichen bewegen ließen, näher zu kommen, vielmehr nach einer Weile zurückruderten. Soviel sich aus der Entfernung erkennen ließ, gingen sie in Matten gekleidet und hatten breite Ruder, mit denen sie ihr Kanu fortarbeiteten.

Kapitän Cook nahm sich vor, sie heute nachmittag an Land zu besuchen. Er ließ zwei Boote aussetzen und fuhr mit uns und einigen Offizieren nach der Bucht, wo die Wilden sich hatten sehen lassen. Hier fanden wir ein Doppelkanu, das neben einigen alten, niedrigen Hütten an Land gezogen war, und in der Nachbarschaft sah man einige Stellen, wo Feuer gebrannt hatte, auch lagen einige Fischnetze und Fische umher. Das Kanu bestand aus zwei Booten, die durch Querhölzer verbunden und mit Stricken aus der Neuseeländer Flachspflanze zusammengekoppelt waren. Die Boote waren aus Planken gebaut, die mit Schnüren aneinandergenäht und am Vorderteil mit einem grobgeschnitzten Menschengesicht verziert waren.

Im Kanu fanden wir zwei Ruder, einen Korb voll Beeren und einige Fische. Von den Leuten bekamen wir nichts zu sehen, weil sie in den Wald geflüchtet waren. Um uns ihr Vertrauen zu erwerben, legten wir einige Schaumünzen, Spiegel, Glaskorallen und andere Kleinigkeiten in das Kanu und gingen wieder zu unserem Boot, um tiefer in die Bucht hinein zu rudern und einen Plan aufzunehmen. Auf dem Rückweg schauten wir noch einmal nach dem Kanu, fanden aber alles, wie wir es verlassen hatten. Wir fügten noch ein Beil hinzu, und um ihnen den Gebrauch verständlich zu machen, hauten wir einige Späne von einem Baum ab und ließen es dann im Stamm stecken.

Den ganzen folgenden Morgen regnete es heftig. Nachmittags aber klärte sich das Wetter auf und gestattete uns, in das jenseits der Bucht gelegene Holz zu gehen. Allein wir fanden es jetzt doppelt mühsam, durch die Schlingpflanzen und umgefallenen Bäume hindurchzukommen, da der Regen das Erdreich dermaßen schlüpfrig gemacht hatte, daß man bei fast jedem Schritt ausglitt. Die beiden folgenden Tage hielt uns das regnerische Wetter an Bord zurück und nahm uns fast den Mut, denn wenn diese Witterung so anhielt, was der Jahreszeit nach zu befürchten war, so ließ sich voraussehen, wie unangenehm wir die Zeit hier zubringen würden. Am 1. April nutzten wir den ersten heiteren Augenblick dazu, die Bucht wieder zu besuchen. Wir fanden dort alles, wie wir es verlassen hatten, und es schien die ganze Zeit über niemand bei dem Kanu gewesen zu sein. Da das Wetter sehr hell war, konnte man die Bucht nach allen Seiten überschauen. Sie ist so geräumig, daß eine ganze Flotte darin vor Anker gehen kann. Die Spiegelfläche des Wassers, die bei Untergang der Sonne herrlich beleuchtet war, die Mannigfaltigkeit des Grüns und der Gesang der Vögel, der sich um die ganze Bai herum hören ließ, milderten die rauhen und wilden Umrisse dieser Landschaft auf eine angenehm kontrastierende Weise.

Das schöne Wetter des folgenden Tages lockte uns, schon mit Sonnenaufgang nach der Bucht zu gehen, und es hielt uns bis zum Abend zurück, da wir mit einer ganzen Ladung von neuen Vögeln und Pflanzen wieder auf dem Schiff anlangten. Wir hatten einen jungen Hund mitgenommen, den einige Offiziere am Kap der Guten Hoffnung gekauft hatten, und wollten versuchen, ihn für die Jagd abzurichten. Aber kaum war die erste Flinte abgefeuert, da lief er davon ins Holz und kam trotz allen Rufens und Lockens nicht zurück.

Kapitän Cook hatte sich das schöne Wetter zunutze gemacht und einige Gegenden der Bai untersucht. Er kam an einem Felsen unweit unserer ersten Ankerstelle vorüber, den wir Seal-rock oder Seehundfelsen genannt hatten, weil eine Menge dieser Tiere dort ihr Nachtlager hatten. Auch heute fand er eine große Zahl und erlegte drei Stück. Einer von diesen Seehunden, der angeschossen war, fiel wütend das Boot an, was ihn dann vollends das Leben kostete. Von hier aus lief der Kapitän an verschiedenen kleinen Inseln vorbei und gelangte an das Nordwestende der Bai, an die »Point Five Finger« genannte Landspitze. Hier schoß er verschiedene Wasservögel, die er mit an Bord brachte.

Nun mußten wir des Regens halber wieder eine Pause machen und an Bord bleiben, wo uns eine kleine Art Erdmücken bei dem nassen Wetter ungemein beschwerlich fielen. Sie waren nicht halb so groß wie Mücken, aber ihr Stich war sehr schmerzhaft mit einem nachfolgenden Jucken, das beim geringsten Kratzen eine starke

Geschwulst und große Schmerzen nach sich zog. Meinen Vater hatten sie so übel zugerichtet, daß er nicht imstande war, die Feder zu halten, um nur die täglichen Vorfälle in sein Journal einzutragen, und in der Nacht fiel er sogar in ein heftiges Wundfieber. Man versuchte allerhand Mittel dagegen, aber ohne Nutzen. Das beste war, die Hände und das Gesicht mit weicher Pomade einzureiben und ständig Handschuhe zu tragen.

Früh am 6. gingen einige Offiziere nach der Bucht, die der Kapitän entdeckt hatte. Der Kapitän selbst nahm ein anderes Boot und fuhr mit Herrn Hodges, Dr. Sparman, meinem Vater und mir nach der Nordseite, um mit der Aufzeichnung der Bucht fortzufahren. Im Hintergrund dieser Bucht gab es eine Stelle, wo das Wasser seicht und morastig war, das Ufer aber aus Muschelsand bestand, über den ein kleiner Bach herabrieselte. Hier fanden wir viel Federwild, deren wir vierzehn Stück erlegten und daher den Ort »Duck-Cove« – Entenbucht – nannten. Auf dem Rückweg kamen wir an einer Insel vorbei, auf welcher wir einen Menschen sehr laut rufen hörten. Da dies nur ein Eingeborener sein konnte, näherten wir uns dem Ufer, um zu erfahren, von wem die Stimme käme. Als wir näher herankamen, entdeckte man, daß es ein Indianer war, der mit einer Keule oder Streitaxt bewaffnet auf der Felsenspitze stand. Hinter ihm entdeckten wir am Walde zwei Frauenspersonen, deren jede einen Spieß in der Hand hielt. Sobald wir mit dem Boot bis an den Fuß des Felsens gekommen waren, rief man ihm in der Sprache von Tahiti zu: »Tayo Harre mai!« d. i. »Freund, komm her!« Allein das tat er nicht, sondern blieb auf seinem Posten, auf seine Keule gelehnt, und hielt in dieser Stellung eine lange Rede, wobei er seine Keule um den Kopf schwang. Da er nicht zu bewegen war, näher zu kommen, ging der Kapitän vorne ins Boot, rief ihm freundlich zu und warf ihm einige Schnupftücher hin, die er jedoch nicht aufnehmen wollte. Der Kapitän nahm nun einige Bogen weißes Papier in die Hand, stieg unbewaffnet auf den Felsen und reichte dem Wilden das Papier. Der gute Kerl zitterte nun über und über, nahm aber endlich, wenn auch immer noch mit Furcht, das Papier an. Da er dem Kapitän jetzt recht nahe war, ergriff ihn dieser bei der Hand und umarmte ihn, wobei er des Wilden Nase mit der seinigen berührte, wie es ihre Art ist, einander zu begrüßen. Dies Freundschaftszeichen nahm ihm mit einem

Male alle Furcht, denn er rief die beiden Weiber herbei. Nun folgte zwischen uns und den Indianern eine kleine Unterredung, wovon aber keiner etwas Rechtes verstand. Herr Hodges zeichnete einen Umriß von ihrer Gesichtsbildung, und aus ihren Mienen ließ sich erkennen, daß sie begriffen, was er vorhatte. Der Mann hatte ein ehrliches, gefälliges Aussehen, und eine der Frauen, die wir für seine Tochter hielten, sah gar nicht so unangenehm aus, wie man in Neuseeland hätte vermuten sollen, die andere hingegen war ausnehmend häßlich und hatte an der Oberlippe ein ungeheures garstiges Gewächs. Sie waren alle dunkelbraun oder olivenfarbig, hatten schwarzes, lockiges Haar, das mit Öl und Rotstein eingeschmiert, bei dem Mann in einen Schopf zusammengebunden, bei den Weibern aber kurz abgeschnitten war. Den Oberteil des Körpers fanden wir wohlgebildet, die Beine hingegen außerordentlich dünn und krumm. Ihre Kleidung bestand aus Matten von neuseeländischem Flachs und war mit Federn durchwebt. In den Ohren trugen sie kleine Stücke von Albatroshaut, mit Rötel oder Oker gefärbt.

Wir boten ihnen einige Fische und Enten an, sie warfen diese aber zurück und gaben uns zu verstehen, daß sie keinen Mangel an Lebensmitteln hätten. Die einbrechende Nacht nötigte uns, von unseren Freunden Abschied zu nehmen, wir versprachen ihnen aber, sie morgen wieder zu besuchen. Der Mann sah uns bei der Abfahrt ernsthaft und aufmerksam nach, die jüngere Frau jedoch, die während unserer Anwesenheit in einem fort geplaudert hatte, fing jetzt an zu tanzen und fuhr fort, ebenso laut zu sein wie vorher. Unsere Seeleute erlaubten sich deshalb einige grobe Einfälle auf Kosten des weiblichen Geschlechts, wir aber fanden durch ihr Betragen die Bemerkung bestätigt, daß die Natur dem Manne nicht nur eine Gespielin gegeben, seine Sorgen und Mühseligkeiten zu erleichtern, sondern daß sie dieser auch die Begierde eingepflanzt habe, vermittels eines höheren Grades von Lebhaftigkeit und Gesprächigkeit zu gefallen.

Am folgenden Morgen kehrten wir zu den Insulanern zurück und brachten ihnen allerhand Sachen mit. Der Mann bewies bei dieser Gelegenheit ungleich mehr Verstand, als man bisher bei den meisten Bewohnern der Südseeinseln angetroffen hatte, denn er begriff nicht nur beim ersten Anblick den Wert und Gebrauch der Beile und

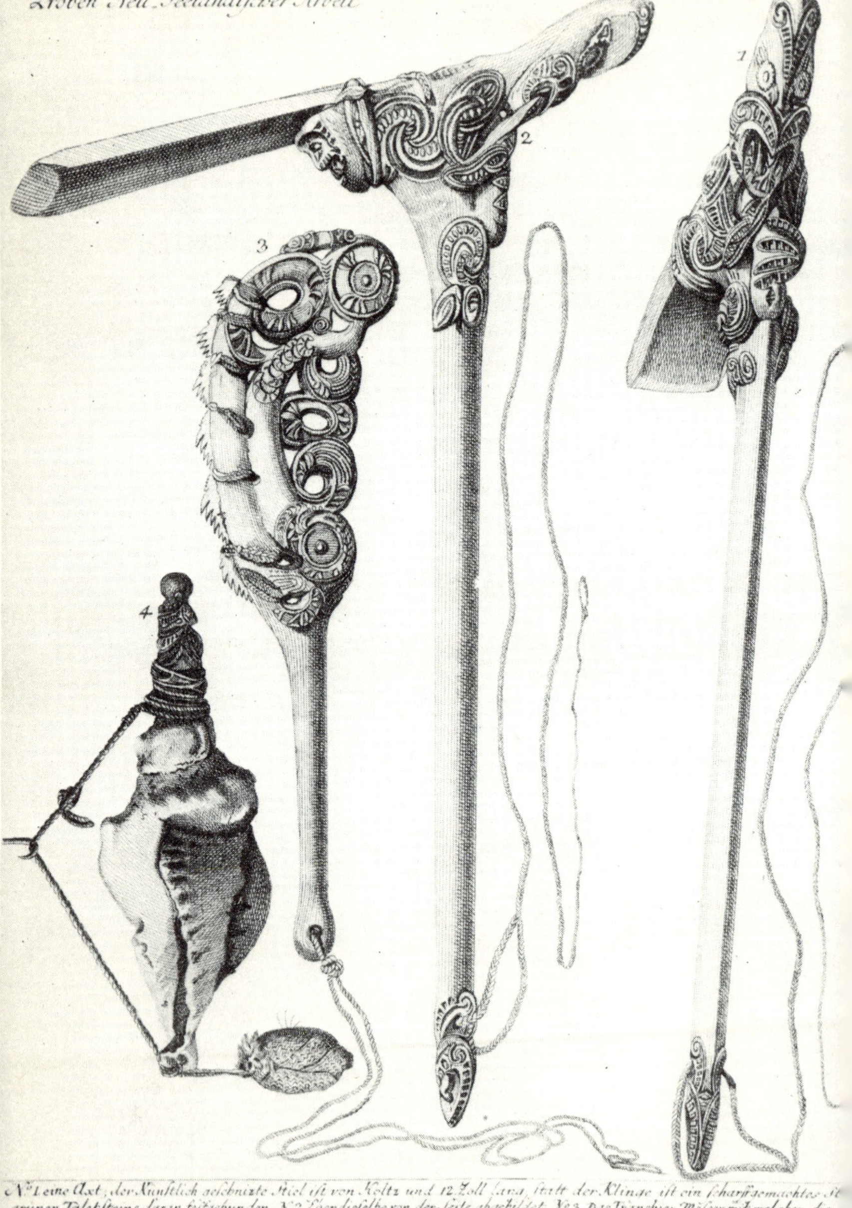

Kriegsgerät von Neuseeland:
Muschelhorn, Tranchiermesser und Streitäxte

Nägel, sondern er sah alles gleichgültig an, was ihm keinen wahren Nutzen zu haben schien. Er machte uns mit seiner ganzen Familie bekannt, die aus zwei Frauen, die wir für seine Weiber hielten, dem obgenannten jungen Mädchen, einem Knaben von ungefähr fünfzehn Jahren und drei kleinen Kindern bestand. Sie führten uns nach ihrer Wohnung, die auf einem Hügel lag und aus zwei schlechten Hütten bestand, die aus einigen Stangen und aufgedeckten Blättern und Baumrinde bestanden. Um uns Gegengeschenke zu machen, ließen sie es sich einige Zierate und Streitäxte kosten, aber keine Speere, die ihnen wohl das kostbarste sein müssen. Als wir abfahren wollten, schenkte der Mann dem Kapitän noch Kleidung aus Flachsmatten, einen aus Gras geflochtenen Gürtel, einige aus Vogelknochen gemachte, aufgereihte Kügelchen und mehrere Albatroshäute, wobei er großes Verlangen äußerte, einen von unseren Bootsmänteln zu bekommen. Wir waren aber nicht gefällig genug, Kleidungsstücke wegzugeben, die wir nicht wiederbeschaffen konnten, doch ließ der Kapitän an Bord einen großen Mantel aus rotem Boy (Flanell) in Arbeit nehmen, um dem Mann bei unserem nächsten Besuch ein Geschenk damit zu machen.

Am folgenden Morgen konnten wir des Regens wegen nicht zu ihm gehen, als sich das Wetter aber nachmittags aufzuklären schien, fuhren wir zur Indianerinsel. Da sie wußten, daß wir sie besuchen wollten, befremdete es uns, daß sich keiner von ihnen am Strande sehen ließ und daß auf unser Rufen nicht einmal Antwort erfolgte. Wir stiegen an Land und wanderten zu ihrer Wohnung, wo die Ursache ihres seltsamen Betragens bald gefunden wurde. Sie bereiteten sich nämlich darauf vor, uns in all ihrem Schmuck und Staat zu empfangen. Sie hatten sich gekämmt, die Haare mit Öl oder Fett eingeschmiert und auf dem Scheitel zusammengebunden, auch weiße Federn oben in den Schopf gesteckt. Einige trugen Federn an einer Schnur aufgereiht und um die Stirn gebunden, andere hatten Stücke von Albatrosfell in den Ohren. In diesem Staat erhoben sie bei unserer Ankunft ein Freudengeschrei und empfingen uns mit mannigfachen Zeichen der Freundschaft. Der Kapitän, der den neuen Mantel aus rotem Boy umgehängt hatte, überreichte ihn dem Mann, der darüber so erfreut war, daß er sogleich ein Pattu-Pattu, eine flache, aus einem Fischknochen verfertigte Streitaxt, aus seinem

Gürtel zog und dem Kapitän schenkte. Wir versuchten, uns in eine Unterredung mit ihm einzulassen, und hatten zu diesem Ende den Korporal Gibson von den Seesoldaten mit uns genommen, weil dieser von der Landessprache mehr als sonst jemand verstehen sollte. Er war in der Sprache von Tahiti sehr erfahren, und zwischen dieser und der Sprache von Neuseeland ist nur ein Unterschied, wie er zwischen zwei Dialekten zu bestehen pflegt. Wir konnten aber nicht zurechtkommen, denn diese Familie schien eine besonders harte und daher unverständliche Aussprache zu haben.

Wir nahmen also Abschied von ihnen und beschäftigten uns den Rest des Tages damit, verschiedene Teile der Bucht in einen Riß zu bringen, nebenher ein wenig zu fischen und Vögel zu schießen und Muscheln und andere Seetiere zwischen den Felsen aufzulesen. Die beiden folgenden Tage über war der Regen so heftig, daß nichts unternommen werden konnte. Das Schiff lag so nahe an einem steilen, mit Baum- und Buschwerk bewachsenen Ufer, daß es in den Kajüten ständig dunkel war und daß wir sogar mittags oft Licht anstecken mußten. Doch ließen wir uns diese unangenehmen Umstände wegen des ständigen Zuschubs von frischen Fischen gefallen, weil wir bei einer so gesunden Nahrung, bei Sprossenbier und Myrtentee immer frisch und munter blieben. Seit unserem Hiersein waren wir wirkliche Fischfresser geworden, denn viele von uns aßen nichts als Fisch. Aus Besorgnis, wir könnten dieser trefflichen Speise überdrüssig werden, suchten wir neue Zubereitungsarten hervor. Wir machten Fischsuppen und Fischpasteten, wir kochten, wir brieten, wir rösteten sie, aber es war so, daß alle Kochkunst den Ekel, den wir verhüten wollten, nur desto geschwinder hervorbrachte, denn nur diejenigen, die die Fische schlechtweg in Seewasser kochten, blieben allein bei recht exemplarischem Appetit. Noch sonderbarer war es, daß wir uns auf eine einzige Art einschränkten, die unsere Matrosen wegen der schwarzen Farbe Kohlfisch nannten und die im Geschmack dem Kabeljau ähnlich war. Eine größere Art von Hummern, einige Schalentiere und zuweilen ein Seerabe, eine Ente, Taube oder ein Papagei verhalfen uns dann und wann zu einer angenehmen Abwechslung in unserer täglichen Kost.

Unsere ganze Reisegesellschaft vom Kapitän bis zum jüngsten Matrosen empfand die guten Wirkungen dieser veränderten Diät, sogar die Tiere an Bord schienen sich dabei zu erholen, nur unsere Schafe nicht, doch konnten sie auch bei weitem nicht so gut daran sein wie wir, weil das Land überall aus steilen, felsigen Bergen besteht und es weder Wiesen noch flache Gründe gibt. Die einzigen Stellen, wo flaches Land anzutreffen war, fanden sich im Hintergrund der Buchten, wo irgendein Bach ins Meer floß und nach und nach ein niedriger, flacher Grund entstanden war, allein auch hier wuchsen meist Stauden und Dorngebüsch, und wenn es am Wasser etwas Riedgras gab, so war es doch zu wenig und zu hart und grob. Selbst unsere Mühe, die jüngsten Grassprossen auszusuchen, dienten zu nichts, denn die Schafe rührten auch dieses nicht an. Bei genauerer Untersuchung fand sich, daß ihre Zähne lose waren und daß sie alle Anzeichen eines recht bösartigen Skorbuts an sich hatten. Von vier Mutterschafen und zwei Böcken, die Kapitän Cook vom Kap der Guten Hoffnung mitgenommen hatte, um sie an der Küste von Neuseeland auszusetzen, hatten wir nur ein Schaf und einen Widder erhalten können, und auch diese waren in einem so elenden Zustand, daß es noch sehr dahinstand, ob sie am Leben bleiben oder gleich den anderen noch draufgehen würden.

Am 11. schien uns die klare Luft einen schönen Tag zu versprechen. Wir ließen uns zur Bucht übersetzen, wo wir das erste Kanu angetroffen hatten und von weitem einen Wasserfall gesehen hatten, nach dem diese Bucht Kaskadenbucht benannt worden war. Dieser Wasserfall scheint in einer Entfernung von eineinhalb englischen Meilen eben nicht beträchtlich zu sein, dies rührt aber daher, daß er sehr hoch liegt. Denn nachdem wir angelangt waren, mußten wir den Berg, an dem er liegt, wenigstens sechshundert Fuß hinansteigen, ehe wir ihn völlig zu Gesicht bekamen. Von dort her ist die Aussicht groß und prächtig. Zuerst fällt in die Augen, daß eine klare Wassersäule sich mit reißendem Ungestüm aus einer Höhe von ungefähr 300 Fuß herabstürzt. Diese Wassersäule trifft auf ein vorstehendes Felsstück und schießt dann in einer etwa 75 Fuß breiten Wasserwand über einen flachen Felsenrücken hinweg. Das Wasser schäumt und bricht sich an den Klippen, bis es in ein Becken stürzt, das an drei Seiten von übereinandergestürzten Felsmassen eingeschlossen ist. Zwischen diesen drängt es hinaus und fällt schäumend in die See hinab. Die Luft war so dicht mit Wasserdunst angefüllt, daß unsere

Kleider in wenigen Minuten durchnäßt waren. Wir ließen uns jedoch nicht im geringsten davon abhalten, dies schöne Schauspiel von mehreren Seiten her zu betrachten.

Als wir uns umwandten, sahen wir die weite Bai mit kleinen waldigen Inseln besät und darüber hinaus an der einen Seite das feste Land, dessen hohe, mit Schnee bedeckte Berge bis in die Wolken reichten, an der anderen Seite aber begrenzte der weite Ozean die Aussicht. Gegen Abend kehrten wir überaus zufrieden an Bord zurück, wo man uns erzählte, daß die indianische Familie sich mit größter Behutsamkeit dem Schiffe genähert habe. Kapitän Cook war ihnen in einem Boot entgegengefahren, hatte sie aber nicht bewegen können, an Bord zu kommen, und mußte sie daher ihrem eigenen Willen überlassen. Dieser führte sie in eine kleine Bucht, wo sie sich ans Ufer setzten. Der Kapitän ließ die Querpfeife und den Dudelsack spielen, aber dies konnte sie nicht heranlocken. Nun ruderten einige Offiziere und Seeleute zu ihnen hinüber. Die Wilden nahmen sie mit treuherzigem Wesen auf, aber alle Versuche, durch Zeichen mit ihnen zu reden, waren vergebens. Das Mädchen hatte anfänglich eine besondere Neigung zu einem jungen Matrosen gezeigt, den sie für eine Person ihres Geschlechts zu halten schien. Ob er sich aber in der Folge unschickliche Freiheiten genommen oder ob sie eine andere Ursache zur Unzufriedenheit mit ihm gehabt hatte, wissen wir nicht, genug, sie wollte ihm nachher nie erlauben, ihr wieder nahezukommen. Nach einiger Zeit machten sie ein Feuer an und bereiteten sich einige Fische zum Abendbrot, blieben auch die ganze Nacht über an dieser Stelle, was uns als ein deutliches Zeichen ihres Vertrauens nicht wenig gefiel.

Am folgenden Morgen fuhr Kapitän Cook in Begleitung meines Vaters nach der Mündung der Bai, um die dort gelegenen Klippen und Inseln aufzunehmen. Sie trafen eine Menge Seehunde, von denen sie vierzehn schossen und mit an Bord brachten. Die Seehunde in dieser Bai sind alle von der Art, die man Seebären nennt und die Professor Steller auf der Bering-Insel bei Kamtschatka zuerst ausfindig gemacht und beschrieben hat. Das Fleisch dieser Tiere ist fast schwarz und nicht zu genießen. Herz und Leber hingegen lassen sich essen, nur mußte alles Fett sorgfältig weggeschnitten werden, sonst hatte es einen unerträglich tranigen Geschmack. Der Kapitän machte sich dies zunutze und ließ aus dem Fett einen Vorrat von Brennöl kochen, auch die Felle sorgfältig aufbewahren, weil sie gut zum Ausflicken des Takelwerks zu gebrauchen waren.

Am 15. klärte sich das Wetter etwas auf, und der Kapitän fuhr von neuem aus, um mit der Aufnahme der Bucht fortzufahren. Auf der Hinfahrt kamen wir an dem Fischerboot vorbei, das alle Morgen ausfuhr, um das Schiff mit einer Mittagsmahlzeit zu versorgen. Wir wunderten uns nicht wenig, darin den jungen schwarzen Hund zu sehen, der uns entlaufen war. Die Leute erzählten uns, daß sie bei Tagesanbruch ein jämmerliches Heulen auf der nächsten Landspitze gehört hätten, und als sie sich dort umgesehen, sei ihnen der Hund entgegengelaufen und sofort ins Boot gesprungen. Ob er nun vierzehn Tage im Walde gewesen, war er doch keineswegs ausgehungert, sondern im Gegenteil gut bei Leibe und schön glatt. Vermutlich hatte er sich von einer großen Art von Wachtelkönigen, vielleicht auch von Seemuscheln und toten Fischen genährt.

Das gute Wetter veranlaßte unsere Freunde, die Wilden, uns einen abermaligen Besuch zu machen. Sie schlugen ihr Quartier auf dem gleichen Platze wie vor acht Tagen auf, und als man sie abermals bat, an Bord zu kommen, versprachen sie es für den folgenden Tag. Mittlerweile aber zankten sie sich untereinander. Der Mann schlug die beiden Frauen, das Mädchen hingegen schlug ihn und fing darauf an zu heulen. Wir konnten die Ursache des Gezänks nicht ausfindig machen, wenn aber das Mädchen die Tochter des Mannes war, so muß man in Neuseeland sehr verworrene Begriffe von den Pflichten der Kinder haben, oder diese Familie handelte gar nicht nach Grundsätzen und überlegter Ordnung, die gemeiniglich nur das Werk gesitteter Gesellschaften sind, sondern sie folgen in allen Stükken der Stimme der Natur, die sich gegen jede Art von Unterdrükkung empört.

Des Morgens schickte der Mann die beiden Weiber mit den Kindern im Kanu auf Fischfang aus, für seine Person aber machte er Anstalten, uns mit dem Mädchen zu besuchen. Sie kamen zu der Brücke, die vom Lande auf das Schiff führte, und von hier aus brachte man sie zuerst nach einem umzäunten Fleck auf dem Berge, um ihnen die Ziegen und Schafe zu zeigen. Sie schienen bei dem Anblick der Tiere sehr erstaunt und wünschten sie zu besitzen. Da wir aber wußten, daß es hier kein Futter gab, konnte man ihnen darin nicht willfahren. Als sie von dort zurückkamen, gingen ihnen Kapitän Cook und mein Vater auf der Brücke entgegen, und der Mann schenkte beiden, nachdem er sie wie gewöhnlich bei der Nase begrüßt hatte, ein Stück Zeug, das aus Fasern der Flachspflanze geflochten und mit Papageienfedern durchwebt war, dem Kapitän aber gab er noch ein Stück Lapis nephriticus oder Neuseeländischen Talkstein, der wie die Klinge eines Beils geschliffen war. Ehe er die Brücke betrat, ging er seitwärts und brach von einem Busch einen grünen Zweig ab. Mit diesem in der Hand ging er nun vorwärts, stand aber still und schlug mit dem Zweig an die Seitenwand des Schiffes und an das Tauwerk des Hauptmastes und fing an, eine Art Beschwörungsformel herzusagen. Während dieser Zeremonie blieb das Mädchen, das sonst immer lachte und tanzte, ganz still und ernsthaft stehen. Nach Beendigung der Rede schlug er die Seiten des Schiffes noch einmal, warf seinen Zweig zwischen die Wandketten und stieg an Bord.

Beide, der Mann und das Mädchen, hatten Speere in der Hand, als sie auf das Achterdeck gebracht wurden. Hier bewunderten sie alles, was ihnen vor Augen kam, besonders einige Gänse, die in einem Gatter eingesperrt waren. Sie machten sich mit der Katze zu schaffen, streichelten sie aber verkehrt, vermutlich um das schöne dichte Haar zu bewundern. Der Mann sah alles, was ihm neu war, mit Erstaunen an. Die vielfach übereinandergebauten Decks unseres Schiffes erregten seine Bewunderung mehr als alles übrige.

Wir nötigten sie in die Kajüte, und nach langer Beratung ließen sie sich endlich bewegen, die Treppe hinunterzusteigen. Hier bewunderten sie nun alles und jedes, vornehmlich aber den Gebrauch der Stühle und daß diese von einer Stelle an die andere gebracht werden konnten. Der Kapitän und mein Vater schenkten ihnen Beile und andere Dinge von geringem Wert. Als sie sahen, daß wir uns zum Frühstück niederließen, setzten sie sich neben uns, waren aber nicht zu bewegen, das geringste von unserem Essen zu kosten. Sie erkundigten sich, wo wir schliefen, und der Kapitän führte sie zu seiner Hängematte, die ihnen viel Freude machte. Nun zog der Mann ein ledernes Beutelchen hervor und steckte unter vielen Zeremonien die Finger hinein, um dem Kapitän mit Fett oder Öl den

Kopf zu salben. Diese Ehre wurde aber verbeten, weil die Salbe unseren Nasen sehr zuwider war. Der schmutzige Beutel machte sie noch ekelhafter. Herr Hodges kam indessen nicht so gut weg, denn das Mädchen, das einen in Öl getauchten Federbusch am Halse hängen hatte, bestand darauf, ihn damit herauszuputzen, und aus Höflichkeit konnte er das wohlriechende Geschenk unmöglich von sich weisen. Wir überließen es ihnen nunmehr, sich in den übrigen Teilen des Schiffes umzusehen, und fuhren in zwei Booten aus, einen Meeresarm zu untersuchen, der im Osten vor uns lag.

Am folgenden Morgen begleitete ich Kapitän Cook zu einer Bucht, die unserer dortigen Verrichtung wegen die Gänsebucht genannt wird. Wir hatten nämlich noch fünf Gänse von den am Vorgebirge der Guten Hoffnung mitgenommenen übrig und hatten uns vorgenommen, sie auf Neuseeland zu lassen. Hierzu dünkte uns diese Bucht besonders geeignet, denn es gab dort keine Bewohner, dagegen reichliches Futter. Wir setzten sie also ans Ufer und sagten zum Besten künftiger Seefahrer und Bewohner von Neuseeland: »Seid fruchtbar und mehret euch und füllet die Erde!« Sobald sie am Land waren, liefen sie auf die Futtersuche. Sie werden sich hoffentlich über das ganze Land ausbreiten. Zu Mittag liefen wir in eine kleine Bucht ein, um Fische zu fangen und Vögel zu schießen. Das Wasser wurde so seicht, daß wir landen und unser Quartier auf dem Strande aufschlagen mußten. Es deuchte uns, wir sähen hier Rauch, da sich aber nichts regte und auch kein Feuer zu sehen war, gingen wir daran, unser Nachtlager zu machen, wobei jeder sein Stück Arbeit bekam. Damit man sich nun einen Begriff machen kann, wie es dabei zuging, wird es dienlich sein, davon zu erzählen.

Sobald wir eine bequeme Landestelle gefunden hatten, wo Wasser und Holz in der Nähe waren, wurden zuerst die Ruder, Segel, Mäntel, Flinten usw. an Land geschafft. Ein Fäßchen Sprossenbier und eine Flasche Branntwein wurden dabei nicht vergessen. Alsdann machten die Matrosen die Boote fest. Einige von uns suchten trokkenes Holz, andere richteten ein Zelt oder einen Wetterschutz auf, und wieder andere machten ein Feuer, das mit Werg und Schießpulver angezündet wurde. Einige Matrosen nahmen die Fische aus, zogen den Wasservögeln die Haut ab, reinigten und brieten beides. Als Tisch diente eine Ruderbank, und statt Messer und Gabeln wurden oft nur die Finger und Zähne benutzt. Der gute Appetit, den wir der Arbeit und der guten Luft zu verdanken hatten, lehrte uns bald die Begriffe von Ekel und Unreinlichkeit überwinden, die dem gesitteten Leser bei dieser Beschreibung aufsteigen werden. Nach dem Essen hörte man eine Weile der originalen, komischen Laune der Matrosen zu, die ums Feuer herum lagen, ihr Abendbrot machten und manches lustige Geschichtchen mit Flüchen, Schwüren und schmutzigen Ausdrücken aufgestutzt, selten aber ohne wirkliche Laune zum besten gaben. Dann wurde das Zelt mit Farnkraut ausgelegt, man wickelte sich in die Bootsmäntel, mit Flinte und Schießtasche unter dem Kopfe statt des Kissens, und jeder legte sich zum Schlafen zurecht, so gut er konnte.

Bei Tagesanbruch gingen der Kapitän und mein Vater, von zwei Leuten begleitet, in einem kleinen Boote ab, um das äußerste Ende der Bucht zu untersuchen. Dort stiegen sie aus, indessen waren sie noch nicht weit gegangen, als einige Wildenten aufflogen, wovon sie eine schossen. Kaum aber hatten sie losgefeuert, als sich von mehreren Seiten um sie her ein fürchterliches Geschrei erhob. Sie beantworteten es auf die gleiche Weise und eilten zum Boot zurück. Die Wilden ließen sich noch immer hören, kamen aber nicht zum Vorschein.

Unterdessen waren wir übrigen nicht weit von unserem Lagerplatz ins Holz gegangen, um Pflanzen zu suchen. Sobald wir das Geschrei der Wilden hörten, warfen wir uns in das andere Boot und ruderten dem ersten nach, um dem Kapitän und meinem Vater zu helfen. Da wir sie aber wohlbehalten und bereits wieder in ihrem Boot antrafen, auch nirgends ein Feind zum Vorschein kam, liefen wir miteinander den Fluß hinauf und schossen Enten.

Endlich ließ sich ein Mann mit seinem Weib und einem Kinde auf dem linken Ufer sehen. Die Frau winkte mit einem weißen Vogelfell zum Zeichen des Friedens und der Freundschaft. Da das Boot, in dem ich mich befand, den Wilden am nächsten war, rief der Kapitän dem darin kommandierenden Offizier zu, er solle an Land gehen und die angebotene Freundschaft annehmen. Ob der Offizier den Befehl nicht verstand oder erpicht aufs Entenschießen war, will ich dahingestellt sein lassen, jedenfalls landeten wir nicht, und die armen Leute, die sich nichts Gutes versprachen, flohen eiligst in den

Wald zurück. Der Kapitän war noch eine halbe Meile den Fluß hinaufgerudert, alsdann aber wegen der starken Strömung umgekehrt. Kaum war er zu uns gestoßen, als auf der anderen Seite des Flusses zwei Männer zum Vorschein kamen. Der Kapitän ruderte dem Ufer zu, aber bei Annäherung des Bootes wichen sie ins Gehölz zurück, und dies war hier so dick, daß man sie weder darin sehen, noch ihnen dahin folgen konnte. Wir kehrten deshalb nach unserem Lagerplatz zurück und setzten uns in die Boote, um nach dem Schiff zu eilen.

Kaum waren wir vom Lande, als die beiden Wilden auf einem freien Platze hervorkamen und uns zuriefen. Der Kapitän ließ beide Boote hinrudern, und da das seinige an einer seichten Stelle auf Grund geriet, stieg er unbewaffnet mit einem weißen Bogen in der Hand aus und watete in Begleitung zweier Leute ans Land. Die beiden Wilden standen etwa hundert Schritte vom Ufer entfernt und waren beide mit einem Speer bewaffnet. Als der Kapitän sich ihnen näherte, wichen sie zurück. Er ließ seine Begleitung haltmachen und ging allein weiter, konnte aber doch nicht erreichen, daß die Wilden ihre Speere von sich legten. Endlich faßte der eine ein Herz, steckte die Lanze in die Erde und kam dem Kapitän mit einem Büschel Gras in der Hand entgegen. Ein Ende davon ließ er den Kapitän anfassen, das andere behielt er in den Händen und hielt mit lauter Stimme eine feierliche Ansprache, in der er einigemal innehielt, wahrscheinlich um eine Antwort zu erhalten. Dann nahm der Neuseeländer einen neuen Mantel von seinen Schultern und machte ihn dem Kapitän zum Geschenk, wofür er ein Beil bekam. Nun stiegen mehrere von uns aus den Booten, und die Eingeborenen wurden keineswegs mißtrauisch, sondern begrüßten jeden mit großer Treuherzigkeit. Sie luden uns durch Zeichen ein, mit zu ihren Häusern zu gehen, und gaben uns zu verstehen, daß wir dort auch zu essen bekommen sollten. Allein die Ebbe erlaubte uns nicht, von ihrer Einladung Gebrauch zu machen.

Sie halfen uns, die Boote wieder ins Wasser zu schieben, das wegen der Ebbe weit zurückgetreten war. Wir mußten indessen auf unsere Sachen achtgeben, denn es schien ihnen alles zu gefallen, was sie sahen, nur an das Schießgewehr wagten sie sich nicht heran, weil sie dessen tödliche Wirkung wohl gesehen hatten, als wir Enten jagten. Die Gesichtsbildung dieser Leute dünkte uns etwas wild, aber nicht häßlich. Sie hatten dickes Haar und krause Bärte, waren von mittlerer Statur und hatten dünne Beine, aber dicke Knie. Der Mut dieses Volkes ist von sonderbarer Art. Ihrer Schwäche und geringen Anzahl unerachtet scheinen sie den Gedanken nicht ertragen zu können, sich verkriechen zu müssen. Bei der Menge von Inseln und Buchten und der dichten Wälder wegen würde es uns unmöglich gewesen sein, die Familie ausfindig zu machen, wenn sie nicht selbst die ersten Schritte zur Bekanntschaft getan hätte.

Als wir wieder auf dem Schiffe anlangten, erzählte man uns, daß der Wilde mit dem Mädchen bis Mittag an Bord geblieben sei. Seitdem aber habe er sich nicht mehr sehen lassen, was um so verwunderlicher war, da wir ihnen neun oder zehn Beile und viele große Nägel nebst anderen Dingen geschenkt hatten. Da diese Dinge von ihnen als Reichtümer angesehen werden, mußte dieser Mann der Reichste in ganz Neuseeland sein. Es hieß auch, der Wilde habe vor seinem Abzug durch Zeichen zu verstehen gegeben, er wolle aufs Totschlagen ausgehen und dazu die Beile brauchen. Hat man ihn recht verstanden, so war damit unsere Hoffnung, den Ackerbau und andere nützliche Arbeiten durch brauchbare Werkzeuge zu fördern und zu erleichtern, auf einmal vernichtet.

Ich darf hier nicht vergessen, ein ganz besonderes Merkmal von der Herzhaftigkeit des alten Mannes anzuführen, der jetzt von uns weggezogen war. Unsere Offiziere hatten in seiner Gegenwart mehrfach Schießgewehre abgefeuert. Eines Tages verlangte er es selbst zu versuchen, und man gab ihm ein Gewehr. Das Mädchen, das wir für seine Tochter hielten, bat ihn fußfällig, es nicht zu tun, aber er war von seinem Vorhaben nicht abzubringen und feuerte das Gewehr drei- oder viermal hintereinander ab. Diese kriegerische Neigung scheint diese einzelne Familie und die übrigen, die wir an dieser Bucht fanden, zur Trennung von ihren Landsleuten gezwungen zu haben. Wenn wilde Völker einander bekriegen, so ruht jede Partei nicht eher, als bis die andere gänzlich vertilgt ist, es sei denn, daß sich diese rechtzeitig durch die Flucht rettet. Dies kann der Fall bei den Anwohnern der Dusky-Bai sein, und so bedeutete ihr Abmarsch nichts anderes, als Rache an ihren Feinden nehmen zu wollen.

Am 23. früh gingen einige Offiziere mit Dr. Sparman nach der

Kaskadebucht, um dort einen der höchsten Berge zu besteigen. Um zwei Uhr erreichten sie den Gipfel und gaben dies durch ein großes Feuer zu erkennen. Wir hätten sie gerne begleitet, allein Durchfall und Kolik hielten uns an Bord zurück. Beides kam von der Sorglosigkeit des Kochs her, der unser kupfernes Küchengeschirr ganz von Grünspan hatte anlaufen lassen. Doch befanden wir uns am Abend wieder so gut, daß wir den Ausflüglern bis zur Kaskadebucht entgegengehen konnten, und wir kamen hernach mit Pflanzen und Vögeln beladen in ihrer Gesellschaft zurück.

Das schöne Wetter war am 25. zu Ende. Wir hatten diese Zeit zur Ergänzung des Vorrats an Holz und Wasser genutzt und das Schiff in segelfertigen Zustand gesetzt. Die Brücke wurde abgebrochen, und wir gingen mitten in der Bucht vor Anker, um mit dem ersten guten Winde abzusegeln. Die Vorzüge eines zivilisierten über den rohen Zustand des Menschen fielen durch nichts mehr auf als durch die Veränderungen, die an dieser Stelle vorgenommen worden waren. In wenigen Tagen hatten einige unserer Leute das Holz von mehr als einem Morgen Landes weggeschafft, was fünfzig Neuseeländer mit ihren steinernen Werkzeugen nicht in drei Monaten geschafft hätten. Den öden, wilden Fleck hatten wir zu einer lebendigen Gegend umgewandelt, wo hundertzwanzig Mann unablässig beschäftigt waren.

Wir fällten Holzstämme, die ohne uns mit der Zeit umgefallen und verfault wären. Unsere Brettschneider sägten Planken daraus, oder es wurde zu Brennholz gehauen. An einem Bach stand die Arbeit unserer Böttcher: ganze Reihen von neuen oder ausgebesserten Fässern. Hier dampfte ein großer Kessel, in dem ein gesundes und wohlschmeckendes Getränk gebraut wurde. Nahebei kochten unsere Leute vortreffliche Fische für ihre Kameraden, die an den Außenseiten und Masten des Schiffes arbeiteten. So verschiedene Arbeiten belebten die Szene und waren in mannigfachen Geräuschen zu hören, indes der benachbarte Berg von den lauten Schlägen der Schmiedehämmer widerhallte. Selbst die schönen Künste blühten in dieser neuen Kolonie auf. Ein Anfänger in der Kunst (Georg Forster selber!) zeichnete die Tiere und Pflanzen dieser Wälder. Die romantischen Ansichten des wilden, rauhen Landes hingegen standen mit den glühenden Farben der Schöpfung da, und die Natur wunderte sich gleichsam, auf des Künstlers (Hodges) Staffelei so vorzüglich nachgeahmt zu erscheinen.

Auch die höheren Wissenschaften hatten diese wilde Einöde mit ihrer Gegenwart beehrt. Mitten auf dem Platze ragte die Sternwarte empor, die mit den besten Instrumenten versehen war. Die Pflanzen und die Wunder des Tierreiches beschäftigten die Weltweisen. Kurz, überall sah man die Künste aufblühen, und die Wissenschaften tagten in einem Lande, das bis jetzt von einer langen Nacht der Unwissenheit und Barbarei bedeckt war. Dieses schöne Bild war indes von keiner langen Dauer. Gleich einem Meteor verschwand es fast so geschwind, wie es entstanden war. Wir brachten unsere Instrumente und Werkzeuge wieder aufs Schiff und ließen kein Zeichen unseres Hierseins als ein Stück Land, das von Holz entblößt war. Zwar hatten wir eine Menge europäischen Gartensamens von der besten Art ausgesät, allein das Unkraut wird jede nützliche Pflanze bald erstikken, und in wenigen Jahren wird der Ort unseres Aufenthaltes wieder zum ursprünglichen, chaosgleichen Zustand herabgesunken sein. Sic transit gloria mundi!

Am 27. war ein neuer Ausgang der Bucht in die See entdeckt worden, der bequemer zu passieren war, so hoben wir am 29. nachmittags die Anker. Aber es wurde mit einemmal windstill, weshalb wir nach zwei Meilen wieder vor Anker gehen mußten. Am folgenden Tage fuhren wir bei einem gelinden Lüftchen wieder aus, aber wir konnten wenig gegen den Strom ausrichten. Obschon uns alle unsere Boote bugsierten, hatten wir um sechs Uhr abends nicht mehr als fünf Meilen gewonnen. Bei Anbruch des nächsten Tages versuchten wir gegen den Wind zu lavieren, aber da es bald gänzlich windstill wurde, trieb uns die Strömung des Wassers rückwärts, und wir gerieten mit dem Hinterteil des Schiffes an einen senkrechten Felsen, so nahe am Ufer, daß der Flaggenstock sich in die Baumäste verwikkelte. Wir wurden jedoch mit Hilfe unserer Boote ohne Schaden wegbugsiert und ließen in einer kleinen Bucht die Anker fallen.

Der Kapitän wurde von einem Fieber mit heftigen Rückenschmerzen und einer Geschwulst des rechten Fußes befallen. Da er deswegen die Kajüte nicht verlassen durfte, schickte er einen Offizier aus, einen neuen Durchlaß zu suchen, und mein Vater und ich nahmen an dieser Expedition teil. Wir fanden überall gute Ankerplätze und Fische und Vögel die Menge. Um 2 Uhr lenkten wir in eine kleine Bucht ein, um ein Mittagessen zu bereiten. Dann ruderten wir weiter, um am Ende der Bucht auf dem flachen Ufer das Nachtlager aufzuschlagen. Am folgenden Morgen fingen wir bereits an, nach der »Resolution« zurückzukehren, als das schöne Wetter plötzlich umschlug und ein Sturm aus Nordwesten mit heftigem Regen losbrach. Wir ruderten deshalb in großer Eile bis an die Einfahrt der Bucht, in der das Schiff vor Anker lag. Wir teilten den Rest einer Rumflasche mit unseren Leuten, um ihnen Mut zu machen, denn von hier bis zum Schiff war noch das schwerste Stück Arbeit zu tun.

Der Wind war so heftig, daß er uns trotz aller Mühen innerhalb weniger Minuten eine halbe Meile vor sich hertrieb. Wir mußten alle Augenblicke gewärtig sein, daß unser Boot umschlagen und versinken würde, wenn wir nicht wieder in die Bucht gelangen würden, die wir so dreist verlassen hatten. Mit unsäglicher Mühe gelang uns dies endlich, und um 2 Uhr nachmittags liefen wir in eine kleine Bucht ein. Wir kletterten einen Felsen hinauf, um Fische zu braten. Allein, obschon wir völlig durchnäßt waren und wegen des schneidenden Windes jämmerlich froren, konnten wir doch nicht nahe beim Feuer bleiben, denn der Sturm wirbelte die Flammen umher und zwang uns, ständig die Stelle zu wechseln, um nicht verbrannt zu werden. Wir beschlossen schließlich, mit dem Boot zum anderen Ufer der Bucht zu fahren und dort im Walde ein Nachtquartier aufzuschlagen. Wir ergriffen jeder einen Feuerbrand und eilten zum Boot. Zu unserer größten Überraschung fanden wir es aber im Gehölz fast noch ärger als auf dem Felsen, denn hier war es so naß, daß wir kaum das Feuer brennend erhalten konnten. Der Regen goß von den Bäumen doppelt auf uns herab, und der Rauch erstickte uns fast. An Wärme und Abendbrot war nicht zu denken, und wir mußten uns hungrig und halberfroren, in unsre nassen Mäntel gehüllt, auf den feuchten Boden niederlegen. So erbärmlich aber diese Lage auch war, so waren wir doch dermaßen ermattet, daß wir für einige Augenblicke in Schlaf fielen.

Gegen 2 Uhr nachts wurden wir durch einen harten Donnerschlag wieder auf die Beine gebracht. Der Sturm war zu einem Orkan geworden. Er warf um uns die größten Bäume mit einem fürchterlichen Krachen zu Boden und brauste so laut, daß das schreckliche Getöse der Wellen dagegen kaum zu hören war. Aus Sorge um unser Boot wagten wir uns in die Finsternis zum Strand hin, als ein flammender Blitz die ganze Bucht erhellte und uns die aufgetürmten Fluten sehen ließ, die in schäumenden Bergen übereinander stürzten. Auf den Blitz folgte der heftigste Donnerschlag, den wir jemals gehört und dessen rollender Donner von den Felsen rundum siebenfach widerhallte. Das Herz erbebte uns bei dem Gedanken, daß Sturm und Blitz das Schiff vernichten könnten und daß wir in diesem öden Teil der Welt zurückbleiben und umkommen würden.

Um 6 Uhr morgens ließ der Sturm endlich nach, und sobald der Tag graute, begaben wir uns wieder ins Boot und erreichten nicht lange darauf das Schiff, das glücklicherweise unbeschädigt war. Die Bucht wurde wegen der abscheulichen Nacht, die wir darin ausgestanden, und wegen der nassen Jacken, die wir uns da geholt hatten, Wet-Jakett-arm genannt. Nun war nur noch ein einziger Seekanal zu untersuchen, und da der Kapitän sich ziemlich erholt hatte, ging er gleich nach unserer Rückkehr ab, um diese Arbeit zu übernehmen. Ungefähr zehn Meilen weit von der Mündung konnte man bereits das äußerste Ende des Arms sehen, und es fanden sich hier gute Häfen, frisches Wasser, Holz, Fische und Federwild.

Des Windes wegen hielt der Kapitän es am nächsten Tage nicht für ratsam, in See zu gehen. Dagegen ließ er sich am Nachmittag nach einer Insel übersetzen, die am Eingang des Kanals lag und auf welcher sich eine Menge Seehunde befanden. Von diesen schoß er mit Hilfe der Mannschaft zehn Stück. In der Nacht bekamen wir so viel Schnee, daß die Berge bis zur Hälfte damit bedeckt waren und allem Anschein nach der Winter nunmehr da zu sein schien. Da der Wind günstig war, ließ der Kapitän die Anker lichten. Wir segelten aus der Dusky-Bai ab und befanden uns um Mittag bereits auf offener See.

Wir hatten nun sechs Wochen und vier Tage hier zugebracht, stets Überfluß an frischen Lebensmitteln gehabt, dabei fleißig gearbeitet und es nicht an Bewegung fehlen lassen. Dies hatte zur Wiederherstellung der Kranken und zur Stärkung der übrigen unleugbar viel beigetragen. Das Klima ist, die Wahrheit zu gestehen, nicht das beste in Dusky-Bai. Für gesund kann man es nicht ausgeben, denn wir hatten nur eine einzige Woche anhaltend gutes Wetter. Ein anderer Mangel der Dusky-Bai ist, daß es hier weder wilde Sellerie, noch Löffelkraut, noch andere antiskorbutische Kräuter gibt, die in anderen Gegenden Neuseelands so häufig zu finden sind. Nicht weniger unangenehm ist es, daß die Erdmücken hier so schlimm sind, indem sie mit ihrem giftigen Biß wirklich blatterähnliche Geschwüre verursachen, ferner daß es hier nichts als dichtverwachsene Wälder und steile Berge gibt, also nichts angebaut werden kann. Dusky-Bai wird aber immer einer der besten Zufluchtsorte sein. Die Einfahrt ist sicher und dabei nirgends eine Gefahr, die man nicht über dem Wasser erkennen kann. Und es gibt allerorten so viele Häfen und Buchten, daß man unmöglich wegen eines Ankerplatzes in Verlegenheit sein kann, wo sich nicht Holz, Wasser, Fische und Federwild in hinreichender Menge finden sollten.

6. Kapitel

*Reise von Dusky-Bai nach Charlotten-Sund –
Wiedervereinigung mit der »Adventure« –
Verrichtungen daselbst*

Bei hohen Wellen aus Südwest und von ganzen Scharen rußbrauner Albatrosse und blauer Sturmvögel begleitet, steuerten wir gegen Norden. Je weiter wir an der Küste heraufkamen, desto niedriger schienen die Berge zu werden, und in den ersten vierundzwanzig Stunden stieg das Thermometer schon $7^1/_2$ Grad. In der Gegend von Kap Foul-Wind, wo wir uns am 14. befanden, hörte der gute Wind auf und wurde uns, gleichsam um die Benennung des Kaps wahr zu machen, völlig zuwider.

Um 4 Uhr des folgenden Morgens gingen wir mit gutem Wind ostwärts und waren um 8 Uhr dem Kap Farewell gerade gegenüber. Das Land sah hier an der Küste flach und sandig aus, im Inneren des Landes aber ragten hohe Berge mit beschneiten Gipfeln empor. Als wir uns nachmittags gegen 4 Uhr ungefähr am Kap Stephens befanden, war kein Wind mehr zu spüren. Im Südwesten sahen wir dicke Wolken, und an der Südseite des Kaps regnete es. Bald darauf erblickte man dort plötzlich einen weißlichen Flecken auf der See, von der eine Wassersäule emporstieg, die wie eine gläserne Röhre anzusehen war. Eine andere Dunstsäule senkte sich aus den Wolken herab und schien sich mit jener vereinigen zu wollen. Dies erfolgte dann auch wirklich, und so entstand die Erscheinung, die Wasserhose, Trombe oder Waterspout genannt wird. Kurz darauf sahen wir noch drei andere Säulen, die ebenso wie die erste entstanden. Die nächste war etwa drei englische Meilen von uns entfernt und mochte am Fuß etwa 70 Klafter (1 Klafter = 1,80 m) dick sein.

Da die Natur und Ursache dieses Phänomens bis jetzt noch wenig bekannt ist, waren wir auf alle Umstände aufmerksam, die sich dabei ereigneten. Die Basis der Säulen, wo sich das Wasser heftig bewegte und in einer Spirallinie gleich einem Dunst emporstieg, nahm einen großen Fleck in der See ein, der gelblich in die Augen fiel, wenn die Sonne darauf schien. Die Säulen hatten eine zylindrische Form, doch waren sie nach oben hin dicker als am unteren Ende. Sie rückten schnell auf der Oberfläche der See weiter, da die Wolken ihnen aber nicht folgen konnten, bekamen sie eine schiefe, gebogene Richtung. Oft gingen sie nebeneinander vorbei, die eine hier-, die andere dorthin. Da es nun windstill war, schlossen wir aus der verschiedenen Bewegung der Wasserhosen, daß jede einen eigenen Wind hervorbringen und davon fortgetrieben werden müsse. Endlich brachen sie eine nach der anderen zusammen. Gleich nachher sahen wir, daß die See ungefähr zweihundert Klafter von uns an einer Stelle in heftige Bewegung geriet. Das Wasser kräuselte sich in einem Umfang von 50 bis 60 Faden gegen die Mitte hin und zerstäubte dann in Dunst, der durch die wirbelnde Bewegung in Form einer gewundenen Säule gegen die Wolken emporgetrieben wurde. Um diese Zeit fiel etwas Hagel auf das Schiff, und die Wolken hatten ein schrecklich schwarzes und schweres Aussehen. Gerade über dem Wasserwirbel senkte die Wolke sich langsam herab und nahm nach und nach die Gestalt einer langen, dünnen Röhre an. Man konnte deutlich sehen, wie das Wasser innerhalb des Wirbels aufwärtsgerissen wurde. Es dünkte uns auch wahrscheinlich, daß das Wasser keine dichte, sondern eine hohle Säule ausmache, und in dieser Vermutung wurden wir durch die Farbe bestärkt, die einer durchsichtigen gläsernen Röhre sehr ähnlich war. Kurz nachher brach auch diese letzte Wasserhose wie die anderen, nur mit dem Unterschied, daß sich, als sie auseinander riß, ein Blitzstrahl sehen ließ, dem jedoch kein Donner folgte. Diese ganze Zeit über befanden wir uns in einer höchst gefährlichen und beunruhigenden Lage. Die schreckenvolle Majestät dieser Naturerscheinung, die See und Wolken vereinigte, machte unsere ältesten Seeleute verlegen. Obschon sie solche Wassersäulen schon gesehen hatten, so waren sie doch noch nie so davon umgeben gewesen, und jeder wußte fürchterliche Geschichten zu erzählen, was für schreckliche Verwüstungen sie anrichten könnten, wenn sie über ein Schiff hinweggingen. Wir machten uns auch wirklich auf das Schlimmste gefaßt und nahmen unsere Stangensegel ein. Man wollte wissen, daß Kanonenfeuer solche Wassersäulen zerteilt hätten, und es wurde deshalb auch Befehl gegeben, einen Vierpfünder in Bereitschaft zu halten, da aber die Leute wie gewöhnlich lange damit zubrachten, war die Gefahr vorüber, ehe der Versuch gemacht werden konnte.

Befestigtes Felsendorf (Hippah) der Neuseeländer

Am folgenden Morgen früh um fünf Uhr erreichten wir die Mündung des Charlotten-Sunds, und um sieben Uhr sah man es von der Südspitze von Motu-Aro her, wo nach Kapitän Cooks voriger Reisebeschreibung ein Hippah oder festes Dorf liegt, dreimal aufblitzen. Es kam uns gleich so vor, als ob diese Signale wohl von unseren Freunden auf der »Adventure« kommen könnten. Der Kapitän ließ deshalb etliche Vierpfünder abfeuern, die auch zu unserem Vergnügen beantwortet wurden. Gegen Mittag konnten wir unseren Reisegefährten bereits vor Anker liegen sehen, und kurz darauf kamen uns verschiedene Offiziere mit einem Geschenk von Fischen entgegen, und sie erzählten uns, wie es ihnen seit unserer Trennung ergangen war. Nachmittags wurde es windstill, weshalb wir uns in die Bucht bugsieren lassen mußten und erst gegen 7 Uhr abends vor Anker gelangten. Mittlerweile kam auch Kapitän Furneaux an Bord, und um seine Freude über unsere Wiedervereinigung zu zeigen, ließ er uns mit dreizehn Kanonenschüssen begrüßen, die unsere Leute mit Freuden erwiderten.

Die »Adventure« hatte, nachdem sie uns aus dem Gesicht verloren, ihren Lauf nach Norden genommen und ständig Stürme aus Westen gehabt. Am 28. Februar hielt Kapitän Furneaux es für ratsam, bis Van-Diemens-Land, der von Abel Jansen Tasman 1642 entdeckten Südspitze von Neu-Holland, hinaufzugehen. Am 9. März geriet er an die Südwestküste und lief um das Südende der Ostseite des Landes herum, wo er am 11. in einer Bai vor Anker ging, die seinem Schiff zu Ehren Adventure-Bai genannt wurde. Das Schiff lag nur fünf Tage in dieser Bai, und Kapitän Furneaux nahm dort frisches Wasser ein und sammelte auch einige merkwürdige Tiere, worunter eine neue Marderart und ein schöner weißer Habicht waren. Sie sahen keine Bewohner, glaubten aber tief im Lande Rauch wahrgenommen zu haben.

Am 15. abends segelten sie aus der Adventure-Bai wieder ab und steuerten nach Norden längs der Küste hin, die hier sandig und bergig war. Die »Adventure« brachte auf der Fahrt von Van-Diemens-Land nach Neuseeland wegen des widrigen Windes fünfzehn Tage zu und kam am 7. April im Charlotten-Sund glücklich vor Anker. Sie fanden die auf der südlichen Spitze von Motu-Aro gelegene Hippah oder Festung der Eingeborenen verlassen, und der Astronom schlug dort sein Observatorium auf. Die Eingeborenen, die aus einigen hundert Köpfen bestehen mögen und verschiedene Parteien ausmachen, die untereinander oft Krieg führen, hatten mit ihnen zu handeln angefangen. Auch aus dem Inneren des Landes waren Leute zu ihnen gekommen, und da sie freundlich aufgenommen wurden, hatten sie keine Bedenken, an Bord zu gehen, sondern hatten im Gegenteil bei den Matrosen ganz unbesorgt und mit großem Appetit geschmaust, vornehmlich aber am Schiffszwieback und an der Erbsensuppe großen Geschmack gefunden. Kleidungsstücke, Werkzeug und Waffen, die sie in großer Menge mitbrachten, hatten sie gern und eifrig gegen Nägel, Beile und Zeug eingetauscht.

Wir kamen in Charlotten-Sund an, als die Leute der »Adventure« schon alle Hoffnung, uns jemals wiederzufinden, aufgegeben und sich bereits darauf eingerichtet hatten, den Winter in diesem Hafen zu verbringen. Kapitän Cook hingegen war keineswegs gewillt, hier so viele Monate untätig liegen zu bleiben. Er wußte, daß auf den Gesellschaftsinseln, die er auf der vorigen Reise besucht hatte, gute Erfrischungen zu haben wären. Er befahl also, beide Schiffe in segelfertigen Zustand zu setzen, und da es dem unsrigen an nichts fehlte, half unsere Mannschaft den Leuten von der »Adventure«, das Werk zu fördern. Wir unsererseits fingen gleich an, das Land zu untersuchen und fanden an Bäumen und Kräutern ungefähr das, was wir in der Dusky-Bai angetroffen hatten, doch gab es hier antiskorbutische Pflanzen, die uns in Dusky-Bai gefehlt hatten. Wir brachten bald einen großen Vorrat von Wilder Sellerie und Löffelkraut zusammen, und beides wurde hernach in einer Suppe von Habermehl oder reichlich in der Erbsensuppe gegeben. Die Leute von der »Adventure«, die bisher nicht gewußt hatten, daß diese Kräuter zu genießen wären, wußten sich diese bald wie wir zunutze zu machen.

Am folgenden Tage gingen wir nach der Hippah, wo der Astronom Baley seine Sternwarte aufgeschlagen hatte. Sie liegt auf einem steilen Felsen und ist nur vermittels eines Fußsteiges zugänglich. Der Gipfel war ehedem mit Palisaden umgeben, die Matrosen hatten sie aber als Brennholz verbraucht. Innerhalb dieser Schutzwehr standen die Wohnungen der Bewohner. Die Leute erzählten uns, daß die Hütten voll von Ungeziefer, besonders von Flöhen, gewesen seien.

Zu dem Ungeziefer gehörten auch Ratten, die unsere Leute in so großer Zahl vorfanden, daß sie große Töpfe in den Boden gruben, in welchen die Tiere sich häufig fingen.

Am 23. morgens kamen fünf Indianer in zwei kleinen Kanus zu uns, die die ersten waren, die sich hier sehen ließen. Wir kauften ihnen Fische ab und machten ihnen kleine Geschenke. So wenig sie Bedenken trugen, aufs Schiff zu kommen, ebenso wenige Umstände machten sie, uns in die Kajüte zu folgen. Sie aßen mit von unsren Speisen, im Trinken wollten sie uns aber nicht Gesellschaft leisten, sondern sie tranken nichts als Wasser. Glasflaschen mußten ihnen besonders schätzbar sein, aus Korallen, Bändern, weißem Papier und ähnlichen Kleinigkeiten machten sie sich nichts, aber Nägel, Beile und Eisen waren ihnen sehr genehm. Einige von unseren Leuten hatten sich ihrer Kanus bedient, um an Land zu fahren, allein die Indianer kamen gleich in die Kajüte, um sich beim Kapitän zu beschweren, und da ihnen gleich Gerechtigkeit widerfuhr und die Kanus zurückgegeben wurden, kehrten sie vergnügt ans Land zurück.

Am folgenden Morgen kamen sie schon bei Tagesanbruch wieder zu uns. Sie schienen des Handels wegen gekommen zu sein, wobei wir sie auch nicht stören wollten, sondern mit den beiden Kapitänen nach einem breiten Meeresarm ruderten, der auf der vorigen Reise West-Bai genannt worden war. Unterwegs begegneten wir einem Doppelkanu, das mit dreizehn Mann besetzt zu uns herankam. Diese Leute schienen sich des Kapitäns Cook zu erinnern, denn sie fragten ihn nach Tupaya, dem Eingeborenen von Tahiti, den er auf seiner vorigen Reise bei sich gehabt hatte. Als sie hörten, daß er tot sei, schienen sie ganz betrübt darüber und sagten einige Worte in klagendem Ton. Wir machten ihnen Zeichen, daß sie an Bord des Schiffes gehen sollten, aber als sie sahen, daß wir nach einer anderen Gegend ruderten, kehrten sie in ihre Bucht zurück.

Während unserer Abwesenheit war ein großes Boot mit zwölf Eingeborenen gekommen, die eine Menge Kleidungsstücke, Streitäxte, Keulen, Speere, ja sogar ihre Ruder verhandelt hatten. Das große Boot, das am Morgen ausgefahren war, um Gemüse und Gras zu holen, war bei unserer Rückkehr noch nicht wieder eingetroffen, und da es auch am folgenden Tage ausblieb, wurden wir sehr unruhig. Am 26. nachmittags kam das vermißte Boot endlich wieder, die Leute aber waren von Arbeit und Hunger völlig erschöpft. Der ganze Vorrat, den sie mitgenommen hatten, bestand aus drei Zwiebäcken und einer Flasche Branntwein, und des stürmischen Wetters wegen war auch nicht ein einziger Fisch gefangen worden. Sie hatten Zuflucht in einer Bucht genommen, wo sie in einigen verlassenen Hütten ein Obdach fanden. Ihr ganzer Unterhalt bestand nur aus einigen Muscheln, die hier und da an den Felsen klebten.

Am folgenden Morgen hatten wir verschiedene Kanus um uns her, in denen zusammen etwa dreißig Eingeborene sein mochten. Es befanden sich auch einige Weiber unter ihnen, die sich die Backen mit Rotstein und Öl geschminkt hatten, die Lippen dagegen sahen vom Punktieren oder Tätowieren, welches hierzulande sehr in Mode ist, schwärzlich blau aus. Sie waren von ziemlich heller Farbe, die zwischen oliven- bis mahagonyfarbig liegt, dazu hatten sie pechschwarzes Haar, runde Gesichter und dicke, platte Nasen. Auch hatten sie schwarze Augen, lebhaft und nicht ohne Ausdruck.

Unsere Matrosen hatten seit der Abreise vom Kap keinen Umgang mit Frauen gehabt, sie waren also recht eifrig hinter ihnen her, und aus der Art, wie ihre Anträge aufgenommen wurden, sah man wohl, daß es hierzulande mit der Keuschheit nicht so genau genommen wurde und daß die Eroberungen nicht gerade schwer sein mußten. Doch hingen die Gunstbezeigungen dieser Schönen nicht nur von ihrer Neigung ab, sondern die Männer mußten als unumschränkte Herren zuerst darum befragt werden. War deren Einwilligung durch einen großen Nagel, ein Hemd oder dergleichen erkauft, so hatten die Frauen Freiheit und konnten alsdann zusehen, noch ein Geschenk für sich selbst zu erbitten. Ich muß indessen gestehen, daß einige von ihnen sich nicht anders als mit dem äußersten Widerwillen zu dem schändlichen Gewerbe gebrauchen ließen, und die Männer mußten oft ihre ganze Autorität aufbieten, ehe sie zu bewegen waren, sich den Begierden von Kerlen preiszugeben, die ohne Empfindung ihre Tränen sehen und ihr Wehklagen hören konnten. Ob unsere Leute, die zu einem gesitteten Volk gehören wollten und doch so viehisch sein konnten, oder jene Barbaren, die ihre eigenen Weibsleute zu solcher Schande zwangen, den größeren Abscheu verdienten, ist eine Frage, die ich nicht beantworten mag. Da die

Neuseeländer fanden, daß sie nicht wohlfeiler und leichter zu eisernem Gerät kommen konnten als vermittels dieses niederträchtigen Gewerbes, so liefen sie bald im ganzen Schiff herum und boten ihre Schwestern und Töchter feil. Den verheirateten Weibern aber verstatten sie nie die Erlaubnis, sich mit unseren Matrosen abzugeben. Da sie sich solchergestalt aus der Enthaltsamkeit unverheirateter Frauen nichts machen, wird man vielleicht denken, daß die Bekanntschaft mit ausschweifenden Europäern die Moral dieses Volkes nicht verschlimmert haben könne, allein wir haben Grund zu vermuten, daß die Neuseeländer zu einem solchen schändlichen Mädchenhandel nur veranlaßt worden waren, als durch das Eisengerät neue Bedürfnisse unter ihnen geweckt wurden.

Es ist Unglücks genug, daß alle unsere Entdeckungen so vielen unschuldigen Menschen das Leben gekostet haben. So hart dies für die kleinen, ungesitteten Völkerschaften der Fall sein mag, die von Europäern aufgesucht worden sind, so ist es wahrscheinlich doch nur eine Kleinigkeit im Vergleich mit dem unersetzlichen Schaden, den ihnen diese durch den Umsturz ihrer sittlichen Grundsätze zugefügt haben. Wäre dieses Übel gewissermaßen dadurch wiedergutgemacht, daß man sie wirklich nützliche Dinge gelehrt oder irgendeine unmoralische oder verderbliche Gewohnheit unter ihnen ausgerottet hätte, so könnten wir uns wenigstens mit dem Gedanken trösten, daß sie auf einer Seite wiedergewonnen hätten, was sie auf der anderen verloren haben mochten. So aber fürchte ich, daß unsere Bekanntschaft den Bewohnern der Südsee durchaus nachteilig gewesen ist, und ich bin der Meinung, daß gerade jene Völkerschaften am besten weggekommen sind, die sich immer von uns ferngehalten und unseren Seeleuten nie erlaubt haben, allzu vertraut mit ihnen zu werden. Hätten sie doch in den Mienen und Gesichtszügen der Seeleute den Leichtsinn lesen und sich vor der Liederlichkeit fürchten mögen, die ihnen mit Recht zur Last gelegt wird.

Nachdem sie ein paar Stunden an Bord gewesen waren, fingen die Neuseeländer an zu stehlen und alles auf die Seite zu bringen, was ihnen in die Hände fiel. Man ertappte einige, die gerade eine vierstündige Sanduhr, eine Lampe, etliche Schnupftücher und Messer fortschleppen wollten. Dieses Diebsstreichs wegen ließ sie der Kapitän zum Schiffe hinauswerfen und ihnen andeuten, daß sie nie wieder an Bord kommen sollten. Ihr hitziges Temperament, das keine Kränkung ertragen kann, geriet darüber in Feuer und Flammen, so daß einer sich nicht enthalten konnte, von seinem Kanu aus zu drohen, als wolle er zu Gewalttätigkeiten schreiten. Dazu kam es jedoch nicht, sondern am Abend gingen alle ruhig an Land und richteten dort aus Baumzweigen einige Hütten auf, um die Nacht darunter zu verbringen.

Am folgenden Nachmittag gab der Kapitän einigen Matrosen Erlaubnis, an Land zu gehen, wo sie von den Wilden allerhand Kuriositäten einhandelten und sich zu gleicher Zeit um die Gunst manches Mädchens bewarben, ohne sich an die ekelhafte Unreinlichkeit derselben zu kehren. Sie stanken dermaßen, daß man sie schon von weitem riechen konnte, und saßen so voll Ungeziefer, daß sie es oft von den Kleidern absuchten und zwischen den Zähnen knackten. Es ist erstaunlich, daß es Leute gab, die mit solchen ekelhaften Kreaturen sich abzugeben imstande waren, und daß weder ihr eigenes Gefühl noch die Reinlichkeit, die dem Engländer doch von Jugend auf beigebracht wird, in ihnen Abscheu erregte.

Ehe sie an Bord zurückkamen, hatte eine von diesen Schönen einem Matrosen die Jacke gestohlen und einem jungen Landsmann gegeben. Als der Eigentümer sie ihm wieder abnahm, versetzte dieser ihm ein paar Faustschläge, die der Engländer aber für Spaß aufnahm. Als er nun ins Boot steigen wollte, warf der Wilde mit großen Steinen nach ihm. Nun fing der Matrose Feuer und begann auf gut englisch, ihn zusammenzuboxen. Im Augenblick hatte der Neuseeländer ein blaues Auge und eine blutige Nase weg und dem Anschein nach genug, denn er gab das Treffen auf und lief davon.

Am 1. Juni kamen verschiedene Kanus mit Wilden zu uns, die wir noch nicht gesehen hatten. Ihre Fahrzeuge waren von verschiedener Größe und drei davon mit Segeln versehen. Das Segel bestand aus einer großen dreieckigen Matte und war an einem Mast und einer Stange befestigt, die unten in einem spitzen Winkel zusammenstießen. Der Boden des Kanus bestand aus einem ausgehöhlten Baumstamm, die Seiten aber aus Brettern oder Planken. Von diesen hatten sie eine auf die andere gesetzt, vermittels kleiner Löcher durch Schnüre von Flachs fest zusammengebunden und hernach die Fugen mit Wolle von Rohrkolben dicht verstopft. Es gab einige Doppel-

Kriegskanu von Neuseeland

kanus darunter, die mit Querhölzern und Stricken aneinander befestigt waren, die übrigen hatten einen Ausleger, ein schmales Brett, das an Querhölzern befestigt war. Die Kanus waren alt und schienen beinahe ausgedient zu haben, keins war auch so reich mit Schnitzwerk geziert wie jene, die Kapitän Cook auf seiner ersten Reise am nördlichen Ende dieser Insel angetroffen hat, doch waren sie im ganzen ebenso gebaut und hatten ein unförmig geschnitztes Menschengesicht am Vorderteil, hohe Hinterteile und spitze Ruderschaufeln.

Die Neuseeländer brachten uns verschiedene Zieraten zum Verkauf, die meist aus grünem Lapis nephriticus geschnitten waren. Einige waren flach und hatten eine scharfe Schneide als Beil- oder Axtklingen. Andere waren lang und dünn und dienten als Ohrgehänge, wieder andere waren zu kleinen Meißeln mit hölzernen Griffen und auch zu hockenden Figuren geschnitzt, mit großen Augen von Perlmutter, die sowohl Männer als Weiber an einer Halsschnur trugen. Mancher von ihnen trug auch Schnüre mit aufgereihten Menschenzähnen.

Sie hatten eine Menge Hunde in ihren Kanus und schienen viel auf diese Tiere zu halten, denn jeder hatte den seinigen mit einer Schnur mitten um den Leib angebunden. Sie werden mit nichts als Fischen gefüttert und leben in dieser Hinsicht so gut wie ihre Herren, dagegen muß ihr Fleisch diesen hinwieder zur Speise, die Felle müssen aber zu mancherlei Zierat und zu Kleidungsstücken dienen. Wir kauften ihnen etliche ab, allein die alten Hunde wollten bei uns nicht gedeihen, sie grämten sich und wollten nicht fressen, die jungen hingegen gewöhnten sich bald an unsere Speisen.

Einige Neuseeländer wurden in die Kajüte geführt, wo man ihnen einige Geschenke machte, doch zeigte nicht ein einziger das Staunen, das wir an unseren Freunden in Dusky-Bai wahrgenommen hatten. Von allen unseren Waren tauschten sie am liebsten Hemden und Flaschen ein, letztere wahrscheinlich, weil sie keine Gefäße haben außer Kalebassen, die auf der nördlichen Insel wachsen, aber hier nur im Besitz weniger Leute waren. Da einige dieser Leute guter Laune waren, gaben sie uns auf dem Achterdeck einen Heiva oder Tanz zum besten. Dazu legten sie ihre zottigen Oberkleider ab und stellten sich in eine Reihe. Dann stimmte einer ein Lied an, streckte dabei die Arme aus und stampfte gewaltig, ja fast wie rasend mit den

Füßen dazu. Die anderen machten seine Bewegungen nach und wiederholten die letzten Worte seines Gesanges. Gegen Abend gingen sie alle nach dem oberen Ende des Sundes zurück.

Am folgenden Morgen begleiteten wir die Kapitäne nach der Ost-Bai, wo wir bereits allerlei europäisches Gemüse angepflanzt hatten. Nun wollten wir die Wildnis auch mit Tieren bereichern, die den Eingeborenen und auch künftigen Seefahrern zum Nutzen gereichen könnten. In dieser Absicht hatte Kapitän Furneaux bereits einen Eber und zwei Säue in Freiheit gesetzt, damit sie sich auf dem Lande vermehren sollten. Und auch wir ließen es uns einen Bock und eine Ziege kosten, die jetzt in Ost-Bai an Land gesetzt wurden.

Am 4. Juni ließen wir die St.-Georgs-Flagge, Fahnen und Wimpel wehen, um den Geburtstag Seiner Majestät des Königs mit den zur See gewohnten Feierlichkeiten zu begehen. Die indianische Familie, die ihren Wohnplatz in der Bucht unweit des Schiffes aufgeschlagen hatte, kam heute sehr zeitig an Bord. Als wir uns im Steuerraum zum Frühstück niedergesetzt hatten, meldete ein Offizier dem Kapitän, daß sich ein großes doppeltes und stark bemanntes Kanu nähere. Wir gingen also an Deck und fanden, daß es mit achtundzwanzig Mann besetzt war. Sie ruderten an der »Adventure« vorüber und auf unser Schiff zu. Die Indianer bei uns an Bord behaupteten, daß die Ankommenden feindliche Absichten gegen uns hätten und wir deshalb auf sie feuern sollten. Towahanga, das Oberhaupt dieser Familie, sprang sogar auf den Gewehrkasten, ergriff einen Prügel und fing an, in einem feierlichen Tone zu ihnen herabzureden, dabei schwenkte er herausfordernd ein großes Beil aus grünem Stein um den Kopf. Mittlerweile kam das Boot heran, und wir baten ihn, es gut sein zu lassen und zu schweigen. Zwei Leute standen aufrecht im Kanu, der eine auf dem Vorderteil, der andere in der Mitte. Ersterer hielt eine Flachspflanze in der Hand, der andere begann mit einer lauten, feierlichen Rede. Nach den Bewegungen, mit denen er seine Rede begleitete, und nach dem Ton schien er wechselweise zu fragen, zu prahlen, zu drohen und uns dann wieder gütlich zuzureden. Sobald er mit seiner Rede fertig war, nötigte ihn der Kapitän, an Bord zu kommen. Anfänglich schien er unschlüssig, doch dann gewann seine natürliche Dreistigkeit die Oberhand, und er kam zum Schiff herauf. Alle seine Leute machten es bald ebenso, und jeder grüßte die bei uns befindliche Familie durch Aneinanderreiben der Nasen, oder, wie unsere Matrosen es ausdrückten, sie naseten sich untereinander. Diese Ehre ließen sie uns nun auch widerfahren, und wir nötigten die beiden Sprecher in die Kajüte. Sie fragten sogleich nach Tupaya, und als man ihnen sagte, daß er nicht mehr am Leben sei, waren sie ganz betrübt darüber. So sehr hatte dieser Mann sich durch seine natürlichen Gaben und seine Leutseligkeit die Liebe und Achtung dieses unwissenden Volkes erworben. Vermutlich würde es ihm auch viel eher als uns gelungen sein, dieser Nation mehr Kultur zu geben, weil er nebst einer gründlichen Kenntnis der Landessprache mehr Analogie mit ihren Begriffen besaß als wir Europäer.

Teiratu und seine Begleiter waren eine größere Art von Leuten, als wir bisher in Neuseeland gesehen hatten. Auch waren Kleidung, Schmuck und Waffen reicher und schienen eine Art des Wohlstandes anzuzeigen, desgleichen wir hierzulande noch nirgends bemerkt hatten. Ihre Mäntel waren mit Hundefell gefüttert, und in der Tat hatte ein solcher Pelz nicht nur ein stattliches Aussehen, sondern er mochte ihnen auch bei dem kalten Wetter gute Dienste leisten. Unter ihren übrigen aus den Fasern des Neuseeländischen Flachses verfertigten Kleidern gab es viele mit bunten, eingewirkten Rändern. Diese Ränder waren rot, schwarz und weiß und nach einem Muster gearbeitet. Die schwarze Farbe ist so echt und dauerhaft, daß sie die Aufmerksamkeit der englischen Manufakturisten verdient, denen bis jetzt noch eine dauerhafte Farbe aus dem Pflanzenreich fehlt. Ihr Mantel besteht aus einem viereckigen Stück Zeug, dessen obere Enden sie auf der Brust zusammenbinden oder mit einer Nadel aus Knochen, Fischbein oder grünem Stein festhalten. Ein Gürtel aus Gras wurde mitten um den Leib gebunden, so daß der Mantel auf den Hüften fest anlag. Obschon sie aber dem Äußern nach den Bewohnern von Charlotten-Sund viel voraus hatten, waren sie ihnen doch an Unreinlichkeit völlig ähnlich, dergestalt, daß das Ungeziefer auf ihren Kleidern haufenweise umherkroch.

Alle Gerätschaften, die sie bei sich hatten, waren ungemein zierlich geschnitzt. Sie verkauften uns ein Beil, dessen Klinge aus dem feinsten grünen Talkstein bestand und einen mit durchbrochener Arbeit überaus künstlich verzierten Stiel hatte. Wir fanden auch einige Musikinstrumente bei ihnen, nämlich eine Trompete oder vielmehr ein hölzernes Rohr, das vier Fuß lang und ziemlich dünn war. Sie bliesen damit nur einen Ton, der wie das rauhe Blöken eines Tieres klang. Eine andere Trompete war aus einem großen Tritonshorn (Gehäuse der Tritonschnecke) gemacht. Ein schrecklich blökender Ton war alles, was sich herausbringen ließ. Ein drittes Instrument, das unsere Leute eine Flöte nannten, bestand aus einem Rohr, das in der Mitte am weitesten war und hier und an beiden Enden eine Öffnung hatte.

Das Doppelkanu schien noch neu und etwa 50 Fuß lang zu sein. Das vordere Ende und das Hinterteil waren durchbrochen und mit schneckenförmigen Zügen verziert. Ein ungestaltes Ding von Menschenkopf mit ein Paar Augen von Perlmutt und einer lang heraushängenden Zunge machte das äußere Ende des Vorderteils aus. Vermutlich hat die hierzulande übliche Gewohnheit, den Feind durch Ausstrecken der Zunge zu beschimpfen und herauszufordern, zur Abbildung solcher Fratzengesichter geführt.

Sie verweilten nicht lange an Bord. Da es windig wurde, gingen sie wieder in ihre Boote und ruderten nach Motu-Aro hinüber. Gegen Mittag ließ sich auch der Kapitän mit einigen Offizieren nach dieser Insel übersetzen und fand dort sieben Kanus auf den Strand gezogen, in welchen etwa neunzig Insulaner hier angekommen waren. Man sah sie damit beschäftigt, Hütten zu bauen, und sie nahmen unsere Leute mit allen Zeichen der Freundschaft auf. Der Kapitän erwiderte dies durch Austeilung von Geschenken, wie auch von vergoldeten Kupfermedaillen, die zum Andenken an diese Reise geschlagen worden waren.

Der Kapitän und seine Gesellschaft bemerkten, daß Teiratu der Befehlshaber aller dieser Leute sein müsse, denn sie bezeigten ihm viel Ehrfurcht. Kapitän Cook befürchtete, daß die Insulaner unseren auf dieser Insel angelegten Garten finden und aus Unwissenheit verwüsten könnten. Er führte deshalb den Befehlshaber Teiratu dorthin und zeigte ihm die verschiedenen Pflanzen, besonders aber die Kartoffeln. Diese schien der Wilde sehr hoch zu schätzen, und er kannte sie ohne Zweifel schon, weil ein ähnliches Gewächs, nämlich die Virginische Süßkartoffel, in einigen Gegenden der nördlichen Insel angebaut wird. Er versprach dem Kapitän, daß er den Garten nicht vernichten, sondern alles wachsen und sich vermehren lassen wolle, und mit dieser Abrede schieden sie voneinander.

Nachmittags wurde der Wind sehr frisch und hielt die folgenden Tage mit gleicher Heftigkeit an, so daß wir bis zum 7. liegenbleiben mußten. Dann aber hoben wir am Morgen den Anker und segelten nebst der »Adventure« aus Ship-Cove ab. Unser Aufenthalt in Charlotten-Sund war unseren Leuten so gut bekommen, daß sie jetzt wieder gesund waren wie bei der Abreise von England. In unserem Schiff hatten wir nur einen einzigen Kranken, einen Seesoldaten, der seit der Abreise von England immer schwindsüchtig und wassersüchtig gewesen war.

7. Kapitel

Reise von Neuseeland nach Tahiti

Nachmittags gelangten wir in die Cook-Straße, liefen sie nach Süden herab und hatten nun den unermeßlichen Ozean, die Südsee, vor uns. Dies große Meer war bereits mehrfach durchschifft worden, die kälteren Gegenden hingegen hatte vor Kapitän Cooks erster Reise mit der »Endeavour«, das ist bis zum Jahre 1770, noch kein europäischer Seefahrer zu untersuchen gewagt. Gleichwohl glaubte man, daß hier ein großes Land liegen müsse, und die Erdbeschreiber, die es in ihren Karten das südliche feste Land (Terra australis) nannten, nahmen an, daß auf der Westseite Neuseeland, auf der Ostseite aber ein Strich Landes, der gegen Amerika hin entdeckt worden sein sollte, die Küsten ausmachen. Da aber Kapitän Cook auf seiner vorigen Reise gefunden hatte, daß Neuseeland nicht mehr als zwei große Inseln und daß weder nach Amerika hin noch bis zum 40. Grad gegen Süden herab Land vorhanden sei, so war das Südland schon in engere Schranken gebracht, wenn auch immer noch weitläufig genug, die Aufmerksamkeit künftiger Seefahrer zu verdienen.

Wir sollten nun den noch unerforschten Teil dieser See befahren und standen jetzt mitten im Winter im Begriff, zwischen dem 50. und 40. Grad südlicher Breite auf Entdeckung neuer Länder nach Osten hin auszugehen. Viele unserer Mitreisenden unternahmen diese gefährliche Reise mit der gewissen Zuversicht, daß wir die Küsten dieses Südlandes bald finden würden, Kapitän Cook aber und verschiedene andere machten sich wenig Hoffnung, neue Länder zu entdecken, ja sie bezweifelten sogar, daß es überhaupt ein solches Südland gäbe.

Am folgenden Morgen waren wir noch in der Mündung der Straße und hatten die hohen schneebedeckten Berge der Südinsel noch immer in Sicht. Große Züge verschiedener Walarten gingen am Schiff vorbei. Sie waren meist ganz schwarz und hatten einen weißen Fleck vor der hintersten Rückenfinne. Wir feuerten auf sie und trafen einen so nachdrücklich am Kopf, daß er nicht mehr tauchen konnte, sondern auf der blutgefärbten Oberfläche des Wassers gewaltig um sich zu schlagen anfing. Er schien ungefähr neun Fuß lang zu sein, war schlank von Körper, hatte aber einen stumpfgeformten Kopf, weshalb ihn unsere Matrosen bottle-nose nannten. Weil wir aber so guten Wind hatten, daß wir in der Stunde drei und eine halbe Seemeile segelten, hielt der Kapitän es nicht für der Mühe wert, den Wal an Bord zu nehmen.

Sobald das Land außer Sicht gekommen war, schwärmte eine unendliche Menge von Albatrossen um uns her. Einige unserer Matrosen, die auf Ostindienfahrern gedient hatten, versicherten ihre Kameraden, daß eine Reise nach Ostindien im Vergleich zu den Mühseligkeiten, die wir auf dieser hier auszustehen hätten, für gar nichts zu rechnen wäre.

Sie erzählten, wie gut und bequem die Kapitäne es sich auf dergleichen Reisen zu machen pflegten, und nach mancher Anekdote und Spötterei darüber gerieten sie auf den närrischen Einfall, daß die abgeschiedenen Seelen all dieser Kapitäne zur Strafe für ihre üppige Lebensweise auf See in diese Albatrosse wandern müßten und nun auf die Südsee verbannt wären, vor der sie sich zu Lebzeiten wohl zu hüten gewußt hätten. Hier müßten sie sich nun, statt ihres vorigen Überflusses, kärglich genug behelfen, und wären nun endlich ein Spiel der Stürme und Wellen.

Die Offiziere, denen das eingesalzene Fleisch noch nicht wieder schmecken wollte, ließen ihren schwarzen Hund schlachten und schickten dem Kapitän die Hälfte davon. Wir ließen die Keule braten und speisten heute zum erstenmal Hundefleisch. Es schmeckt vollkommen wie Hammelfleisch, so daß nicht der geringste Unterschied zu bemerken war. In unseren kalten Ländern, wo Fleischspeisen üblich sind und wo es vielleicht des Menschen Natur oder unumgänglich nötig ist, von Fleisch zu leben, ist es wahrlich sonderbar, daß man einen jüdischen Abscheu vor Hundefleisch hat, da doch das Fleisch von dem unreinlichsten aller Tiere, nämlich vom Schwein, ohne Bedenken gegessen wird. In Betracht seiner schnellen und häufigen Vermehrung scheint die Natur den Hund ausdrücklich dazu geschaffen zu haben, daß er uns zur Nahrung dienen sollte. Man könnte vielleicht besorgt sein, daß es uns wegen der natürlichen Fähigkeiten unserer Hunde schwer ankommen möchte, sie umzubringen und zu essen. Allein in dem Fall bedenkt man nicht, daß ihre großen Fähigkeiten und ihre Anhänglichkeit bloß Folgen der Erziehung sind, die wir an sie wenden. In Neuseeland und, wie ältere Seefahrer melden, auch auf den Inseln der Südsee sind die Hunde die dummsten und einfältigsten Tiere, die man sich vorstellen kann. Sie scheinen dort um nichts klüger und gelehriger zu sein als unsere Schafe, die man für Sinnbilder der größten Einfalt und Dummheit gelten läßt. In Neuseeland werden sie mit Fischen gefüttert, auf den anderen Inseln mit Früchten und Kräutern. Vielleicht verändert beides ihre natürliche Anlage, vielleicht bringt auch die Erziehung neue Instinkte hervor. Die neuseeländischen Hunde kriegen, was von ihrer Herren Mahlzeit übrigbleibt, also auch andere Hundeknochen, und so werden die Hunde von klein auf Kannibalen. Wir hatten einen jungen neuseeländischen Hund an Bord, der, als wir ihn kauften, wohl noch nichts als Muttermilch geschmeckt hatte, gleichwohl fraß er von dem heutigen Hundebraten, das Fleisch so gut wie die Knochen, mit großer Gier, während andere, von europäischer Art, die wir vom Kap mitgenommen hatten, beides nicht anrührten, geschweige denn fressen mochten.

Bis zum 16. steuerten wir immer südostwärts und waren stets von Sturmvögeln und Albatrossen und zuweilen auch von grauen Möwen umgeben, und große Haufen von Seegras schwammen vielfältig in der See. An dies alles waren wir aber schon gewöhnt, als daß wir es hätten wagen wollen, Folgerungen daraus zu ziehen. Am 23. waren Wind und Wetter gelinde. Kapitän Furneaux machte sich dies und die Nachbarschaft beider Schiffe zunutze, um zu uns an Bord zu kommen und mit uns zu speisen. Er berichtete dem Kapitän, daß seine Leute sich noch wohl befänden, einen oder zwei Mann ausgenommen, die von ihrem Umgang mit ungesunden Frauenspersonen ekelhafte Nachwehen ausstehen mußten. Diese Nachricht war uns insofern recht unangenehm, weil man daraus entnehmen konnte, daß jene häßliche Krankheit auch Neuseeland schon erreicht hatte, denn nirgends sonst konnten die Leute angesteckt worden sein.

In Betracht der schrecklichen Folgen, welche dies Übel auf die Neuseeländer bringen mußte, hielten wir es der ernsthaftesten Untersuchung wert, ob und bei welcher Gelegenheit sie es wohl von den Europäern hätten bekommen können. Der erste Entdecker des Landes, Abel Janszoon Tasman, kam im Jahre 1642 dahin. Er hatte aber mit den Bewohnern nicht den mindesten freundschaftlichen

Umgang. Kapitän Cook war der nächste Seefahrer, der Neuseeland besuchte, aber mehr als hundert Jahre später, nämlich erst in den Jahren 1769 und 1770. Er kam damals mit seinem Schiff »Endeavour« von Tahiti, wo einige seiner Leute angesteckt worden waren. Da er aber fast zwei Monate unterwegs geblieben war, hatte der Chirurgus Zeit gehabt, die Leute gänzlich zu heilen, und bei der Ankunft an dieser Küste versicherte er dem Kapitän ausdrücklich, daß bei keinem der Kranken noch die geringste Spur des Übels zu merken sei. Trotzdem brauchte der Kapitän die Vorsicht, daß niemand an Land gehen durfte, der unter der Kur gewesen war, und um jede Möglichkeit abzuschneiden, durften auch keine Frauen an Bord kommen. Der dritte Europäer, der Neuseeland besuchte, war der französische Seefahrer de Surville. Er lag am 9. Dezember 1769 in der Doubtles-Bai von Neuseeland und sah die »Endeavour« an sich vorübersegeln, Kapitän Cook dagegen hatte das französische Schiff nicht wahrnehmen können, weil es hinter einem Berge vor Anker lag. Doubtles-Bai liegt aber so weit von Charlotten-Sund, daß die Einwohner dieser beiden Gegenden schwerlich Umgang miteinander haben, folglich läßt sich nicht begreifen, wie die Krankheit von dort schon so weit um sich greifen konnte, wenn man annehmen wollte, daß dies Schiff sie nach Doubtles-Bai gebracht haben sollte. Ein gleiches läßt sich von Herrn von Marion und dem Kapitän Crozet sagen, den französischen Seefahrern, deren Reise 1772 nur Umgang mit den Eingeborenen der Inselbai brachte, die aber am nördlichsten Ende der Nordinsel liegt, ebenfalls äußerst weit von Charlotten-Sund. Unmittelbar nach diesen beiden Schiffen kamen wir nach Neuseeland, allein wir hatten nicht die mindeste Ursache zu vermuten, daß unsere Leute das venerische Übel mit hierherbrächten. Es war bereits sechs Monate her, daß wir das Kap der Guten Hoffnung verlassen hatten, und das war der letzte Ort, wo die Matrosen es möglicherweise hätten bekommen können. Wir hatten aber nicht einen einzigen venerischen Patienten an Bord. Aus all dem zogen wir den Schluß, daß die venerischen Krankheiten in Neuseeland zu Hause und nicht von Europäern hierhergebracht worden sind. Wir haben auch im Verfolg unserer Reise bis jetzt noch keine Ursache gefunden, unsere Meinung hierüber zu ändern. Sollten jedoch, allem Anschein unerachtet, unsere Vermutungen irrig sein, so kommt alsdann eine Schandtat mehr auf die Rechnung der gesitteteren europäischen Nationen, und das unglückliche Volk, das sie mit diesem Gift angesteckt haben, wird und muß ihr Andenken dafür verfluchen.

Bis zum Anfang des Juli blieb der Wind veränderlich, er war mehr als viermal um den ganzen Kompaß herumgelaufen. Am 9. waren wir ungefähr in der Länge, in welcher sich Kapitän Cook auf seiner vorigen Reise unter dem 40. Grad 22 Minuten südlicher Breite befunden hatte. Hier fiel uns ein junger Ziegenbock über Bord, den man zwar wieder auffischte und alles mögliche an ihm versuchte, wie Reiben, Tabakklistiere und dergleichen, aber umsonst, er war nicht wieder zum Leben zu bringen. Am 17. ließ der Kapitän endlich nach Norden steuern. Bisher hatten wir uns nämlich auf der Suche nach dem Südland meist gegen Osten und in den Breiten gehalten, wo es liegen sollte. Auf dieser Fahrt war uns allen aber die Zeit herzlich lang geworden, das einzige, was wir damit gewonnen hatten, war die Gewißheit, daß in den mittleren Breiten der Südsee kein großes Land zu finden ist. Je näher wir den Wendezirkeln kamen, desto besseren Mutes wurde unser Schiffsvolk. Die Matrosen fingen schon an, sich des Abends auf dem Deck mit mancherlei Spielen zu belustigen. Die Wärme und Milde der Luft war etwas ganz Neues, und wir konnten jetzt seit unserer Abreise vom Kap zum erstenmal die Winterkleider ablegen. Am 25. nachmittags sahen wir einen tropischen Vogel, ein sicheres Zeichen, daß wir in das mildere Klima über 30 Grad südlicher Breite gekommen waren.

Am 28. war die »Adventure« uns so nahe, daß wir mit den Leuten sprechen konnten. Sie erzählten uns, daß vor drei Tagen ihr Koch gestorben und daß zwanzig Mann an Skorbut erkrankt seien. Diese Nachricht war uns desto unerwarteter, da auf unserem Schiff kaum Anzeichen von Skorbut vorhanden waren. Um indessen jenen zu helfen, schickte Kapitän Cook einen seiner Seeleute mit der Bestallung als Koch auf die »Adventure«, und verschiedene Herren nahmen die Gelegenheit wahr, ebenfalls hinüberzugehen und dort zu speisen. Sie fanden Kapitän Furneaux mit Gliederreißen, viele seiner Leute aber mit Flüssen geplagt. Unter den skorbutischen Patienten war der Zimmermann am übelsten dran, denn er hatte schon große blaue Flecken an den Beinen. Dieser Unterschied in den Gesundheitsumständen der beiden Schiffe rührte vermutlich daher, daß es auf der »Adventure« an frischer Luft fehlte. Unser Schiff lag höher im Wasser, und daher konnten wir, selbst bei stürmischem Wetter, mehr Luftlöcher offenhalten als jene. Außerdem aßen unsere Leute mehr Sauerkraut, brauchten mehr Maische und machten aus den Malzkörnern Umschläge auf die skorbutischen Flecken und geschwollenen Glieder, was man auf der »Adventure« nie zu tun pflegte. Bei dieser Gelegenheit wird es nicht unschicklich sein, zu bemerken, daß der Skorbut in warmen Ländern am gefährlichsten und bösartigsten ist. Solange wir uns in kälteren Breiten befanden, zeigte er sich nicht oder doch nur bei einzelnen Personen, die von Natur ungesund waren. Allein kaum hatten wir zehn Tage warmes Wetter gehabt, als schon an Bord der »Adventure« ein Patient daran starb und viele andere von den schlimmsten Symptomen befallen wurden. Die Hitze scheint also die Entzündung und Fäulnis zu fördern, und selbst bei denen, die nicht gefährlich krank waren, rief sie große Mattigkeit und Schwäche hervor.

Am 4. August warf eine junge Dachshündin vom Kap zehn Junge, wovon eins tot zur Welt kam. Der junge neuseeländische Hund, den ich bereits erwähnt und der vom Hundebraten so gierig gefressen hatte, fiel sogleich über den jungen Hund her und fraß davon mit der größten Gier. Dies kann zum Beweise dafür dienen, daß die Erziehung bei den Tieren neue Instinkte hervorzubringen vermag. Europäische Hunde werden nie mit Hundefleisch gefüttert und scheinen einen Abscheu davor zu haben. Die neuseeländischen hingegen bekommen von jung auf die Überbleibsel vom Tisch ihrer Herren zu fressen, mithin sind sie an Fisch-, Hunde- und Menschenfleisch gewöhnt, und was anfänglich bei einzelnen Hunden nur Gewöhnung war, ist mit der Zeit allgemeiner Instinkt der ganzen Art geworden.

Am 11. August morgens erblickten wir eine niedrige Insel, die vier Meilen lang und so flach wie die See zu sein schien. Nur hier und da sah man einzelne, gleichsam aus der See aufgewachsene Gruppen von Bäumen, unter welchen die hohen Gipfel der Kokospalme weit über die anderen emporragten. Nach so langer verdrießlicher Fahrt war uns schon der bloße Anblick des Landes etwas Erfreuliches, und obschon an der ganzen Insel nichts besonders

Schönes zu sehen war, gefiel sie dem Auge doch wegen ihres von Natur einfachen Ansehens. Das Thermometer hielt sich beständig zwischen 20 und 27 Graden, gleichwohl war die Hitze nicht übermäßig, denn wir hatten bei schönem, hellem Wetter einen kühlen Passatwind. Die Insel wurde Resolution-Eiland genannt, und vermutlich hat auch Herr von Bougainville seinem Tagebuch nach die gleiche gesehen.

Abends kam uns eine andere Insel von gleicher Art zu Gesicht, die Doubtful-Eiland genannt wurde. Da die Sonne schon untergegangen war, hielten wir uns so lange gegen Norden, bis wir ganz an der Insel vorüber waren und nicht mehr befürchten mußten, in der Finsternis auf die Küste zu stoßen. Am folgenden Morgen erschreckte uns das Geräusch von Wellen, die sich kaum eine halbe Meile vor uns schäumend brachen. Wir änderten sogleich unseren Lauf, gaben der »Adventure« durch Signale Nachricht von der Gefahr und steuerten hierauf längs dem Riff hin. Sobald es hell wurde, entdeckten wir eine zirkelrunde Insel und auf derselben einen großen Teich von Seewasser. An der Nordseite war die Insel mit Palmen und anderen Bäumen besetzt, den übrigen Teil machte aber nur eine schmale Reihe von niedrigen Felsen aus, über die die See in einer gewaltigen Brandung hinwegschlug. Kapitän Cook nannte diese Insel Furneaux-Eiland. Als wir an der Südseite des Riffs vorüber waren, erblickte man am nördlichen Ende der Insel ein Kanu unter Segel, und mit Hilfe der Ferngläser ließ sich erkennen, daß es mit sechs bis sieben Leuten bemannt war, von denen einer auf dem Vorderteil stand und mit einer Ruderschaufel steuerte.

Wir setzten unseren Lauf bei günstigem Wind bis Sonnenuntergang fort. Sobald es aber anfing, dunkel zu werden, legten wir bei, weil die Schiffahrt der vielen Inseln und Klippen wegen gefährlich ist, die nicht eher zu sehen sind, als bis man dicht bei ihnen ist. Früh am Morgen gingen wir wieder unter Segel und kamen an einer anderen Insel vorbei, die Adventure-Eiland genannt wurde. Um eben diese Zeit sprachen wir mit der »Adventure« und hörten, daß sie dreißig Mann auf der Krankenliste habe, fast lauter skorbutische Patienten. In unserem Schiffe hingegen waren die Leute fast noch frei von dieser Krankheit, und es wurde alles getan, um sie bei Gesundheit zu halten. Sie aßen fleißig Sauerkraut, ihre Hängematten wurden alle Tage gelüftet, und das ganze Schiff wurde häufig mit Pulver und Weinessig ausgeräuchert.

Nachmittags sahen wir eine Insel gerade vor uns. Der Lage nach mußte es dieselbe sein, die Kapitän Cook auf seiner vorigen Reise Chain-Island oder Ketteninsel genannt hatte. Damit wir diese Nacht nicht wieder beilegen mußten, ließ der Kapitän ein Boot mit einer Laterne vor dem Schiff hersegeln und befahl den Leuten, sobald sie eine gefährliche Stelle antreffen sollten, Signale zu geben. Diese Vorsicht war wegen der vielen Inseln nötig, die man in der Südsee antrifft. Sie bestehen nämlich aus Felsen, die vom Grunde des Meeres senkrecht wie Mauern emporsteigen, und auch da, wo sie am höchsten sind, nicht mehr als höchstens sechs Fuß über die Oberfläche emporragen. Oft sind sie von kreisförmiger Gestalt und haben in der Mitte ein Bassin von Seewasser, rings an den Ufern aber ist das Meer überall unergründlich. Unter den wenigen Gewächsen, die es darauf gibt, mag der Kokosbaum das beste und nutzbarste sein. Einer so armseligen Beschaffenheit und ihres oft nur geringen Umfanges unerachtet, sind manche dennoch bewohnt.

Früh am 15. August erblickten wir einen hohen Pik mit einer flachen Spitze. Der Berg schien ziemlich hoch und der Gipfel gleichsam abgebrochen oder wie die Mündung eines Vulkans ausgehöhlt zu sein. An der Küste war wenig oder gar kein flaches Land zu sehen, wo es aber eine ebene Stelle am Ufer gab, da war das Erdreich, wie überhaupt der ganze Berg, anmutig grün bewachsen. Einer unserer Offiziere, der vom Kapitän Wallis vormals an die Küste geschickt worden, erzählte uns, daß auf diesen Bäumen die Brotfrucht wachse, die in Ansons, Byrons, Wallis und Cooks Reisen so sehr gerühmt worden ist. Die Insel heiße in der Landessprache Maitea, und die Bewohner seien eine ebensolche Gattung von Menschen, wie man auf den Societätsinseln oder auf Tahiti anträfe, welches nur eine halbe Tagereise entfernt liege.

Dies war alles, was wir von der Insel erfahren konnten, denn wir blieben gute vier Seemeilen davon entfernt, und das mochte vermutlich auch die Ursache sein, warum von der Insel kein Kanu zu uns herankam. Da wir wenig Wind hatten, wurde ein Boot nach der »Adventure« geschickt, das den Kapitän Furneaux zum Mittagessen herüberholte. Wir hatten das Vergnügen, von ihm zu vernehmen, daß der Durchlauf, der unlängst unter seinen Leuten eingerissen war, bereits nachgelassen und daß auch am Skorbut keiner mehr gefährlich erkrankt sei. Wir konnten also der Nachbarschaft von Tahiti wegen hoffen, daß dem Übel bald durch frische Kräuterkost gänzlich abzuhelfen sein würde. Bei Untergang der Sonne sah man bereits die Berge dieser Insel aus den vergoldeten Wolken über dem Horizont hervorragen. Jedermann an Bord, einen oder zwei ausgenommen, die sich nicht rühren konnten, eilte begierig an Deck, um die Augen an dem Anblick dieses Landes zu weiden, von dem man die größten Erwartungen haben mußte, weil nach dem übereinstimmenden Zeugnis aller Seefahrer, die dort gewesen sind, nicht nur Überfluß an frischen Lebensmitteln vorhanden, sondern auch die Einwohner von besonders gutherzigem und gefälligem Charakter sein sollten.

Aller Wahrscheinlichkeit nach ist diese Insel von einem Spanier, nämlich von Pedro Fernandez de Quiros, entdeckt worden. Er war am 21. Dezember 1605 von Lima in Peru abgesegelt und hatte am 10. Februar 1606 eine Insel gefunden, die er Sagittaria nannte, die aber das heutige Tahiti gewesen sein muß. An der Südseite, wo er an die Küste kam, fand er keinen Hafen, er begnügte sich also damit, einige seiner Leute im Boot ans Land zu schicken, und diese wurden freundschaftlich aufgenommen. Nach ihm fand Kapitän Wallis diese Insel am 18. Juni 1767 und nannte sie Georg III.-Insel. Eines unglücklichen Mißverständnisses wegen, das bei seiner Ankunft zwischen ihm und den Eingeborenen entstand, ließ er Feuer auf sie geben, wodurch fünfzehn erschossen und eine große Anzahl verwundet wurden. Die gutartigen Leute vergaßen aber den Verlust und die Wunden ihrer Brüder, machten gleich nachher Frieden und versahen ihn mit einem Überfluß an Lebensmitteln, die hauptsächlich aus Wurzelwerk, Baumfrüchten, Hühnern und Schweinen bestanden. Herr von Bougainville kam am 2. April 1768, etwa zehn Monate nach der Abreise des Kapitäns Wallis, auf der östlichen Küste an und entdeckte den wahren Namen der Insel. Er blieb zehn Tage, genoß von den Einwohnern viel Achtung und Freundschaft, die er treulich erwiderte und überhaupt dem liebenswürdigen Charakter dieses Volkes Gerechtigkeit widerfahren ließ. Hierauf legte Kapitän Cook mit dem Schiffe »Endeavour« im April 1769 hier an, um den Durchgang der Venus zu beobachten. Er hielt sich hier drei Monate auf, nahm die Insel rundumher in Augenschein und hatte täglich Gelegenheit, die vorigen Nachrichten von diesem Lande zu prüfen und zu bestätigen.

Wir steuerten nun die ganze Nacht über gegen die Küste hin und unterhielten uns in der Erwartung des Morgens mit den angenehmen Schilderungen, die unsere Vorgänger von diesem Lande gemacht hatten. Schon fingen wir an, die unter dem rauhen, südlichen Himmelsstrich ausgestandenen Mühseligkeiten zu vergessen. Der trübe Kummer, der bisher unsere Stirn umwölkt hatte, verschwand; die fürchterlichen Vorstellungen von Krankheit und Tod wichen zurück, und alle unsere Sorgen entschliefen.

8. Kapitel

Aufenthalt im Hafen Oatipia-Bai auf der kleinen Halbinsel Tahiti – Ankern in der Matavai-Bai

Ein Morgen war's, schöner als ihn schwerlich je ein Dichter beschrieben, an dem wir die Insel Tahiti zwei Meilen vor uns sahen. Der Ostwind, unser bisheriger Begleiter, hatte sich gelegt, ein vom Lande wehendes Lüftchen führte uns die erfrischendsten und herrlichsten Wohlgerüche entgegen und kräuselte die Oberfläche der See. Waldgekrönte Berge erhoben ihre stolzen Gipfel in mancherlei majestätischen Gestalten und glühten im ersten Strahl der Sonne. Unterhalb derselben erblickte das Auge Reihen von niedrigeren, sanft abhängenden Hügeln, die den Bergen gleich mit Waldung bedeckt und mit verschiedenem anmutigen Grün und herbstlichen Braun schattiert waren. Davor lag die Ebene, von Brotfruchtbäumen und unzähligen Palmen beschattet, deren königliche Wipfel weit über jenen emporragten. Noch erschien alles im tiefsten Schlaf; kaum tagte der Morgen, und stille Schatten schwebten noch auf der Landschaft. Allmählich aber konnte man unter den Bäumen eine Menge von Häusern und von Kanus unterscheiden, die auf den sandigen Strand gezogen waren. Eine halbe Meile vom Ufer lief eine Reihe von Klippen parallel mit dem Lande dahin, und über diese brach sich die See in schäumender Brandung. Hinter ihnen aber war das Wasser spiegelglatt und versprach den sichersten Ankerplatz. Nun fing die Sonne an, die Ebene zu beleuchten. Die Einwohner erwachten, und die Aussicht begann zu leben.

Kaum bemerkte man die großen Schiffe an der Küste, so eilten einige unverzüglich nach dem Strand, stießen ihre Kanus ins Wasser und ruderten auf uns zu. Es dauerte nicht lange, so waren sie durch die Öffnung des Riffs hindurch, und eins kam uns so nahe, daß wir es anrufen konnten. Zwei fast nackte Leute mit einer Art Turban auf dem Kopfe und mit einer Schärpe um die Hüften saßen darin. Sie schwenkten ein großes, grünes Blatt und kamen mit einem oft wiederholten lauten »Tayo!« heran, ein Ausruf, den wir ohne große Mühe und Wörterbücher als einen Freundschaftsgruß auslegen konnten. Das Kanu ruderte unter das Heck des Schiffes, und wir ließen sogleich ein Geschenk von Glaskorallen, Nägeln und Medaillen hinab. Sie hingegen reichten uns einen grünen Pisangschößling zu, der bei ihnen ein Sinnbild des Friedens ist, und baten, ihn am Schiff zu befestigen, damit er einem jeden in die Augen fiele. Demzufolge wurde er an der Want des Hauptmastes festgemacht, worauf unsere Freunde sogleich zum Lande zurückkehrten. Es währte nicht lange, so sah man das Ufer mit einer Menge Menschen bedeckt, die nach uns hinguckten, während andere ihre Kanus ins Wasser stießen und sie mit Landesprodukten beluden. In weniger als einer Stunde umgaben uns Hunderte von diesen Fahrzeugen, in denen sich ein, zwei, drei, zuweilen auch vier Mann befanden. Ihr Vertrauen zu uns ging so weit, daß sie sämtlich unbewaffnet kamen. Von allen Seiten erscholl das willkommene »Tayo!«, und wir erwiderten es mit herzlichem Vergnügen. Sie brachten uns Kokosnüsse und Pisangs im Überfluß, nebst Brotfrucht und anderen Gewächsen, die sie eifrig gegen Glaskorallen und kleine Nägel eintauschten. Stücke Zeug, Fischangeln, steinerne Äxte und allerlei Arten von Werkzeugen wurden gleichfalls zum Kauf angeboten. Die Menge von Kanus stellte ein schönes Schauspiel, eine Art von neuer Messe auf dem Wasser dar. Ich fing sogleich an, durch das Kajütfenster zu handeln, und in einer halben Stunde hatte ich schon drei Arten unbekannter Vögel und eine große Anzahl neuer Fische beisammen. Die Farben der letzteren waren, so lange sie lebten, von ausnehmender Schönheit, weswegen ich gleich diesen Morgen dazu verwandte, sie zu zeichnen und die Farben anzulegen, ehe sie mit dem Leben schwanden.

Die Leute, welche uns umgaben, hatten viel Sanftes in ihren Zügen wie Gefälliges in ihrem Betragen. Sie waren ungefähr von unserer Größe, blaß mahagonibraun, hatten schöne schwarze Augen und Haare und trugen ein Stück Zeug von ihrer eigenen Arbeit mitten um den Leib, ein anderes in malerischen Formen wie einen Turban um den Kopf gewickelt. Die Frauen waren hübsch genug, um Europäern in die Augen zu fallen, die seit Jahr und Tag nichts mehr von ihren Landsmänninnen gesehen hatten. Ihre Kleidung bestand aus einem Stück Tuch, das in der Mitte ein Loch hatte, um den Kopf hindurchzustecken, und vorn bis auf die Knie herabfiel. Darüber trugen sie ein anderes Stück Zeug, das so fein wie Nesseltuch und unterhalb der Brust wie eine Tunika um den Leib geschlagen war, so daß ein Teil davon mit vieler Grazie über die Schulter hing. War diese Tracht auch nicht ganz so schön wie jene an den griechischen Statuen, so übertraf sie doch unsere Erwartungen gar sehr und dünkte uns der menschlichen Bildung ungleich vorteilhafter als jede andere, die wir bis jetzt gesehen. Beide Geschlechter waren durch die von anderen Reisenden bereits beschriebenen schwarzen Flecken geziert oder vielmehr entstellt, die aus dem Punktieren der Haut und durch Einreiben einer schwarzen Farbe in die Stiche entstehen. Bei den gemeinen Leuten, die mehrenteils nackt gingen, war dergleichen meist auf den Lenden zu sehen, ein augenscheinlicher Beweis, wie verschieden die Menschen über äußerlichen Schmuck denken und wie einmütig sie alle darauf verfallen sind, ihre persönlichen Vollkommenheiten auf die eine oder andere Weise zu erhöhen.

Es dauerte nicht lange, so kamen verschiedene dieser Leute an Bord. Das ungewöhnlich sanfte Wesen, das ein Hauptzug ihres Charakters ist, leuchtete aus allen ihren Gebärden und Handlungen und gab einem jeden, der das menschliche Herz studierte, zu Betrachtungen Anlaß. Die äußeren Zeichen ihrer Zuneigung waren von verschiedener Art, einige ergriffen unsere Hände, andere lehnten sich an unsere Schultern, noch andere umarmten uns. Zur gleichen Zeit bewunderten sie die weiße Farbe unserer Haut und zogen uns zuweilen die Kleider von der Brust, als ob sie sich erst überzeugen wollten, daß wir ebenso beschaffen wären wie sie.

Da sie merkten, daß wir Lust hatten, ihre Sprache zu lernen, weil wir uns nach der Benennung vieler Gegenstände erkundigten oder sie nach den Wörterbüchern früherer Reisender hersagten, gaben sie sich viele Mühe, uns zu unterrichten, und sie freuten sich, wenn wir die richtige Aussprache eines Wortes trafen. Was mich anlangt, so schien mir keine Sprache leichter als diese. Alle harten und zischenden Konsonanten sind daraus verbannt, und fast jedes Wort endet mit einem Selbstlaut. Was dazu erforderlich, war nur ein scharfes Ohr, um die mannigfaltigen Modifikationen der Selbstlaute zu unterscheiden, die natürlich in einer Sprache vorkommen müssen, die auf wenige Mitlaute beschränkt ist. Unter anderen Eigentümlichkeiten der Sprache bemerkten wir sogleich, daß das O und E, womit die meisten Namen in Kapitän Cooks erster Reise anfangen, nichts als Artikel sind, die ich aber im Verfolg dieses Berichtes entweder weglassen oder durch einen Strich von einem Hauptwort trennen werde.

In dem vor uns liegenden Riff befand sich eine Öffnung, und diese war der Eingang zu dem bei der kleineren Halbinsel von Tahiti gelegenen Hafen Whai-Urua. Wir sandten deshalb ein Boot aus, um die Einfahrt und den Hafen sondieren zu lassen. Die Leute fanden guten Ankergrund und gingen darauf an Land, wo sich sogleich eine Menge Einwohner um sie versammelte. Wir lagen der Küste so nahe, daß wir schon das Quieken junger Ferkel hören konnten, und dieser Ton klang uns damals lieblicher als die herrlichste Musik des größten Virtuosen. Indessen waren unsere Leute nicht so glücklich, einige davon zu erhandeln, vielmehr weigerte man sich, sie ihnen zu verkaufen unter dem Vorwande, daß sie insgesamt dem König gehörten.

Mittlerweile langte beim Schiff ein größeres Kanu an, in dem sich ein schöner, wohlgebildeter Mann befand, der drei Frauen bei sich hatte. Sie kamen alle an Bord, und der Mann meldete uns, daß er O-Tai heiße. Er schien von einiger Bedeutung zu sein und mochte wohl zu der Klasse von Vasallen oder Freien gehören, die in Kapitän Cooks erster Reise Manahunaes genannt werden. Er gesellte sich zu den Offizieren, die auf dem Deck versammelt waren, weil er denken mochte, daß sich diese Gesellschaft am besten für ihn schickte. Von den drei Weibern, die er bei sich hatte, war die eine seine Frau, die anderen waren seine Schwestern. Die letzteren hatten ein besonderes Vergnügen daran, uns zu lehren, wie wir sie bei ihren Namen nennen müßten, die eine hieß nämlich Maroya und die andere Marorai. Letztere hatte eine graziöse Figur und war besonders am Oberteil des Körpers von ungemein schönem und zartem Bau. Sie hatte ein angenehmes rundliches Gesicht, über welches ein holdes Lächeln verbreitet war. Mit Hilfe unserer Wörterbücher legten wir O-Tai verschiedene Fragen vor. Eine der ersten war, ob Tutahah (der damalige Regent der Insel) noch wohlauf sei. Wir erhielten zur Antwort, er sei tot und von den Bewohnern auf Teiarrabu, der kleinen Halbinsel, erschlagen, auf welcher Aheatua Eri oder König sei. Diese Nachricht bestätigte sich bald durch die Aussage seiner Landsleute.

Es schien, als wären O-Tai und die Frauen noch nie auf einem

Schiff gewesen, so sehr bewunderten sie alles, was sie darauf vorfanden. Sie sahen sich aber nicht nur auf dem Deck um, sondern ließen sich von einem unserer Mitreisenden nach den Kajüten der Offiziere hinabführen. Marorai fand an einigen Bettüchern besonderes Wohlgefallen und versuchte auf alle mögliche Art und Weise, sie von ihrem Begleiter geschenkt zu bekommen. Er war nicht abgeneigt, sie ihr zu überlassen, verlangte aber eine besondere Gunstbezeigung dafür, zu welcher Marorai sich anfänglich nicht verstehen wollte. Als sie indessen sah, daß es kein anderes Mittel zum Zweck gab, so ergab sie sich endlich. Schon bereitete sich der Sieger, seinen Triumph zu feiern, als das Schiff, zur ungelegensten Zeit von der Welt, gegen einen Felsen stieß und ihm die ganze Freude verdarb. Der erschreckte Liebhaber, der die Gefahr des Schiffes deutlicher einsah als seine Geliebte, eilte sogleich an Deck, wohin auch alle übrigen Seeleute eilten, jeder an seinen Posten, ohne sich um die Besucher zu kümmern.

Wir fanden bald, daß uns die Flut während der Windstille unbemerkt gegen die Felsen getrieben hatte und daß wir auch wirklich bereits darauf festsaßen. Mittlerweile schlug das Schiff einmal über das andere auf den Felsen auf, so daß es allerdings mißlich um uns aussah. Zum Glück war die See nicht unruhig, mithin keine besondere Brandung an den Felsen, hätte sich indessen ein Seewind eingestellt, dann wäre das Schiff unmöglich zu retten gewesen. Offizier und Passagier taten bei dieser Gelegenheit ihr Äußerstes. Es wurde ein Boot ausgesetzt, nicht weit von uns ein Anker ausgeworfen und vermittels desselben das Schiff losgehoben und wieder flottgemacht. Die Insulaner an Bord legten mit Hand an, sie arbeiteten an der Winde, halfen uns die Taue einnehmen und dergleichen mehr. Als uns dieser Unfall begegnete, war die »Adventure« dicht bei uns, sie entging aber der Gefahr dadurch, daß sie eilends die Anker auswarf.

Es war ungefähr drei Uhr, als wir nach anderthalbstündiger Arbeit wieder loskamen. Da diese Gegend sehr gefährlich war, bemannten wir die Boote beider Schiffe und ließen uns wieder in See bugsieren. Wir lavierten darauf mit beiden Schiffen die ganze Nacht hindurch und sahen die gefährlichen Felsen von vielen Feuern erleuchtet, bei deren Schein die Insulaner fischten. Als einer der Offiziere schlafen gehen wollte, fand er sein Bett ohne Bettlaken, die vermutlich von der schönen Marorai mitgenommen worden waren.

Am folgenden Morgen näherten wir uns von neuem der Küste. Es dauerte nicht lange, so waren wir wieder von Kanus umgeben, in welchen die Eingeborenen Erfrischungen in Menge, nur kein Fleisch brachten. Die Boote schlugen oft um, aber das war für die Leute kein großer Unfall, da Männer wie Weiber vortreffliche Schwimmer sind und die Boote in großer Geschwindigkeit wieder umzukehren wissen. Da sie fanden, daß ich mich nach Pflanzen und anderen Merkwürdigkeiten erkundigte, brachten sie mir vieles, aber oftmals nur die Blätter ohne Blüten und umgekehrt. Auf diese Weise bekam ich auch allerhand Muscheln, Korallengewächse, Vögel und dergleichen.

Um 11 Uhr ankerten wir in einem kleinen Hafen, O-Aitepieha genannt, der am nördlichen Ende der kleinen Halbinsel von Tahiti liegt, die in der Landessprache Teiarrabu heißt. Nun fing der Zulauf des Volkes erst recht an, und die Kanus kamen von allen Seiten herbei. Die Leute waren auf unsere Korallen, Nägel und Messer so erpicht, daß wir gegen diese Waren eine unglaubliche Menge an Zeug und Gerätschaften, desgleichen Kokosnüsse, Brotfrucht, Yams und Pisangfrüchte in Überfluß zusammenbrachten. Die Verkäufer kamen zum Teil aufs Deck und nahmen die Gelegenheit wahr, allerlei Kleinigkeiten zu stehlen, einige machten es gar so arg, daß sie unsere erhandelten Kokosnüsse wieder über Bord zu ihren Kameraden praktizierten, und diese verkauften sie unseren Leuten alsdann zum zweitenmal. Um nicht wieder betrogen zu werden, wurden die Diebe vom Schiff gejagt und dabei mit einigen Peitschenhieben gezüchtigt, die sie geduldig ertrugen.

Nachmittags gingen die Kapitäne nebst einigen Herren zum erstenmal an Land, um den O-Aheatua zu besuchen, den alle Einwohner dieser Gegend als ihren Eri oder König anerkannten. Während dieser Zeit war das Schiff von einer Menge Kanus umringt. Auf den Decks wimmelte es von Insulanern, und unter ihnen gab es verschiedene Frauenspersonen, die sich ohne Schwierigkeiten den Wünschen unserer Matrosen überließen. Einige von ihnen mochten kaum neun oder zehn Jahre alt sein und hatten noch nicht das geringste Zeichen der Mannbarkeit an sich. So frühzeitige Ausschweifungen müssen allerdings Einfluß auf die Nation haben. Die natürlichste Folge davon bestand darin, daß das gemeine Volk, zu dem alle diese liederlichen Weibsbilder gehörten, durchgehend von kleiner Statur war. Sie hatten unregelmäßige, gemeine Gesichtszüge, aber schöne, große Augen, nächst diesen ersetzte auch ein ungezwungenes Lächeln und ein ständiges Bemühen zu gefallen den Mangel an Schönheit so vollkommen, daß unsere Matrosen von ihnen ganz bezaubert waren und Hemd und Kleider weggaben, um sich diesen neuen Mätressen gefällig zu bezeigen. Die Landestracht, die den wohlgebildeten Busen und die schönen Arme und Hände unbedeckt ließ, mochte freilich das ihrige dazu beitragen, unsere Leute in Flammen zu setzen, und der Anblick verschiedener solcher Nymphen, die in dieser oder jener verführerischen Positur behend um das Schiff herumschwammen, so nackt als die Natur sie gebildet hatte, war allerdings mehr als hinreichend, das bißchen Vernunft ganz zu blenden, das ein Matrose zur Beherrschung der Leidenschaften etwa noch übrig haben mochte.

Einer der Offiziere, der seine Freude an einem Knaben von ungefähr sechs Jahren hatte, der dicht am Schiff in einem Kanu saß, wollte ihm vom Achterdeck eine Korallenschnur zuwerfen, der Wurf ging aber fehl und ins Wasser. Nun besann sich der Junge nicht lange, sondern plumpste hinterdrein, tauchte und brachte die Korallen wieder herauf. Um diese Geschicklichkeit zu belohnen, warfen wir ihm mehrere zu, und das bewog eine Menge von Frauen und Männern, uns ebenfalls ihre Geschicklichkeit zu zeigen. Sie holten nicht nur einzelne Korallen, sondern auch große Nägel wieder herauf, obschon diese schnell in die Tiefe sanken. Manchmal blieben sie lange unter Wasser, was uns aber am bewunderungswürdigsten dünkte, war die außerordentliche Geschwindigkeit, mit der sie zum Grund hinabschossen und die sich bei dem klaren Wasser deutlich beobachten ließ. Nachdem sie diese Schwimmübungen bis zum Untergang der Sonne fortgesetzt hatten, kehrten sie allmählich wieder nach der Insel zurück.

Um diese Zeit kamen auch die Kapitäne mit ihrer Gesellschaft zurück, ohne den König gesehen zu haben, der sie nicht hatte vor sich kommen, aber ihnen hatte sagen lassen, daß er sie am nächsten Tage besuchen werde. Um indessen nicht ganz vergebens an Land gewesen zu sein, nahmen sie längs der Küste einen Spaziergang vor. Eine Menge von Insulanern folgte ihnen nach, und als sie unterwegs an einen Bach kamen, boten die Leute sich um die Wette an, sie hinüberzutragen. Jenseits zerstreuten sich die Insulaner nach und nach, so daß sie schließlich nur noch einen einzigen Mann bei sich hatten. Diesem folgten sie nach einer unbebauten Landspitze, die sich ins Meer erstreckte. Der Ort war mit vielen Pflanzen und Stauden bewachsen, und als sie sich durch dies Buschwerk hindurchgearbeitet hatten, stand ein pyramidenförmiges Gebäude aus Steinen vor ihnen, dessen Basis etwa zwanzig Schritte breit sein mochte. Das ganze Gebäude war aus mehreren Terrassen übereinander aufgeführt, die aber ziemlich zerfallen und mit Buschwerk überwachsen waren. Ihr Begleiter sagte ihnen, es sei ein Begräbnisplatz oder ein Marai, und er nannte es Marai no-Aheatua, den Begräbnisplatz des Aheatua, der jetzt König auf Teiarrabu ist. Rund um das Gebäude standen fünfzehn senkrecht in die Erde gesteckte Pfosten, an denen man ziemlich krüppelig eingeschnittene Menschenfiguren fand. Etwas seitwärts stand ein Strohdach auf vier Pfosten, und davor war ein Zaun errichtet und mit Pisangfrüchten und Kokosnüssen für die Gottheit behangen. Hier setzten sie sich nieder, und ihr Begleiter bot ihnen einige von den Früchten an. Eine solche Einladung war nicht zu verschmähen, auch trugen sie keine Bedenken, es sich auf Kosten der Götter recht gut schmecken zu lassen. Bei einbrechendem Abend kehrten sie auf das Schiff zurück.

Als wir am folgenden Tage früh an Deck kamen, um die kühle Morgenluft zu genießen, fanden wir die herrlichste Aussicht vor uns, und der Morgenglanz der Sonne breitete gleichsam doppelte Reize über die natürlichen Schönheiten der Landschaft aus. Der Hafen, in dem wir lagen, war nur klein, so daß unsere Schiffe ihn fast gänzlich ausfüllten. Das Wasser war so klar wie Kristall und so glatt wie ein Spiegel, während die See sich an den äußeren Felsen in weißschäumenden Wellen brach. Dem Schiffe gerade gegenüber öffnete sich ein enges, wohlbebautes Tal, das auf beiden Seiten von waldbedeckten Hügeln eingefaßt war. Über diese ragten im Inneren des Landes romantisch geformte, steile Berggipfel empor, wovon einer auf eine malerisch schöne, aber fürchterliche Art überhing und gleichsam mit dem Einsturz drohte.

Mittlerweile wurden die Boote beider Schiffe nach Whai-Urua geschickt, um die Anker zu holen, die wir dort im Grunde hatten sitzen lassen, als wir auf den Felsen stießen. Zu gleicher Zeit wurden einige Seesoldaten und Matrosen an Land geschickt, um die leeren Fässer mit Wasser zu füllen. Sie faßten auf dem Lande in einem verlassenen Hause Posto, das ihnen nicht nur Schatten, sondern auch Sicherheit vor den Diebereien des Volkes verschaffte. Als wir eben im Begriff waren, mit dem Kapitän an Land zu gehen, bekam dieser den Besuch eines angesehenen Mannes, der O-Pue hieß und seine beiden Söhne bei sich hatte. Sie brachten dem Kapitän etwas Zeug und einige Kleinigkeiten zum Geschenk und erhielten dafür Messer, Nägel, Korallen und ein Hemd, das einer von ihnen gleich anlegte, und in diesem Aufzug begleiteten sie uns an Land.

Sobald wir ausgestiegen waren, eilten wir nach den Plantagen, und wir fanden bald, daß Bougainville nicht zu weit gegangen sei, wenn er dies Land als ein Paradies beschrieben hatte. Wir befanden uns in einem Wald von Brotfruchtbäumen, hohe Kokospalmen ragten weit über die anderen Bäume empor. Der Pisang prangte mit seinen schönen breiten Blättern und zum Teil auch noch mit einzelnen traubenförmigen Früchten. Eine schattenreiche Art von Bäumen trug goldgelbe Äpfel, die den würzhaften Geschmack der Ananas hatten. Der Zwischenraum war mit chinesischen Maulbeerbäumen bepflanzt, deren Rinde zur Anfertigung der hiesigen Zeuge gebraucht wird, und mit verschiedenen Arten von Arumwurzeln, mit Yams, Zuckerrohr und anderen nutzbaren Pflanzen. Die Wohnungen lagen einzeln im Schatten der Brotfruchtbäume und bestanden meist nur aus einem Dach, das auf einigen Pfosten ruhte, und sie pflegten an allen Seiten offen, ohne Wände zu sein, die auch bei dem vortrefflichen Klima des Landes gut zu entbehren sind. Der Pandang oder Palmnußbaum liefert ihnen seine breiten Blätter statt der Ziegel, und die Pfeiler werden aus dem Stamm des Brotfruchtbaumes gemacht.

Vor jeder Hütte sah man eine kleine Gruppe von Leuten, die sich ins weiche Gras gelagert hatten oder mit kreuzweise übereinandergeschlagenen Beinen beisammen saßen und entweder ihre glücklichen Stunden verplauderten oder ausruhten. Da unsere Begleiter gewahr wurden, daß wir Pflanzen sammelten, waren sie sehr emsig, dieselben Sorten zu pflücken und herbeizubringen. Es gab auch in der Tat eine Menge von wilden Arten in den Plantagen. Mancherlei kleine Vögel wohnten in den Bäumen und sangen sehr angenehm, obgleich man, ich weiß nicht warum, in Europa den Irrtum hegt, daß es den Vögeln in heißen Ländern an harmonischen Stimmen fehle. In den Gipfeln der Kokosbäume pflegte sich ein kleiner, saphirblauer Papagei aufzuhalten, und eine andere grünliche Art mit roten Flecken sah man häufig in den Pisangbäumen, traf sie auch oft zahm in den Häusern an. Ein Eisvogel, ein großer Kuckuck und verschiedene Arten von Tauben hüpften auf den Zweigen umher, indes ein bläulicher Reiher gravitätisch am Seeufer einherging, um Muscheln, Schnecken und Würmer aufzulesen.

Ein schöner Bach kam in schlängelndem Lauf das Tal herab und füllte an der Mündung unsere Fässer mit kristallklarem Wasser. Wir gingen an seinem Ufer eine Strecke hinauf, bis uns ein großer Haufen Insulaner begegnete, der hinter drei Leuten herzog, die in rotes und gelbes Zeug gekleidet waren und ebensolche Turbane trugen. Sie hielten lange Stäbe in der Hand, und einer hatte eine Frauensperson bei sich, die seine Frau sein sollte. Wir fragten, was dieser Aufzug zu bedeuten habe, und erhielten die Antwort, es seien Tata-no-t Eatua, das sind Männer, die der Gottheit und dem Marai oder Begräbnisplatz dienten. Man mochte sie also wohl Priester nennen. Wir blieben einige Zeit stehen, um abzuwarten, ob sie etwa eine Art gottesdienstlicher Handlung vornehmen würden, da aber nichts dergleichen geschah, kehrten wir nach dem Strand zurück. Um die Mittagszeit ging Kapitän Cook mit uns und den beiden Söhnen des O-Pue wieder an Bord, ohne den Aheatua gesehen zu haben, der uns noch immer nicht vor sich kommen lassen wollte.

Unsere beiden Gäste setzten sich mit uns zu Tische und aßen von den Gemüsen, das Pökelfleisch aber ließen sie unberührt. Nach Tische nahm einer die Gelegenheit wahr, ein Messer und einen Löffel zu mausen, obgleich ihm der Kapitän eine Menge Sachen gegeben hatte. Sobald er sah, daß die Dieberei entdeckt war, sprang er über Bord, schwamm zum nächsten Kanu und setzte sich ruhig in demselben nieder. Kapitän Cook konnte sich aus Unwillen über das schändliche Betragen dieses Kerls nicht enthalten, ihm eine Flintenkugel über den Kopf hinweg zu feuern, allein dies fruchtete nicht mehr, als daß der Insulaner von neuem ins Wasser sprang und das Kanu dabei kentern ließ. Man feuerte zum zweitenmal nach ihm, aber sobald er das Feuer aufblitzen sah, tauchte er unter, und ebenso machte er es beim dritten Schuß. Nun bemannte der Kapitän sein Boot und ruderte nach dem Kanu, unter dem sich der Taucher versteckt hatte. Dieser aber schwamm nun nach einem Doppelkanu, das nicht weit von ihm lag. Auch diesem wurde nachgesetzt, aber es entkam durch die Brandung auf den Strand, und die Insulaner fingen von dort an, mit Steinen nach unseren Leuten zu werfen, so daß diese es für ratsam hielten, sich zurückzuziehen. Endlich wurde ein Vierpfünder gegen das Land abgefeuert, der den Insulanern einen solchen Schrecken einjagte, daß unsere Leute zwei Doppelkanus ohne Widerstand wegnehmen und mit ans Schiff bringen konnten.

Nachdem dieser Tumult vorüber war, gingen wir an Land, um das Vertrauen des Volkes wiederzugewinnen, das uns der Feindseligkeiten wegen mit einemmal verlassen hatte. Wir kamen an einem großen, mit Rohrwänden versehenen Hause vorüber. Es sollte dem Aheatua gehören und dieser sich jetzt in einer anderen Gegend aufhalten. Wir fanden hier ein Schwein und etliche Hühner, die ersten, die uns die Insulaner zu Gesicht kommen ließen und die sie uns nie verkaufen wollten, da sie dem Eri oder König gehörten. Sie brachten dies auch jetzt vor, obschon wir ihnen ein Beil dafür boten, das auch für sie das höchste war, das sie verlangen konnten. Nach einem kurzen Aufenthalt kehrten wir zurück und brachten eine kleine Partie neuer Pflanzen mit an Bord. Gegen Sonnenuntergang wurde ein Boot hinausgeschickt, um einen Seesoldaten, namens Isaac Taylor, der See zu übergeben, der heute morgen gestorben war. Seit wir England verlassen hatten, war er ständig fiebrig, schwindsüchtig und asthmatisch gewesen, bis zuletzt eine Wassersucht seinem Leben ein Ende gemacht hatte. Alle übrigen Leute waren nun wohl, einen einzigen Mann ausgenommen, der allemal von neuem bettlägerig wurde, sooft wir in See gingen. Doch auch dieser Mann und auch die skorbutkranken Leute von der »Adventure« erholten sich außerordentlich geschwind durch Spazierengehen am Ufer und durch den Genuß von frischer Kräuterkost.

Früh am folgenden Morgen kamen etliche Insulaner in einem Kanu zu uns und baten um die Rückgabe der beiden größeren, die man ihnen tags zuvor weggenommen hatte. Da Kapitän Cook innegeworden war, daß der Handel ins Stocken geraten war und nur wenige Insulaner an den Wasserplatz gekommen waren, ließ er ihnen die Kanus zurückgeben. Der Erfolg blieb nicht lange aus, denn im Verlauf zweier oder dreier Tage war der Handel völlig wiederhergestellt.

Nun gingen wir wieder zum Botanisieren an Land. Wir mochten etliche hundert Schritte gegangen sein, da erscholl im Walde ein lautes Klopfen, als ob Zimmerleute an der Arbeit seien. Da dies unsere Neugier erregte, gingen wir ihm nach und entdeckten einen Schuppen, unter dem sechs Weibsleute an einem langen viereckigen Balken saßen, auf dem sie die faserige Rinde des Maulbeerbaumes klopften, um Zeug daraus zu machen. Das Instrument, dessen sie sich dabei bedienten, war ein schmales, vierseitiges Holz. Sie hielten eine Weile inne, damit wir die Rinde, die Hämmer und den Balken betrachten konnten, und sie zeigten uns eine Art Leimwasser in einer Kokosschale, womit sie die Rinde von Zeit zu Zeit besprengten, um die Stücke in eine zusammenhängende Masse zu bringen. Die Weiber waren ganz dürftig in alte Lumpen gekleidet, und daß die Arbeit nicht gerade leicht sein mußte, konnte man daraus schließen, daß ihre Hände eine dicke, hornartige Haut davon bekommen hatten.

Wir setzten unseren Weg fort und gelangten in ein schmales Tal. Ein gutaussehender Mann, an dessen Haus wir vorüberkamen, lag im Schatten und lud uns ein, neben ihm auszuruhen. Sobald er sah, daß wir nicht abgeneigt dazu waren, lief er ins Haus, holte eine Menge gebackene Brotfrucht und setzte sie uns auf Pisangblättern vor. Dann brachte er noch einen Korb voll tahitische Äpfel und bat uns zuzulangen. Wir fanden die tahitische Zubereitung der Brotfrucht, die wie alle anderen Speisen mittels heißer Steine in der Erde gebacken wird, unendlich besser als unsere Art, sie zu kochen. Bei dieser Zubereitung bleibt aller Saft erhalten, beim Kochen hingegen saugt sich viel Wasser in die Frucht, und vom Saft und Geschmack geht viel verloren.

Ausgeruht und erquickt schieden wir nun von diesem friedlichen Sitz patriarchalischer Gastfreiheit, gingen weiter ins Land hinein und erreichten das Ende des Tales. Hier hörten die Hütten und Pflanzungen auf, und wir hatten nun die Berge vor uns, zu denen ein Fußsteig durch wildes Gebüsch hinaufführte. An den verwachsensten Stellen fanden wir verschiedene Pflanzen, desgleichen einige Vögel, die bis jetzt noch unbekannt waren. Mit diesem kleinen Lohn für unsere Mühe kehrten wir nach dem Ufer zurück. Dort trafen wir auf eine starke Ansammlung von Insulanern und sahen, daß unsere Leute eine Menge Wurzeln und Gemüse, an Brotfrüchten hingegen nur wenige zusammengebracht hatten. Dies rührte von der späten Jahreszeit her, in der nur wenige Bäume noch einzelne Früchte trugen, die meisten hingegen schon wieder für die nächste Ernte angesetzt hatten. Die starke Hitze reizte uns zum Baden, und ein Arm des nahegelegenen Flusses bot uns Gelegenheit dazu. Nachdem wir uns in dem kühlen Wasser erfrischt hatten, kehrten wir zu Mittag auf das Schiff zurück.

Nachmittags wurde es regnerisch und stürmisch. Der Wind trieb die »Adventure« vom Anker, doch wurde sie durch schleunige gute Arbeit ihrer Leute bald wieder in die vorige Lage gebracht. Da das Wetter uns an Bord eingeschlossen hielt, beschäftigten wir uns damit, die gesammelten Pflanzen und Tiere in Ordnung zu bringen und die unbekannten zu zeichnen. Die Zahl der Pflanzen war aber gar nicht hoch, welches bei einer so blühenden Insel wie Tahiti ein überzeugender Beweis ihrer hohen Kultur ist. Wäre sie weniger angebaut, so würde das Land mit hunderterlei Kräutern wild überwachsen gewesen sein. Auch von Tieren gab es nur wenige allhier. Außer einer ungeheuren Menge an Ratten, die die Eingeborenen ungehindert herumlaufen ließen, fanden wir keine anderen vierfüßigen Tiere als zahme Schweine und Hunde. Vögel waren hingegen ungleich zahlreicher, und an Fischen gab es eine so große Menge neuer Arten, daß man fast jedesmal auf Entdeckungen rechnen konnte, sooft den Insulanern ein neuer Vorrat davon abgekauft wurde.

Das einzige, woran es uns noch fehlte, war Schweinefleisch. Dies kam uns um so härter an, als wir auf allen Spaziergängen dergleichen Tiere in Menge trafen, obgleich die Leute sich Mühe gaben, sie versteckt zu halten. Sie sperrten sie in kleine Ställe, die oben mit Brettern belegt waren, auf die sie sich setzten oder niederlegten. Wir boten ihnen Beile, Hemden und andere Waren an, aber alles war umsonst. Sie blieben dabei, die Schweine gehörten dem Eri oder König. Anstatt mit dieser Antwort zufrieden zu sein und dem guten

Willen der Leute Gerechtigkeit widerfahren zu lassen, die uns doch mit anderen Lebensmitteln versorgten, denen unsere Kranken ihre Wiederherstellung zu verdanken hatten, machten einige den Kapitänen den Vorschlag, mit Gewalt eine hinlängliche Zahl von Schweinen wegzunehmen und hernach den Insulanern so viel an europäischen Waren zu geben, als das geraubte Vieh wert sein mochte. Da aber ein solches Verfahren ganz und gar tyrannisch, ja auf die niederträchtigste Weise eigennützig gewesen wäre, wurde der Antrag mit Verachtung und Unwillen verworfen.

Am 20. nahm ich mit verschiedenen Offizieren um die Mittagszeit einen Spaziergang nach der östlichen Landspitze des Hafens vor. Auf dem Wege dorthin fanden wir einen Bach vor uns, der zum Durchwaten zu tief und zu breit war, wir wagten es also, in ein Kanu zu steigen und kamen damit auch glücklich hinüber. Auf dem jenseitigen Ufer schimmerte aus dem Buschwerk ein ziemlich großes Gebäude hervor, und vor demselben fanden wir eine Menge des feineren tahitischen Zeugs, das in dem Fluß gewaschen war, auf dem Grase ausgebreitet liegen. Ein Mann mittleren Alters, der in dieser Hütte seiner Ruhe pflegte, nötigte uns, bei ihm Platz zu nehmen, und sobald dies geschehen war, untersuchte er aufmerksam meine Kleider. Er hatte sehr lange Nägel an den Fingern, worauf er sich nicht wenig zugute tat. Ich merkte auch bald, daß dies ein Ehrenzeichen ist, insofern nur Leute, die nicht arbeiten, die Nägel so lang wachsen lassen können. Eben diese Gewohnheit findet man auch unter den Chinesen. In verschiedenen Winkeln der Hütte saßen hier die Mannsleute, dort die Frauenspersonen und nahmen gesondert ihr Mittagsmahl zu sich.

Nachdem wir diese Hütte verlassen hatten, gelangten wir durch ein wohlriechendes Gebüsch zu einer anderen, in der sich O-Tai, seine Frau und seine Kinder, dazu die beiden Schwestern Maroya und Marorai befanden. Der Offizier, der seine Bettücher eingebüßt hatte, war bei uns, hielt es aber für vergebliche Mühe, danach zu fragen, er suchte vielmehr seine Schöne durch neue Geschenke zu gewinnen. Das Mädchen nahm sie freundlich an, blieb aber bei den feurigsten Wünschen ihres Liebhabers unerbittlich. Was ihr so sehr am Herzen gelegen und wofür allein sie sich ihm ergeben haben würde, das mochten die Bettücher gewesen sein, und die hatte sie vermutlich weg. Dazu kam noch, daß sie zu einer angesehenen Familie gehörte, und während Kapitän Cooks vorigem langen Aufenthalt auf der Insel hatte man wenig oder gar keine Beispiele gefunden, daß Frauen von besserem Stande sich so gemein gemacht haben sollten. Wir konnten uns nicht lange bei ihnen aufhalten, es war wirklich schon so spät, daß, als wir zum Strand kamen, unsere Boote bereits zum Schiff zurückgekehrt waren. Ich wurde aber mit einem Insulaner einig, daß er mich für eine einzige Glaskoralle, die mir übriggeblieben war, in seinem Kanu nach dem Schiff übersetzte.

Bei Anbruch des folgenden Tages gingen wir wieder an Land und von neuem nach Osten hin. Je näher wir der östlichen Spitze des Hafens Aitepieha kamen, desto breiter wurde die Ebene; die Pflanzungen von Brotfrucht und Kokosbäumen, von Pisang und anderen Gewächsen wurden immer ansehnlicher. Auch die Zahl der Wohnhäuser nahm zu, und viele derselben schienen uns reinlicher und neuer zu sein als am Ankerplatz. Unter anderem erblickten wir in einem, das mit Rohrwänden versehen war, große Ballen von Zeug und eine Menge von Brustschildfutteralen, die unter dem Dach hingen. All dieses, wie auch das Haus, gehörte dem König Aheatua. Wir gingen ungefähr zwei Meilen weit durch anmutige Wälder und Pflanzungen und sahen, wie die Leute aller Orten wieder an ihr Tagwerk gingen, vornehmlich hörten wir die Zeugarbeiter fleißig klopfen. Man muß sich indessen nicht vorstellen, daß die Leute durch Not und Mangel genötigt waren, so unablässig zu arbeiten, denn wo wir nur hinkamen, versammelte sich bald ein großer Haufe um uns und folgte uns den ganzen Tag über zum Teil so unermüdlich nach, daß mancher das Mittagsbrot darüber versäumte. Im Ganzen war ihr Betragen gutherzig, freundschaftlich und dienstfertig, aber sie paßten auch jede Gelegenheit ab, die eine oder andere Kleinigkeit zu entwenden. Wenn wir sie freundlich ansahen oder ihnen zulächelten, hielten manche es für die richtige Zeit, von unserem guten Willen Gebrauch zu machen und in einem bittenden Ton ein »Tayo, poe!« hören zu lassen. Das bedeutete: »Freund, ein Korallchen!« Wenn sie mit diesem Anliegen zu häufig kamen, so zogen wir sie auf und wiederholten ihre kindliche Bettelei im gleichen Ton, worauf in dem ganzen Haufen ein lautes Gelächter entstand. Jedem neu Ankommenden wurden zuerst unsere Namen genannt, dann wurde einem jeden erzählt, was wir den Morgen über getan oder gesagt hatten. Die erste Bitte bestand gewöhnlich darin, daß wir ein Gewehr abfeuern möchten, und das taten wir unter der Bedingung, daß sie uns einen Vogel als Ziel zeigen konnten. Der erste Schuß machte immer großen Schrecken, einige fielen platt zur Erde oder rannten ungefähr zwanzig Schritte weit zurück, bis wir ihnen durch freundliches Zureden die Furcht genommen oder ihre herzhafteren Landsleute den geschossenen Vogel hergebracht hatten.

So freundlich wir nun auch an allen Orten aufgenommen wurden, so suchte man gleichwohl überall die Schweine vor uns zu verstecken. Wir hielten es also für das beste, uns gar nicht weiter darum zu kümmern, und ob wir auch in jeder Hütte Schweine genug verborgen fanden, so stellten wir uns doch, als merkten wir es nicht oder als wäre uns nichts darum zu tun. Nachdem wir einige Meilen weit gegangen waren, setzten wir uns auf einige große Steine nieder und baten die Einwohner, uns Brotfrüchte und Kokosnüsse zu verschaffen. Sie brachten herbei, was sie hatten, und bald stand das Frühstück aufgetischt vor uns. Um es ruhig verzehren zu können, ließen wir den ganzen Haufen in einiger Entfernung von uns niedersitzen, damit sie keine Gelegenheit hatten, Gewehre und andere Dinge zu erhaschen, die wir während des Essens von uns legen mußten. Als wir nach dem Frühstück weiter in die Berge gehen wollten, suchten uns die Insulaner zu überreden, lieber in der Ebene zu bleiben. Da wir aber sahen, daß diese Bitte nur aus ihrer Trägheit kam, gingen wir weiter, worauf der größte Teil unseres Gefolges hinter uns dreingaffend stehenblieb. Nur ein paar von ihnen blieben bei uns und erboten sich als Wegweiser. Sie führten uns einen Erdriß zwischen zwei Bergen hinauf, wo wir einige neue Pflanzen und eine Menge kleiner Schwalben antrafen, die über einen Bach hinstrichen, dessen schlängelnder Krümmung wir aufwärts folgten. Das Ufer brachte uns zu einem aufrechtstehenden Felsen, von welchem sich eine kristallhelle Wassersäule in einen glatten, klaren Teich herabstürzte, dessen anmutiges Gestade überall mit bunten Blumen prangte. Dies war eine der schönsten Gegenden, die ich in meinem Leben gesehen. Wir sahen von oben auf die fruchtbare, überall bewohnte Ebene hinab und jenseits dieser auf das weite blaue Meer hinaus.

Wir legten uns auf den weichen Rasen nieder, um die gesammelten Pflanzen zu beschreiben, ehe sie verwelkten. Unsere tahitischen Begleiter lagerten sich ebenfalls hin und sahen uns mit stiller Aufmerksamkeit zu. Sobald wir mit unseren Beschreibungen fertig waren, begnügten wir uns, die romantische Gegend noch einmal zu betrachten, und kehrten alsdann in die Ebene zurück. Hier kam uns ein großer Haufen Insulaner entgegen, die die Herren Hodges und Grindall begleiteten, zu denen auch wir uns gesellten. Herr Hodges hatten einem jungen Burschen sein Zeichenportefeuille anvertraut, der ganz stolz darauf zu sein schien, daß er im Angesicht aller seiner Landsleute mit dem Portefeuille unterm Arme neben uns hergehen konnte. Ja, auch die anderen Insulaner taten heute vertrauter als sonst, vielleicht weil es ihnen gefallen mochte, die Herren Hodges und Grindall so unbesorgt unter sich zu sehen, da sie völlig unbewaffnet waren.

In diesem friedlichen Aufzug gelangten wir nun an eine geräumige Hütte, in der eine zahlreiche Familie beisammen war. Ein alter Mann lag auf einer Matte, und sein Haupt ruhte auf einem Stuhl. Sein silbergraues Haar hing in Locken um das Haupt, und ein dichter Bart, so weiß wie Schnee, lag auf der Brust. Ein paar Kinder, der Landesgewohnheit nach ganz nackt, spielten mit dem Alten. Einige wohlgestaltete Männer und Frauen hatten sich um ihn gelagert, und bei unserem Eintritt schien die ganze Gesellschaft nach einer ländlich frugalen Mahlzeit in vertraulichem Gespräch begriffen zu sein. Sie verlangten, daß wir uns neben sie setzten, und es schien, als hätten sie noch keinen Europäer von nahem gesehen, wenigstens fingen sie sogleich an, unsere Kleider und Waffen neugierig zu untersuchen. Man bewunderte unsere Farbe, drückte uns die Hände und konnte nicht begreifen, warum keine Punkturen darauf waren und daß wir keine langen Nägel hatten. Man erkundigte sich nach unseren Namen und machte sich eine Freude daraus, sie nachzusprechen. Dies kam aber ihrer Mundart entsprechend allemal so verstümmelt heraus, daß selbst Etymologen Mühe gehabt haben würden, sie wieder zu erraten. Forster wurde in Matara verändert, Hodges in Oreo, Grindall in Torrino, Sparman in Pamani und George in Teori.

An der Gastfreiheit fehlte auch hier nichts, man bot uns Kokosnüsse an, um den Durst zu löschen, und der Alte ließ uns obendrein eine Probe von den musikalischen Talenten seiner Familie hören.

Ein Tupapau oder Totenlager auf Tahiti

Einer von den jungen Männern blies mit den Nasenlöchern eine Flöte aus Bambusrohr, die drei Löcher hatte, und ein anderer sang dazu. Die ganze Musik war nichts anderes als eine einförmige Abwechslung von drei oder vier Tönen, und es war nicht eine Spur von Melodie darin, und ebensowenig wurde auch eine Art von Takt beobachtet, und folglich hörte man nichts als ein einschläferndes Summen. Es ist sonderbar, daß, da der Geschmack an der Musik bei allen Völkern der Erde so allgemein verbreitet ist, dennoch die Begriffe von Harmonie und Wohlklang so verschieden sein können.

Wir sahen in dieser Hütte das Bild von wahrer Volksglückseligkeit realisiert, und Herr Hodges konnte sich nicht enthalten, verschiedene Zeichnungen zu entwerfen. Aller Insulaner Augen waren auf sein Zeichnen geheftet, aber wie groß war ihr Erstaunen, als sie zwischen seiner Arbeit und den Gesichtszügen einiger ihrer Landsleute eine auffallende Ähnlichkeit gewahr wurden. Der alte Mann tat verschiedene Fragen an uns, z. E. wie der Eri oder Befehlshaber des Schiffes heiße, wie unser Land genannt werde, ob wir unsere Frauen bei uns hätten und dergleichen. Wir beantworteten seine Fragen und teilten hierauf Korallen, Medaillen und andere Kleinigkeiten aus, alsdann gingen wir weiter.

Nachdem wir etwa zwei Meilen gegangen waren, befanden wir uns an der See, die hier eine kleine Bucht ausmachte. Rings um uns waren überall Plantagen, und mitten auf einem Grasplatz fanden wir ein Marai, einen Begräbnisplatz, der aus drei Reihen von Steinen erbaut war. Vor dem Marai war eine Mauer aufgeführt, die etwa drei Fuß hoch war, und innerhalb dieser standen drei einsame Kokospalmen und einige junge Kasuarinen, die mit ihren herabhängenden Zweigen der ganzen Szene ein feierlich melancholisches Aussehen gaben. Nicht weit von diesem Marai sahen wir eine kleine Hütte (Tupapau), und unter dieser lag ein toter Körper, mit einem Stück weißen Zeuges bedeckt, das an den Seiten in langen Falten herabhing. Nahebei stand eine andere Hütte, darin ein Vorrat von Lebensmitteln für die Gottheit (Eatua) befindlich und unweit davon ein Pfahl aufgerichtet war, an dem ein in Matten eingewickelter Vogel hing. In der Hütte erblickten wir eine Frau, die in gedankenvoller Haltung da saß. Sie stand auf und winkte, daß wir nicht näherkommen sollten. Wir boten ihr von fern ein kleines Geschenk an, sie wollte es aber nicht annehmen, und wir erfuhren von unseren Begleitern, daß der tote Körper eine Frauensperson sei und daß die Frau vermutlich mit den Trauerzeremonien beschäftigt sei.

Auf dem Weg zum Wasserplatz, wo wir uns wieder einzuschiffen pflegten, kamen wir an einem geräumigen Hause vorbei, in dem ein sehr fetter Mann ausgestreckt lag. Zwei Bediente waren damit beschäftigt, den Nachtisch zuzubereiten. Sie stießen etwas Brotfrucht und Pisange in einem hölzernen Troge klein und gossen Wasser hinzu. Unterdessen setzte sich eine Frauensperson neben ihn und stopfte ihm von einem großen gebackenen Fisch und von Brotfrüchten jedesmal eine gute Handvoll ins Maul, welches er mit gefräßigem Appetit verschlang. Kaum würdigte er uns eines Seitenblicks, und einsilbige Wörter, die er zuweilen unterm Kauen hören ließ, waren nur Befehle an seine Leute, daß sie überm Hergucken nach uns das Füttern nicht vergessen möchten. Das große Vergnügen, das wir heute empfunden hatten, wurde durch den Anblick dieses vornehmen Mannes nicht wenig gemindert. Wir hatten uns bisher mit der angenehmen Hoffnung geschmeichelt, daß wir endlich einen Winkel der Erde ausfindig gemacht, wo eine ganze Nation einen Grad von Zivilisation zu erreichen und dabei doch eine gewisse frugale Gleichheit zu erhalten gewußt habe, dergestalt, daß alle Stände mehr oder minder gleiche Kost, gleiche Vergnügungen, gleiche Arbeit und Ruhe miteinander gemein hätten. Aber wie verschwand diese schöne Einbildung beim Anblick dieses trägen Wollüstlings, der sein Leben in der üppigsten Untätigkeit ohne allen Nutzen für die menschliche Gesellschaft ebenso schlecht hinbrachte wie jene privilegierten Schmarotzer in gesitteten Ländern, die sich mit dem Überfluß des Landes mästen, indes der fleißigere Bürger im Schweiße seines Angesichts darben muß. Die träge Üppigkeit dieses Insulaners glich gewissermaßen dem Luxus, der in Indien und anderen östlichen Ländern unter den Großen so allgemein im Schwange ist.

Während unserer Abwesenheit war der Tauschhandel wie gewöhnlich fortgeführt worden, und es hatte sich nichts Besonderes ereignet, außer daß Kapitän Cook einen seiner alten Bekannten, den Tuahau, wiedergetroffen hatte, der ihn auf der vorigen Reise, als er die ganze Insel mit einem Boot umschiffte, begleitet hatte. Bei unserer Rückkehr war er mit zwei Landsleuten noch an Bord, und sie waren gesonnen, die Nacht über bei uns zu bleiben. Tuahau überließ es seinen beiden unerfahrenen Landsleuten, das Schiff mit Verwunderung in Augenschein zu nehmen, er dagegen fing gleich eine lebhafte Unterredung mit uns an. Er fragte nach Tabane (Herrn Banks), Tolano (Dr. Solander), Tupaya und verschiedenen anderen Personen, die er ehemals gesehen und an deren Namen er sich erinnerte. Es freute ihn zu hören, daß Herr Banks und Dr. Solander noch wohlauf wären. Als er von Tupayas Ableben hörte, verlangte er zu wissen, ob er eines gewaltsamen oder natürlichen Todes gestorben sei, und es war ihm angenehm, aus unseren Worten und Zeichen entnehmen zu können, daß Krankheit seinem Leben ein Ende gesetzt habe. Wir unsererseits fragten, auf was für eine Art denn Tutaha, der während Kapitän Cooks vorigem Hiersein die Stelle eines höchsten Befehlshabers zu bekleiden schien, ums Leben gekommen sei. Davon wußte er nun ein langes und breites zu erzählen, welches wir der Hauptsache nach deutlich verstanden, die darauf hinauslief, daß zwischen ihm und dem alten Aheatua, dem Vater des jetzigen Königs auf Teiarrabu, ein großes Seetreffen vorgefallen sei, welches auf keiner Seite entscheidend gewesen. Tutaha sei dann mit seinem Heer über die Landenge gegangen, daselbst habe er ein hartnäckiges Gefecht geliefert und darin nebst vielen Leuten von Stande das Leben verloren. Bald nach Tutahas Tod sei mit O-Tu, der zuvor nur den Titel eines Regenten von Tahiti gehabt, nun aber zu wirklicher Würde gelangt war, Friede gemacht worden. Der alte Aheatua hatte aber die Früchte seines Sieges nicht lange genossen, da er wenige Wochen nach dem Friedensschlusse gestorben, und nunmehr war ihm sein Sohn gleichen Namens in der königlichen Würde nachgefolgt.

Als Tuahau mit der Erzählung dieser Staatsgeschichte fertig war, legten wir ihm die Karte von Tahiti vor, die zu Kapitän Cooks voriger Reise in Kupfer gestochen worden war. Voller Freuden, eine Abbildung seines Vaterlandes zu sehen, zeigte er uns die Lage aller Distrikte und nannte sie in derselben Ordnung, wie sie auf der Karte dargestellt waren. Als er an den Distrikt O-Whai-urura gekommen war, erzählte er uns, daß in dem dortigen Hafen vor einiger Zeit ein Schiff angekommen sei und dort fünf Tage vor Anker gelegen habe. Die Mannschaft habe zehn Schweine von den Insulanern bekommen, und einer von den Bootsleuten, der von diesem Schiff entlaufen sei, halte sich jetzt noch auf der Insel auf. Wir vermuteten, daß dies ein spanisches Schiff gewesen sein müsse, um jedoch noch mehr Licht in der Sache zu bekommen, legten wir dem Tuahau noch manche Frage wegen dieses Schiffes vor, konnten aber nichts weiter herausbringen, als daß der entlaufene Matrose immer bei Aheatua sei und ihm angeraten habe, uns keine Schweine zukommen zu lassen. Was für Absichten dieser Mann hierbei auch gehabt haben mag, so scheint es doch der beste und freundschaftlichste Rat gewesen zu sein, den er seinem Beschützer hätte geben können. Der sicherste Weg, die Reichtümer seiner Untertanen im Lande zu behalten, wozu hier vor allen Dingen die Schweine gehören, und die beste Methode zu hindern, daß neue Bedürfnisse unter diesem glücklichen Volke entstehen möchten, war unfehlbar, uns so bald wie möglich zur Abreise zu nötigen, und hierzu war die Versagung der Nahrungsmittel, deren wir am meisten bedurften, das beste Mittel.

Am folgenden Tage brachten einige unserer Leute, die einen Spaziergang an der Küste gemacht hatten, die Nachricht mit an Bord, daß sie Aheatua angetroffen und daß er ausdrücklich in diesen Distrikt gekommen sei, um uns Audienz zu geben. Sie waren ohne Zeremonie vor ihn gelassen worden, und Seine Majestät hatten, mitten in Dero Hofhaltung, die Hälfte Ihres Stuhles unserem Steuermann Smith eingeräumt. Auch hatte er gnädigst verlauten lassen, daß es ihm lieb sein solle, den Kapitän Cook zu sehen, und daß er ihm eine beliebige Anzahl Schweine überlassen wolle, wenn dieser für jedes Schwein ein Beil zu geben gesonnen sei. Das war nun allerdings die erfreulichste Nachricht, die wir seit langer Zeit gehört hatten. Unsere Leute wollten bei dieser Gelegenheit auch einen Mann bemerkt haben, der der Farbe und Gesichtsbildung nach einem Europäer ähnlich gewesen, auf ihre Anrede aber unter dem großen Haufen verschwunden sei. Ob es nun wirklich ein Europäer gewesen, können wir nicht bestimmen. Soviel aber ist gewiß, daß keiner von uns ihn jemals nachher zu sehen bekommen hat.

Um von Aheatuas guter Gesinnung gleich Gebrauch zu machen, begaben sich die Kapitäne mit einigen Offizieren, dazu Dr. Sparman, mein Vater und ich am anderen Morgen früh ans Land. Opao, einer der Insulaner, die über Nacht an Bord geblieben waren, diente uns als Führer und riet uns, längs dem Flusse, an dem die Wasserfässer gefüllt wurden, hinaufzugehen. Als wir ungefähr eine Meile zurückgelegt haben mochten, trafen wir einen großen Haufen Menschen an, die alle ihre Oberkleider hatten herunterfallen lassen, um die Schultern zu entblößen, welche Ehrenbezeigung nur dem König widerfährt. Wir vermuteten daher, daß er in der Nähe sein müsse, und fanden ihn auch bald mitten in dem Haufen. Aheatua erinnerte sich Cooks, sobald er seiner ansichtig wurde, und machte gleich Platz für ihn auf seinem Stuhl, während wir anderen uns auf große Steine niederließen. Kaum hatten wir Platz genommen, so drängte sich von allen Seiten eine unzählbare Menge von Insulanern herbei und schloß uns in einen sehr engen Kreis ein, in dem es bald so heiß wurde, daß des Königs Bediente die Leute oft mit Schlägen zurücktreiben mußten, um uns Luft zu schaffen.

Aheatua, König von Tahiti-iti (Klein-Tahiti), sonst Teiarrabu genannt, war ein junger Mann von siebzehn bis achtzehn Jahren, wohlgebaut und bereits 5 Fuß 6 Zoll groß. Es war etwas Sanftes, aber Unbedeutendes in seinen Mienen, und sie drückten Furcht und Mißtrauen aus, welches freilich zur Majestät nicht paßt, sondern oft das Kennzeichen eines bösen Gewissens und unrechtmäßiger Herrschaft ist. Er war heller von Farbe als seine Untertanen und hatte langes, lichtbraunes Haar. Seine ganze Kleidung bestand nur in einer breiten Schärpe (Marro) vom feinsten weißen Zeug, die von den Hüften bis auf die Knie herabreichte. Neben ihm saßen einige Befehlshaber, die sich durch ihre große und dicke Statur auszeichneten, ein Vorzug, den diese Klasse ihrer trägen Lebensart und wohlbesetzten Tafel zu verdanken hat. Einer von ihnen war auf eine sonderbare Weise punktiert, es waren nämlich seine Arme, Beine, Schenkel und Seiten über und über mit großen schwarzen Flecken von allerhand Gestalt bedeckt. Eben dieser Mann, der E-Tie hieß, war auch wegen seiner Korpulenz auffallend und schien überdies beim König in besonderem Ansehen zu stehen. Solange der König auf seinem Stuhl saß, betrug er sich ungleich ernsthafter und steifer, als man es von seiner Jugend hätte erwarten können. Es schien aber ein einstudiertes und angenommenes Wesen zu sein, durch welches unsere Audienz ein feierliches Ansehen bekommen sollte. Bei einigen altfränkischen Staatsmännern möchte ihm das vielleicht als Verdienst angerechnet werden, es war aber im Grunde nichts anderes als eine Maskerade von Heuchelei und Verstellung, die wir zu Tahiti kaum erwartet hatten.

Nach der ersten Begrüßung überreichte Kapitän Cook dem Aheatua ein Stück roten Boy, ein Bettlaken, eine breite Zimmeraxt, ein Messer, Nägel, Spiegel und Korallen. Mein Vater gab ihm ähnliche Geschenke, unter anderem eine Aigrette von scharlachrot gefärbten Federn, die an einer Zitternadel befestigt waren. Beim Anblick derselben brach die ganze Versammlung in ein bewunderndes Au-wäh aus. Der König fragte nunmehr nach Herrn Banks, sodann erkundigte er sich, wie lange wir bleiben würden, und gab dabei zu verstehen, daß es ihm lieb sein sollte, wenn wir fünf Monate verweilen wollten. Kapitän Cook antwortete, daß er unverzüglich wieder absegeln müsse, weil nicht genug Lebensmittel zu bekommen seien. Der König schränkte also seine Bitte auf einen Monat und endlich auf fünf Tage ein. Da aber Kapitän Cook bei seiner vorigen Erklärung blieb, versprach Aheatua uns am folgenden Tage Schweine zu schicken. Dergleichen Versprechungen waren uns indessen mehr als einmal gemacht worden, wir rechneten also auch jetzt nicht darauf.

Während dieser Unterredung mit dem König wurde das umherstehende gemeine Volk zuweilen so überlaut, daß man sein eigenes Wort nicht hören konnte. Die Bedienten des Königs mußten denn auch mehrmals mit durchdringender Stimme »Mamu!« (still) rufen und diesem Befehl mit tüchtigen Stockschlägen Nachdruck geben. Als der König sah, daß Kapitän Cook die Zeit seines Hierbleibens nicht verlängern wollte, stand er auf und sagte, er werde uns bis zum Strand begleiten. Nun legte er seine angenommene Ernsthaftigkeit ab und unterhielt sich auf dem Wege mit unseren gemeinsten Matrosen ganz vertraut. Mich bat er, alle Namen zu nennen, und er fragte mich, ob sie ihre Weiber an Bord hätten. Als ich darauf mit nein antwortete, riet Seine Majestät ihnen mit guter Laune, sie möchten unter den Töchtern des Landes wählen, man sah aber diese Einladung für ein bloßes Kompliment an. Als wir bald darauf an einem Hause vorbeikamen, setzte er sich im Schatten nieder, und auch wir suchten Schutz vor der Sonne. Er forderte einige Kokosnüsse und fing an, von dem spanischen Schiff zu sprechen, wovon uns Tuahau die erste

Nachricht gegeben hatte. Nach seiner Erzählung war das Schiff fünf Monate vorher zu Whai-Urua gewesen und hatte sich dort zehn Tage lang aufgehalten. Er setzte hinzu, der Kapitän habe vier von seinen Schiffsleuten aufhängen lassen, ein fünfter aber sei dieser Strafe entlaufen. Wir fragten nach diesem Europäer, den sie O-Pahutu nannten, konnten aber nichts aus ihm herausbringen, und da es endlich die Hofschranzen Sr. Majestät merkten, daß wir uns so genau und ängstlich nach diesem Mann erkundigten, versicherten sie uns, er sei tot.

Während wir uns in diesem Hause ausruhten, fragte E-Tie, der dicke Mann, ob wir in unserem Lande einen Gott hätten und ob wir ihn anbeteten. Als wir ihm antworteten, daß wir einen Gott erkennten, der alles erschaffen habe, aber unsichtbar sei, und daß wir gewohnt seien, unsere Gebete und Bitten an ihn zu richten, schien er höchlichst erfreut darüber und wiederholte es seinen Landsleuten, die um ihn saßen. Hierauf wandte er sich wieder an uns und sagte, daß seiner Landsleute Begriffe in diesem Stück mit den unsrigen übereinstimmten. Während O-Tie von Religiongsdingen sprach, spielte König Aheatua mit Kapitän Cooks Taschenuhr. Er betrachtete die Räder, die sich von selbst zu bewegen schienen, mit großer Aufmerksamkeit. Erstaunt über ihr Geräusch, das er nicht begreifen konnte, gab er sie zurück mit der Bemerkung, sie »spräche«, und er fragte dabei, wozu das Ding gut sei. Mit viel Mühe machte man ihm begreiflich, daß wir sie brauchten, um die Tageszeit daran zu erkennen, die er aus dem Stand der Sonne zu schätzen gewohnt sei. Nach dieser Erklärung nannte er sie eine kleine Sonne, um damit anzudeuten, daß er uns völlig verstanden habe.

Wir waren eben im Begriff, nach dem Strande zurückzukehren, als ein Mann mit einem Schwein ankam, das der König dem Kapitän mit der Versicherung schenkte, daß er noch eins bekommen solle. Mit diesem bescheidenen Anfang waren wir vorerst zufrieden und beurlaubten uns nunmehr von Sr. Majestät mit einem herzlichen Tayo.

Nachmittags gingen die Kapitäne abermals mit uns zum König. Er bat uns von neuem, daß wir wenigstens noch ein paar Tage bleiben möchten. Man sagte ihm aber gerade heraus, daß wir abreisen würden, weil er uns nicht mit lebendem Vieh versorgen wolle. Hierauf ließ er sogleich zwei Schweine herbeibringen und schenkte jedem Kapitän eins, welche Freigebigkeit durch allerlei Eisengeräte erwidert wurde. Zur Unterhaltung Sr. Majestät ließen wir einen unserer Seesoldaten, einen Bergschotten, auf dem Dudelsack spielen, und obgleich seine rauhe Musik unseren Ohren fast unausstehlich war, so fanden doch der König und die ganze Versammlung großes Vergnügen daran. Das Mißtrauen, welches er bei unserer ersten Unterredung hatte durchblicken lassen, war nun verschwunden. Das gezwungen gravitätische Wesen wurde ganz beiseite gelassen, ja einige seiner Beschäftigungen kamen beinahe kindisch heraus. Um nur ein Beispiel davon anzuführen, so fanden Seine Majestät ein hohes Wohlgefallen daran, mit einem unserer Beile kleine Stöcke zu zerhacken und junge Pisangpflanzen abzuhauen. Ungeachtet wir aber nun hoffen konnten, daß er im Ernst Anstalten machen würde, uns mit einem Vorrat von Schweinen zu versorgen, wollten wir es doch nicht auf den bloßen Anschein hin wagen, länger hierzubleiben, und gegen Abend nahmen wir Abschied von ihm, kehrten an Bord zurück und lichteten die größeren Anker.

Da die Einwohner am folgenden Morgen sahen, daß wir die Segel in Ordnung brachten und andere Anstalten zur Abreise machten, kamen sie haufenweise in kleinen Kanus voller Kokosnüsse an die Schiffe, um alles zu sehr geringen Preisen zu verkaufen. Der Geschmack an Kleinigkeiten und Spielzeug ging so weit, daß die Leute ein Dutzend der schönsten Kokosnüsse für eine einzige Glaskoralle hingaben. Sie begleiteten uns bis ein paar Meilen außerhalb des Riffs und kehrten dann erst zum Strand zurück, wo wir den Leutnant Pickersgill mit einem Boot zurückgelassen hatten, um auch unsererseits von der Neigung, die das Volk jetzt zum Handel zeigte, noch einigen Gebrauch zu machen.

Da wir nun gleichsam von neuem uns selbst überlassen waren, konnte man sich ein wenig erholen und einmal wieder zu Atem kommen. Diese Ruhe war uns um so willkommener, da sie uns Zeit gab, den mancherlei Betrachtungen nachzuhängen, zu denen wir während unseres Hierseins so vielfältigen Stoff gesammelt hatten. Nach allem, was wir auf dieser Insel gesehen und erfahren hatten, dünkte sie uns einer der glücklichsten Winkel der Erde zu sein. Zwar waren uns auch die öden Felsen von Neuseeland so vorteilhaft ins

Gesicht gefallen, allein diese ersten Eindrücke waren auch bald wieder verschwunden. Bei Tahiti hingegen verhielt es sich umgekehrt. Die Insel sah nicht nur von fern reizend aus, sondern je näher wir kamen, desto schöner wurde sie. Je länger wir blieben, desto mehr wurden die Eindrücke des ersten Anblicks bestätigt, obschon wir hier wegen der Ernährung schlimmer dran waren, da es auf Neuseeland größeren Überfluß an Fischen und Vögeln gab.

Mitten in solchen Betrachtungen wurden wir zu Tisch gerufen, wo ein Gericht Schweinefleisch unser wartete. Die Eilfertigkeit, mit der wir uns dorthin begaben, und der gute Appetit, den wir bei dieser Schüssel bewiesen, zeigten deutlich, daß uns lange danach verlangt hatte. Es wunderte uns, daß dies Fleisch nichts von dem geilen Geschmack hatte, den es wohl in Europa zu haben pflegt. Das Fett war mit Mark zu vergleichen, und das Magere schmeckte fast so zart wie Kalbfleisch. Dieser Unterschied rührt vermutlich daher, daß die tahitischen Schweine mit nichts als Früchten gefüttert werden. Sie sind von der kleinen, chinesischen Art und haben keine hängenden, lappigen Ohren, die Graf Buffon (berühmter französischer Naturforscher) als Kennzeichen der Sklaverei unter den Tieren ansieht. Auch waren sie reinlicher und müssen sich wohl nicht so im Schlamm herumzuwälzen pflegen. Dieses Vieh gehört zwar zu den wirklichen Reichtümern Tahitis, doch darf man es nicht für einen Hauptartikel des Unterhaltes halten, denn die ganze Tierart könnte ausgerottet werden, ohne daß die Nation im Ganzen dabei verlöre, weil sie nämlich den Großen des Landes allein und ausschließlich zugehören. Man schlachtet nur selten welche, ja vielleicht nie anders als bei festlichen Gelegenheiten, aber dann verschlingen die Vornehmen das Fleisch mit ebensoviel Gier, wie gewisse Leute in England (Aldermen of London) bei einem guten Schildkrötenschmause bezeigen sollen. Der gemeine Mann kriegt äußerst selten davon zu kosten, und es bleibt ein Leckerbissen für ihn, obschon gerade diese Klasse des Volkes die Mühe allein auf sich nimmt, sie zu warten und zu mästen.

Gegen Abend fiel eine Windstille ein, die bis zum Morgen anhielt, alsdann bekamen wir Südostwind und mit dessen Hilfe bald den nördlichen Teil von Tahiti, ingleichen die dabeiliegende Insel Eimeo zu Gesicht. Die Berge bildeten hier größere Massen und fielen daher schöner ins Auge als zu Aitepieha. Die niedrigeren Berge waren nicht so steil, aber allenthalben ohne Bäume und Grün; auch die Ebene war weitläufiger und schien an manchen Orten über eine Meile breit zu sein. Gegen zehn Uhr hatten wir das Vergnügen, verschiedene Kanus vom Lande herankommen zu sehen. Ihre langen, schmalen Segel, ihre Federwimpel und die trefflichen Kokosnüsse und Pisangfrüchte, wovon hochgetürmte Haufen aus den Booten hervorragten, machten einen schönen, malerischen Anblick aus. Sie überließen uns ihre Ladungen für wenige Korallen und Nägel und kehrten gleich wieder nach dem Ufer zurück, um mehr zu holen. Gegen Mittag kam auch unser Boot mit dem Leutnant Pickersgill. Er war bei seinem Einkauf zu Aitepieha sehr glücklich gewesen und brachte neun Schweine und viele Früchte mit. Des Königs Majestät waren die ganze Zeit auf dem Marktplatz geblieben, hatten sich neben den Eisenwaren hingesetzt und sich ausgebeten, für uns mit den Untertanen zu handeln; waren dabei auch sehr billig zu Werke gegangen, indem sie für größere und kleinere Beile auch größere und kleinere Schweine gegeben hatten.

Mit Hilfe einer gelinde wehenden Landluft näherten wir uns dem Ufer und betrachteten die Schönheiten der Landschaft, die vom blendenden Schein der Sonne gleichsam vergoldet vor uns lag. Schon konnten wir jene weit hervorragende Landspitze erkennen, die wegen der ehemals darauf gemachten Beobachtungen Point Venus genannt war, und es kostete uns keine Schwierigkeit, denen, die bereits vor uns hier gewesen waren, auf ihr Wort zu glauben, daß dies der schönste Teil der Insel sei. Der Distrikt von Matavai, der nunmehr vor uns lag, zeigte uns eine ungleich weitläufigere Ebene, als wir erwartet hatten, und das holzreiche Tal, das zwischen den Bergen hinauflief, nahm sich im Vergleich zu den kleinen, engen Klüften und Bergriesen von Teiarrabu als ein beträchtlich großer Wald aus. Es mochte ungefähr 3 Uhr nachmittags sein, als wir um vorgedachte Landspitze herumkamen. Das Ufer war überall voller Menschen, die uns mit größter Aufmerksamkeit betrachteten, aber Hals über Kopf davonliefen, sobald sie sahen, daß wir in der Bai vor Anker gingen. Sie rannten längs dem Strande, über den One Tree-Hill weg, nach O-Parre, dem nächsten gegen Westen gelegenen Distrikt hin, als ob sie vor uns flüchteten. Unter dem ganzen Haufen erblickten wir nur einen einzigen Mann, der nach hiesiger Landessitte vollständig gekleidet war, und unseres Freundes O-Wahaus Aussage nach sollte dies O-Tu selbst, der König von O-Tahiti-Nue oder Groß-Tahiti sein. Er war sehr groß und wohlgebaut, lief aber sehr eilfertig davon, welches die Insulaner an Bord so deuteten, daß er sich vor uns fürchte.

Obgleich die Sonne untergehen wollte, als wir die Anker warfen, waren unsere Decks gar bald mit Eingeborenen angefüllt. Viele erkannten ihre alten Freunde unter den Offizieren und Matrosen mit einer gegenseitigen Freude, die sich nicht beschreiben läßt. Unter diesen war auch der alte, ehrwürdige O-Whaa, dessen Freundschaftsdienste in Kapitän Cooks erster Reise bei Gelegenheit eines unangenehmen Vorfalls rühmlichst erwähnt worden sind, als die Seesoldaten einen Insulaner erschossen hatten. Sobald er Herrn Pikkersgill sah, erinnerte er sich augenblicklich seiner, nannte ihn bei seinem tahitischen Namen Petrodero und rechnete ihm an den Fingern vor, es sei nun das drittemal, daß er auf die Insel komme. Herr Pickersgill war auch wirklich mit Kapitän Wallis und bereits auf Kapitän Cooks erster Reise hier gewesen. Ein vornehmer Mann namens Maratata besuchte Kapitän Cook mit seiner Gemahlin, einer jungen, hübschen Person. Man schenkte ihnen eine Menge Sachen, die sie jedoch nicht verdienten, weil sie beide bloß in dieser eigennützigen Absicht an Bord gekommen zu sein schienen. Ebenso begünstigte das Glück auch Maratatas Schwiegervater, einen großen, dicken Mann, der sich von jedermann etwas erbettelte. Zum Zeichen der Freundschaft wechselten sie ihre Namen mit den unsrigen. Diese Gewohnheit hatten wir auf unserem vorigen Ankerplatz nicht bemerkt, denn dort waren die Eingeborenen vorsichtiger und zurückhaltender gewesen. Um 7 Uhr verließen die meisten das Schiff, versprachen aber, am folgenden Morgen wiederzukommen.

Der Mond schien die ganze Nacht sehr hell. Sanfte Stille herrschte rings um uns her, nur hier und da hörte man einen Insulaner plaudern, deren etliche an Bord geblieben waren. Sie sprachen von allerlei Dingen und machten sich durch Zeichen verständlich, wenn es mit Worten nicht gelingen wollte. Sie fragten, wie es unseren Leuten seit ihrer letzten Abreise von hier ergangen sei. Gibson, ein Seesoldat, dem die Insel so wohl gefallen, daß er es bei Kapitän

Cooks letzter Reise darauf anlegte, hierzubleiben, hatte den meisten Anteil an der Unterredung, denn er verstand von der Landessprache mehr als sonst einer von uns. Die Leute zeigten hier noch mehr Vertrauen und Freimut als zu Aitepieha, und dies gereichte ihnen in unseren Augen zu desto größerer Ehre, als sich daraus entnehmen ließ, daß sie die ehemaligen Beleidigungen vergessen hatten und ihr gutes, unverdorbenes Herz auch nicht eines Gedankens von Rachsucht oder Bitterkeit fähig sei. Es ist ein tröstlicher Gedanke, daß Menschenliebe dem Menschen natürlich ist und die Begriffe von Mißtrauen, Bosheit und Rachsucht nur Folgen einer allmählichen Verderbnis der Sitten sind. Man findet auch in der Tat nur wenig Beispiele vom Gegenteil, daß nämlich Völker, die nicht ganz bis zur Barbarei herabgesunken, der Liebe zum Frieden, diesem allgemeinen Grundtriebe des Menschen, zuwider gehandelt haben sollten. Was Columbus, Cortez und Pizarro bei ihren Entdeckungen in Amerika, und was Mendaña, Quiros, Schouten, Tasman und Wallis in der Südsee hierüber erfahren haben, das stimmt mit unserer Behauptung völlig überein. Selbst der Angriff, den die Tahitier ehemals auf den »Delphin« (das Schiff des Kapitäns Wallis) richteten, widerspricht dem nicht. Selbsterhaltung ist das erste Gesetz der Natur, und der Anschein berechtigte die Insulaner, unsere Leute für ungebetene Gäste und für den angreifenden Teil zu halten, ja mehr als das, sie hatten Grund genug, um ihre Freiheit besorgt zu sein. Als sie endlich die traurigen Wirkungen der europäischen Übermacht empfunden und man ihnen zu verstehen gegeben hatte, daß das Schiff nur einige Erfrischungen aufnehmen und nur kurze Zeit hierbleiben werde, als sie einsahen, daß die Fremden nicht ganz unmenschlich und daß Briten nicht wilder und barbarischer seien als sie selbst, da waren sie auch gleich bereit, die Fremdlinge mit offenen Armen zu empfangen und sie freigebig an den Naturgütern der Insel teilnehmen zu lassen.

9. Kapitel

Aufenthalt in der Matavai-Bai

Kapitän Cook hatte schon bei seiner vormaligen Anwesenheit auf dieser Insel bemerkt, daß es, wenn man hier in der Matavai-Bai ohne Gewalt zu gebrauchen einen ausreichenden Vorrat an Lebensmitteln erhalten wollte, unumgänglich nötig sei, sich das Wohlwollen des Königs zu erwerben. Um dazu noch heute den ersten Schritt zu tun, machte er Anstalten, nach O-Parre abzugehen, wo König O-Tu sich aufhalten sollte. Doch wartete er mit der Abreise, bis die Maratata ihrem Versprechen gemäß an Bord gekommen waren. Diese brachten ihm einige Stücke ihres besten Zeuges mit und bildeten sich nicht wenig darauf ein, daß sie in die große Kajüte kommen durften, während die übrigen Landsleute draußen bleiben mußten. Sobald auch Kapitän Furneaux angelangt war, begab sich Kapitän Cook mit ihm, Dr. Sparman, meinem Vater und mir in die Pinasse. Maratata und seine Frau kamen ohne Umstände auch mit und nahmen sogleich die besten Plätze ein. Wir ruderten nun quer über die Bai und näherten uns dem Ufer bei einer Landspitze, auf welcher aus dichtem Gebüsch ein steinernes Marai hervorragte. Kapitän Cook kannte diesen Platz als Tutahas Marai, als er ihn aber so benannte, fiel ihm Maratata ins Wort, um ihm zu sagen, daß es Tutaha nach seinem Tode nicht mehr gehöre, sondern jetzt O-Tus Marai genannt werde. Eine herrliche Moral für Fürsten und Könige, sie an die Sterblichkeit zu erinnern und sie zu lehren, daß nach ihrem Tode nicht einmal der Ruheplatz ihres Körpers ihnen zu eigen bleibt. Maratata und seine Frau entblößten im Vorbeifahren ihre Schultern – eine Ehre, die alle Einwohner ohne Unterschied des Standes dem Marai bezeigen. Vielleicht halten sie dafür, daß die Gottheit an solchen Stellen besonders gegenwärtig sei, wie denn von jeher ein jedes Volk etwas Ähnliches von seinen heiligen Versammlungsorten geglaubt hat.

Wir kamen auf dieser Fahrt an einem der schönsten Teile von Tahiti vorüber. Die Ebenen schienen von beträchtlichem Umfang zu sein. Das Ufer, das mit dem schönsten Rasen bewachsen und bis an den Strand herab von Palmen beschattet war, wimmelte von Menschen, die ein lautes Freudengeschrei erhoben, als wir aus dem Boot stiegen. Man führte uns zu einigen Häusern, die unter Brotfruchtbäumen versteckt lagen, und vor einem der größten Häuser fanden wir einen Platz, der mit hohem Gitterwerk aus Rohr umzäunt war. Mitten auf diesem Platz saß der König mit übereinandergeschlagenen Beinen auf der Erde. Um ihn her stand ein großer Kreis von Leuten beiderlei Geschlechts, die ihrer Statur und Farbe und ihrem Betragen nach zu den Vornehmsten des Landes gehören mußten. Sobald die Matrosen unsere Geschenke vor dem König niedergelegt hatten, traten wir alle näher und wurden gebeten, uns um Seine Majestät herumzusetzen. Obschon das Volk viel Achtung für seinen Herrscher zu haben scheint, reichte diese nicht so weit, daß man sich nicht doch von allen Seiten mit der ungestümsten Neugier um uns drängte. Da die Menge der Menschen und damit auch das Gedränge hier ungleich größer war als während unserer Audienz bei Aheatua, mußten es sich die königlichen Bedienten rechtschaffen sauer werden lassen, die Leute nur einigermaßen in Schranken zu halten. Einer von ihnen, der für uns Platz machen sollte, schlug ganz unbarmherzig drauflos und mehr als einen Stock auf den Köpfen entzwei.

Demungeachtet drängten sie sich ebenso hartnäckig wieder herbei, wie der ärgste englische Pöbel nur tun kann, jedoch mit dem Unterschied, daß sie die Insolenz der königlichen Bedienten ein gut Teil geduldiger zu ertragen schienen. Der König hatte während Kapitän Cooks erstem Aufenthalt unsere Leute nie zu sehen bekommen, vermutlich aus politischen Absichten seines Onkels Tutahah, der befürchten mochte, in den Augen der Europäer sein Ansehen zu verlieren, wenn sie erfahren hätten, daß er nicht der erste und größte Mann der Insel sei. Es ist wohl nicht auszumachen, ob Tutahahs Ansehen und Gewalt usurpiert war oder nicht. Es scheint jedoch wider ihn zu sein, daß O-Tu schon vier- bis fünfundzwanzig Jahre alt, gleichwohl aber erst kürzlich zur Regierung gelangt war. Nicht nur als Regent, sondern auch der Statur nach war er der größte Mann auf der Insel, denn er maß 6 Fuß 3 Zoll. Er hatte starke und wohlproportionierte Gliedmaßen und auch vorderhand noch keinen Ansatz zu übermäßiger Korpulenz. Unerachtet etwas Finsteres und vielleicht Schüchternes in seinem Wesen war, leuchteten doch Majestät und Verstand daraus hervor, wie auch in seinen lebhaften schwarzen Augen viel Ausdruck war. Er trug einen starken Knebelbart, der gleich dem Haupthaar pechschwarz war. Durch eine ähnliche Leibesgestalt und gleichen Haarwuchs, der wie eine dicke, gekräuselte Perücke um den Kopf stand, zeichneten sich auch seine Brüder und Schwestern aus. Von ersteren mochte der ältere sechzehn und der jüngere etwa zehn Jahre alt sein. Seine älteste Schwester aber, die diesmal nur allein anwesend war, schien fünf- bis sechsundzwanzig Jahre alt zu sein. Da die Frauen hierzulande das Haar kurzgeschnitten zu tragen pflegen, war der Haarputz dieser Dame vielleicht ein Vorrecht der königlichen Familie. Ihr hoher Rang befreite sie jedoch nicht von der Etikette, die Schultern in Gegenwart des Königs zu entblößen, ein Brauch, der dem Frauenzimmer Gelegenheit gab, ihre zierliche Bildung vorteilhaft sichtbar zu machen. Ihr ganzes Gewand besteht aus einem langen Stück weißen Zeuges, so dünn wie Musselin, das auf verschiedene Weise um den Körper geschlagen wird, je nachdem es der Bequemlichkeit, dem Talent und dem guten Geschmack der Schönen am zuträglichsten scheint. Sie wissen nichts von allgemeinen Moden, die nur einigen wenigen Personen gut stehen und die übrigen mehr entstellen als putzen.

Da dies nur eine Zeremonienvisite war, wollten wir uns nicht lange aufhalten und waren eben im Begriff, Abschied zu nehmen, als wir durch die Ankunft von E-Happai, dem Vater des Königs, noch eine Weile aufgehalten wurden. Er war ein langer, magerer Mann mit grauem Bart und grauem Kopf. Wir waren zwar schon von der sonderbaren Verfassung unterrichtet, vermöge welcher der Sohn noch bei Lebzeiten des Vaters die Regierung übernimmt, doch wunderte es uns, daß der alte Happai sich überdies noch der Landessitte unterwerfen und in Gegenwart seines Sohnes die Schultern entblößen mußte. Unerachtet aber Happai die Herrschaft nicht mehr in Händen hatte, ließ ihm das gemeine Volk doch große Ehre widerfahren, und auch der König hatte ihn mit einem anständigen Unterhalt versorgt. Die Provinz O-Parre stand nämlich unmittelbar unter seinen Befehlen, und aus dieser zog er für sich und seine Bedienten, was er nötig hatte. Wir hielten uns des alten Herrn wegen nur wenig länger auf, als wir zuvor willens gewesen waren, beurlaubten uns sodann von Vater und Sohn und kehrten zu unserer Pinasse zurück.

Während unserer Abwesenheit waren auf Point Venus für die

Holzhauer, die Wasserträger und die Kranken einige Zelte aufgeschlagen worden. Auch hatten die Astronomen ihre Sternwarten auf eben der Stelle errichtet, wo von Herrn Green und Kapitän Cook auf der vorigen Reise der Durchgang der Venus vor der Sonne beobachtet worden war. Bei unserer Rückkunft an Bord fanden wir das Schiff voller Insulaner und unter ihnen auch verschiedene Personen von hohem Range. Sie hatten im ganzen Schiff freien Zutritt, aber eben deshalb war man auch vor ihrer Bettelei in keinem Winkel sicher.

Am nächsten Morgen kam eine Menge Kanus von O-Parre ans Schiff, und in einem der kleinsten befand sich der König, der Kapitän Cook seine Gegengeschenke überbringen wollte. Es waren allerlei Lebensmittel, ein Schwein, einige Fische und eine Menge von Körben mit Brotfrucht und Bananen. Dies alles wurde eins nach dem anderen aufs Schiff gereicht. Kapitän Cook stand an Bord und bat seine Majestät heraufzukommen. Diese blieben aber unverrückbar sitzen, bis der Kapitän sich der tahitischen Etikette gemäß in eine unglaubliche Menge des tahitischen Zeuges hatte einkleiden lassen und auf diese Art zu einer ungeheuer dicken Figur geworden war. Sobald dieser Teil der Zeremonie erledigt war, wagte O-Tu sich aufs Achterdeck und umarmte den Kapitän. Weil das Deck von den Verwandten des Königs überall gedrängt voll war, so bat man ihn, in die Kajüte zu kommen, allein auf einer Treppe hinabzusteigen, das dünkte ihn wohl zu gefährlich. Er schickte also seinen Bruder, einen Jüngling von sechzehn Jahren, voraus. Diesem gefiel die Kajüte, und er stattete davon einen so vorteilhaften Bericht ab, daß der König sich nun auch hinunterwagte. Hier überreichte man ihm von neuem allerlei kostbare Geschenke. Das hohe Gefolge drängte nun dermaßen in die Kajüte, daß wir uns kaum darin rühren konnten. Kapitän Cook war hierbei am übelsten dran, denn ihm war unter dem tahitischen Zeremonienkleid ohnehin schon zu warm. Unterdessen war auch Kapitän Furneaux an Bord gekommen, und wir setzten uns zum Frühstück nieder. Der König staunte uns nicht wenig an, daß wir heißes Wasser (Tee) tranken und Brotfrucht mit Öl (Butter) aßen. Er selbst war nicht zum Essen zu bewegen, einige von seinem Gefolge hingegen aßen und tranken nach Herzenslust, was ihnen vorgesetzt wurde.

Nach dem Frühstück fiel O-Tu meines Vaters schwarzer Pudel in die Augen, der sonst ganz leidlich, jetzt aber ziemlich schmutzig aussah, denn er war von Pech und Teer recht matrosenmäßig besudelt. Trotzdem wünschten Se. Majestät ihn zu besitzen und taten auch keine Fehlbitte. Hocherfreut darüber beorderten sie auch gleich einen Kammerherrn, den Hund in Verwahrung zu nehmen, und ließen ihn sich auch nachher überall nachtragen. Es währte nicht lange, so äußerte er gegenüber Kapitän Cook, daß er wieder an Land zu sein wünsche, und ging mit seinem ganzen Gefolge wieder an Deck. Kapitän Furneaux schenkte ihm hier noch einen Bock und eine Ziege, die er in dieser Absicht von seinem Schiff mitgebracht hatte. Es kostete uns wenig Mühe, dem König die Nutzbarkeit dieser Tiere begreiflich zu machen, denn er versprach sogleich, sie nicht schlachten und die Jungen aufziehen zu wollen. Die Pinasse war nun fertig und ging nach O-Parre ab, wo Se. Majestät damals residierten. Auf der Überfahrt war O-Tu ungemein vergnügt, tat mancherlei Fragen und schien seine Furcht abgelegt zu haben. Das ganze Ufer war von Insulanern bedeckt, die ihren König mit lautem Freudengeschrei empfingen. Unter dem Haufen befand sich auch Tutahas Mutter, eine ehrwürdige, graue Matrone, die dem Kapitän entgegenlief und ihn als den Freund ihres Sohnes umarmte.

Abends erlebten wir einen Auftritt, der uns neu und sonderbar, denen aber etwas Bekanntes war, die schon zuvor auf Tahiti gewesen waren. Unsere Matrosen hatten nämlich eine Menge Weibsleute von niedrigstem Stand aufs Schiff eingeladen, die nicht nur sehr bereitwillig gekommen waren, sondern auch nach Untergang der Sonne an Bord blieben. Wir wußten zwar schon von unserem vorigen Ankerplatz her, wie feil die tahitischen Mädchen sind, doch hatten sie dort ihre Ausschweifungen nur bei Tage getrieben, des Nachts hingegen nie gewagt, auf dem Schiffe zu bleiben. Hier aber, zu Matavai, hatte man den englischen Seemann schon besser ausstudiert, und die Mädchen mußten wissen, daß man sich ihm anvertrauen könne, ja, daß dies die herrlichste Gelegenheit von der Welt sei, ihm an Korallen, Nägeln, Beilen oder Hemden alles abzulocken. Es ging also heute abend zwischen den Decks so ausschweifend zu, als ob wir nicht zu Tahiti, sondern zu Spithead vor Anker gelegen hätten. Ehe es ganz dunkel wurde, versammelten sich die Mädchen auf dem Vorderdeck. Eine von ihnen blies die Nasenflöte, die übrigen tanzten allerlei Tänze, worunter verschiedene waren, die mit unseren Begriffen von Zucht und Ehrbarkeit nicht sonderlich übereinstimmten. Wenn man aber bedenkt, daß ein großer Teil dessen, was nach unseren Gebräuchen tadelnswert zu nennen wäre, hier wegen der Einfachheit der Erziehung und Tracht wirklich für unschuldig gelten kann, so sind die tahitischen Buhlerinnen im Grunde weniger frech und ausschweifend als die gesitteteren in Europa. Sobald es dunkel wurde, verloren sie sich zwischen den Verdecken, und konnten ihnen ihre Liebhaber frisches Schweinefleisch vorsetzen, so aßen sie davon ohne Maß und Ziel, obgleich sie vorher in Gegenwart ihrer Landsleute nichts hatten anrühren wollen, einer hier eingeführten Gewohnheit zufolge, wonach Manns- und Frauenspersonen nicht miteinander speisen dürfen. Es war erstaunlich, was für eine Menge Fleisch diese Mädchen verschlingen konnten, und ihre Gier dünkte uns ein deutlicher Beweis, daß ihnen dergleichen zu Hause selten oder niemals vorkommen mochte. Die zärtliche Wehmut von Tutahahs Mutter, die Gutherzigkeit unseres Freundes O-Wahau und die vorteilhaften Begriffe von den Tahitiern überhaupt waren in so frischem Andenken bei uns, daß der Anblick dieser Kreaturen um so auffallender sein mußte, die alle Pflichten gesellschaftlichen Lebens hintansetzten und sich lediglich viehischen Trieben überließen. Die menschliche Natur muß freilich sehr unvollkommen sein, daß eine sonst so gute und glückliche Nation zu solcher Verderbnis und Sittenlosigkeit hat herabsinken können.

Am folgenden Morgen sandte Kapitän Cook den Leutnant Pikkersgill nach dem südwestlichen Teil der Insel, um frische Lebensmittel, besonders aber einige Schweine einzukaufen. Wir unseresteils blieben den ganzen Tag an Bord, um die eingesammelten Pflanzen zu beschreiben. Abends um 10 Uhr entstand auf dem Strand ein gewaltiger Lärm. Die Kapitäne vermuteten sofort, daß dies von unseren Leuten herrühren müsse, und sandten einige Boote dorthin, die denn auch die Täter bald an Bord brachten. Es waren verschiedene Seesoldaten und ein Matrose, die sich von dem befehlshabenden Offizier bei den Zelten die Erlaubnis erbeten hatten, spazieren zu gehen, aber über die Zeit geblieben waren und einen Insulaner verprügelt hatten. Der Kapitän ließ sie sogleich in Ketten legen, weil es wichtig war, ihr Vergehen exemplarisch zu strafen, um mit den Eingeborenen in gutem Einvernehmen zu bleiben.

O-Tu hatte versprochen, am nächsten Morgen mit seinem Vater an Bord zu kommen, dieser Lärm aber, wovon er sogleich Nachricht erhalten hatte, machte ihn mißtrauisch gegen uns. Er schickte also E-Ti, einen seiner vornehmsten Hofbedienten, als Boten ab, um sich wegen seines Wegbleibens entschuldigen zu lassen. Ehe dieser aber ans Schiff kam, waren Dr. Sparman und ich nach dem Lande gegangen, und zwar dorthin, wo gestern abend der Lärm gewesen war. Der alte O-Whaa kam uns am Strande entgegen und gab uns sein Mißvergnügen über den gestrigen Vorfall zu erkennen. Wir versicherten ihm, daß es uns nicht minder unangenehm sei, daß aber die Verbrecher schon in Eisen gelegt seien und streng bestraft würden, und dies stellte ihn völlig zufrieden.

Wir baten O-Whaa, uns jemanden mitzugeben, dem wir unsere Geräte anvertrauen könnten. Er wählte einen starken, tüchtigen Kerl aus, dem auch gleich ein Sack für die Pflanzen und einige Körbe mit tahitischen Äpfeln eingehändigt wurden, die wir soeben erhandelt hatten. Nun wanderten wir mit unserem Begleiter über One-Tree-Hill weg und gelangten in eins der vorderen Täler von O-Parre. Hier war uns das Glück hold, und wir machten eine botanische Entdekkung. Wir fanden nämlich einen Baum, der das prächtigste Aussehen von der Welt hatte. Er prangte mit einer Menge schöner Blüten, die so weiß wie Lilien, aber größer und mit einer Menge Staubfäden versehen waren, die an den Spitzen eine karmesinrote Farbe hatten. Es waren ihrer bereits so viele abgefallen, daß der ganze Boden voll davon lag. Diesen schönen Baum nannten wir Barringtonia, in der Landessprache aber heißt er Huddu, und die Einwohner versicherten uns, daß die nußartige Frucht, wenn sie zerstoßen und mit dem Fleisch von Muscheln vermischt ins Meer geworfen wird, die Fische auf einige Zeit betäubt, so daß sie an die Oberfläche kommen und sich mit den Händen fangen lassen. Wir waren über unsere botanischen Funde viel zu sehr erfreut, als daß wir mit der näheren Untersuchung bis zur Rückkehr aufs Schiff hätten warten können. Wir sprachen in einem hübschen Hause vor, um welches wohlriechende Stauden und einige Kokosbäume gepflanzt waren. Der Eigentümer ließ gleich bei unserem Eintritt einen Knaben auf eine der höchsten

Palmen steigen, um Nüsse für uns zu holen, und der junge Bursche richtete seinen Auftrag mit bewunderungswürdiger Geschicklichkeit aus. Er befestigte nämlich ein Stück von der zähen Pisangrinde an beiden Füßen. Es war so lang, daß es gerade rings um den Baum reichte, und es diente ihm als fester Punkt oder Tritt, während er sich mit den Händen höher hob. Der Stamm der Palme, die alle Jahre einen dicken Ring ansetzt, erleichterte zwar diese Art des Aufsteigens, doch blieb die Geschicklichkeit, mit der er dazu zu Werke ging, sehr bewundernswert.

Von hier aus gingen wir das Tal weiter hinauf. Zur Linken war es von einem Berg begrenzt, den wir, so steil er auch war, zu besteigen gedachten. Es wurde uns aber herzlich sauer, und unser tahitischer Begleiter lachte uns aus, daß wir alle Augenblicke niedersitzen mußten. Wir hörten, wie er hinter uns mit offenem Munde sehr stark schnaubte. Wir versuchten also nachzumachen, was ihn vermutlich die Natur gelehrt hatte, und fanden diese Methode auch wirklich besser als das öftere kurze Atemholen. Endlich erreichten wir den Gipfel des Berges. Die Aussicht war vortrefflich, wir sahen tief auf die Ebene von Matavai hinab, die alle ihre Reize gleichsam zu unseren Füßen ausbreitete. Davor lag die Bai mit den Schiffen, von einer Menge Kanus bedeckt und von dem Riff eingeschlossen, das Tahiti umgibt. In einer Entfernung von etwa sechs Seemeilen erblickte man die niedrige Insel Tetiaroa. Sie besteht aus einem kleinen Ring von Felsen, die mit einigen Palmen besetzt sind. Die Insel wurde nur hin und wieder besucht, und es kamen soeben zwei Kanus mit aufgesetzten Segeln von dort zurück. Der Tahitier sagte, sie würden vermutlich auf Fischfang aus gewesen sein, der in dem dortigen geschlossenen See recht ergiebig sei.

Nachdem wir uns ein wenig ausgeruht hatten, ging es auf die im Innern der Insel gelegenen Berge, wo wir manche neue Pflanze zu finden hofften. Wir wurden indessen bald das Gegenteil gewahr, es waren nämlich von hier aus eine Menge dürrer Berge und Täler zu passieren, die uns keine Hoffnung ließen, heute noch dorthin zu kommen. Wir gedachten deshalb, die Nacht hier zuzubringen, allein das war keineswegs ratsam, weil wir nicht wußten, wann unsere Schiffe abgehen würden. Überdies sagte unser Begleiter, wir würden unterwegs weder Menschen, noch Wohnungen finden und daher besser nach Matavai zurückkehren, wohin man auf einem schmalen Fußsteig geradenwegs hinabkommen könne. Wir folgten also seinem Rat, fanden aber das Heruntersteigen gefährlicher als das Heraufsteigen, strauchelten alle Augenblicke, und an manchen Stellen mußten wir uns gar niedersetzen und hinabrutschen. Als wir ungefähr halb herunter waren, rief er einigen Leuten im Tal zu, und es währte nicht lange, so sahen wir einige davon geschwind den Berg heraufkommen, und in weniger als einer halben Stunde waren sie bei uns. Sie brachten frische Kokosnüsse mit, die uns ungleich besser schmeckten als irgendeine, die wir je gekostet hatten. Wir machten uns wieder auf den Weg und gingen mit neuen Kräften vollends nach dem Tal hinab. Mittlerweile kam ein gut aussehender Mann mit seiner Tochter, einem Mädchen von sechzehn Jahren, herbei und bat uns, in seinem Hause eine Mahlzeit einzunehmen. Wir wollten solche Höflichkeit nicht verschmähen und folgten ihm. Der Weg ging etwa zwei Meilen weit an den herrlichen Ufern des Matavai-Flusses entlang, durch schöne Pflanzungen von Kokos-, Brotfrucht-, Apfel- und Maulbeerbäumen, die mit Feldern von Pisang und Arumwurzeln abwechselten. Endlich kamen wir bei dem Hause unseres Wirtes an, und die Anstalten zur Mahlzeit waren bald gemacht. In einer Ecke des Hauses breitete man eine Matte aus, und die Verwandten unseres Freundes setzten sich um uns her. Seine Tochter sowohl als ihre Gespielinnen ließen es an nichts fehlen, sich beliebt zu machen. Das wirksamste Mittel, das sie außer ihrem Lächeln anwandten, um unsere Müdigkeit zu vertreiben, bestand darin, daß sie uns mit ihren weichen Händen die Arme und die Schenkel gelinde rieben und dabei die Muskeln zwischen ihren Fingern sanft zusammendrückten. Diese Behandlung bekam uns vortrefflich. Wir spürten nach kurzer Zeit nicht mehr die geringste Ermüdung, hatten nun keine Ursache mehr, über Mangel an Appetit zu klagen, und sobald das Essen aufgetragen wurde, fielen wir herzhaft darüber her. Nachdem wir wohl zwei Stunden bei der gastfreien Familie zugebracht hatten, beschenkten wir sie so reichlich, als es unser Vorrat an Korallen, Nägeln und Messern zulassen wollte, und schieden alsdann gegen drei Uhr von ihnen.

Auf dem Rückwege kamen wir an vielen Häusern vorüber, deren Bewohner sich truppweise im Schatten ihrer Fruchtbäume hingelagert hatten und den schönen Nachmittag gemeinschaftlich genossen. Wir verabschiedeten und belohnten unseren treuen Gefährten, der uns mit größerer Treue und Redlichkeit gedient hatte, als man bei der herrschenden Neigung des Volkes hätte erwarten sollen. Sein Betragen war um so verdienstlicher, da er mehr als einmal Gelegenheit gehabt hatte, mit allen unseren Nägeln und Flinten auf und davon zu laufen. Für ein paar Korallen ließen wir uns dann nach dem Schiff übersetzen.

Der Kapitän und mein Vater, die einen Ausflug nach Westen unternommen hatten, waren eben erst wieder an Bord zurückgelangt. Sie erzählten uns, daß E-Ti als Gesandter des Königs zu ihnen gekommen sei und dem Kapitän ein Schwein und Früchte zum Geschenk gemacht, dabei aber gemeldet habe, daß O-Tu des gestrigen Vorfalls wegen »matau«, das heißt in Furcht gesetzt und zugleich übel auf uns zu sprechen sei. Um ihn nun zu überzeugen, daß wir selbst die Ausschweifungen unserer Leute nicht guthießen, wurden die Verbrecher an Deck gebracht und bekamen in seiner Gegenwart zum Schrecken aller anwesenden Tahitier ein jeder zwölf Streiche. Nach dieser Exekution ließ Kapitän Cook drei Schafe, die von den am Kap eingekauften noch übrig waren, ins Boot schaffen und ging in Begleitung des Kapitäns Furneaux und meines Vaters an Land, um das Vertrauen des Königs zurückzugewinnen. Als sie nach O-Parre kamen, sagte man ihnen, der König sei von hier nach Westen aufgebrochen. Sie folgten ihm also vier bis fünf Meilen weiter und landeten in einem Distrikt, Tittahah genannt, wo sie einige Stunden auf ihn warten mußten. Aus Furcht vor uns hatte er sich wirklich in aller Eile neun Meilen weit von der Matavai-Bai entfernt. Es wurde drei Uhr nachmittags, ehe er mit seiner Mutter bei den Kapitänen ankam, er voll Furcht und Mißtrauen, sie mit Tränen in den Augen. Sobald ihm aber E-Ti Bericht erstattet hatte, daß die Verbrecher in seiner Gegenwart bestraft worden seien, wurde er ruhiger, und der Anblick einer neuen Art von Tieren, die ihm Kapitän Cook schenkte, stellte das gute Einvernehmen bald wieder her. Auf Seiner Majestät Verlangen mußte nun auch wieder der Bergschotte auf seinem Dudelsack spielen, und die geringe Kunst dieses Virtuosen war hier so wirksam wie Davids Harfe, deren harmonischere Töne Sauls Schwermut zu vertreiben pflegten. Die gute Wirkung der

Musik zeigte sich bald. Der König ließ ein Schwein kommen und schenkte es Kapitän Cook. Bald darauf ließ er noch ein zweites für Kapitän Furneaux bringen. Da die Herren bald von der Insel abzusegeln gedachten und daher glaubten, dies sei die letzte Gelegenheit, von Seiner Majestät Geschenke zu erhalten, verlangten sie, daß er auch für meinen Vater eins hergeben möchte. Dies geschah, es war aber nur ein kleines Ferkel. Als unsere Leute darüber einiges Mißvergnügen zu erkennen gaben, trat einer von des Königs Verwandten aus dem Gedränge hervor, redete den König mit lauter Stimme an und zeigte bald auf unsere Leute, bald auf die erhaltenen Schafe und bald auf das kleine Ferkel. Kaum hatte der Redner zu sprechen aufgehört, als letzteres wieder weggenommen und an dessen Stelle ein großes Schwein herbeigebracht wurde. Man belohnte diese Freigebigkeit mit allerhand Eisengeräten und anderen Kleinigkeiten. Die Insulaner erwiderten dies durch mancherlei »Ahau!« und Stücke von tahitischem Zeug, in die sie unsere Leute einkleideten, worauf diese sich vom Hofe beurlaubten und gegen fünf Uhr auf die Schiffe zurückkamen.

Da der Kapitän am folgenden Tag die Insel gänzlich zu verlassen gedachte, wurden Vorkehrungen zur Abreise gemacht. Die Insulaner, die diese Zurüstungen von ehemals her kannten, kamen zu guter Letzt haufenweise mit Fischen, Muscheln, Früchten und Zeug herbei und wurden alles los. Der Leutnant Pickersgill, der zwei Tage vom Schiffe abwesend war, kam gegen drei Uhr nachmittags zurück. Er war noch jenseits der fruchtbaren Ebenen von Paparra gewesen, wo O-Ammo, der ehemals als König über ganz Tahiti geherrscht hatte, mit seinem Sohn, dem jungen T'Eri Derre, sich aufhielt. Die erste Nacht hatte er an der Grenze eines kleinen Distrikts zugebracht, der gegenwärtig der bekannten Königin O-Purea (Oberea) gehörte. Sobald ihr die Nachricht von seiner Ankunft war überbracht worden, kam sie und begrüßte ihn als einen ihrer alten Bekannten. Indessen hatte sie sich nicht lange nach des Kapitäns Wallis Abreise von ihrem Gemahl getrennt und war nun von jener Größe, die ihren Namen ehemals so berühmt gemacht hatte, gänzlich herabgesunken. Hieran waren vornehmlich die inneren Kriege zwischen den beiden Halbinseln schuld, denn durch sie war der ganze Distrikt Paparra in gänzlichen Verfall geraten. Sie klagte dem

Leutnant, daß sie »tihtih« (arm) sei und ihren Freunden, den Europäern, nicht einmal ein Schwein schenken könne. Da auf solche Weise von ihr nichts zu erwarten war, ging er am folgenden Morgen nach Paparra zurück und besuchte dort den vorigen Gemahl der O-Purea, namens Ammo, der seitdem eines der hübschesten jungen Mädchen im Lande genommen hatte, selber aber alt und untätig geworden war. Seine Schöne schenkte unseren Leuten ein Schwein und gesellte sich nebst einigen ihrer Bedienten zu ihnen, fuhr auch den ganzen Tag über mit in unserem Boot, während ihr eigenes Boot nebenher lief, um sie zurückzubringen. Mit dieser ihrer Begleiterin landeten sie endlich in Attahuru, wo ein angesehener Befehlshaber, namens Potatau, sie gut aufnahm und die zweite Nacht über in seinem Haus beherbergte. Auch dieser hatte sich von seiner Frau geschieden und eine jüngere genommen, während jene sich ebenfalls einen neuen Liebhaber zugelegt hatte, doch lebten beide Teile friedlich unter einem Dache.

Am folgenden Morgen ließ Potatau verlauten, daß er den Leutnant gern begleiten würde, um Kapitän Cook zu besuchen, wenn er nur gewiß wäre, gut aufgenommen zu werden. Das konnte Leutnant Pickersgill ihm ganz gewiß versprechen, und er machte sich in Begleitung seiner Gemahlinnen und einiger Bedienten, die ein paar Schweine und eine Menge Zeug mitnehmen mußten, auf den Weg nach dem Boot. Kaum war er aber unter einem großen Volksgedränge bis ans Ufer gekommen, als ihn die Leute insgesamt baten, sich nicht unter uns zu wagen. Einige fielen ihm sogar zu Füßen und umfaßten seine Knie, um ihn zurückzuhalten. Verschiedene Frauen schrien weinend, Tute werde ihn umbringen, und ein alter Mann zog ihn an den Kleidern zurück. Potatau war gerührt, ermannte sich aber bald wieder, stieß den Alten zurück und rief mit entschlossener Stimme: »Tute aipa matte te tayo!« (Cook wird seinen Freund nicht umbringen!) Mit diesen Worten sprang er ins Boot.

Sobald er bei uns auf dem Schiffe war, eilte er nebst seiner Gemahlin, desgleichen mit seiner vorigen Gemahlin und deren Liebhaber in die Kajüte hinab, um Kapitän Cook seine Geschenke zu überbringen. Potatau war einer der größten Männer, die wir auf der Insel gesehen. Der ganze Körper dieses Mannes war ungemein ansehnlich und stark von Gliedern. Sein Schenkel war zum Beispiel so dick wie unser stärkster Matrose am Leibe. Seine weitläufige Kleidung und sein weißer Turban schickten sich sehr gut zu dieser Figur, und sein edles Betragen gefiel uns, besonders im Vergleich zu O-Tus mißtrauischem Wesen, über die Maßen. Polatehera, seine erste Gemahlin, war ihm an Größe und Korpulenz ähnlich. Ihr Anblick und ihr Betragen waren ungemein männlich, und der Begriff von Gewalt und Herrschaft schien in ihrer Gestalt personifiziert zu sein. Als das Schiff »Endeavour« hier vor Anker lag, nannte sie sich Kapitän Cooks Schwester, und als man sie eines Tages nicht in das Fort auf Point Venus hineinlassen wollte, schlug sie die Schildwache zu Boden und beklagte sich bei ihrem adoptierten Bruder über die schimpfliche Behandlung, die ihr widerfahren sei. Als sie erfuhren, daß wir alsbald unter Segel gehen wollten, fragten sie uns mit Tränen in den Augen, ob wir jemals wieder nach Tahiti kommen würden. Kapitän Cook versprach, in sieben Monaten wieder hier zu sein. Dies stellte sie völlig zufrieden, sie verabschiedeten sich ganz gelassen und fuhren in ihren Booten nach ihrem Wohnsitz zurück.

Mittlerweile kam ein junger Tahitier von geringem Stande, der ungefähr siebzehn Jahre alt war, mit seinem Vater ans Schiff. Er hatte schon vor einigen Tagen dem Kapitän gesagt, daß er mitgehen wolle »no te whennua tei bretane« – nach dem Lande Britannien. Seine ganze Ausrüstung bestand aus einem Stück Zeug, das um die Hüften geschürzt war, und in diesem hilfsbedürftigen Zustande überließ er sich unserer Fürsorge gänzlich unbesorgt. Der Kapitän gab dem Vater ein Beil und einige andere Sachen von geringem Wert, worauf er gefaßt und ruhig wieder in sein Boot stieg, ohne bei der Trennung von seinem Sohn die geringste Betrübnis zu zeigen. Kaum waren wir aber zum Riff hinaus, als ein Kanu mit zwei oder drei Insulanern nachkam, die den Burschen im Namen des Königs O-Tu zurückforderten und einige Stücke Zeug im Boot hatten, die sie dem Kapitän zurückgeben sollten. Da sie aber das Eisengerät, das für den armen Schelm gegeben worden war, nicht vorzeigen konnten, mußten sie unverrichteterdinge wieder abziehen. Der Bursche, dessen Name Porea war, sprach vom Hinterteil des Schiffes aus lange mit ihnen und sie ließen es an nichts fehlen, ihn von seinem Vorhaben abzubringen, sie prophezeiten ihm den Tod, aber alle Drohungen machten ihn nicht wankend. Als aber das Kanu nach der Insel zurückkehrte, konnte er sich doch nicht enthalten, seinen Landsleuten lange nachzuschauen, und endlich wurde er so wehmütig, daß er sich durch einen Strom von Tränen Luft schaffen mußte. Um diese traurige Stimmung zu unterbrechen, ließen wir ihn in die Kajüte kommen, wo er uns vorjammerte, daß er nun gewiß sterben müsse, Kapitän Cook und mein Vater trösteten ihn und versprachen ihm, daß sie Vaters Stelle an ihm vertreten wollten. Darauf fiel er ihnen um den Hals und geriet mit einem Male aus der äußersten Verzweiflung in einen hohen Grad von Freude und Lustigkeit. Beim Untergang der Sonne aß er sein Abendbrot und legte sich alsdann auf dem Boden der Kajüte nieder.

Der Wind, mit dem wir absegelten, war so schwach, daß wir die Inseln den ganzen Abend noch in Sicht behielten und die überschwenglich schöne Aussicht vor uns hatten, die selbst in dieser Winterjahreszeit den schönsten Landschaften der Welt zur Seite gesetzt werden kann. Der fruchtbare Boden und das wohltätige Klima bringen so vielerlei Arten nahrhafter Gewächse hervor, daß die Bewohner auf eine sorgenfreie Glückseligkeit rechnen können, und insofern es nirgends unter dem Mond etwas Vollkommenes gibt, dürften schwerlich mehrere Völker der Erde sich einer so erwünschten Lage rühmen. Da nun alle Lebensmittel leicht zu haben und die Bedürfnisse dieses Volkes sehr bescheiden sind, ist natürlicherweise auch der Endzweck unseres Daseins, die Hervorbringung vernünftiger Kreaturen, hier nicht mit so vielen drückenden Lasten überhäuft und beschwert wie in zivilisierten Ländern, wo Not und Kummer den Ehestand oft so mühselig und sauer machen. Die guten Leute folgen hier dem Trieb der Natur ganz ungehindert, und daraus entsteht eine Bevölkerung, die im Verhältnis zu dem angebauten Teil der Insel sehr groß ist. Bis jetzt sind nur die Ebenen und die Täler bewohnt, obschon der Beschaffenheit des Erdreichs nach auch viele Berge bebaut werden und noch eine ungeheure Menge von Einwohnern ernähren könnten.

Das Volk lebt in einer Verfassung, die sich mit dem alten europäischen Feudalsystem vergleichen läßt. Es steht unter einem allgemeinen Oberherrn und ist in die drei Klassen von Erihs, Manahaunas und Tautaus geteilt. Unerachtet zwischen diesen drei Klassen ein wesentlicher Unterschied besteht, wird die Glückseligkeit des Volkes dadurch im ganzen genommen weniger beeinträchtigt, als man glauben sollte, denn die Lebensart der Nation ist überhaupt zu einfach, als daß die Verschiedenheit des Standes einen merklichen Unterschied zulassen könnte. Zwar sind hier fast ausnahmslos die Vornehmeren im Besitz von Schweinen, Fischen, Hühnern und Kleidungsstoffen, allein der unbefriedigte Wunsch, den Geschmack mit ein paar Leckerbissen zu kitzeln, kann höchstens einzelne Menschen, nicht aber ganze Nationen unglücklich machen. Dies kann nur gänzlicher Mangel an den unentbehrlichen Notwendigkeiten, und gerade dieser pflegt in zivilisierten Staaten das Los des gemeinen Mannes und eine Folge der Üppigkeit der Großen zu sein. Zu Tahiti hingegen ist zwischen dem Höchsten und dem Niedrigsten im ganzen genommen nicht einmal ein solcher Unterschied, wie sich in England zwischen der Lebensart eines Handwerkers und eines Tagelöhners findet.

Das gemeine Volk auf Tahiti zeigte bei allen Gelegenheiten gegen die Vornehmeren der Nation so viel Liebe, daß es scheint, als sähen sie sich insgesamt nur für eine einzige Familie und die Befehlshaber gleichsam nur als ihre älteren Brüder an, denen nach dem Recht der Erstgeburt Vorzug gebührt.

Der geringste Mann kann so frei mit dem König sprechen wie mit seinesgleichen und ihn so oft sehen, wie er will. Dies würde schon manchen Schwierigkeiten unterworfen sein, sobald der Despotismus Grund fassen sollte. Auch beschäftigt sich der König zur Zeit auf die gleiche Art wie seine Untertanen, noch unverdorben von den falschen Begriffen eitler Ehre und leerer Vorrechte, rechnet er es sich keineswegs zur Schande, in seinem Kanu selbst Hand ans Ruder zu legen. Wie lange aber diese glückliche Gleichheit noch dauern wird, kann man wohl nicht bestimmen, doch scheint die Faulheit der Vornehmen ihr eben nicht die längste Dauer zu versprechen.

Vorderhand ist zwar die Feld- und Landarbeit den Tautaus, die sie verrichten müssen, noch nicht lästig, aber da die gänzlich arbeitslosen Vornehmen sich in einem stärkeren Verhältnis vermehren müssen als jene, so wird die dienstbare Klasse künftig immer mehr mit Arbeit beschwert werden und von dem Übermaß allerhand üble

Folgen zu gewärtigen haben. Das gemeine Volk wird davon ungestalt und kraftlos werden, die Notwendigkeit, mehr in der brennenden Sonne zu sein, wird ihre Haut schwärzen, und sie werden durch die häufigen und frühen Ausschweifungen ihrer Töchter mit den Großen des Landes endlich zu kleinen, zwergigen Gestalten ausarten, während jene vornehmen Müßiggänger die Vorzüge einer großen Leibesgestalt, einer schönen Bildung und einer hellen Hautfarbe ausschließlich beibehalten werden, weil sie allein ihrem gefräßigen Appetit ohne Einschränkung folgen und stets in sorgloser Untätigkeit leben können. Endlich wird das gemeine Volk diesen Druck empfinden und der Ursachen gewahr werden, alsdann aber wird auch das Gefühl der gekränkten Rechte der Menschheit in ihnen erwachen und eine Revolution veranlassen. Dies ist der gewöhnliche Kreislauf aller Staaten. Vorderhand steht freilich für Tahiti noch lange keine solche Veränderung zu befürchten, ob aber die Einführung des fremden Luxus die Ankunft dieser unglücklichen Periode nicht beschleunigen werde, das muß man den Europäern zur ernstlichen Erwägung anheimstellen. Wahrlich, wenn die Wissenschaft und Gelehrsamkeit einzelner Menschen auf Kosten der Glückseligkeit ganzer Nationen erkauft werden muß, so würde es für die Entdecker und Entdeckten besser sein, wenn die Südsee den unruhigen Europäern ewig unbekannt geblieben wäre.

10. Kapitel

Nachricht von unserem Aufenthalt auf den Gesellschafts-Inseln

Der Wind, mit dem wir von Tahiti segelten, wurde nach Sonnenuntergang frischer und beschleunigte unsere Entfernung von dieser glücklichen Insel, die wir jedoch beim Mondenlicht immer noch sehen konnten. Am folgenden Tage, den 2. September, erblickten wir die Insel Huaheine, die ungefähr 31 Seemeilen von Tahiti entfernt liegt und von Kapitän Cook am 11. Juli 1769 entdeckt wurde. Viele unserer Leute empfanden nun schon die Folgen ihres liederlichen Umgangs mit den Frauenspersonen in Matavai-Bai, doch hatten alle die Krankheit in einem gelinden und gutartigen Grade. Man hat darüber gestritten, ob dies Übel durch französische oder englische Seefahrer nach Tahiti gebracht worden sei, ohne daran zu denken, daß noch ein dritter Fall möglich sei. Warum sollte man nicht annehmen dürfen, daß diese Krankheit bereits auf der Insel vorhanden war, ehe irgendein Europäer dorthin kam? Der Umstand, daß keiner von Kapitän Wallis' Leuten hier angesteckt worden ist, ist dieser Hypothese wenigstens nicht entgegen. Es kann ja leicht gewesen sein, daß die Insulaner alle mit der Seuche behafteten Weibspersonen damals von den Europäern ferngehalten haben, weil sie den Zorn der mächtigen Fremdlinge auf sich zu laden fürchteten. Wir hörten zwar von einer anderen Krankheit, die sie O-päh-no-Peppe (das Geschwür von Peppe) nannten und vorgaben, daß ihnen solches von dem Schiffe zugeführt worden sei, das einige Monate hier vor Anker gelegen hatte. Aber nach der Beschreibung der Symptome zu urteilen, war diese Krankheit wohl nichts anderes als eine Art von Aussatz, und an der Ausbreitung können die Spanier ganz unschuldig sein. Dies ist um so wahrscheinlicher, da die Insulaner ohnedies mit verschiedenen Arten von Ausschlag behaftet sind. Man findet nämlich die Elephantiasis, desgleichen einen Aussatz, der die ganze Haut bedeckt und endlich ein ungeheures, faulendes Geschwür, das abscheulich anzusehen ist. Doch sind alle diese Gattungen ungemein selten anzutreffen, welches ohne Zweifel dem trefflichen Klima und der einfachen Kost dieser Insulaner zuzuschreiben ist.

Bei Untergang der Sonne legten wir zwei Seemeilen von Huaheine bei, gingen am folgenden Morgen um 4 Uhr um das Nordende der Insel herum und steuerten dann dem Hafen O-Wharre zu. Huaheine wird durch einen tiefen Seearm in zwei Halbinseln geteilt, die vermittels einer niedrigen Landenge zusammenhängen, die zur Flutzeit gänzlich unter Wasser steht. Die Berge sind nicht so hoch wie auf Tahiti und scheinen ehemals Vulkane gewesen zu sein. Der Gipfel des höchsten war wie der Schlund eines feuerspeienden Berges geformt, und an einer Seite gab es einen schwarzen Felsen, der wie Lava aussah. Bei Aufgang der Sonne erblickten wir noch andere zu den Societäts-Inseln gehörige Eilande, wie Raiatea, Tahaa und Borabora. Letzteres besteht wie Maitea aus einem einzigen hohen Berge. Die Spitze dieses Berges hat ebenfalls die Form eines vulkanischen Schlundes. Es gibt zwei Einfahrten in den Hafen O-Wharre, in deren südliche wir einzulaufen gedachten, und da uns ein starker Wind vom Lande her entgegen blies, hatten unsere Seeleute Gelegenheit, ihre Kunst zu beweisen. Unser Schiffsvolk machte in der engen und gefährlichen Durchfahrt mit bewunderungswürdiger Geschicklichkeit sechs bis sieben Schläge, deren jeder nur zwei oder drei Minuten dauerte. Wir waren noch nicht ganz hindurch, als die »Adventure«, die hinter uns segelte, beim Wendem einem Riff zu nahe kam und mit der Seite an dem Korallenfelsen sitzen blieb. Wir hatten in diesem Augenblick alle Hände voll zu tun, um unser eigenes Schiff durchzubringen, und konnten also nicht gleich Hilfe leisten. Sobald wir aber vor Anker lagen, schickten wir unsere Boote hin und ließen sie in den Hafen bugsieren. Sie hatte keinen Schaden erlitten, sondern war so gut davongekommen wie unser Schiff bei Teiarrabu.

Außerhalb des Riffs kam uns nicht ein einziges Kanu entgegen, wir waren aber kaum vor Anker gegangen, als sich verschiedene mit Kokosnüssen, Brotfrüchten und großen Hühnern einfanden. Der Anblick von Hühnern war uns besonders angenehm,· denn zu Tahiti hatten wir nicht ein einziges auftreiben können. Einer von den Insulanern, die zu uns an Bord kamen, hatte einen ungeheuren Hodenbruch, doch mußte dies ihm wohl nicht viel Unbequemlichkeit verursachen, denn er stieg die äußere Schiffsleiter recht schnell auf und ab. Das Volk sprach dieselbe Sprache und war auch so gekleidet wie die Leute auf Tahiti, aber von Frauenspersonen kam nicht eine einzige zum Vorschein. Im Handel gingen sie ehrlich zu Werke, und in kurzer Zeit hatten wir für Nägel und Korallen ein Dutzend großer Hähne mit vortrefflichem Gefieder eingekauft.

Gegen elf Uhr gingen die Kapitäne an Land und nahmen ein Wetterdach in Augenschein, das bis auf die Erde herabreichte, um ein großes Doppelkanu zu schützen, das aufs Trockene gezogen war. Hier stellten sie jemanden zum Handeln an, und dies ging so gut vonstatten, daß wir abends schon zwanzig Schweine und ein Dutzend Hunde eingetauscht hatten. Die Hunde waren das dummste Vieh ihrer Art, wurden aber von den Insulanern von allem Fleisch für das schmackhafteste gehalten. Der Gegend, wo wir landeten, schien es ganz an Pisangs zu fehlen, allein aus einem anderen Distrikt brachten die Bewohner uns etliche Büschel dieser Frucht, folglich müssen sie ihre Obstbäume so zu behandeln wissen, daß die einen früher, die anderen später tragen. Diese späten Früchte können aber nicht in Menge gezogen werden und mögen wohl nur für die Tafeln der Großen bestimmt sein.

Zum Mittagessen kehrten wir an Bord zurück, gingen aber gleich nach Tische wieder an Land und erfuhren bei dieser Gelegenheit, daß die Befehlshaber der Insel am folgenden Tage zum Vorschein kommen würden. Unser tahitischer Reisegefährte Porea ging in einem Leinenrock und in Schifferhosen mit uns an Land. Er trug Kapitän Cooks Pulverhorn und Hagelbeutel und wünschte, daß man ihn hier für einen der Unsrigen ansehen möchte. Er redete nie in seiner Muttersprache, sondern murmelte allerlei unverständliche Töne daher, wodurch sich das hiesige Volk auch wirklich hintergehen ließ. Er wollte auch nicht länger mit seinem tahitischen Namen Porea genannt werden, sondern einen englischen haben. Die Matrosen nannten ihn daher Tom. Er lernte auch bald die gewöhnliche Antwort »Sir!«, die er aber »Dsjorro« aussprach. Vermutlich glaubte er in der Gestalt eines englischen Matrosen mehr zu bedeuten als ein tahitischer Tautau.

Am folgenden Tage begleitete mein Vater die Kapitäne bis zum Nordende des Hafens. Hier landeten sie bei einem nahe am Ufer gelegenen Hause, vor welchem der Befehlshaber Ori unter einer Menge seiner Bedienten im Grase saß. Bei diesem Anblick wollten sie eiligst aus dem Boot steigen, zwei Insulaner aber baten sie, noch sitzen zu bleiben, bis man ihnen einige Pisangstämme zum Zeichen des Friedens überreicht hätte. Ehe dies geschah, brachten die Insulaner zwei kleine Bäume herbei, die von unserer Seite überreicht und dazu mit Nägeln, Spiegeln, Medaillen und anderen Kleinigkeiten behängt werden sollten. Dann trugen sie die Bäumchen vor einem Teil unserer Mannschaft her und überreichten sie dem Ori. Bei der Darreichung des ersten baten sie zu sagen: »No t' Eatua« (für die Gottheit), bei dem zweiten: »Na te tayo O-Tute no Ori!« (vom Freunde Cook an Ori). Dann wurden unseren Leuten fünf Pisangzweige, einer nach dem anderen, überreicht. Der erste wurde nebst einem Schwein mit den Worten »No t' Eri« (von seiten des Königs) überreicht. Der König war T' Eri Taria, ein Kind von sieben oder acht Jahren. Der zweite, ebenfalls mit einem Schwein, war für die Gottheit – »no t' Eatua«, der dritte war »no te Toimoi«, das bedeutete: »Zum Willkommen!«, der vierte, mit einem Hunde, und der letzte, wieder mit einem Schwein, waren »no te tayo Ori no Tute«, von Freund Ori an Cook.

Zum Schluß zog der Mann, der alle diese Dinge gebracht hatte, ein rotes Beutelchen hervor, worin eine Münze und eine Zinnplatte verwahrt wurden, auf der sich folgende Inschrift befand:

His Britannic Majesty's Ship Endeavour. Lieutenant Cook
commander. 16. July 1769. Huahine.

Dies Zeugnis vom ersten Besuch der Insel Huaheine hatte Kapitän Cook ehemals dem Ori ausgehändigt. Sobald der Kapitän alle Sachen in Empfang genommen hatte, stieg er mit seinem Gefolge an Land und umarmte den Ori, der ein alter, magerer, triefäugiger Mann zwischen fünfzig und sechzig Jahren war. Er nahm unsere Leute als gute Bekannte und Freunde auf und schenkte dem Kapitän überdies noch einige große Ballen Zeug. Es währte nicht lange, so fanden sich die Einwohner haufenweise vor dem Hause des Befehlshabers ein und brachten Hühner, Schweine und Hunde in Menge zum Verkauf.

Währenddessen marschierte ich mit Dr. Sparman vom Marktplatz aus über Land nach Oris Wohnhaus. Unterwegs sahen wir viele Schweine, Hunde und Hühner. Letztere liefen frei umher, ebenso die Schweine, die meist von alten Weibern mit gesäuertem

Brotfruchtteig gefüttert wurden. Die Hunde waren trotz ihrer Dummheit bei den Frauenzimmern in hohen Gnaden. Keine europäische Dame hätte die Sorge um ihr Schoßhündchen weiter treiben und sich dabei lächerlicher gebärden können. Unter anderem reichte eine Frau in mittlerem Alter einem jungen Hunde ihre volle Brust hin. Wir konnten uns nicht enthalten, ihr diesen Mißbrauch zu verweisen, allein sie lachte nur dazu und sagte, daß sie sich zuweilen auch von kleinen Ferkeln saugen lasse. Indessen erfuhren wir bei weiterer Nachfrage, daß sie unlängst einen Säugling verloren habe, und folglich hatten wir ihr unrecht getan, denn in dergleichen Fällen ist es ein selbst in Europa erlaubtes Mittel, sich von einem Hunde saugen zu lassen.

Mittlerweile waren wir immer weiter gegen die Nordseite des Hafens gegangen, wo die Matrosen unsere leeren Wasserfässer füllen mußten. Wir trafen eine Menge Insulaner an, die so viele Schweine zum Kauf brachten, daß wir nun einen reichlichen Vorrat hatten. Früchte und Kräuter hingegen waren so selten, daß wir uns mit Yamwurzeln begnügen mußten, die gekocht statt Brot zum Fleisch gegessen wurden. Endlich gelangten wir zu Oris Wohnung und fuhren mit Kapitän Cook und der übrigen Gesellschaft an Bord zurück. Letzterer war im Handel noch glücklicher gewesen als die dazu bestellten Leute, so daß wir vor der Menge der eingekauften Waren kaum Platz im Boot hatten.

Nachmittags gingen wir wieder nach Oris Haus und fanden ihn von einer Menge vornehmer Insulaner umgeben. Wir fanden sie den Tahitiern so ähnlich, daß wir zwischen beiden Völkern keinen Unterschied finden konnten, auch konnten wir nicht absehen, daß die Frauen hier heller an Farbe und schöner als auf den übrigen Inseln wären, wie andere Reisende bemerkt haben wollen. Worin sich aber die hiesigen Frauen von den Tahitierinnen wirklich unterschieden, das war, daß sie nicht so bettelten und mit ihren Gunstbezeigungen nicht so freigebig waren wie jene. Etliche Frauensleute nahmen zwar bei unserer Landung eine unanständige Zeremonie vor, aber es waren nur Angehörige des niedrigsten Volkes.

Ori kam am nächsten Morgen früh mit seinen beiden Söhnen an Bord. Der älteste, ein Knabe von elf Jahren, nahm unsere Geschenke mit Gleichgültigkeit an, dagegen fand er wie alle Insulaner großen

Gefallen am Dudelsack. Bei der früheren Anwesenheit des Kapitäns Cook hatte Ori den Namen Cuki angenommen und ließ sich auch jetzt ständig so nennen. Als dieser vornehme Gast eine Zeitlang an Bord gewesen war, gingen wir mit ihm an Land zurück, um Pflanzen und andere Merkwürdigkeiten zu suchen. Als wir abends wieder zusammentrafen, erzählte uns Dr. Sparman, der ganz allein bis ans nördliche Ende der Insel gegangen war, daß er einen großen Salzsee angetroffen habe. Am folgenden Tage ging er von neuem allein spazieren, während wir mit Kapitän Cook auf dem Marktplatz blieben. Ehe wir es uns versahen, drängte sich ein Insulaner mit Namen Tubai, der in verschiedene Stücke rotes Tuch gekleidet war und einige Bündel Vogelfedern am Gürtel hängen hatte, aus dem Haufen hervor und verbot dem Volk, uns Schweine und Brotfrucht zu verkaufen, gleichzeitig bemächtigte er sich eines Beutels mit Nägeln, den der Schiffsschreiber in der Hand gehalten hatte, als dieser aber um Hilfe rief, ließ er ihn fahren und nahm dagegen einem unserer jüngeren mit Gewalt einen Nagel ab. Kapitän Cook, der schon im Begriff war, sich nach dem Schiffe übersetzen zu lassen, kehrte um und bestand darauf, daß Tubai augenblicklich den Marktplatz verlassen solle, und da dieser keine Lust dazu zeigte, ging er ihm sofort zu Leibe und bemächtigte sich zweier großer Keulen, die jener in Händen hatte. Er sträubte sich zwar, aber sobald der Kapitän den Hirschfänger zog, lief er davon. Die Keulen wurden zerbrochen und in die See geworfen. Die Insulaner fingen an, sich vom Marktplatz zu entfernen, man rief sie aber zurück, und alle gestanden, Tubai sei ein tata-ihno, ein böser Mann.

Kapitän Cook hatte sich nun kaum ins Boot gesetzt, um Seesoldaten vom Schiff zu holen, als der ganze Haufen auf einmal von uns wegrannte. Wir konnten nicht begreifen, was hieran schuld sei, allein das Rätsel klärte sich auf, als Dr. Sparman fast nackt und mit sichtbaren Merkmalen einiger harter Schläge zu uns gelaufen kam. Es hatten sich zwei Insulaner zu ihm gesellt und ihn gebeten, weiter ins Land hinaufzugehen, aber ehe er es sich versah, rissen sie ihm den Hirschfänger, seine einzige Waffe, von der Seite, und als er sich bückte, um nach einem Stein zu greifen, gaben sie ihm einen Schlag über den Kopf, so daß er zu Boden fiel. Nun rissen sie ihm die Weste und andere Kleidungsstücke vom Leibe. Er machte sich zwar wieder los und rannte zum Strand hin, blieb aber im Strauchwerk hängen, worauf sie ihn einholten und mit Schlägen mißhandelten. Dann zogen sie ihm das Hemd über den Kopf, und da es durch die Knöpfe festgehalten wurde, waren sie bereits im Begriff, ihm die Hände abzuhakken, als er zum Glück wieder zu sich kam und die Ärmel mit den Zähnen aufbiß. Dann liefen die Räuber mit ihrer Beute davon. Etwas weiter traf er zwei Insulaner an, die ihn in ihre Kleider hüllten und nach dem Marktplatz begleiteten. Nachdem wir diese rechtschaffenen Leute belohnt hatten, eilten wir alle an Bord, um mit stärkerer Mannschaft zurückzukehren. Dr. Sparman zog andere Kleider an und ging mit uns zu Oris Wohnung, wo wir unsere Klage anbrachten. Der gute Alte war gleich bereit, mit Kapitän Cook gemeinschaftliche Sache zu machen und die Diebe zu suchen, wenngleich dieser Entschluß alle seine Verwandten in Angst und Schrecken versetzte. Mehr als fünfzig anwesende Männer und Weiber fingen bitterlich an zu weinen, als sie sahen, daß er mit uns ins Boot stieg. Mein Vater erbot sich, zu ihrer Beruhigung als Geisel bei ihnen zu bleiben, aber Ori wollte dies nicht zugeben und nahm von allen seinen Verwandten nur einen einzigen mit an Bord.

Wir ruderten nun in eine gegenüberliegende Bucht. Von hier aus marschierten wir tief ins Land hinein, jedoch ohne Erfolg. Wir mußten also unbefriedigt nach dem Schiffe zurückkehren, wohin uns auch Ori begleitete, ohne sich durch die Tränen einer alten Frau und ihrer schönen Tochter davon abhalten zu lassen. Als die Tochter sah, daß ihr Weinen nichts helfen wollte, ergriff sie in einer Art von Verzweiflung etliche Muschelschalen und ritzte sich damit am Kopfe, so daß Blut floß, bis die Mutter sie ihr entriß und uns nach dem Schiff begleitete. Nach Tisch brachten wir Ori nach seinem Hause zurück, wo sich die vornehmsten Familien der Insel versammelt hatten und weinend auf der Erde saßen. Wir setzten uns gerührt zu ihnen und boten unsere ganze tahitische Beredsamkeit auf, sie wieder vergnügt und guten Mutes zu machen. Nun fing der Handel, der durch den Vorfall unterbrochen worden war, wieder von neuem an. Gegen Abend kamen zwei von Oris Boten mit Dr. Sparmans Hirschfänger und einem Stück seiner Weste zurück. Darauf gingen wir wieder an Bord.

Am folgenden Morgen verfügten sich die Kapitäne abermals

nach Oris Haus und stellten ihm eine kleine kupferne Platte zu mit der Inschrift:

His Britannic Majesty's ships »Resolution« and »Adventure«
September 1773

Sie schenkten ihm zugleich eine Anzahl Medaillen mit dem Bedeuten, daß er dies alles den Fremden vorzeigen möge, die etwa nach uns hierherkommen würden. Sobald sie an Bord zurück waren, wurden die Anker gelichtet, und wir gingen nebst der »Adventure« wieder unter Segel. Während unseres dreitägigen Aufenthalts hatten wir einen großen Vorrat an lebenden Schweinen und Hühnern eingehandelt, ein Beweis, in wie hohem Wert bei den Insulanern das Eisenwerk stand. Unser Schiff hatte allein 209 Schweine, 30 Hunde und 50 Hühner an Bord, die »Adventure« nicht viel weniger.

Wir waren kaum unter Segel, als Ori mit einem kleinen Kanu ans Schiff und an Bord kam, um uns die Nachricht zu bringen, daß er sowohl die Diebe gefangen als auch den Rest der geraubten Sachen wiederbekommen habe und daß beide Kapitäne und Dr. Sparman mit ihm an Land gehen möchten, um Zeugen der Bestrafung zu sein. Unglücklicherweise verstand man ihn nicht recht, und also verfehlten wir die Gelegenheit zu sehen, wie ihre Strafen beschaffen sind. Kapitän Cook glaubte, daß Ori einige seiner Untertanen zurückfordern werde, die sich auf der »Adventure« eingeschifft hatten. In dieser Meinung schickte er gleich ein Boot ab, um sie von dort holen zu lassen. Da aber das Schiff weit voraus war, wollte Ori nicht länger warten, sondern nahm herzlich Abschied von uns und kehrte in seinem kleinen Kanu, in dem er nur einen einzigen Gehilfen hatte, nach dem Lande zurück.

Bald darauf kam unser Boot von der »Adventure« zurück und brachte uns den O-Mai an Bord, der mit nach England gehen wollte. Kapitän Cook behielt ihn auf dem Schiff, bis wir Raiatea erreicht hatten. Dort wurde er wieder auf die »Adventure« gebracht, mit der er auch nach England gekommen und dort eine Zeitlang der Gegenstand der allgemeinen Neugier gewesen ist. Während seiner Anwesenheit bei uns lernten wir ihn als einen Menschen vom geringsten Stande kennen. Er hielt sich zu dem Büchsenschmied und anderen gemeinen Seeleuten. Als er aber ans Kap der Guten Hoffnung kam, wo ihn der Kapitän Furneaux in seiner Landestracht auftreten ließ und in die beste Gesellschaft brachte, gab er vor, er sei kein Tautau, sondern ein Hoa, also ein königlicher Kammerherr oder Begleiter des Königs. Man hat das Publikum mit allerlei fabelhaften Nachrichten von diesem Insulaner unterhalten, dahin gehört unter anderem das lächerliche Vorgeben, daß er ein Priester der Sonne sei, dergleichen es in seinem Vaterlande nirgends gibt. Dabei war er von so schwarzer Farbe, wie wir sie kaum unter dem gemeinsten Volke angetroffen haben, und am wenigsten stimmte sie mit dem Range überein, den er hernach annahm. Es war wirklich unglücklich, daß man gerade diesen Menschen als Probe eines Volkes auswählte, das alle Seefahrer als schön von Bildung und hell von Farbe beschrieben hatten.

Nachdem wir Huaheine verlassen, richteten wir unseren Lauf gegen Westen und segelten um das Südende einer Insel, die Kapitän Cook im Jahre 1769 entdeckt und in seinen Karten unter dem Namen Ulietea angezeigt hat, aber bei den Tahitiern und anderen Bewohnern der Gesellschaftsinseln eigentlich O-Raiatea heißt. Am folgenden Morgen ankerten wir dort in einer Öffnung des Riffs und brauchten den ganzen Tag dazu, uns in den Hafen Hamaneno bugsieren zu lassen. Die Einwohner umringten uns bald mit einer Menge von Kanus und brachten uns Schweine zum Verkauf, weil wir aber in Huaheine reichlich damit versorgt worden waren, boten unsere Leute nur wenig dafür. In einem der Kanus befand sich ein Befehlshaber mit Namen Oruwherra, der von der Nachbarinsel Borabora gebürtig war. Er war auf den Armen mit viereckigen Flecken, auf Brust, Bauch und Rücken mit langen schwarzen Streifen, an Hüften und Lenden aber durchaus schwarz punktiert. Er brachte einige grüne Zweige und ein Ferkel, das er meinem Vater schenkte, da sich sonst niemand um ihn kümmerte. Nachdem er ein Gegengeschenk von Eisengerät bekommen hatte, kehrte er in seinem Kanu zurück an Land. Bald darauf schickte er an seinen neuen Freund ein zweites Kanu mit Kokosnüssen und Bananen, für die seine Leute kein Gegengeschenk annehmen wollten. Man kann sich vorstellen, wie sehr uns eine so uneigennützige Gutherzigkeit gefallen mußte.

Nachmittags besuchte uns ein anderer Befehlshaber, der ebenfalls von Borabora gebürtig war. Er hieß Herea und war so dick, wie wir sonst niemand in der Südsee gesehen haben. Um den Bauch maß er 54 Zoll, und jeder seiner Schenkel hatte 31 $^3/_4$ Zoll im Umfang. Sein Haar hing in langen geschlängelten Flechten bis auf die Hüften herab und war so stark, daß sein Kopf noch einmal so dick zu sein schien als von Natur. Korpulenz, Farbe und Punkturen waren Unterscheidungszeichen seines Ranges, der ihn zum Faulenzen und zur Schwelgerei berechtigte.

Am zweiten Tage unseres Hierseins begleiteten wir die Kapitäne bis zu einem großen Haus, das dicht am Wasser stand und von Orea, dem Befehlshaber des Distrikts, bewohnt war. Er saß nebst seiner Familie und vielen Leuten von Stande auf der Erde. Kaum hatten wir neben ihnen Platz genommen, als sich ein großer Schwarm von Einwohnern um uns versammelte. Orea war ein dicker Mann von mittlerer Statur mit einem dünnen, rötlichbraunen Bart. Er scherzte und lachte recht herzlich mit uns. Seine Frau war eine ältliche Person, der Sohn und die Tochter aber erst zwölf bis vierzehn Jahre alt. Letztere hatte eine ziemlich weiße Farbe und in den Gesichtszügen nur wenig von dem Nationalcharakter ihres Volkes. Die Nase war schön gebildet, und den Augen nach hätte man sie für eine Chinesin halten mögen. Sie war von zierlichem Gliederbau, vornehmlich aber waren die Hände unbeschreiblich schön, Füße und Beine hingegen etwas zu dick. Es war nicht möglich, ihr etwas abzuschlagen, wenn sie um Korallen oder andere Kleinigkeiten bat.

Nach Tisch machten wir einen Spaziergang und schossen verschiedene Eisvögel. Bei der Rückkehr von der Jagd begegneten wir Orea nebst seiner Familie und Kapitän Cook. Orea kümmerte sich nicht um den geschossenen Vogel, den wir in Händen hatten, seine schöne Tochter hingegen beklagte den Tod ihres Eatua und lief vor uns weg. Ihre Mutter und die übrigen Frauen schienen nicht weniger betrübt zu sein, und als wir zum Schiff zurückfahren wollten, bat Orea uns in ernsthaftem Ton, keine Reiher und Eisvögel mehr auf seiner Insel zu schießen, andere Vögel möchten wir schießen, soviel uns beliebte.

Am folgenden Tage erstiegen wir einen der nahegelegenen Berge und fanden verschiedene neue Pflanzen. Als wir gegen Mittag vom Berge herabkamen, waren die Kapitäne soeben an Bord zurückgekehrt, nachdem sie zuvor einen großen dramatischen Tanz mit angesehen hatten, der von den vornehmsten Frauenzimmern der Insel aufgeführt worden war. Die Hitze hielt den Rest des Tages an, so daß wir erst bei Sonnenuntergang wieder an Land gehen konnten. Wir stiegen am Wasserplatz aus, wo sich ein kleines Tupapau befand, in dem auf einem Gerüst ein toter Körper lag. Ich hatte bisher weder hier noch auf anderen Inseln tote Körper auf eine so sorglose Weise der Verwesung überlassen gefunden und wunderte mich auch nicht wenig, daß der ganze Boden ringsumher voller Totenköpfe und Totenknochen lag. Ich strich eine ganze Zeitlang umher, ohne jemand anzutreffen, denn wie ich nachher erfuhr, hatten sich die Insulaner sämtlich bei der Wohnung des Befehlshabers eingefunden, wo durch die Trommeln das Zeichen zu einem abermaligen Hiva oder öffentlichen Tanz gegeben worden war. Der stille Abend und die Schönheit des Landes machten mir diesen Spaziergang überaus angenehm, und die Abwesenheit der Bewohner brachte eine so einsame Stille zuwege, daß ich auf einer verzauberten Insel zu sein glaubte.

Orea und sein Sohn kamen am anderen Morgen an Bord, frühstückten mit uns und gingen nach reichlicher Erwiderung ihrer Geschenke an Land zurück. Wir wurden von ihm eingeladen, an einem Hiva teilzunehmen, welches uns desto lieber war, als wir dergleichen noch nicht gesehen hatten. Der Schauplatz war ein ebener Wiesengrund, der zwischen zwei Häusern lag, die gegen den Platz hin offen waren und eine Menge Zuschauer fassen konnten. Der Boden war mit drei großen Teppichen belegt. An der offenen Seite des kleineren Hauses standen drei aus hartem Holz geschnitzte und mit Haifischhaut überzogene Trommeln, die von vier bis fünf Leuten nur mit den Fingern, aber mit großer Geschicklichkeit geschlagen wurden. Nachdem wir eine ganze Weile unter den vornehmen Damen gesessen hatten, erschienen die Aktricen. Eine von ihnen war Poyadua, Oreas schöne Tochter, und die zweite eine große Frau, schön von Gesicht und Farbe. Sie hatten ein Stück Tuch um die Brust geschlagen, das unseren glatt anliegenden Damenkleidern recht ähnlich war. Um die Hüften war eine Wulst ihres einheimischen Zeuges, wechselweise von roter und weißer Farbe, mit einem Strick festgegürtet. Von da hing eine Menge weißen Zeuges bis auf die Füße herab. Hals, Schultern und Arme waren nackt, auf dem Kopfe aber trugen sie eine Menge von Flechten aufgetürmt, an der Vorderseite dieses Turbans steckten weiße Blumen, die einen so schönen Effekt machten wie weiße Perlen. Die Tänzerinnen bewegten sich nun nach dem Schall der Trommeln und unter Anleitung eines alten Mannes, der mittanzte und einige Worte hören ließ, die wir für eine Art Gesang hielten. Sie machten verschiedene Stellungen und allerlei Bewegungen mit den Händen, darunter wohl manche etwas frei, jedoch bei weitem nicht so unanständig wie manches, was die keuschen Augen der englischen Damen in der Oper nur durch den Fächer zu sehen gezwungen sind. In ihrer Art, die Arme zu bewegen, ist viel Grazie, und in dem ständigen Spiel ihrer Finger etwas ungemein Zierliches. Das einzige, was mit unseren Begriffen von Schönheit, Anstand und Harmonie nicht übereinstimmt, war die häßliche Gewohnheit, den Mund auf eine abscheuliche Art zu verzerren. Nachdem sie etwa zehn Minuten getanzt hatten, begaben sie sich in eine Hütte, und fünf in Matten gehüllte Männer traten nun auf, um eine Art von Drama vorzuführen. Dies bestand wechselweise in unanständigem Tanzen und einer Unterredung, wobei sie einzelne Worte überlaut hinausschrien. Dann kündigten die Trompeten den zweiten Akt an, der von zwei Frauen ähnlich wie der erste ausgeführt wurde, dann traten die Mannspersonen abermals auf, und endlich beschlossen die Tänzerinnen das Schauspiel mit einem vierten Tanzakt. Dann setzten sie sich ganz ermattet und in heftiger Transpiration nieder. Die Offiziere beider Schiffe und auch wir überhäuften die Tänzerinnen mit Korallen und anderem Putzwerk.

Am 14., bei Anbruch des Tages, sandten die Kapitäne jeder ein Boot nach der Insel Tahaa, die innerhalb desselben Felsenriffs wie Raiatea liegt. Sie hofften dort einen Vorrat von Früchten zu bekommen, Dr. Sparman, mein Vater und ich wollten die Gelegenheit, diese Insel kennenzulernen, nicht verpassen und gingen mit. Während ihrer Abwesenheit bat Orea uns zu Gast. Die Kapitäne und einige Offiziere und Passagiere, unter denen auch ich war, gingen zu Mittag an Land, wohlversehen mit Pfeffer, Salz, Messern, Gabeln und einigen Flaschen Wein. Bei der Ankunft im Hause unseres Wirtes fanden wir den Boden mit Blättern bestreut. Rund um diese nahmen wir mit den Vornehmsten des Landes unsere Plätze ein. Wir hatten nicht lange gegessen, als ein Insulaner hereinkam, der ein gebratenes Schwein, in Pisangblätter gewickelt, auf den Schultern trug und mitten vor uns hinwarf. Ein zweiter brachte ein kleineres Schwein, und diesem folgten verschiedene andere mit Körben voll Brotfrucht, Bananen und gegorenem Brotfruchtteig, Mahei genannt. Der Wirt bat, wir möchten uns selbst bedienen, worauf in kurzer Zeit beide Schweine zerlegt waren. Nun drängten sich die Leute herbei, die Frauen und überhaupt alles gemeine Volk bettelten um Schweinebraten, doch teilte jeder, der etwas bekam, seinen Nachbarn redlich davon mit, ja sie reichten es bis ans äußerste Ende des Haufens, von woher die Leute wegen des Gedränges nicht herankommen konnten. Die Männer verzehrten ihren Anteil sogleich mit großem Appetit, die Frauen wickelten ihre Portionen in Blätter und verwahrten sie, bis sie allein sein würden. Gegen Ende der Mahlzeit kamen unsere Weinflaschen dran, und Freund Orea ließ sich sein Gläschen schmecken, ohne die Augen zu verdrehen, worüber wir uns um so mehr wunderten, als die Insulaner sonst überall einen Widerwillen gegen unsere starken Getränke gezeigt hatten. Doch haben sie ein berauschendes Getränk, von dem besonders einige alte Oberhäupter viel halten. Es wird aus dem Saft einer Pfefferbaumwurzel, Kawa genannt, auf eine höchst ekelhafte Weise gewonnen. Nachdem die Wurzel in Stücke geschnitten ist, wird sie von einigen Leuten vollends klein gekaut und die mit Speichel durchweichte Masse in ein großes Gefäß voll Wasser oder Kokosmilch gespuckt. Dieser ungemein appetitliche Brei wird hierauf durch Kokosnußfasern geseiht und sorgfältig ausgedrückt, damit der Saft sich vollends mit der Kokosnußmilch vermischt. Zuletzt wird der Trank in eine andere große Schale abgeklärt und ist alsdann zum Gebrauch fertig. Dies häßliche Gemansch trinken sie mit ungemeiner Gier, und einige alte Säufer tun sich nicht wenig darauf zugute, daß sie viele Schalen davon leeren können. Die Völlerei bleibt indessen gleich jeder anderen Ausschweifung nicht ungestraft. Die Alten, die diesem Laster anhängen, sind dürr und mager, haben eine schuppige, schäbige Haut, rote Augen und rote Flecken am ganzen Leibe. All dieses sind, ihrem Geständnis nach, unmittelbare Folgen des Suffs.

Sobald wir gespeist hatten, machten sich unsere Matrosen und Bedienten mit den übriggebliebenen Brocken lustig, und die Insulaner machten nun ihnen den Hof. Die Matrosen waren aber nur den hübschen Mädchen gegenüber gefällig und verlangten für jeden

Bissen Fleisch bald diese, bald jene Unanständigkeit. Um die Freuden dieses Tages vollkommen zu machen, befahl Orea, daß ein Hiva aufgeführt werden sollte. Bei diesem wurden wir in die Kulissen gelassen, damit wir sehen konnten, wie sich die Tänzerinnen ankleideten. Diese Erlaubnis brachte ihnen manches kleine Geschenk ein, so kamen wir zum Beispiel auf den Einfall, ihren Kopfschmuck durch verschiedene Schnüre von Korallen zu verschönern, womit sie sehr zufrieden waren. Unter den Zuschauern befanden sich einige der größten Schönheiten des Landes, vornehmlich war eine von ihnen viel weißer von Farbe. Ihre schönen schwarzen Augen und Haare kontrastierten damit vortrefflich. Man huldigte ihrer Schönheit auch bald durch allerlei kleine Geschenke, allein statt sich damit zu begnügen, wurde ihre Liebe zu Putz und Flitterwerk nur desto mehr erregt, und sie plagte damit einen jeden. Einer von uns hielt zufällig ein kleines Vorhängeschloß in den Händen. Kaum fiel ihr dieses in die Augen, so verlangte sie es zu haben. Der Besitzer war aber so leichtfertig, es ihr ins Ohr zu hängen mit der Versicherung, daß es daran getragen werden müsse. Eine Zeitlang war sie auch mit dem neuen Putz zufrieden, aber es dauerte nicht lange, so fand sie, daß es zu schwer und schmerzhaft sei. Nun warf er den Schlüssel weg und gab ihr zu verstehen, sie solle es zur Strafe für ihr ungestümes Betteln am Ohr behalten. Darauf weinte sie und bat einen nach dem anderen, sie von dem Schloß zu befreien, allein es ging nicht, weil kein Schlüssel dazu da war. Sie wandte sich nun an den Befehlshaber, und dieser legte ein Wort für das Mädchen ein und bot Zeug, Räucherholz und Schweine als Lösegeld, aber alles umsonst. Endlich fand man doch einen Schlüssel, und damit wurde dem Wehklagen des armen Mädchens ein Ende gemacht. Dieser Vorfall hatte aber die gute Wirkung, daß sie und andere Frauen von der Gewohnheit des Bettelns abließen. Mit der gastfreien Aufnahme unseres Wirtes und dem guten Betragen des übrigen Volkes war dieser Tag recht vergnügt vergangen, so daß wir gegen Abend sehr vergnügt an Bord zurückkehrten.

Desto mehr befremdete es uns, daß sich am folgenden Morgen nicht ein einziges Kanu bei dem Schiffe sehen ließ. Um die Ursache zu erfahren, eilten wir nach Oreas Hause, fanden es aber von ihm und seiner ganzen Familie verlassen. Schließlich erfuhren wir von einigen Insulanern, Orea habe sich nach dem Nordende der Insel begeben aus Furcht, wir würden ihn gefangennehmen. Je weniger wir begreifen konnten, was diese unbegründete Besorgnis veranlaßt haben könnte, desto mehr eilten wir, ihm diese zu nehmen. Wir fuhren einige Meilen längs der Küste bis nach dem Ort, wohin er geflüchtet war. Hier fanden wir alles um ihn her in Tränen. Oreas Verwandte klagten uns, Kapitän Cook werde sie gefangennehmen, um ihre Landsleute zu zwingen, unsere nach Tahaa entlaufenen Matrosen wieder herbeizubringen. Nun erkannten wir ihren Irrtum und erklärten ihnen, diese Leute seien keineswegs entlaufen, sondern würden heute noch zurückkommen.

Als wir nun mit Oreas Familie in einem Kreise beisammen saßen, kam Porea, unser Tahitier, der mit uns nach England gehen wollte, zum Kapitän gelaufen, händigte ihm das Pulverhorn aus und sagte, er werde sogleich wiederkommen. Wir warteten lange vergebens und mußten endlich ohne ihn auf das Schiff zurückkehren, bekamen ihn auch nie wieder zu Gesicht. Nach Tische begleitete ich den Kapitän abermals, um Orea einen Besuch abzustatten. Bei dieser Gelegenheit wandte sich ein junger Mensch an mich und bat, ihn mit nach England zu nehmen. Er hieß Hedidi, war ungefähr siebzehn Jahre alt und schien, der Farbe und Kleidung nach, von guter Herkunft zu sein. Ich stellte ihn dem Kapitän vor, der ohne Schwierigkeit in sein Verlangen einwilligte. Hierauf kehrten wir alle an Bord zurück, und noch vor Sonnenuntergang trafen auch die nach Tahaa abgeschickten Boote mit einer Ladung Bananen, Kokosnüsse und auch einigen Schweinen ein.

Am folgenden Morgen kam Orea nebst seiner Familie und anderen Personen, um Abschied zu nehmen. Der größte Teil ihres Zuspruchs galt aber unserem neuen Reisegefährten Hedidi. Alle seine Freunde und Bekannten drängten sich herbei und brachten ihm eine Menge Zeug und Proviant für die Reise, Oreas Tochter, die bisher nie gewagt hatte, uns zu besuchen, kam ebenfalls an Bord, um sich vom Kapitän die grüne Zeltdecke unseres Bootes auszubitten. Sie erhielt eine Menge Geschenke, in der Hauptsache aber konnte der Kapitän ihr nicht willfahren. Die Insulaner ließen sich zu guter Letzt den Handel noch recht angelegen sein und verkauften uns viel Handwerkszeug, Hausrat und dergleichen. Als wir unter Segel gingen, verließen sie uns in großer Betrübnis. Ihre Tränen schienen manchem von uns vorzuwerfen, daß er unempfindlich sei, und in der Tat scheint man bei unserer Erziehung den natürlichen Bewegungen des Herzens zuviel Einhalt zu tun; man will, daß wir uns ihrer in den meisten Fällen schämen sollen, und darüber werden sie unglücklicherweise ganz unterdrückt. Auf diesen Inseln hingegen lassen die unverdorbenen Kinder der Natur allen ihren Empfindungen freien Lauf und freuen sich ihrer Neigung für den Mitmenschen.

11. Kapitel

Reise von den Gesellschafts-Inseln nach den Freundschafts-Inseln und unser Aufenthalt daselbst

Um zehn Uhr waren wir glücklich zum Riff hinaus und steuerten nach West-Süd-West, so daß uns die Inseln Raietea, Tahaa und Bora-Bora noch immer in Sicht blieben. Obschon es nicht länger als einen Monat her war, seit wir zu Tahiti angekommen, fanden wir uns doch von den Folgen jener langen und beschwerlichen Reise, die wir während der schlimmsten Jahreszeit im kalten Klima zugebracht hatten, allseits wiederhergestellt. An dieser schleunigen Kur hatten die Kräuter und Früchte der Gesellschafts-Inseln wahrscheinlich den größten Anteil. Um so sicherer konnten wir uns jetzt für den nächsten Monat eine Fortdauer der Gesundheit versprechen, weil wir mit frischen Lebensmitteln hinlänglich versehen waren. Wir hatten nämlich auf jedem Schiff mehr als zweihundert Schweine, eine große Anzahl Hühner und einige Hunde, dazu eine ansehnliche Menge von Bananen, die sich auf dem Hinterteil des Schiffes auftürmten. Zwar verursachte der Mangel an Raum, daß einige Schweine krepierten, und der Widerwille der alten Schweine gegen das ungewohnte Futter, das sie jetzt bekamen, brachte uns ebenfalls Verluste. Wir gerieten aber bald auf eine gute Methode, diesem Übel vorzubeugen, indem wir alle Schweine schlachteten und einsalzten, denen der enge Raum nicht bekommen wollte. Die einzige Unannehmlichkeit, die wir von unserem Aufenthalt auf den Inseln verspürten, bestand darin, daß viele unserer Seeleute wegen ihres Umgangs mit liederlichen Frauenspersonen leiden mußten. Doch waren die dadurch verursachten Krankheiten so gutartig, daß sie durch die gelindesten Mittel geheilt wurden und keiner von den Patienten am Dienst gehindert war.

Unser junger Freund Hedidi wurde ungemein seekrank, weil er an die Bewegungen des Schiffes noch nicht gewöhnt war. Doch erzählte er uns, als wir nach dem hohen Pik von Borabora ausschauten, daß er auf dieser Insel geboren und mit O-Puni, dem kriegerischen König, verwandt sei, der Tahaa und Raietea erobert hatte. Er erklärte uns auch, daß er eigentlich Maheine heiße, aber seinen Namen mit einem Befehlshaber auf Eimeo, der sich Hedidi genannt, vertauscht habe. König O-Puni befand sich nach Aussage unseres Gefährten dazumal eben auf der Insel Maurua, an der wir nachmittags vorüberkamen. Sie besteht aus einem einzigen kegelförmigen Berge.

Unser armer Freund bekam erst am folgenden Nachmittag seinen Appetit wieder, da er sich dann auch zum Anfang ein Stück von einer achtundzwanzigpfündigen Dorade schmecken ließ. Wir wollten es ihm auf unsere Art zubereiten lassen, er versicherte aber, es schmecke roh besser, und bat sich nur eine Schale Seewasser aus, um den Fisch darin einzutunken, dabei biß er wechselweise in einen Klumpen Mahei oder sauren Brotfruchtteig. Ehe er sich jedoch zum Essen niedersetzte, nahm er ein Stückchen von dem Fisch und etwas Mahai als Opfer für Eatua und sprach dabei ein paar Worte aus, die wir für ein kurzes Gebet hielten. Diese Zeremonie beobachtete er auch ein paar Tage nachher, als er ein rohes Stück Haifischfleisch verzehrte. Dies überzeugte uns, daß seine Landsleute gewisse Religionsbegriffe hegen und eine Art von zeremoniösem Gottesdienst beobachten.

Bis zum 23. setzten wir unseren Lauf fort, ohne daß irgend etwas Merkwürdiges vorgefallen wäre. Am genannten Tage aber erblickten wir bei Sonnenaufgang eine niedrige Insel. Wir steuerten sie an und stellten gegen Mittag fest, daß sie aus zwei Teilen bestand. Das Land war mit einer Menge Bäumen und Buschwerk bewachsen, über welche die hohen Gipfel der Kokospalmen emporragten. Beide Inseln hingen dem Anschein nach durch ein Felsenriff zusammen, schienen aber ganz unbewohnt zu sein. Kapitän Cook nannte die Insel zu Ehren des Grafen von Bristol Hervey-Eiland.

Wir steuerten bis zum 1. Oktober westwärts, an welchem Tage nachmittags »Land!« gerufen wurde. Es lag gerade vor uns und schien ziemlich hoch zu sein. Die Gegend und alle Umstände überzeugten uns, daß die vor uns liegende Insel dieselbe sei, die Abel Janszoon Tasman im Jahre 1634 Middelburgh genannt, und daß die nördliche ein von eben diesem Seefahrer entdecktes und Amsterdam genanntes Eiland sei. Abends legten wir bei, gingen aber bei Tagesanbruch um die südwestliche Spitze von Middelburgh herum und liefen dann längs der westlichen Küste hin. Am Fuß der Berge schien flaches Land zu sein, auf dem junge Bananen standen, deren frisches

Grün mit dem verschieden kolorierten Buschwerk und der braunen Kokospalme ungemein schön kontrastierte. Das Tageslicht war noch so schwach, daß wir an verschiedenen Orten die Hüttenfeuer der Einwohner durch die Büsche schimmern sahen, und bald darauf kamen auch einige Leute am Strand zum Vorschein.

Nunmehr stießen einige Eingeborene ihre Kanus ins Wasser und ruderten zu unserem Schiff hinaus. Einem davon, das ziemlich dicht herankam, warfen wir ein Tau zu, das auch gleich von einem Insulaner aufgefangen wurde, der sein Kanu vollends heranzog und augenblicklich zu uns an Bord kam. Er überreichte uns eine Pfefferwurzel, darauf berührte er unsere Nasen mit der seinigen, dann ließ er sich ohne ein Wort auf dem Deck nieder. Der Kapitän schenkte ihm einen Nagel, den er sogleich über den Kopf emporhielt und dabei das Wort »Fagafetai« hören ließ, das allem Anschein nach eine Danksagung bedeuten sollte. Er blieb eine ganze Weile, ohne ein Wort zu sprechen, während verschiedene andere, die sich nach ihm an Bord wagten, uns gleich nach dem Nasengruß in ihrer Sprache anredeten, wovon wir damals noch kein Wort verstanden.

Um 9 Uhr kamen wir auf einem guten, sicheren Grunde glücklich vor Anker. Kaum war dies geschehen, so drängten sich eine Menge Kanus um uns, in denen je drei bis vier Leute saßen, die große Haufen ihres Zeuges anboten. Einige waren dreist genug, an Bord zu kommen, darunter schien ein Mann von Stande zu sein, der in diesem Betracht allerhand Geschenke erhielt. Er war nichts weniger als schüchtern, sondern ging ohne Bedenken in die Kajüte hinab und wohin man ihn sonst brachte. Wir erfuhren von ihm, daß die Insel, an der wir vor Anker lagen (und die Tasman Middelburgh genannt), in der Landessprache Eua heiße, und daß die andere, gegen Norden gelegene (Tasmans Amsterdam) Tongatabu genannt werde.

Nach dem Frühstück gingen wir in Gesellschaft des Kapitäns und des vornehmen Mannes an Land. In dieser Gegend war die Küste durch ein Korallenriff geschützt, das nur hier und da eine Lücke hatte, durch die Kanus hindurch konnten. Die Eingeborenen begrüßten uns mit einem großen Freudengeschrei. Die Kanus kamen dicht an unser Boot, und die Leute warfen uns große Packen Zeug zu, ohne etwas dafür zu verlangen. Andere, Männer wie Frauen, schwammen um uns her und hielten Dinge in die Höhe, wie Ringe aus Schildkrötenschalen, Angelhaken aus Perlmutter und dergleichen. Sobald wir durch das Gedränge der Kanus bis in das seichte Wasser gekommen waren, erboten sich die Insulaner, uns auf den Schultern an Land zu tragen. Dann versammelten sie sich mit allen Zeichen der Freundschaft um uns und boten uns Früchte, Waffen und Hausgerät zum Geschenk an. Das Volk hätte uns gar nicht besser aufnehmen können, wenn es von unserer friedfertigen Gesinnung durch eigene Erfahrung überzeugt und gewohnt gewesen wäre, von Zeit zu Zeit europäische Schiffe bei sich zu sehen. Allein es verhielt sich gerade umgekehrt, denn bisher hatten sie wohl noch keinen Europäer gesehen. So waren wir wohl berechtigt, uns von ihrer Gemütsart den vorteilhaftesten Begriff zu machen. Sie mußten von Natur offenherzig und edelmütig gesinnt und über alles niedrige Mißtrauen weit erhaben sein. Dies günstige Urteil wurde dadurch bestätigt, daß sich auch eine große Anzahl von Frauen unter ihnen befand, welche diese Völker sonst meist von den Fremden fernzuhalten pflegen. Diese hier waren von den Hüften bis zu den Füßen bekleidet und schienen uns durch ein freundliches Lächeln einzuladen, getrost näherzukommen.

Wir verweilten nicht lange an der Küste, sondern folgten dem Befehlshaber, der uns weiter ins Land zu gehen bat. Am Ende einer Wiese, 150 Schritte vom Landungsplatz, stand ein sehr hübsches Haus, dessen Dach fast bis auf die Erde hinabreichte. Kaum hatten wir, von mehr als hundert Menschen umringt, in diesem Hause Platz genommen, als zwei oder drei Frauenzimmer uns mit einem Gesang bewillkommneten, der angenehm und ungleich musikalischer klang als die Lieder der Tahitier. Die Sängerinnen schnippten mit Daumen und Zeigefinger den Takt, und als die ersten drei aufgehört hatten, fingen drei andere die gleiche Melodie an, bis endlich ein allgemeiner Chor daraus wurde.

Die Gutherzigkeit des Volkes äußerte sich in den kleinsten Handlungen, ja in jeder Gebärde. Sie ließen es sich sehr angelegen sein, uns mit Kokosnüssen zu bewirten, deren Milch überaus wohlschmeckend war. Alles vereinigte sich, uns diesen Aufenthalt angenehm zu machen. Selbst die Luft, die wir atmeten, war mit balsamischen Düften erfüllt. Wir wußten nicht, woher dieser Duft kam, bei näherer Untersuchung aber fand sich, daß wir ihn Zitrusbäumen zu

Inneres eines Hauses auf Tongatabu

verdanken hatten, die hinter dem Hause in voller Blüte standen. Wir brauchten uns nicht lange mit dem bloßen Geruch zu begnügen, denn die Einwohner setzten uns bald auch Früchte von diesen Bäumen vor. In Westindien sind solche unter dem Namen »Shaddocks« bekannt, zu Batavia aber und auf den ostindischen Inseln werden sie Pampelmusen genannt. Diese hier waren kugelrund, beinahe so groß wie ein Kinderkopf und von ganz vortrefflichem Geschmack.

Durch einen Zaun gelangten wir in eine ordentlich angelegte Plantage. Die Tür war so gehängt, daß sie von selbst hinter uns zufiel. Um das Land genauer zu untersuchen, trennten wir uns in verschiedene Gruppen. Das Land sah wie ein weitläufiger Garten aus, da es durchgehend mit Kokospalmen und Bananen, mit Zitronen- und Brotfruchtbäumen bestanden war. In diesen anmutigen Gefilden streiften wir einzeln umher und fanden eine Menge neuer Pflanzen. Ein Fußsteig führte uns schließlich zu einem Wohnhaus, das gleich dem ersten von Buschwerk umgeben war, dessen Blüten die ganze Umgebung mit Wohlgeruch erfüllten. Die Insulaner ließen uns überall ungehindert gehen, und wir konnten um unsere Taschen unbesorgt sein, nur durften wir keine Nägel bei uns haben, denn diese ließen sie nicht leicht unangerührt.

Fast in jedem dieser Gärten fanden wir ein Haus, die Bewohner aber waren meist abwesend. Soviel wir sahen, gab es hier nur wenige Hühner und Schweine, und die Brotfruchtbäume waren selten, weshalb sich die Einwohner hauptsächlich von Wurzeln und Bananen zu nähren schienen. In der Kleidung waren sie auch nicht so reich wie die Tahitier, wenigstens ging man nicht wie dort bis zur Verschwendung. So fanden wir auch ihre Wohnungen zwar gutgebaut, aber weder so geräumig noch so bequem wie auf Tahiti. Unter diesen Beobachtungen und Reflexionen kehrten wir zum Landeplatz zurück, wo sich viele hundert Insulaner versammelt hatten. Wir mischten uns unter den Haufen, da uns denn Alt und Jung, Männer und Weiber auf das schmeichelhafteste begrüßten. Sie umarmten uns, küßten uns die Hände und drückten sie an ihre Brust.

Die Männer sind von unserer mittleren Statur. Sie hatten schöne, schwarze Augen, die selbst bei den bejahrtesten Personen noch voll Feuer waren. Das Haar, das schwarz und stark gekräuselt war, trugen Männer und Weiber kurz geschnitten, und manche hatten es aufwärts gekämmt, so daß es wie Borsten in die Höhe stand. Den Kindern hatte man es noch kürzer geschnitten und nur einen Schopf auf dem Wirbel und je einen über den Ohren stehenlassen. Die Weibsleute waren durchgehend kleiner als die Männer, der Oberteil ihres Körpers war von ungemein schöner Proportion, die Hände waren ebenso fein gebildet wie bei den Tahitierinnen, doch hatten sie wie jene zu große Füße und zu dicke Beine. Unter den Männern war das Punktieren und Einschwärzen der Haut allgemein, vornehmlich waren Bauch und Lenden mit noch künstlicheren Figuren tätowiert, als wir es auf Tahiti gesehen hatten. Selbst die zartesten Glieder des Körpers, auf denen die Operation nicht nur sehr schmerzhaft, sondern auch gefährlich sein muß, waren punktiert.

Bei den Frauen hingegen war es nicht üblich, sich auf diese Art häßlich zu verschönern. Sie hatten nur drei Flecke auf dem Arm und ein paar schwarze Punkte auf den Händen. Die Männer gingen fast nackt, indem sie nur ein schmales Stück Zeug wie eine Schärpe um die Hüften geschlagen hatten. Die Weiber hingegen schlugen das Zeug unmittelbar unter der Brust um den Leib, und von da hing es bis auf die Waden herunter. Als Zierat diente den Männern eine Schnur mit einer Muschelschale, die um den Hals gehängt wurde. Die Frauen trugen mehrere Schnüre mit Schnecken, Samenkörnern und Fischzähnen. In beiden Ohrläppchen hatten sie Löcher, in die ein Stück Schildkrötenschale oder ein Knochen gesteckt war. Das Sonderbarste aber, daß viele den kleinen Finger, zuweilen gar an beiden Händen, verloren hatten. Selbst von den Kindern waren die meisten schon verstümmelt. Wir vermuteten gleich, daß der Tod eines Verwandten oder Freundes zu dieser Verstümmelung Anlaß gegeben hatte, wie auch bei den Hottentotten in Afrika, bei den Guaranos in Paraguaya und unter den Einwohnern von Kalifornien üblich ist.

Des gefälligen Betragens der Insulaner unerachtet sahen wir voraus, daß unseres Bleibens hier nicht lange sein würde, denn die Kapitäne konnten nicht so viele frische Lebensmittel bekommen, wie zum täglichen Unterhalt auf beiden Schiffen erforderlich war. Die Insulaner hatten uns zwar hier und da einige Yams, Bananen, Kokosnüsse und Pampelmusen zum Verkauf gebracht, allein sie hielten mit diesen Artikeln bald wieder inne und schränkten den Handel auf

Sachen von ihrer Hände Arbeit ein. Vornehmlich verkauften sie unseren Leuten eine Menge Fischangeln, die zum Teil sieben Zoll lang waren. Auch gab es viele flache Speiseschalen und Spatel, womit der Brotfruchtteig gerührt wird, sämtlich aus Kasuarinenholz geschnitzt. Unsere Matrosen nannten diese Holzart Keulenholz, weil auf allen Südseeinseln Keulen und Streitkolben daraus gemacht werden. Die meisten davon waren über und über nach felderweise abgeteilten Mustern geschnitzt, welches eine unglaubliche Geduld erfordern muß, weil ein scharfer Stein, ein Stückchen Koralle oder eine Muschel die einzigen Werkzeuge sind, womit sie diese Arbeit machen können. Außer den Keulen hatten sie auch Speere aus der gleichen Holzart, die oftmals nur zugespitzt, oft aber auch mit dem Schwanz des Stachelrochen als mit einer furchtbaren Spitze versehen waren. Außer diesen Waffen führten sie auch Bogen und Pfeile. Die ungeheure Menge von Waffen, die wir bei den Eingeborenen fanden, stimmte aber gar nicht mit der friedfertigen Gesinnung überein, die sie in ihrem ganzen Betragen zeigten, und auch nicht mit der Bereitwilligkeit, uns solche zu verkaufen. Sie müssen folglich oft Händel untereinander haben oder auch mit den benachbarten Inseln Krieg führen, doch konnten wir hierüber nichts von Belang erfahren.

Wir handelten mit ihnen bis zum Mittag, als wir wieder zum Schiff zurückkehrten und einen kleinen Bootsanker vermißten, den die Insulaner fast in dem Augenblick, als er ausgeworfen wurde, auf die Seite gebracht haben mußten. Ihre freundlichen Zurufe folgten uns bis an Bord, wo ebensolche Waren angeboten wurden wie auf dem Lande. Auf diesen Fahrzeugen befanden sich einige Aussätzige, bei denen die Krankheit zu einem hohen Grade gekommen war. Ein Mann insbesondere hatte über den ganzen Rücken und über die Schultern ein großes, krebsartiges Geschwür, das innen völlig blau, auf dem Rande aber goldgelb war. Und ein armes Weib hatte auf ebendiese Weise fast das ganze Gesicht eingebüßt. Statt der Nase sah man nur noch ein Loch, die Backen waren geschwollen und eiterten überall, die Augen waren blutig und wund und schienen aus dem Kopfe fallen zu wollen. Ich erinnere mich nicht, je etwas Bejammernswerteres gesehen zu haben. Dennoch schienen diese Unglücklichen unbekümmert über ihr Elend zu sein, sie handelten so frisch darauf los wie die übrigen, und was das Ekelhafteste war, sie hatten Lebensmittel zu verkaufen. Die Frauensleute waren im ganzen genommen zurückhaltend und zeigten gegen das ausgelassene Betragen unseres Schiffsvolks ausdrücklichen Widerwillen, doch gab es freilich auch einige, die minder keusch waren und durch unanständige Gebärden die Matrosen veranlaßten, alles zu versuchen und alles zu erhalten.

Am folgenden Morgen gingen wir mit den Kapitänen wieder an Land und beschenkten den Befehlshaber mit einer Menge Gartensämereien, deren Nutzen ihm durch Zeichen so eindringlich wie möglich vorgestellt wurde. Darauf kehrten wir zurück, und der Befehlshaber kam mit uns an Bord. Wir lichteten den Anker, die Segel wurden gesetzt, und wir verließen dies glückliche Eiland, dessen Schönheiten wir kaum hatten kennenlernen können. Während der Vorbereitung zur Abfahrt verkaufte der Befehlshaber uns noch eine Menge Fischangeln und rief darauf ein vorbeifahrendes Kanu ans Schiff, in dem er aufs freundschaftlichste Abschied von uns nahm.

Wir segelten nunmehr längs dem westlichen Gestade der Insel Tongatabu. Nachmittags gelangten wir an das nördliche Ende, wo einige kleine Inseln lagen, die durch ein Riff verbunden waren, und gegen Nordwesten gab es eine verborgene Klippe, an der die See sich mit großem Ungestüm brach. Hier ließen wir die Anker fallen, und es dauerte nicht lange, so wurden wir von einer Menge Insulaner umringt, die teils in Kanus, teils schwimmend herankamen, obschon wir eine Viertelmeile vom Ufer lagen. Sie boten uns gleich eine Unmenge von Zeug, Matten, Netzen und Hausrat, Waffen und Putz zum Verkauf und handelten Nägel und Korallen dafür ein, allein dieser Handel wurde ihnen bald abgeschnitten, als der Kapitän befehlen ließ, daß niemand dergleichen Kuriositäten einkaufen solle. Den Insulanern gab man zu verstehen, daß sie Kokosnüsse, Brotfrucht, Yams, Bananen, Schweine und Hühner herbeischaffen möchten. Die guten Folgen zeigten sich schon am nächsten Morgen, als gleich bei Tagesanbruch ganze Bootsladungen von Früchten und Hühnern anlangten. Viele Eingeborene kamen dreist und zutraulich an Bord, unter diesen ein Mann, der einiges Ansehen über seine Landsleute zu haben schien. Er stieg in die Kajüte hinunter und sagte, sein Name sei Attaha. Nach dem Frühstück ging er in der Pinasse mit uns an Land. Die Küste war von einem Korallenriff ge-

Der Unterbefehlshaber Attaha von Tongatabu

deckt, das ungefähr einen Büchsenschuß weit vor dem Ufer hinlief und nur eine schmale Durchfahrt hatte. Innerhalb des Riffs war der Grund so steinig und das Wasser so seicht, daß wir mit dem Boot nicht bis an den Strand kommen konnten, sondern uns hintragen lassen mußten. Sobald wir gelandet waren, bekam der Schiffsschreiber den Auftrag, Lebensmittel einzuhandeln, wobei ihm ein Kommando von Seesoldaten zur Wache dienen mußte.

Die Eingeborenen zeigten über diese Anordnung weder Verwunderung noch Mißvergnügen. Man empfing uns wie zu Eau mit Freudengeschrei und bat uns, auf dem Felsenufer niederzusitzen. Unter anderen Sachen brachten sie uns allerhand schöne, zahme Papageien und Tauben zum Verkauf. Unser Reisegefährte von Borabora, Maheine oder Hedidi, handelte sehr emsig um Putzwerk aus roten Federn, die, wie er versicherte, zu Tahiti und auf den Gesellschaftsinseln in außerordentlichem Wert ständen. Dergleichen Federn waren hier gewöhnlich auf Schürzen geklebt, die beim Tanzen als Putz dienten. Hedidi war über seinen Einkauf außer sich vor Freude und versicherte uns, daß ein zwei oder drei Finger breites Stückchen dieses Federputzes auf seiner Heimatinsel ausreichen würde, das größte Schwein zu kaufen.

Unerachtet es beinahe Abend war, als wir an Bord zurückkamen, fanden wir das Schiff noch von Eingeborenen umgeben, die teils in Kanus gekommen waren, teils im Wasser herumschwammen und nicht wenig Lärm machten. Darunter gab es viele Frauen, die wie Amphibien im Wasser herumgaukelten und sich leicht bereden ließen, an Bord zu kommen, nackt wie die Natur sie geschaffen. Um Keuschheit war es ihnen ebensowenig zu tun wie den Mädchen auf Tahiti. Ein Hemd, ein Stück Zeug oder ein paar Nägel waren zuweilen hinreichende Verlockungen für die Dirnen, sich ohne Scham preiszugeben. Doch war diese Liederlichkeit nichts weniger als allgemein, und ich glaube gewiß, daß nicht eine einzige verheiratete Frau sich einer ehelichen Untreue schuldig gemacht hat. Hätten wir die Verschiedenheit der Stände hier besser gekannt, so würden wir wahrscheinlich gefunden haben, daß wie in Tahiti auch hier die liederlichen Frauenspersonen nur vom niedrigsten Pöbel waren. Bei alledem bleibt es aber ein sonderbarer Zug im Charakter der südlichen Insulaner, daß unverheiratete Personen sich ohne Unterschied einer Menge von Liebhabern preisgeben dürfen. Sollten sie denn wohl erwarten, daß Mädchen, die den Trieben der Natur freien Lauf gegeben, bessere Weiber würden als die unschuldigen und eingezogenen? Doch es ist umsonst, für die Grillen der Menschen vernünftige Gründe suchen zu wollen, vornehmlich in Betracht des anderen Geschlechts, wegen dessen man zu allen Zeiten und in allen Ländern so verschiedener Meinung gewesen ist. In einigen Gegenden von Indien wird kein Mann von Stande eine Jungfer heiraten, in Europa hingegen ist eine verunglückte Jungfer fast ohne Hoffnung, je wieder zu Ehren zu kommen. Türken, Araber und Tataren treiben ihre Eifersucht sogar bis auf eingebildete Zeichen der Jungfernschaft, aus welcher sich der Malabare so wenig macht, daß er sie seinem Götzen opfert.

Keine von diesen Weibspersonen blieb nach Sonnenuntergang auf dem Schiff, sondern sie kehrten alle an Land zurück, um sich gleich ihren Landsleuten nicht weit vom Ufer unter die Bäume zu legen. Sie waren so auf den Handel erpicht, daß sie nicht zu ihren entfernteren Häusern zurückkehrten. Unsere Waren standen bei ihnen in hohem Wert. Die Hühner waren von ausnehmender Größe und vortrefflich im Geschmack. Sie hatten ein glänzendes Gefieder, das ins Rote oder Goldfarbige spielte. Die Matrosen kauften gern Hähne, um sich das barbarische Vergnügen zu machen, sie kämpfen zu sehen. Seit unserer Abreise von Huaheine war es ihnen gelungen, die Hähne täglich so zu martern und gegeneinander aufzubringen, daß viele von ihnen so erhitzt fochten wie die besten englischen Kampfhähne. Mit den hiesigen aber wollte es ihnen nicht glücken, und weil sie nicht kämpfen wollten, mußten die Matrosen sich schon entschließen, sie aufzufressen.

Am nächsten Morgen kam des Kapitäns Freund Attaha sehr zeitig an Bord. Nach dem Frühstück schickten der Kapitän und mein Vater sich an, ihn nach dem Lande zu begleiten. Als sie an Deck kamen, fiel Attaha ein tahitischer Hund in die Augen, bei dessen Anblick er vor Entzücken außer sich geriet und mehr als zwanzigmal »Guri!« rief. Es wunderte uns, daß ihm der Name eines Tieres bekannt war, das es in seinem Lande nicht gab. Die Kenntnis davon muß also von anderen Inseln oder vom Festland hierhergekommen sein, oder sie müssen ehemals selbst welche auf der Insel gehabt haben oder mit Ländern in Verbindung stehen, wo es Hunde gibt. Um aber die Freude des ehrlichen Attaha vollständig zu machen, schenkten wir ihm einen Hund und eine Hündin, die er ganz entzückt mit an Land nahm.

Mein Vater kam erst am Abend wieder, weil er bis nach dem südlichsten Ende der Insel gewesen war. In der Mittagsstunde hatte ihn ein starker Regen überfallen und ihn genötigt, in einer Hütte Obdach zu suchen. Zum Glück war der Eigentümer zu Hause, der meinen Vater freundlich aufnahm und ihn bat, Platz zu nehmen. Darauf öffnete er seinen Ofen unter der Erde und langte einige Bananen und Fische heraus, die in Blätter gewickelt, vollkommen gar und von vortrefflichem Geschmack waren. Mein Vater belohnte seinen Wirt mit Nägeln und Korallen, die jener unter dem gewöhnlichen »Fagafetai« über den Kopf hielt und dankbar annahm. Er begleitete seinen Gast auch bis an den Strand und trug ihm willig eine Menge von Speeren und Keulen nach, die mein Vater unterwegs eingehandelt hatte.

So harmlos sich aber auch die Leute gegen uns betrugen, so blieben sie dennoch nicht von den Unglücksfällen verschont, die bei Entdeckung fremder Länder nur gar zu oft vorfallen. Die Kapitäne waren am nächsten Tage noch nicht lange an Land gewesen, als ein Insulaner die Gelegenheit wahrnahm, eine Jacke aus unserem Boot zu stehlen. Um seine Beute zu sichern, tauchte er gleich unter Wasser und lief, sobald er den Strand erreicht hatte, unter seine Landsleute, wo das Gedränge am größten war. Gleichwohl ließen die Matrosen sich dadurch nicht abhalten, auf ihn zu feuern, ohne daß es der Kapitän befahl. Dadurch wurden einige ganz unschuldige Leute verwundet, doch bei alledem war das Volk so gutherzig, daß es weder Ufer noch Handelsplatz verließ und auch nicht das geringste Mißtrauen schöpfte, sondern sich die Kugeln getrost um die Ohren pfeifen ließ. Wenige Stunden später machte es ein anderer an Bord unseres Schiffes ebenso; er schlich in die Kajüte des Piloten und entwendete daraus verschiedene mathematische Bücher, einen Degen, ein Lineal und andere Kleinigkeiten, von denen er in seinem Leben keinen Gebrauch machen konnte. Die Sache wurde aber entdeckt, als er gerade in einem Kanu entwischen wollte. Man schickte ihm ein Boot nach, aber sobald er dies sah, warf er alles über Bord. Man ließ nun die Sachen durch ein anderes Boot auffischen, während das erste den Dieb weiter verfolgte. Um ihn einzuholen, schossen unsere Leute eine Kugel durch das Hinterteil des Bootes, worauf er ins Wasser sprang. Man hörte nicht auf, ihm nachzusetzen, doch seine Hurtigkeit schützte ihn noch eine Zeitlang. Er tauchte zuweilen unter das Boot, in dem unsere Leute saßen, und einmal hob er ihnen sogar das Steuerruder aus, ohne daß sie ihn erwischen konnten. Endlich wurde einer von den Matrosen des Spiels überdrüssig und warf den Bootshaken nach ihm. Unglücklicherweise drang das Eisen ihm unter den Rippen in den Leib, es war dem Matrosen also nicht schwer, den Insulaner vollends bis ans Boot heranzuziehen und ihn an Bord zu heben. Allein ehe man es sich versah, sprang er wieder in die See und entkam auch, obwohl er viel Blut verloren hatte, vermittels einiger Kanus, die ihn aufnahmen. Es ist gewiß sehr zu verwundern, daß die barbarische Verfolgung und Mißhandlung dieses armen Schelmen uns weder das Vertrauen noch die Zuneigung der Insulaner raubten. Alles blieb so ruhig und friedlich wie zuvor.

Die Kapitäne brachten Attaha und einen anderen Befehlshaber mit an Bord, und der Handel ging vonstatten, als wenn nichts vorgefallen wäre. Der Befehlshaber, der mit Attaha kam, schien von höherem Range zu sein, weil letzterer sich ein paar Schritte hinter ihm auf den Fußboden niedersetzte und durch nichts zu bewegen war, in Gegenwart des anderen zu essen. Jener war ein triefäugiger alter Mann, für den die übrigen Leute in den Kanus so viel Achtung zeigten, daß unsere Matrosen meinten, er müsse mindestens den Admiralsrang haben. An seiner Kleidung konnte man indessen nicht sehen, daß er von höherem Stande war, denn wie es scheint, wissen die Insulaner noch nichts von Kleiderpracht und Verschwendung. Die Achtung, die Attaha dem anderen Befehlshaber bezeigte, war zwar groß, aber noch nichts im Vergleich zu dem, was wir nach Tische am Land erfuhren. Einige unserer Leute erzählten uns, daß sie einen Mann, der nun beim Handelsplatz saß und einen Kreis von Eingeborenen um sich hatte, an der Marienbai, wo sie auf die Jagd gingen, gesehen hätten und daß alle Insulaner, die an ihm vorübergingen, sich auf die Erde geworfen, seine Füße geküßt und diese auf ihren Kopf gesetzt hätten. Auf ihre Frage erfuhren sie, er sei das Oberhaupt der ganzen Insel, wie Cucki Befehlshaber auf unseren

Schiffen sei. Sie sagten auch, daß er ihr Arighi oder König sei, und er werde Latu genannt.

Es war uns nun darum zu tun, diesen Latu näher kennenzulernen, wir gingen also zu ihm, und die Kapitäne machten ihm allerhand Geschenke, die er so hölzern und gleichgültig annahm, daß man ihn für recht einfältig hätte ansehen mögen. Unter anderem war auch ein Hemd dabei, das sie ihm anzogen, allein bei seiner stupiden Unbeholfenheit kostete das nicht wenig Mühe. Er würde vermutlich auch nicht dafür gedankt haben, wenn nicht ein altes Weib, das hinter ihm saß, ihn daran erinnert hätte.

Der Priester, der die Kapitäne am ersten Tage nach unserer Ankunft nach dem Begräbnisplatz geleitet hatte, saß ebenfalls in dem Kreis der Eingeborenen, in dem auch der Latu saß, und ließ sich das berauschende Pfefferwasser tapfer schmecken. Es wurde ihm in kleinen Bechern aus gefalteten Bananenblättern gereicht, und er verlangte, daß man auch uns von diesem köstlichen Getränk zuteilen sollte. Man bot uns also mit vieler Höflichkeit etwas davon an, und nur aus Höflichkeit kosteten wir auch davon. Es war von milchweißer Farbe, hatte einen ekelhaften, faden Geschmack und ließ eine unangenehm brennende Empfindung auf der Zunge zurück. Von diesem ekelhaften Zeug nahm der heilige Mann jeden Abend so reichliche Portionen zu sich, daß er immer ganz berauscht wurde. Kein Wunder also, daß ihm das Gedächtnis beim Gebet versagte, daß sein ganzer Körper mager, die Haut schäbig, das Gesicht runzlig und die Augen rot und triefend waren. Er stand aber bei dem Volke in großem Ansehen, und eine Menge Diener waren geschäftig, ihm mit vollen Bechern zur Hand zu gehen.

Wir verließen unsere Freunde nicht eher als bei Sonnenuntergang und versprachen ihnen, am folgenden Morgen wiederzukommen. Beide Schiffe waren nun mit einem guten Vorrat von Pisangs, Yams und Kokosnüssen versehen, auch hatte man sechzig bis achtzig Schweine und eine große Menge von Hühnern zusammengebracht. Frisches Wasser hingegen war nirgends zu finden gewesen, obschon man auch an der Ostseite der Insel danach hatte suchen lassen. Der Lotse, der dorthin geschickt worden war, hatte bei dieser Gelegenheit die Marienbai nebst den davorliegenden flachen Inseln aufnehmen müssen, und die genaue Übereinstimmung seiner Zeichnung mit Tasmans älteren Karten gab einen neuen Beweis dafür ab, wie sehr man sich auf die Treue und Genauigkeit jenes Seefahrers verlassen kann. Auf einer der flachen Inseln, wo der Lotse ausstieg, gab es eine erstaunliche Menge gefleckter Wasserschlangen mit platten Schwänzen. Ich muß bei dieser Veranlassung anmerken, daß auch wir Naturforscher Ursache hatten, zufrieden zu sein, denn so klein die Insel auch ist, so fanden wir doch verschiedene neue Pflanzen, darunter eine neue Art von Chinarinde und auch mehrere Arten von Papageien und Tauben. Die Eingeborenen scheinen gute Vogelfänger zu sein und Gefallen an diesen Tieren zu finden, denn manche trugen Tauben auf einem Stocke mit sich herum.

Als unser Boot gestern zum letztenmal vom Lande nach dem Schiffe herüberkam, brachte es eine Menge Früchte und Wurzeln und ein völlig zubereitetes Schwein mit, welches insgesamt der Latu dem Kapitän als Geschenk übersandte. Damit diese Höflichkeit nicht unerwidert blieb, nahmen wir nun ein Hemd, eine Säge, ein Beil, einen Kupferkessel nebst anderen Kleinigkeiten mit uns an Land und händigten ihm dies am Strande aus, wo er im Grase saß. Er nahm diese Sachen mit der finsteren Miene an, die wir nun schon bei ihm gewohnt waren. Wir kehrten an Bord zurück, und nach dem Frühstück wurden die Anker gelichtet. Indessen lagen die eingekauften Lebensmittel noch so unordentlich auf dem Deck herum, daß wir nicht gleich in See stechen konnten, sondern unter der Insel beilegen mußten. Gegen Abend, als alles weggeräumt war, gingen wir endlich unter Segel.

Am folgenden Morgen, am 8. Oktober, hatten wir Windstille. Während derselben wurde ein Hai von 8 Fuß Länge gefangen, der größte, den wir je gesehen. Nachmittags erblickten wir die kleine Insel, welche Tasman Pylstaerts-Eiland nennt. Er gab ihr diesen Namen wegen einer gewissen Art von Vögeln, die ihm hier zu Gesicht kamen und allem Vermuten nach tropische Vögel gewesen sein müssen, denn Pylstaert bedeutet buchstäblich soviel wie Pfeilschwanz und bezieht sich auf die zwei langen, hervorstehenden Schwanzfedern dieses Vogels. Gegen Abend bekamen wir widrigen Wind aus Südwest, der bis zum 10. anhielt und uns die ganze Zeit über in der Nähe jener kleinen Insel zu lavieren nötigte. Alsdann aber stellte sich der Passatwind wieder ein und brachte uns so schnell fort, daß wir um zwei Uhr nachmittags die Insel nicht mehr sehen konnten. Nunmehr verließen wir die tropischen Gegenden dieses Ozeans und nahmen zum zweitenmal Kurs auf Neuseeland, um die Südsee in den mittleren Breiten zu durchkreuzen. Wir hatten zwischen den Wendekreisen einen Strich von mehr als 40 Grad der Länge untersucht und einunddreißig Tage teils auf den Gesellschafts-, teils auf den Freundschafts-Inseln zugebracht, welches unserem gesamten Schiffsvolk ungemein gut bekommen war. Der Sommer, als die tauglichste Jahreszeit, den südlicheren Teil dieses Weltmeeres zu untersuchen, nahte heran, und die öden Klippen von Neuseeland sollten uns nur so lange zum Aufenthalt dienen, als nötig war, das leichtere Sommer-Takelwerk abzunehmen und stärkeres aufzusetzen, das den Stürmen und aller übrigen strengen Witterung jener rauhen Himmelsgegend besseren Widerstand leisten konnte.

12. Kapitel

Seefahrt von den Freundschafts-Inseln nach Neuseeland – Trennung von der »Adventure« – Zweiter Aufenthalt in Charlotten-Sund

Kaum hatten wir den heißen Erdstrich zwischen den Wendekreisen verlassen, als sich schon wieder große Schwärme von Seevögeln einfanden und mit leichtem Fluge über den Wellen dahinschwebten, die der günstige Wind vor sich hertrieb. Am 12. sahen wir unter einer Menge von Vögeln einen Albatros; diese Vögel kommen nie über den Wendekreis hinaus, aber jenseits desselben findet man sie bis gegen den Pol hin. So sorgfältig hat die Natur jedem Tier seinen Wohnplatz angewiesen.

In der Nacht trieben verschiedene Blubbers (Medusen) an dem Schiffe vorbei. Sie wurden durch ihr phosphorisches Licht sichtbar und funkelten so hell, daß die See glänzendere Sterne zu enthalten schien als der Himmel. Meergras, Sturmvögel und Albatrosse sahen wir täglich mehr, je näher wir der Küste von Neuseeland kamen. Am 19. leuchtete die See, am 20. verkündigten uns ganze Schwärme von Sturmtauchern, daß wir nicht mehr weit vom Lande sein konnten, und am folgenden Morgen um fünf Uhr entdeckten wir die ersten Berggipfel. Den ganzen Tag steuerten wir gegen die Küste hin, und um vier Uhr nachmittags waren wir dem Table Cap und Portland-Eiland gegenüber. Die Küste bestand aus steilen, weißen Felsen, und wir konnten schon die Hütten und Festungen der Eingeborenen unterscheiden, die wie Adlernester oben auf den Klippen erbaut waren. Die Einwohner liefen in ziemlicher Anzahl längs dem Berge hin, um uns nachzuschauen. Sie setzten sich auf die Landspitze, aber keiner gab sich die Mühe, sein Kanu ins Meer zu bringen. Wir segelten zwischen den verborgenen Klippen und dem Lande durch, liefen bei Hawkes-Bai vorüber und steuerten die Nacht über längs der Küste hin.

Am Morgen waren wir jenseits von Kap Kidnapper und näherten uns dem schwarzen Kap. Nach dem Frühstück stießen drei Kanus vom Lande ab. Da wir nicht weit vom Strande waren, holten sie uns bald genug ein. In einem der Kanus befand sich ein vornehmer

Mann, der ohne Bedenken sogleich aufs Schiff kam. Er war groß, von mittlerem Alter und hatte ein paar gute, aus hiesigem Flachs gemachte Kleidungsstücke an. Sein Haar war nach Landesart aufgesetzt, das heißt auf dem Scheitel aufgebunden, mit Öl eingeschmiert und mit Federn besteckt. In jedem Ohr hatte er ein Stück Albatrosfell, an dem noch die weißen Flaumfedern saßen, und das Gesicht war über und über in krummen und gewundenen Linien punktiert. Der Kapitän schenkte diesem Mann ein Stück roten Boy, etwas Gartensamen, ein paar Schweine und drei Paar Hühner. Maheine, unser junger Reisegefährte aus Borabora, hatte kaum gehört, daß es hier weder Kokospalmen noch Yams gebe, als er aus seinem eigenen Besitz einige Nüsse und Wurzeln hervorsuchte, um den Wilden ein Geschenk damit zu machen. Da man ihm aber sagte, daß in diesem Klima keine Kokosbäume wachsen würden, gab er ihm nur die Yams und überließ es uns, dem Neuseeländer die Nutzbarkeit dieses Gewächses zu erklären. Wir wandten auch alle Mühe an, ihm wenigstens soviel beizubringen, daß er die Schweine und Hühner zur Zucht behalten, die Wurzeln aber pflanzen müsse. Nach langen Erklärungen schien er endlich zu begreifen, und um seine Dankbarkeit zu zeigen, beraubte er sich einer Mahipeh oder Streitaxt, die künstlich geschnitzt und mit Papageienfedern und weißen Hundehaaren geziert war. Darauf empfahl er sich und stieg an Deck, wo der Kapitän ihm noch einige Nägel aushändigte. Zum Abschied gaben unsere Gäste uns einen Hiva- oder Kriegstanz zum besten, der aus Stampfen mit den Füßen, drohendem Schwenken der Keulen und Speere, schrecklichen Verzerrungen des Gesichts, Ausstrecken der Zunge und wildem Heulen bestand. Die Art, wie sie mit den Hühnern umgingen, ließ uns nicht viel Hoffnung, daß wir unsere Absicht erreichen und dies Land mit zahmen Haustieren versorgen könnten, denn es schien fast, daß sie kaum lebendig an Land kommen würden.

Gegen Abend stürmte es so heftig, daß wir uns scharf am Wind halten und oft lavieren mußten, um nicht zu weit von der Küste verschlagen zu werden. Dabei regnete es so stark, daß man in keiner Kajüte des Schiffes trocken blieb. Von Zeit zu Zeit kam ein jäher Windstoß und riß uns die morschen Segel in Stücke. Außerdem machte der Wind, der von den verschneiten Bergen herabwehte, die

Häuptling von den Tongainseln in Kriegstracht

Luft so kalt, daß das Thermometer auf 5,5 Grad stand. So stürmisch und brausend jedoch dieser Anfang war, so ruhig wurde es bald wieder. Allein die Stille hatte kaum einige Stunden gewährt, als der Sturm von neuem losging. Am folgenden Morgen ließ er soweit nach, daß wir wieder gegen die Küste steuern konnten, mit Einbruch der Nacht aber wurde er fürchterlicher als je, und die Matrosen hatten nicht einen Augenblick Ruhe. Am 24. abends sahen wir endlich die Einfahrt der Cook-Straße, das Kap Palliser, vor uns, doch durften wir es nicht wagen, in der Dunkelheit hineinzusteuern, und ehe wir am nächsten Morgen Anstalten dazu treffen konnten, erhob sich der Sturm abermals und wurde um neun Uhr so rasend, daß wir beilegen und alle Segel bis auf eins einnehmen mußten. Die Wellen rollten so lang und stiegen so entsetzlich hoch, daß sie beim Brechen durch den Sturm völlig zu Dunst zerstäubt wurden. Dieser Wasserstaub breitete sich über die ganze Oberfläche der See aus, und da kein Wölkchen am Himmel zu sehen war, die Sonne vielmehr hell und klar schien, gab die schäumende See einen überaus blendenden Anblick. Endlich wurde der Wind so wütend, daß er uns das einzige Segel vollends zerriß, welches wir noch aufgespannt zu lassen gewagt hatten. Nun waren wir ein Spiel der Wellen, sie schleuderten uns bald hier-, bald dorthin, schlugen oft mit entsetzlicher Gewalt über dem Verdeck zusammen und zerschmetterten alles, was ihnen im Wege war. Von dem ständigen Werfen des Schiffes litt das Tau- und Takelwerk ungemein; auch die Stricke, womit Kasten und Kisten festgebunden waren, gaben nach und rissen endlich los, so daß alles in der größten Verwirrung vor und um uns lag. Als das Schiff einmal besonders stark rollte, riß auch der Gewehrkasten los und stürzte gegen das Seitengeländer, an das sich unser Reisegefährte Hood eben gestellt hatte. Kaum blieb ihm soviel Zeit übrig, sich niederzubücken, doch hätte auch das ihn nicht gerettet, wenn nicht der Kasten schräg gegen das Geländer gefallen und darunter ein Hohlraum geblieben wäre, in dem Herr Hood glücklicherweise unbeschädigt blieb.

So wild es solchergestalt auch mit den Elementen zuging, so waren die Vögel doch nicht ganz weggescheucht. Noch immer schwebte über der brausenden, aufgewühlten Fläche der See hier und da ein schwarzer Sturmvogel, indem er sich hinter den hohen

Wellen sehr geschickt gegen den Sturm zu schirmen suchte. Der Anblick des Ozeans war prächtig und fürchterlich zugleich. Bald überschauten wir von der Spitze einer breiten, schweren Welle die unermeßliche Fläche des Meeres, in unzählbare tiefe Furchen aufgerissen, bald zog uns eine brechende Welle mit sich in ein schroffes, fürchterliches Tal herab, während der Wind von jener Seite schon wieder einen neuen Wasserberg mit schäumender Spitze herbeiführte und das Schiff zu decken drohte. Die hereinbrechende Nacht vermehrte diese Schrecken, vornehmlich bei denjenigen, die nicht von Jugend auf an das Seeleben gewöhnt waren. In der Kapitänskajüte wurden die Fenster herausgenommen und Bretterschieber eingesetzt, damit die Wellen nicht eindringen konnten. Diese Veränderung brachte einen Skorpion, der sich zwischen dem Holzwerk eines Fensters verborgen gehalten hatte, aus seinem Lager hervor. Vermutlich war er auf einer der Inseln in einem Bündel Früchte oder Wurzeln mit an Bord gekommen. Unser Freund Maheine versicherte uns, es sei ein unschädliches Tier, allein der bloße Anblick war fürchterlich genug, uns bange zu machen. In den anderen Kajüten waren die Betten durchaus naß, doch wenn auch dies nicht gewesen wäre, so nahm uns das fürchterliche Brausen der Wellen, das Knakken des Holzwerks und das gewaltige Schwanken des Schiffes ohnehin alle Hoffnung, ein Auge zuzutun. Und um das Maß der Schrekken vollzumachen, mußten wir noch das entsetzliche Fluchen und Schwören der Matrosen mit anhören, die oftmals Wind und Wellen überschrieen. Von Jugend auf an jede Gefahr gewöhnt, ließen sie sich auch jetzt nicht davon abhalten, die frechsten, gotteslästerlichsten Flüche auszustoßen. Unterdessen tobte der Sturm nach wie vor, bis es um zwei Uhr morgens mit einem Male aufhörte zu wehen und gänzlich windstill wurde. Nun schleuderten die Wellen das Schiff erst recht herum. Es schwankte so gewaltig von einer Seite zur anderen, daß manchmal die mittleren Wanten und sogar das hintere Verdeck ins Wasser tauchten.

Nach Verlauf einer Stunde erhob sich endlich ein frischer, günstiger Wind, mit dem wir den ganzen Tag über wieder dem Lande zu segelten, denn der Sturm hatte uns weit in die See hinaus verschlagen. Pintaden und Sturmvögel schwärmten von neuem scharenweise um uns her, und ein Albatros, an dem wir vorbeifuhren, war auf offener See eingeschlafen, so sehr mußte der Sturm ihn ermüdet haben. Am folgenden Tage ging es uns an der Mündung der Cook-Straße nicht besser als zuvor. Wir bekamen abermals widrigen Wind, der in einen regelrechten Sturm ausartete. Am 29. frühmorgens erblickte der wachhabende Offizier verschiedene Tromben oder Wasserhosen, und kurz darauf hatten wir einen leichten Regen und guten Wind. Abends verloren wir die »Adventure« aus dem Gesicht und bekamen sie die ganze Reise über nicht mehr zu sehen. Der widrige Wind, der am folgenden Morgen einfiel, muß uns völlig auseinandergebracht haben, denn die »Adventure« war ungleich weiter vom Lande entfernt als wir, und folglich hat der Sturm seine Gewalt weit mehr an ihr als an uns auslassen können.

Wir wurden neun elende lange Nächte in der See herumgeworfen, ohne daß Schlaf in unsere Augen kam, und wir gaben beinahe alle Hoffnung auf, an dieser Küste je wieder vor Anker zu gelangen. Endlich erreichten wir am 1. November die Cook-Straße. Das Wetter blieb zwar noch immer unbeständig und wurde uns von neuem zuwider, als wir an das auf der nördlichen Insel gelegene Kap Terra Witti herankamen, doch glückte es uns, am 2. in eine Bucht einzulaufen. Die Küste bestand aus schwarzen, unfruchtbaren Bergen, die sehr hoch, fast ohne Holz und Buschwerk waren und in langen, säulenförmigen Felsen in die See hinausragten. Die Bai selbst schien weit ins Land hineinzugehen und ließ uns vermuten, daß das Land, auf dem Kap Terra Witti liegt, vielleicht eine Insel sei. So kahl und öde aber diese Insel auch aussah, so war sie doch bewohnt, denn wir lagen noch keine halbe Stunde vor Anker, als schon verschiedene Kanus ans Schiff kamen. Die Leute gingen in alte lumpige Mäntel gekleidet. Der Rauch, dem sie in ihren niedrigen Hütten ständig ausgesetzt sind, und der Schmutz, der sich vermutlich von ihrer Jugend an auf der Haut festgesetzt hatte, bewirkte, daß sie häßlich gelbbraun aussahen und daß man ihre wahre Farbe nicht feststellen konnte. Den Winter hindurch hatten sie sich vielleicht oft mit halbfaulen Fischen begnügen müssen, diese ekelhafte Nahrung aber und das ranzige Öl, womit sie sich das Haar einschmierten, hatten ihren Ausdünstungen einen so unerträglichen Gestank mitgeteilt, daß man sie schon von weitem wittern konnte. Sie brachten einige Fischangeln und gedörrte Krebsschwänze mit und nahmen unsere Eisenwaren und tahitisches Tuch sehr gierig dagegen. Kapitän Cook schenkte ihnen ein paar Hühner, die sie zur Brut behalten sollten, allein es ist schwerlich anzunehmen, daß diese Wilden auf Viehzucht bedacht sein könnten.

Um drei Uhr nachmittags lichteten wir die Anker und verließen die Bai. Es war ein Glück, daß wir nicht länger gewartet hatten, denn in wenigen Minuten wurde es so stürmisch, daß das Schiff unglaublich schnell forttrieb, doch kamen wir an den gefährlichen Klippen, die Brüder genannt, ohne Schaden vorüber und gelangten endlich bei einbrechender Nacht in Charlotten-Sund vor Anker. Am folgenden Tage trafen wir gegen Mittag glücklich wieder in Ship-Cove ein, von wo wir ungefähr fünf Monate vorher ausgesegelt waren. Der frühen Jahreszeit wegen ließ sich zwar jetzt nicht erwarten, daß wir so viele frische Kräuter finden würden wie das erstemal, dagegen machten wir uns große Hoffnung, hier wieder mit der »Adventure« zusammenzutreffen, weshalb auch Kapitän Cook einige Zeit hierzubleiben gedachte.

Kaum hatten wir geankert, so besuchten uns verschiedene Eingeborene, die vom Fischen kamen und ihren Fang zum Tausch anboten. Es waren einige von unseren Bekannten unter ihnen, die sehr erfreut zu sein schienen, daß wir sie bei ihren Namen nannten. Sie erzählten uns, daß Gubaia, einer ihrer alten Befehlshaber, mit den beiden Ziegen, die wir bei Gras-Cove gelassen hatten, eine Jagd angestellt, sie geschlachtet und gegessen habe. Auf solche Art durften wir uns gar keine Hoffnung machen, dies Land je mit vierfüßigen Tieren zu versehen.

Nachmittags besuchten wir die Pflanzungen, die wir am Strand von Ship-Cove, auf dem Hippahfelsen und auf Motu-Aro angelegt hatten. Die Rüben und fast alle anderen Wurzeln waren in Samen geschossen, der Kohl und die gelben Möhren standen sehr schön, Petersilie und Zwiebeln nicht minder gut, die Erbsen und Bohnen hingegen mußten von den Ratten verheert worden sein, denn es war kaum noch eine Spur davon zu finden. Auch die Kartoffeln waren fast alle fort, doch schien es, daß sie von den Eingeborenen ausgegraben worden waren, Der gute Zustand der Gartengewächse bewies, daß der Winter in diesem Teile von Neuseeland sehr gelinde sein muß.

Am folgenden Morgen lief von unseren bereits dort kampierenden Leuten die Meldung ein, daß die Eingeborenen in der Nacht einen Wächtermantel und einen Beutel mit Leinen aus dem Wasserzelt gestohlen hätten. Der Kapitän begab sich unverzüglich zu den Eingeborenen und stellte ihren Anführer Teiratuh wegen des Diebstahls zur Rede. Dieser schickte alsbald nach den gestohlenen Sachen und lieferte sie ohne Widerrede zurück, wobei er beteuerte, daß er nicht das mindeste davon gewußt habe. Bei dieser Erklärung ließen wir es, weil wir es nicht mit den Eingeborenen verderben wollten. Sie versahen uns nämlich täglich mit frischen Fischen, die wir nicht so reichlich zu fangen wußten. Bei dieser Gelegenheit fand man auch eine von den Sauen, die Kapitän Furneaux in Cannibal-Cove zurückgelassen hatte. Als Teiratuh befragt wurde, wo die beiden anderen geblieben seien, wies er nach verschiedenen Gegenden, um anzudeuten, daß man sie hierhin und dorthin geschleppt habe. Durch solche Trennung der Tiere, die sie als Beute untereinander teilen, hindern diese Leute das Fortkommen derselben. Immer nur darauf bedacht, für den Augenblick zu sorgen, vernachlässigen sie die Mittel, durch die man ihnen einen beständigen Unterhalt zu verschaffen und sie glücklicher zu machen wünscht.

Am 6. nachmittags kamen aus verschiedenen Gegenden der Bai eine Menge anderer Indianer mit Fischen, Kleidern, Waffen und dergleichen zu uns und tauschten alle diese Waren gegen tahitisches Zeug. Abends begaben sie sich in eine Bucht, zogen ihre Kanus an Land, richteten Hütten auf, zündeten Feuer an und machten sich ein Abendessen von Fischen. Früh am folgenden Morgen waren sie alle fort. Wir konnten nicht begreifen, warum sie so plötzlich aufgebrochen waren, endlich aber zeigte es sich, daß sie sechs kleine Fässer, vermutlich der Eisenreifen wegen, vom Wasserplatz entwendet hatten. Im Grunde hätten sie es nicht nötig gehabt, ihre Zuflucht zum Stehlen zu nehmen, denn wenn sie uns nur einen Tag mit Fischen versorgten, bekamen sie dreimal soviel und dazu brauchbareres Eisengerät als jetzt. Nun mußten wir selber fischen, obgleich wir den Strich und Stand der Fische nicht so gut kannten wie die Eingeborenen und auch die Leute dazu nicht entbehren konnten. Die Matrosen hatten alle Hände voll zu tun, das Schiff abzuputzen und zu kalfatern, neues Tau- und Takelwerk aufzusetzen, kurz alles in Ordnung

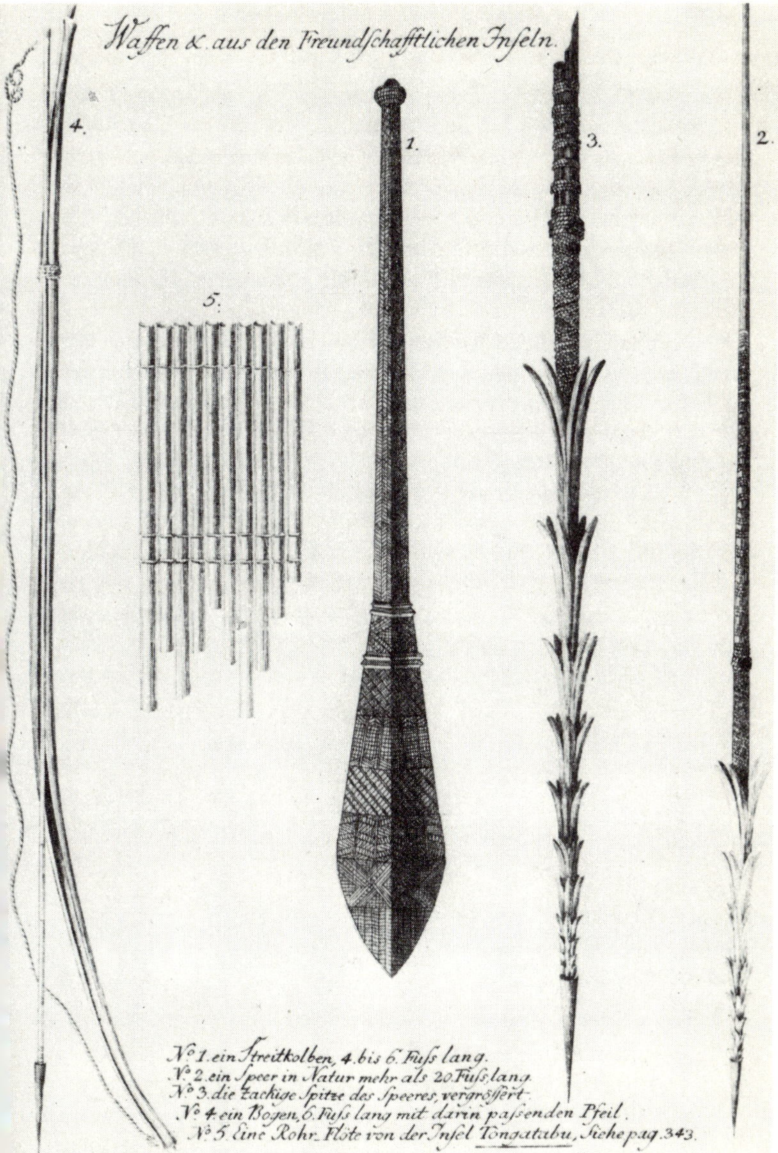

Waffen der Freundschaftlichen Inseln: Bogen mit Pfeil, Streitkolben. Speer und Speerspitze, dazu eine Rohrflöte

zu bringen, was zu der beschwerlichen Fahrt gegen den Südpol erforderlich war. Einige Matrosen blieben an Land, um die Wasserfässer zu füllen, Holz zu schlagen und den Schiffszwieback durchzusehen, der in sehr üblem Zustand war. Unglücklicherweise hatte man ihn bei der Abreise aus England in neue Fässer gepackt, wodurch er feucht und schimmlig geworden, ja zum Teil ganz verfault war. Damit dieses Übel nicht noch weiter um sich greifen möchte, wurde alles Brot an Land geschafft, das Verdorbene von dem Eßbaren sorgfältig abgesondert und letzteres in einem Ofen getrocknet und aufgebacken.

Das Wetter blieb diese Zeit über meist ebenso stürmisch und unbeständig, wie es bei unserer Annäherung an diese Küste gewesen war. Selten verging ein Tag ohne heftige Regengüsse und Windstöße, die unsere Leute oft an der Arbeit hinderten. Dabei war die Luft kalt und rauh. Das Wachstum der Pflanzen ging langsamer vonstatten, und die Vögel hielten sich nur in solchen Tälern auf, wo sie gegen den kalten Südwind Schutz fanden.

So rauh indessen das Wetter auch war, so ließen die Eingeborenen sich dadurch doch nicht abhalten, in diesem weitläufigen Sund umherzustreifen. Nachdem wir drei Tage von ihnen verlassen gewesen waren, kamen wieder drei Kanus zu uns, wovon das eine am Hinterteil sehr kunstvoll mit erhabener und durchbrochener Arbeit verziert war. Am folgenden Tage stießen noch zwei Kanus zu ihnen, in denen sich unser Freund Towahangha mit seiner ganzen Familie befand. Er brachte seinen Sohn Koaah und seine Tochter Ko-parrih mit an Bord. Wir kauften ihm eine Menge grüner nephritischer Steine ab, die zu Meißeln und Äxten geschliffen waren, und führten ihn dann in die Kajüte, wo er von Kapitän Cook allerlei Sachen, der kleine Junge aber ein Hemd bekam. Kaum hatte man dem Knaben seinen neuen Staat angezogen, da wollte er vor seinen Landsleuten auf dem Deck paradieren. Diese Eitelkeit kam ihm aber teuer zu stehen. Ein alter Ziegenbock, der zum Mißvergnügen der Neuseeländer, die ihn fürchteten, auf dem Deck seinen Stand hatte, schien über die lächerliche Gestalt des kleinen Koaah in dem weiten Hemde böse zu werden und stieß mit ganzer Gewalt den armen Jungen zu Boden, so daß er alle viere von sich streckte und nicht wagte, aufzuspringen und davonzulaufen, sondern aus Leibeskräften schrie. Man half dem

Knaben wieder auf die Beine, aber Hemd, Gesicht und Hände waren gleich schmutzig. In diesem Zustand kam er heulend in die Kajüte und klagte seinem Vater, was für ein Unglück ihm begegnet sei, allein dieser gab ihm zur Strafe für seine Torheit einige derbe Schläge, ehe wir uns ins Mittel legen konnten. Das Hemd wurde gereinigt, und er selber wurde über und über gewaschen, was ihm wohl sein lebelang noch nicht widerfahren sein mochte. Der Vater aber rollte das Hemd sorgfältig zusammen, nahm sein eigenes Kleid ab und rollte aus beidem ein Bündel, worin er alle Geschenke zusammenpackte, die wir ihm und seinem Sohn gegeben hatten.

Seit dem 13. war das Wetter gelinde und schön. Die Eingeborenen versorgten uns noch immer mit Fischen, so wie auch unsere Seeleute ihre Galanterien mit den Frauenspersonen fortsetzten, obschon nur eine einzige von ihnen erträgliche sanftere Gesichtszüge hatte. Dieses Mädchen war von den Eltern einem unserer jungen Reisegefährten als Frau überlassen worden. Toghiri, so hieß das Mädchen, war ihrem Mann ebenso treu und ergeben, als ob er ein Neuseeländer gewesen wäre. Sie verwarf die Anträge anderer Seeleute mit dem Hinweis, sie sei eine »tirra-táne«, eine verheiratete Person. So gern aber der Engländer sie auch leiden mochte, er brachte sie nie mit an Bord, und in der Tat wäre dort für die zahlreiche Gesellschaft, die auf ihren Kleidern und in ihren Haaren herumkroch, wohl kaum Platz gewesen. Er besuchte sie also nur den Tag über auf dem Lande und trug ihr gewöhnlich den ausrangierten Schiffszwieback zu, den sie und ihre Landsleute immer noch mit großer Begierde als einen Leckerbissen verzehrten.

Maheine von Borabora war so sehr gewohnt, jedem Rufe der Natur zu folgen, daß er keine Bedenken trug, ihrer Stimme auch in Neuseeland zu folgen. Er sah freilich wohl, daß die Frauen hier weder so schön, noch so artig waren wie in seiner Heimat, doch die Stärke des Instinkts brachte seine Delikatesse zum Schweigen, und das ist wohl um so weniger zu verwundern, da es die gesitteten Europäer nicht besser machten. In jeder anderen Beziehung waren seine Gesinnung und sein Betragen gegen die Neuseeländer untadelhaft. Er teilte den Leuten, die uns besuchten, aus seinem eigenen Vorrat an Yamswurzeln mit, und wenn der Kapitän ein Stück Land besäte oder bepflanzte, war er stets als treuer Gehilfe dabei zugegen.

Wir brachten am 17. fast den ganzen Morgen damit zu, viele hohe Bäume zu fällen, von denen wir gern die Blüten gehabt hätten, aber alle Mühe war vergebens, denn die geschlagenen Bäume fielen nicht, sondern blieben in tausend Schlingpflanzen und in den Gipfeln anderer Bäume hängen. An den drei folgenden Tagen regnete es so heftig, daß wir an Bord bleiben mußten, diese ganze Zeit über ließ sich auch kein einziger Wilder sehen. Am 21. des Morgens kamen zwei Kanus mit Frauen an das Schiff. Sie gaben uns zu verstehen, daß ihre Männer gegen eine andere Partei zu Felde gezogen und sie deswegen sehr besorgt seien. Soviel sich aus ihren Zeichen ersehen ließ, mußten die Feinde irgendwo an der Admiralitäts-Bai wohnen. Da am 22. das Wetter schön war, begleiteten wir den Kapitän nach der West-Bai, um dort in einem entlegenen Winkel zwei Sauen, einen Eber, drei Hähne und zwei Hennen auszusetzen. Wir hofften, daß diese Tiere sich hier ungestört vermehren könnten, sollte also einmal die südliche Insel von Neuseeland mit Schweinen und Hühnern versehen sein, so wird dies der Vorsicht zuzuschreiben sein, mit der wir die Zuchttiere versteckten.

Der Kapitän, Herr Wales und mein Vater ließen sich am Nachmittag nach Motu-Aro übersetzen, um die Pflanzgärten zu besichtigen und Kräuter zu sammeln, während einige Leutnants nach Indian-Cove gingen, um dort Handel zu treiben. Das erste, was ihnen dort in die Augen fiel, waren die Eingeweide eines Menschen, die nahe am Wasser auf einen Haufen geschüttet lagen. Kaum hatten sie sich von der ersten Bestürzung über diesen Anblick erholt, als ihnen die Eingeborenen verschiedene Stücke vom Körper selbst vorzeigten und mit Worten und Gebärden zu verstehen gaben, daß sie das übrige gefressen hätten. Unter den vorhandenen Gliedmaßen befand sich auch noch der Kopf, und nach diesem zu urteilen, mußte der Erschlagene ein Jüngling von fünfzehn oder sechzehn Jahren gewesen sein. Die untere Kinnlade fehlte, und über dem einen Auge war der Hirnschädel eingeschlagen. Unsere Leute fragten die Neuseeländer, woher sie diesen Körper bekommen hätten, worauf jene antworteten, daß sie dem Feinde ein Treffen geliefert und verschiedene von ihnen getötet, aber nur den Leichnam dieses Jünglings hätten mitnehmen können. Sie setzten hinzu, daß auch von ihrer Partei verschiedene umgekommen seien, wobei sie auf einige abseits sitzende Weiber zeigten, die laut wehklagten und sich die Stirn mit scharfen Steinen verwundeten. Was wir also bisher nur vermutet hatten, das fanden wir jetzt durch den Augenschein bestätigt, und es blieb uns kein Zweifel mehr, daß wir die Neuseeländer für wirkliche Menschenfresser zu halten hätten.

Leutnant Pickersgill wünschte den Schädel zu kaufen und als Andenken mit nach England zu nehmen. Er bot einen Nagel dafür und erhielt ihn ohne das mindeste Bedenken für diesen Preis. Als er an Bord zurückkam, stellte er ihn oben auf das Decksgeländer. Während wir noch um ihn herumstanden, um ihn zu betrachten, kamen einige Neuseeländer vom Wasserplatz zu uns. Als sie den Kopf sahen, zeigten sie großes Verlangen nach ihm und gaben uns durch Zeichen zu verstehen, daß das Fleisch von vortrefflichem Geschmack sei. Den ganzen Kopf wollte Herr Pickersgill nicht hergeben, doch erbot er sich, ihnen ein Stück von der Backe abzugeben. Er schnitt es ab und reichte es ihnen, sie wollten es aber nicht roh essen. Man ließ es ein wenig über dem Feuer braten, und kaum war dies geschehen, so verschlangen sie es vor unseren Augen mit der größten Gier. Dieser Anblick brachte bei allen, die zugegen waren, sonderbare und recht verschiedene Wirkungen hervor. Einige schienen, dem Ekel zum Trotz, der uns gegen Menschenfleisch beigebracht worden ist, fast Lust zu haben, mit anzubeißen. Andere hingegen waren auf die Menschenfresser unvernünftigerweise so erbittert, daß sie die Neuseeländer alle totzuschießen wünschten, als ob sie das Recht hätten, über das Leben eines Volkes zu gebieten, dessen Handlungen nicht einmal vor ihren Richterstuhl gehörten. Einigen war der Anblick wie ein Brechpulver. Die übrigen begnügten sich damit, diese Barbarei eine Entehrung der menschlichen Natur zu nennen und zu beklagen, daß das edelste der Geschöpfe dem Tier so ähnlich werden könne. Allein Maheine, der junge Mensch von den Gesellschaftsinseln, zeigte bei diesem Vorfall mehr wahre Menschlichkeit als alle anderen. Geboren und erzogen in einem Land, dessen Einwohner sich bereits der Barbarei entrissen haben, erregte diese Szene den heftigsten Abscheu in ihm. Er wandte die Augen von dem gräßlichen Schauspiel und floh nach der Kajüte. Wir fanden ihn dort in Tränen, und auf unser Befragen erfuhren wir, daß er über die unglücklichen Eltern des Schlachtopfers weine. Er war so schmerzlich gerührt, daß einige Stunden vergingen, ehe er sich wieder beruhigen konnte.

Philosophen, die den Menschen nur von ihrer Studierstube her kennen, haben dreist behauptet, daß es nie Menschenfresser gegeben habe, selbst unter unseren Reisegefährten waren Zweifler. Kapitän Cook hatte aber schon auf seiner vorigen Reise aus guten Gründen gemutmaßt, daß die Neuseeländer Menschenfresser sein müßten, und jetzt, da wir es mit eigenen Augen gesehen haben, kann man nicht mehr daran zweifeln. Über den Ursprung dieser Gewohnheit sind die Gelehrten sehr verschiedener Meinung, wie unter anderem aus des Herrn Canonicus Pauw zu Xanten »Recherches philosophiques sur les Americains« ersehen werden kann. Er selbst scheint anzunehmen, daß die Menschen ursprünglich durch Mangel und äußerste Notdurft darauf verfallen sind, einander zu fressen. Dagegen aber lassen sich sehr wichtige Einwände erheben, und folgender ist einer der stärksten: Wenige Gegenden der Erde sind so unfruchtbar, daß sie ihren Bewohnern nicht soviel Nahrungsmittel liefern, als zu ihrer Erhaltung nötig sind, und die Länder, wo es jetzt noch Menschenfresser gibt, können am wenigsten für so elend ausgegeben werden. Die nördliche Insel von Neuseeland hat kaum hunderttausend Einwohner, und wenn ihrer auch weit mehr wären, so würden sie sich doch alle von dem Überfluß an Fischen und vermittels des Landbaues, der in der Bai of Plenty und andernorts angefangen worden ist, zur Genüge ernähren und sogar den Fremden davon abgeben können, was sie auch wirklich getan haben.

Bei alledem leugne ich keineswegs, daß es Fälle gegeben haben kann, wo ein Mensch wirklich den anderen aus Not aufgefressen hat, allein davon gibt es nur einzelne Beispiele, woraus aber nur zu ersehen ist, daß die Menschenfresserei damit im ganzen genommen nicht bewiesen ist. Im Jahre 1722, da Deutschland eine Mißernte hatte und viele Provinzen Hunger leiden mußten, wurde auf den Boinenburgischen Gütern an der Grenze von Thüringen ein Hirt eingezogen und, wenn ich nicht irre, am Leben bestraft, weil er, durch Hunger gezwungen, einen jungen Burschen erschlagen und gefressen, auch verschiedene Monate lang in gleicher Absicht bloß des Wohlgeschmacks wegen zu morden fortgefahren hatte. Er sagte im Verhör, daß ihm das Fleisch junger Leute vorzüglich geschmeckt habe, und ebendies ließ sich auch aus den Mienen und Zeichen der Neuseeländer schließen.

Ein altes Weib in der Provinz Matto Grosso in Brasilien gestand dem damaligen protugiesischen Gouverneur Pinto, daß sie mehrmals Menschenfleisch gegessen, daß es ihr ungemein gut geschmeckt habe und daß sie auch weiterhin welches essen möchte, besonders junges Knabenfleisch. Wäre es aber nicht abgeschmackt, wenn man aus diesen Beispielen folgern wollte, daß die Deutschen und Brasilianer, ja überhaupt irgendein anderes Volk Menschen umzubringen und sich mit dem Fleische des Erschlagenen zugute zu tun pflegen? Wir müssen also der Veranlagung dazu auf einem anderen Wege nachspüren. Man weiß, daß geringe Ursachen oft die wichtigsten Begebenheiten auf der Erde veranlaßt und unbedeutende Zänkereien die Menschen sehr oft bis zu einem unglaublichen Grad gegeneinander erbittert haben. Ebenso bekannt ist, daß die Rachsucht bei wilden Völkern durchweg eine heftige Leidenschaft ist und oft zu einer Raserei ausartet, in welcher sie zu den unerhörtesten Ausschweifungen fähig sind. Wer weiß also, ob die ersten Menschenfresser die Körper ihrer Feinde nicht aus bloßer Wut gefressen haben, damit nicht das geringste von ihnen übrigbleibe? Wenn sie nun außerdem fanden, daß das Fleisch gesund und wohlschmeckend sei, so dürfen wir uns wohl nicht wundern, daß sie schließlich eine Gewohnheit daraus gemacht und die Erschlagenen allemal aufgefressen haben. Wir selbst sind zwar nicht mehr Kannibalen, gleichwohl finden wir es weder grausam noch unnatürlich, zu Felde zu ziehen und uns zu Tausenden die Hälse zu brechen, bloß um den Ehrgeiz eines Fürsten oder die Grillen seiner Mätresse zu befriedigen.

Ist es aber nicht ein Vorurteil, daß wir vor dem Fleisch eines Erschlagenen Abscheu haben, da wir uns doch kein Gewissen daraus machen, ihm das Leben zu nehmen? Ohne Zweifel wird man sagen, daß ersteres den Menschen brutal und fühllos machen würde, allein es gibt leider Beispiele genug, daß Angehörige zivilisierter Nationen, die gleich verschiedenen unserer Matrosen den bloßen Gedanken an Menschenfleischessen nicht ertragen und gleichwohl Barbareien begehen können, die selbst unter Kannibalen unerhört sind. Was ist der Neuseeländer, der seinen Feind im Kriege umbringt und frißt, gegen den Europäer, der zum Zeitvertreib einer Mutter ihren Säugling von der Brust reißt und seinen Hunden vorwirft? (Der Bischof Las Casas sah diese Abscheulichkeit unter den ersten spanischen Eroberern von Amerika.)

Die Neuseeländer fressen ihre Feinde nur dann, wenn sie sie im Gefecht und in der größten Wut erlegt haben. Sie machen nicht Gefangene, um sie zu mästen und dann abzuschlachten, wie man wohl von einigen wilden Nationen in Amerika berichtet hat. Es ist also nicht unwahrscheinlich, daß im Laufe der Zeit dieser Brauch ganz abkommen wird. Die Einführung von zahmem Schlachtvieh kann diese glückliche Epoche vielleicht befördern, insofern größerer Überfluß, mehr Viehzucht und Ackerbau das Volk näher zusammenbringen und geselliger machen wird.

Da das Schiff nunmehr völlig instand gesetzt war, wir auch mit frischem Vorrat von Trinkwasser und mit genügend Brennholz versorgt waren, wurden die Zelte an Bord geschafft und am 24. morgens die letzten Anstalten zur Abreise getroffen. Kaum sahen die Eingeborenen, daß wir unseren Wohnplatz am Strand verlassen hatten, als sie sich unverzüglich einfanden und über den weggeworfenen Schiffszwieback herfielen, den doch sogar unsere Schweine nicht mehr hatten fressen wollen. Indessen war es ihnen nicht allein um den Zwieback, sondern auch um die Kleinigkeiten zu tun, die unsere Leute am Strand verloren oder weggeworfen hatten. Nachmittags wurde ein Boot abgeschickt, um eine Flasche mit einer Botschaft an Kapitän Furneaux unter einem Baum zu vergraben, falls er etwa nach unserer Abreise noch hierherkommen sollte.

Am folgenden Morgen wurde ein Boot nach Motu-Aro geschickt, um etwas Kohl aus unserem Garten zu holen, und mein Vater ging mit, um die Küste nochmals abzusuchen. Seine Mühe war auch nicht vergebens, denn er fand verschiedene neue Pflanzen. Unterdessen hatten wir die Anker schon gelichtet, waren unter Segel gegangen und nahmen erst unterwegs das Boot wieder ein. Da aber Wind und Strom uns entgegenkamen, mußten wir um sieben Uhr die Anker wieder fallen lassen. Nach ein paar Stunden wurde der Wind günstiger und führte uns in kurzer Zeit in die Cook-Straße. Wir hielten uns dort dicht am Lande und feuerten von Zeit zu Zeit Kanonen ab, um der »Adventure« von unserer Ankunft Nachricht zu geben, falls sie in einem der benachbarten Häfen gelegen hätte.

Zwischen dem Kap Terra Witti und Palliser entdeckten wir eine Bai, die weit ins Land hineinzureichen schien. Auch jenseits dieser Bai fuhren wir noch fort, Kanonen abzuschießen, aber alle Versuche, unsere Begleiterin wiederzufinden, waren umsonst. Am folgenden Morgen erreichten wir die Ausfahrt aus der Straße, liefen um das Kap Palliser herum und nordwärts an der Küste hinauf, noch immer in der Hoffnung, die »Adventure« hier irgendwo anzutreffen. Endlich gaben wir alle Gedanken daran auf, nahmen um sechs Uhr abends Abschied von Neuseeland und steuerten nach Süd-Südost.

Seit unserer ersten Fahrt vom Kap der Guten Hoffnung gegen Süden hatte sich bei verschiedenen Leuten Skorbut gezeigt, aber während des Aufenthaltes in Dusky-Bai war diese Krankheit vermittels der gesunden Fischspeisen wie auch durch den Genuß des Sprossenbiers glücklich vertrieben worden. Zwar hatten sich dann auf der Winterreise von Neuseeland nach Tahiti bei manchem neue und zum Teil gefährliche Symptome dieses Übels gezeigt, allein der große Vorrat an frischen Pflanzen, die wir auf letztgenannter Insel erhielten, und das vortreffliche Schweinefleisch, das wir auf den Gesellschafts- und Freundschafts-Inseln so reichlich genossen, stellte die Patienten bald wieder her. Bei unserem diesmaligen zweiten Aufenthalt in Charlotten-Sund war es ohne Zweifel dem häufigen Genuß der Sellerie und des Löffelkrauts beizumessen, daß wir von den üblen Folgen der eingesalzenen Speisen verschont blieben und bei unserer nunmehrigen Abreise allerseits in guter Gesundheit zu sein schienen. Allein bei dem allen hatten wir vielleicht mehr Ursache denn je, uns vor dem Skorbut zu fürchten, denn die Mühseligkeiten des Seelebens, die wir nun schon geraume Zeit erlitten, mußten unsere Konstitution geschwächt und uns die Kraft genommen haben, den künftigen Beschwerlichkeiten so gut zu widerstehen wie bisher.

Vornehmlich sahen die Offiziere und Passagiere auf der nunmehrigen Reise gegen den Südpol mancherlei Unannehmlichkeiten vor sich. Ihr jetziger Vorrat an lebendigem Vieh war gegen den, womit sie sich ehedem vom Kap der Guten Hoffnung aus versorgt hatten, für gar nichts zu rechnen. Folglich hörte der geringe Unterschied, der bisher zwischen ihrer Tafel und dem Essen der Matrosen bestanden hatte, gänzlich auf. Sie waren nun um nichts besser, ja fast noch schlimmer dran als die gemeinen Seeleute, die sich von Jugend auf an die Schiffskost gewöhnt, wogegen die Offiziere und Passagiere nichts dergleichen versucht hatten.

Auch die Hoffnung, neue Länder zu entdecken, war nun verschwunden. Die Fahrt gegen Süden konnte nichts Neues mehr bieten, sondern lag mit ihren mannigfachen Gefahren und Schrecken vor uns, die desto mehr Eindruck machten, als wir nun ohne Gesellschaft segeln mußten. Zwischen den Wendekreisen hatten wir wenigstens einige glückliche Tage genossen. Unsere Tafel war dort so gut besetzt gewesen, wie es die Produkte jener Inseln zuließen, und die Abwechslung so mancher neuer Gegenstände, die wir fanden, hatte uns auf das Angenehmste unterhalten. Nunmehr aber sahen wir auf eine ziemlich lange Periode nichts als Nebel, kaltes Wetter, Fasten und langweiligste Einförmigkeit vor uns. Der Abt Chappe oder vielmehr der Herausgeber seiner »Reise nach Californien«, Cassini, bemerkt, daß Abwechslung allein dem Reisenden angenehm ist und daß er darum von Land zu Land gehe. Seine Philosophie ist so erhabener Natur, daß er den Ausspruch tut, das Leben auf See sei nur denen langweilig und einförmig, die nicht gewohnt sind, um sich zu schauen, sondern die Natur mit Gleichgültigkeit ansehen. Wäre aber der gute Herr Abt so unglücklich gewesen, den antarktischen Zirkel zu besuchen, ohne ein paar hundert fette Kapaunen bei sich zu haben, womit er sich auf seiner Reise von Cadiz nach Veracruz wohlweislich zu versorgen wußte, so dürfte vielleicht seine Philosophie minder hochtrabend gewesen sein.

Wir unsererseits waren bei der Abreise von Neuseeland von der erhabenen Philosophie des französischen Abtes sehr weit entfernt. Wenn noch etwas die traurigen Zukunftsaussichten in unseren Augen mildern konnte, so war es die Hoffnung, daß die Reise um den Südpol in einer hohen, noch unbefahrenen Breite wenigstens nicht länger als den bevorstehenden Sommer über dauern und daß wir innerhalb acht Monaten nach England zurückkommen würden. Diese Hoffnung hielt das Schiffsvolk während des größten Teils der Reise bei gutem Mute. Am Ende zeigte sich freilich, daß dieser Gedanke nichts als ein süßer Traum gewesen war. Aber dann trösteten wir uns mit der gewissen Aussicht, daß wir statt dessen abermals einige Monate auf den glücklichen Inseln zubringen würden.

13. Kapitel

Zweite Fahrt in die südlichen Breiten – Von Neuseeland zur Osterinsel

Am Morgen nach unserer Abreise von Neuseeland hatten wir einen Nordnordwestwind, bei dem das Thermometer auf 17,5 Grad stieg. An den beiden folgenden Tagen sank es bis auf 7 Grad. Am 28. November erblickten wir eine Menge Seelöwen, die ihren Weg nach der Küste zu nehmen schienen. Bis zum 6. Dezember sahen wir große Schwärme von Sturmvögeln und Albatrossen, grauen Möwen und vielen Pinguinen und Haufen von Seegras. An diesem Tage befanden wir uns auf 51 ° 33' südlicher Breite und 180 ° Länge, folglich gerade auf dem Punkt der Antipoden von London. Wir waren die ersten Europäer und auch wohl die ersten menschlichen Kreaturen, die auf diesen Punkt gekommen sind.

Je weiter wir nach Süden kamen, desto tiefer fiel das Thermometer. Am 10. Dezember sank es auf 2,5 °. Mittags hatten wir den 59. Grad südlicher Breite erreicht und noch kein Eis gesehen. Am 11. nachts stand das Thermometer auf 1 °, und am anderen Morgen um vier Uhr zeigte sich eine große Insel von Treibeis. Am folgenden Morgen war das Thermometer wieder ein wenig gestiegen, und wir liefen mit einem frischen Wind gegen Osten, ohne uns an dem dichten Schneegestöber zu stören, bei dem man oft keine zehn Schritte weit sehen konnte. Am 11. morgens erblickten wir Eisfelder um uns her und waren so davon umringt, daß wir keine Möglichkeit mehr sahen, weiter nach Süden zu segeln, sondern nach Nordosten steuern mußten. Der Nebel wurde so dick, daß wir von der Menge der Eisfelsen, die auf allen Seiten um uns schwammen, die größte Gefahr befürchten mußten. Um ein Uhr, als die Leute gerade Mittag hielten, wurden wir plötzlich durch den Anblick einer großen Eisinsel, die dicht vor uns lag, in großen Schrecken versetzt. Es war ganz unmöglich, das Schiff herumzudrehen, das einzige, was uns zu tun übrigblieb, war so dicht am Wind wie möglich zu versuchen, der Gefahr auszuweichen. Man kann sich denken, in welcher fürchterlichen Ungewißheit wir die wenigen Minuten zubrachten, ehe sich unser Schicksal entschied, und es war ein bewundernswürdiges Glück, daß wir ohne

Schaden davonkamen, denn die Eismasse blieb im Vorbeifahren kaum eine Schiffslänge von uns entfernt. Dergleichen Gefahren sahen wir uns auf diesem unbefahrenen Ozean alle Augenblicke ausgesetzt, doch waren die Leute bei weitem nicht so niedergeschlagen darüber, wie man hätte vermuten können. Wie im Treffen der Tod seine Schrecken verliert, so segelten auch wir unbekümmert oft nur eine Handbreit neben immer neuen Gefahren dahin.

Am 20. nachmittags liefen wir zum zweitenmal durch den antarktischen Polarkreis. Eine Menge Sturmvögel und ein Wal, der unweit vom Schiff das Wasser aufspritzte, schienen uns gleichsam willkommen zu heißen. Am 23. nachmittags war die See über und über mit Eisschollen bedeckt. Wir drehten also bei und ließen die Boote aussetzen und Eisschollen an Bord bringen. Dann segelten wir die Nacht über und am folgenden Tage nordwärts, so weit es der widrige Wind gestatten wollte. Am 25. Dezember war das Wetter hell und schön, der Wind verlor sich in einer Windstille, und mittags sahen wir um uns her mehr als neunzig Eisinseln. Da es Christtag war, bat der Kapitän dem Herkommen gemäß alle Offiziere zum Mittagessen, und einer von den Leutnants bewirtete die Unteroffiziere. Die Matrosen bekamen eine doppelte Portion Pudding und taten sich an ihrem Branntwein gütlich, den sie aus großer Vorsorge, heute recht voll zu werden, schon monatelang zusammengespart hatten. Das ist auch in der Tat das einzige, wofür sie sorgen, alles übrige kümmert sie wenig oder gar nicht. Sie versicherten, solange der Branntwein noch währte, den Christtag auch als Christen feiern zu wollen, wenn sich auch alle Elemente gegen sie verschworen hätten.

Am Mittag des folgenden Tages befanden wir uns noch in der gleichen Lage, nur daß unsere Leute toll und voll waren und daß wir oben vom Mast aus hundertachtundsechzig Eisinseln sehen konnten. Es schien, als ob wir die Trümmer einer zerstörten Welt oder, nach den Beschreibungen der Dichter, gewisse Gegenden der Hölle vor uns sähen, eine Ähnlichkeit, die uns um so mehr auffiel, weil von allen Seiten ein unablässiges Fluchen und Schwören um uns her tönte. Am folgenden Morgen wurden die Boote ausgesetzt, um frisches Eis einzunehmen. Kaum waren sie damit fertig, so änderte sich der Wind und brachte Schnee und Hagel mit. Mein Vater und zwölf andere Personen klagten wieder über rheumatische Schmerzen und mußten das Bett hüten. Vom Skorbut äußerten sich zwar noch keine gefährlichen Anzeichen, doch mußten ich und alle, die im geringsten damit behaftet zu sein schienen, zweimal täglich Bierwürze trinken und sich der eingesalzenen Speisen enthalten. Wenn aber auch keine förmlichen Krankheiten unter uns herrschten, so hatten doch alle ohne Unterschied ein sieches, ausgemergeltes Aussehen, das schlimme Folgen anzukündigen schien. Kapitän Cook selbst war blaß und mager, verlor den Appetit und litt an einer hartnäckigen Verstopfung.

Wir steuerten nunmehr nach Norden, so weit und so geschwind die Winde es zulassen wollten, und am 1. Januar 1774 unter 59 ° 7' südlicher Breite verloren wir das Eis gänzlich außer Sicht. Am 4. blies ein stürmischer Wind von Westen und nötigte uns, alle Segel doppelt aufzureffen. Die Wellen gingen sehr hoch und warfen das Schiff von einer Seite zur anderen. Dies unangenehme Wetter dauerte bis zum 6. mittags, wo wir den 51. Grad südlicher Breite erreichten und mit dem günstigen Winde nach Nord-Nord-Ost liefen. Wir waren jetzt nur wenige Grade von dem Strich, den wir im verwichenen Juni und Juli auf der Fahrt von Neuseeland nach Tahiti gehalten hatten. So weit wir bis jetzt gekommen waren, hatten wir nirgends Land und nicht einmal Anzeichen davon gesehen. Auf unserem ersten Zuge hatten wir die Südsee in den mittleren Breiten durchkreuzt. Auf der diesmaligen Fahrt hatten wir bis Weihnachten den größten Teil zwischen 60 ° und dem antarktischen Zirkel untersucht und von Weihnachten bis jetzt den Zwischenraum der beiden vorigen Züge durchsegelt. Haben wir also Land verfehlt, so muß es ein Eiland sein, das seiner Entfernung von Europa und seines rauhen Klimas wegen für England von keiner Wichtigkeit sein kann. Für uns ist es genug, erwiesen zu haben, daß unter dem gemäßigten Himmelsstrich in der Südsee kein großes, festes Land anzutreffen sei, und wenn dergleichen überhaupt vorhanden sein sollte, daß es innerhalb des antarktischen Zirkels liegen müsse.

Unser langer Aufenthalt in diesem kalten Himmelsstrich fing nun an, den Leuten hart zu fallen, denn die Hoffnung, in diesem Jahr noch nach Haus zu kommen, war nun ganz dahin. Auf jedem Gesicht sah man deshalb stumme Verzweiflung ausgedrückt. Nach und nach aber fanden sich die Leute in ihr Schicksal und ertrugen es mit finsterer Gleichgültigkeit. Es war aber auch in der Tat sehr niederschlagend, daß wir über unsere künftige Bestimmung in ständiger Unwissenheit gehalten wurden, indem ohne ersichtlichen Grund gegen jeden von uns ein Geheimnis daraus gemacht wurde.

Am 15. wurde der Wind stärker und verwandelte sich bald darauf in einen heftigen Sturm. Abends um neun Uhr schlug eine berghohe Welle mitten auf das Schiff und füllte die Decks mit einer Sintflut von Wasser. Es stürzte durch alle Öffnungen über uns herein, löschte die Lichter aus und ließ uns einige Augenblicke im ungewissen, ob wir nicht schon zugrunde gingen. In meines Vaters Kajüte floß alles, sogar sein Bett war völlig durchnäßt, und unter solchen Umständen mußte der Rheumatismus freilich heftiger werden, durch den er seit vierzehn Tagen die größten Schmerzen ausstand, so daß er kein Glied am Leibe rühren konnte. Unsere Lage war nun in der Tat höchst elend, selbst für diejenigen, die noch gesund waren, und den Kranken war sie im eigentlichen unerträglich. Der Ozean um uns her war wütend und schien über die Keckheit einer Handvoll Menschen, die es mit ihm aufnahmen, ganz erbost zu sein. Finstere Melancholie zeigte sich auf der Stirn unserer Reisegefährten, und im ganzen Schiff herrschte eine furchtbare Stille. Die Stunde des Essens war uns verhaßt, denn der Geruch der Speisen kam uns nicht sobald unter die Nasen, als wir es auch schon unmöglich fanden, mit einigem Appetit davon zu genießen. Dies alles beweist wohl genügend, daß diese Reise mit keiner der vorhergehenden zu vergleichen ist. Wir hatten mit einer Menge von Gefahren und Mühseligkeiten zu kämpfen, die unseren Vorgängern in der Südsee unbekannt geblieben waren, weil sie sich meistens nur innerhalb des Wendekreises oder doch in den besten Gegenden des gemäßigten Himmelstrichs aufgehalten haben. Dort fanden sie immer gelindes Wetter, blieben meist in Landnähe, und diese Inseln waren selten so armselig und unfruchtbar, daß sie ihnen nicht einige Erfrischungen geboten hätten. Solch eine Reise wäre für uns eine Lustreise gewesen, aber von alledem war die unsrige das gerade Gegenteil.

Am 20. dieses Monats trafen wir die ersten Eisinseln, doch nahm ihre Zahl nicht zu, als wir weiter nach Süden fuhren. Wir drangen also immer weiter vor und gelangten am 26. abermals innerhalb des Polarkreises, wo wir nur noch wenige Eisschollen sahen. An diesem

Tage glaubten wir in der Ferne Berge zu entdecken, nach Verlauf einiger Stunden aber fanden wir, daß es Wolken waren, die nach und nach verschwanden. Am folgenden Tage waren wir unter 67 ° 52' südlicher Breite, folglich dem Pol näher, als wir je gewesen, und trafen gleichwohl kein Eis, das uns weiter vorzudringen gehindert hätte. Die Sturmvögel begleiteten uns noch immer, die Albatrosse aber hatten uns seit einiger Zeit verlassen. Wir waren nun abermals ohne Nacht und hatten Sonnenschein um Mitternacht.

Wir machten uns jetzt Hoffnung, ebensoweit gegen Süden zu kommen wie andere Seefahrer gegen den Nordpol, am 30. aber entdeckten wir ein festes Eisfeld von unabsehbarer Größe, das von Ost zu West vor uns lag. Auf der Fläche desselben lag, so weit das Auge nur reichen wollte, eine Menge hoher Eismassen aufgetürmt, und davor trieb eine Bank von Brucheis in der See. Wir waren nicht mehr ganze 19 ° vom Pol entfernt, da es aber unmöglich war, weiter vorzudringen, kehrten wir um, zufrieden mit unserer gefährlichen Expedition und völlig überzeugt, daß sich kein Seemann die Mühe geben werde, weiterzugehen. Eine Menge Pinguine ließen sich mit ihrem krächzenden Geschrei hören, obwohl wir ihrer wegen des einfallenden Nebels nicht ansichtig wurden.

Von diesem Eisfelde liefen wir bis zum 5. Februar mit gelindem Winde nordwärts, bekamen dann aber frischen Wind. Am 6. schlug er um und wurde des Nachts so heftig, daß etliche Segel in Stücke gingen. Da er uns aber, um nach Norden zu gelangen, sehr erwünscht war, kümmerten wir uns nicht um seine Heftigkeit. Er führte uns auch so schnell fort, daß wir in den nächsten vierundzwanzig Stunden volle drei Breitengrade zurücklegten. Dieser günstige Wind hielt bis zum 12. an und brachte uns bis 50 ° 15' südlicher Breite. Nunmehr eröffnete man uns endlich, daß wir den herannahenden Winter wie den vorigen auf den tropischen Inseln des Stillen Meeres zubringen sollten. Die Aussicht auf neue Entdeckungen und Forschungen belebte unseren Mut von neuem, und wir waren sogar damit zufrieden, daß wir noch länger an der Westseite von Kap Hoorn bleiben sollten.

Trotz des wärmeren Klimas litten viele von unseren Leuten noch immer an rheumatischen Schmerzen und waren zum Teil nicht imstande, sich zu rühren. Das Sauerkraut hatte zwar den Ausbruch des

Skorbuts im kalten Wetter gehindert, doch allein für sich ist es nur eine vegetabilische Speise und nicht nahrhaft genug, um ohne Pökelfleisch und Zwieback leben zu können. Ersteres war aber vom Salz fast verzehrt und letzterer verfault. Bei solcher Nahrung konnten sich die Kranken nur sehr langsam erholen, denn sie hatten nichts zu ihrer Stärkung. Mein Vater hatte nun Zahnschmerzen, und Bakken und Hals waren geschwollen. Einem Schatten ähnlich, fing er nun wieder an, auf dem Deck umherzuschleichen. Aber in eben dem Maße, als das warme Wetter ihm heilsam war, wurde es der Gesundheit des Kapitäns nachteilig. Seine Gallenkrankheit war während des Zuges nach Süden verschwunden, aber er hatte nicht wieder Appetit bekommen. Jetzt bekam er eine gefährliche Verstopfung, die er anfangs weder beachtete noch irgend jemand wissen ließ, sondern der er allein durch Fasten abzuhelfen suchte. Hierdurch aber verschlimmerte sich nur das Übel, denn sein Magen war ohnehin schwach genug. Es stellten sich also bald gewaltige Schmerzen ein, die ihn bettlägerig machten und ihn nötigten, Hilfe beim Arzt zu suchen. Man gab ihm ein Abführmittel, allein statt des gewöhnlichen Effekts verursachte es ein heftiges Erbrechen, das der Arzt durch Brechmittel noch mehr förderte. Aber alle Versuche, auf eine andere Art Öffnung zu verschaffen, waren umsonst. Speisen und Arzneien gingen durch Erbrechen wieder fort, und nach ein paar Tagen zeigte sich ein furchtbares Aufstoßen, das ganze vierundzwanzig Stunden so stark anhielt, daß man an seinem Leben verzweifelte. Endlich taten warme Bäder und Magenpflaster von Theriak, was Opiate und Klistiere nicht vermocht hatten. Unser Bedienter litt an der gleichen Krankheit und kam zwar mit genauer Not davon, blieb aber schwach und die ganze Zeit zwischen den Wendekreisen dienstunfähig.

Mittlerweile liefen wir schnell nordwärts, so daß wir am 22. Februar 36 ° 10' südlicher Breite erreichten. Hier verließen uns die Albatrosse. Wir lenkten unseren Lauf nunmehr nach Südwesten, um eine vermeintliche Entdeckung des Juan Fernandez aufzusuchen, die unter 40 ° südlicher Breite liegen soll. Bis zum 13. steuerten wir westwärts, dann wendeten wir etwas mehr nach Norden, erblickten aber nirgends Land. Wäre der Kapitän um diese Zeit nicht so gefährlich krank gewesen, so wären wir ohne Zweifel noch weiter nach

Südwesten gegangen und hätten die Sache außer Zweifel gesetzt. Jetzt aber war es äußerst notwendig, frische Nahrungsmittel zu bekommen.

Am 26. ging es Kapitän Cook etwas besser, und während der drei folgenden Tage erholte er sich soweit, daß er bisweilen aufsitzen und etwas Suppe zu sich nehmen konnte. Nächst der Vorsehung war er seine Genesung hauptsächlich der Geschicklichkeit unseres Wundarztes Pattow schuldig, und diesem hat man es zu verdanken, daß der Rest unserer Reise mit ebensoviel Genauigkeit und Eifer wie bisher fortgesetzt werden konnte. Denn alle Hoffnungen auf künftige Entdeckungen und fortdauernde Einigkeit im Schiff beruhte darauf, daß uns der Kapitän erhalten blieb. Die Sorgfalt des Schiffsarztes kann nicht genug gepriesen werden, hätte ihn selbst aber beinahe das Leben gekostet. Er bekam eine Gallenkrankheit, die wegen der Schwäche seines Magens Gefahr befürchten ließ, und es ist wahrscheinlich, daß er ein Opfer seiner Beharrlichkeit und Pünktlichkeit geworden wäre, wenn wir nicht bald Land erreicht hätten.

Am 8. März hatten wir um Mittag 27 ° südlicher Breite erreicht und steuerten von nun an gerade nach Westen, um die von Jakob Roggeveen im Jahre 1722 entdeckte Osterinsel aufzusuchen. Am 10. morgens schwärmten die grauen Seeschwalben in ungezählter Menge um uns her. Wir machten sieben Meilen in der Stunde, des Nachts aber legten wir bei, um nicht in der Finsternis aufs Land zu stoßen. Am nächsten Morgen entdeckten wir es auch in der Tat. Die Freude, die sich darüber auf jedem Gesicht ausbreitete, ist nicht zu beschreiben. Seit einhundertdrei Tagen hatten wir kein Land gesehen, und die strenge Witterung, die Beschwernisse in den Stürmen und zwischen den Eismassen, die mehrfache Veränderung des Klimas und die elende Kost hatten uns alle ohne Ausnahme kraftlos und siech gemacht. Bei dem Anblick des Landes erwartete nun jeder das Ende des Ungemachs und freute sich im voraus auf die Menge von Hühnern und Früchten, die nach dem Bericht des holländischen Entdeckers auf dieser Insel vorhanden sein sollten.

Wir näherten uns jedoch nur langsam der Küste, zum großen Verdruß der ganzen Schiffsgesellschaft. Die Insel schien mäßig hoch und in verschiedene Anhöhen geteilt zu sein, die sanft gegen das Meer abfielen. Am folgenden Morgen herrschte Windstille. Wir waren noch fünf Seemeilen vom Lande entfernt und fingen zum Zeitvertreib Haie, wovon einige um das Schiff schwammen und die mit gepökeltem Schweinefleisch versehenen Angeln begierig anbissen. Nachmittags erhob sich der Wind, worauf wir der Küste zusteuerten und hofften, noch ehe es Nacht würde, vor Anker zu kommen. Wiewohl wir jetzt dem Lande näher waren als heute früh, so hatte es doch noch immer kein günstiges Aussehen. Neben zwei Hügeln entdeckten wir eine große Anzahl schwärzlicher Säulen, die in verschiedenen Gruppen aufrecht nebeneinander standen und der Gegend nach dieselben zu sein schienen, die Roggeveens Leute für Götzenbilder hielten. Wir waren aber jetzt schon ohne genauere Untersuchung anderer Meinung und vermuteten, daß es solche Totenmäler sind, wie sie die Tahitier und andere Bewohner der Südsee bei den Begräbnisplätzen errichten und E-Ti nennen.

Die Nacht über lavierten wir ab und zu, um vor dem Winde nahe an der Insel zu bleiben, weil wir am Morgen fortfahren wollten, Ankergrund zu suchen. Wir konnten bei dieser Gelegenheit nicht umhin, die vortrefflichen Mittel zu bewundern, womit wir zur Bestimmung der Meereslänge versehen waren. Mit ihrer Hilfe waren wir ohne langes Umherkreuzen gerade auf diese Insel zugetroffen, wohingegen andere Seefahrer, wie Byron, Carteret und Bougainville sie nicht hatten finden können. Desto mehr hatten wir Ursache, die vortreffliche Einrichtung der beiden Uhren zu bewundern, die wir bei uns führten, die eine war von Herrn Kendal genau nach dem Muster der Harrisonschen, die andere von Herrn Arnold nach seinem eigenen Plan verfertigt. Sie gingen beide ungemein regelmäßig. Die letzte geriet unglücklicherweise gleich nach unserer Abreise von Neuseeland im Juni 1773 in Stillstand, erstere aber blieb bis zu unserer Rückkehr nach England in Gang und verdiente allgemeinen Beifall. Doch sind bei langen Reisen richtige Beobachtungen des Mondes wohl wichtiger als die Angaben der Längenuhren, weil deren Lauf vielen Veränderungen unterworfen ist. Die Methode, die Meereslängen aus den Entfernungen der Sonne und des Mondes zu bestimmen, ist eine der wichtigsten Entdeckungen für die Seefahrt. Tobias Mayer, der ein Deutscher und Professor zu Göttingen war, unternahm zuerst die mühselige Berechnung der dazu erforderlichen Mondtafeln, wofür seine Erben eine vom Parlament ausgesetzte Belohnung erhalten haben. Nachdem er die Bahn gebrochen, ist diese Methode durch hinzugefügte anderweitige Berechnungen so sehr erleichtert worden, daß die Meereslänge wohl niemals genauer als auf diese Art bestimmt werden kann.

Die Breite der Osterinsel trifft auf eine oder zwei Minuten mit derjenigen überein, die in Admiral Roggeveens Journal angegeben ist, und ihre Länge ist dort nur um einen Grad irrig angezeigt. Nach unseren Berechnungen liegt diese Insel 109° 46' westlich von Greenwich. Die spanischen Angaben von der Breite sind auch richtig, in der Länge aber fehlen sie um dreißig Seemeilen.

14. Kapitel

Nachricht von der Osterinsel und unserem Aufenthalt daselbst

Am 13. frühmorgens liefen wir dicht unter die südliche Spitze der Insel. Die Küste ragte hier senkrecht aus dem Meer empor und bestand aus gebrochenen Felsen, deren schwammige und schwarze, eisenfarbige Masse vulkanischen Ursprungs zu sein schien. Zwei einzelne Felsen lagen ungefähr eine Viertelmeile von dieser Spitze in der See. Einer davon hatte eine sonderbare Form, er glich nämlich einem Obelisken, und beide waren von einer ungeheuren Menge Seevögel bewohnt, deren widriges Geschrei unsere Ohren betäubte. Nicht lange darauf entdeckten wir eine andere Landspitze, ungefähr zehn Meilen von der ersten entfernt, und hier war das Land nach dem Ufer hin etwas flacher und ebener. In dieser Gegend entdeckten wir auch einige bepflanzte Felder, doch schien die Insel im ganzen genommen einen elenden, dürren Boden zu haben. Der Pflanzungen waren so wenige, daß wir uns keine Hoffnungen auf viele frische Lebensmittel machen durften, dennoch blieben unsere Augen unablässig darauf gerichtet.

Mittlerweile sahen wir viele fast nackte Leute von den Bergen herabkommen. Wenige Minuten später schoben sie ein Kanu ins Wasser, in dem sich zwei von ihnen auf den Weg zu uns machten, die in kurzer Zeit neben dem Schiffe waren. Sie riefen, man möge ihnen einen Strick zuwerfen, dessen Benennung in ihrer Sprache ebenso wie in der tahitischen lautete. Sobald wir es getan hatten, befestigten sie einen großen Klumpen reife Pisangs daran und winkten nun, daß man den Strick wieder hinaufziehen möge. Welche allgemeine Freude der Anblick dieser Früchte bei uns hervorgerufen hat, ist kaum zu beschreiben. Mehr als fünfzig Personen fingen im Übermaß der Freude auf einmal an, mit den Leuten im Kanu zu sprechen, die natürlich keinem einzigen antworten konnten. Kapitän Cook nahm einige Bänder, befestigte Medaillen und Korallen daran und ließ sie zum Geschenk herunter. Sie bewunderten die Kleinigkeiten sehr, eilten aber unverzüglich ans Land zurück. Als sie um das Hinterteil des Schiffes ruderten und daselbst eine Angelschnur herunterhängen sahen, banden sie ein Stückchen Zeug daran. Beim Heraufziehen fanden wir, daß es aus ebensolcher Baumrinde wie das tahitische gefertigt und gelb gefärbt war.

Nachmittags setzten wir ein Boot aus, in dem der Lotse die Reede sondieren sollte. Sobald die Insulaner unser Boot vom Schiff abrudern sahen, versammelten sie sich am Ufer in der Gegend, die unsere Leute ansteuerten. Der größte Teil der Insulaner war nackt, nur einige hatten sich in Zeug von schöner Orangefarbe gekleidet, die unserem Bedünken nach die Vornehmeren sein mußten. Jetzt konnten wir auch schon ihre Häuser unterscheiden. Sie waren dem Anschein nach ungemein niedrig, aber lang, in der Mitte hoch und nach beiden Seiten schräg ablaufend, so daß sie in der Form einem umgekehrten Kanu ähnelten. In der Mitte schienen sie eine kleine Öffnung oder Tür zu haben, die aber so niedrig war, daß ein Mann von gewöhnlicher Größe sich bücken mußte, um hineinzukommen. Gegen Abend gingen wir an der Südwestküste der Insel vor Anker, wo wir einen guten Kiesgrund hatten. Bald darauf kam der Lotse von seiner Erkundung zurück und brachte einen Eingeborenen mit an Bord. Dieser war dreist ins Boot gesprungen, als es am Ufer lag, und hatte sogleich sein Verlangen geäußert, ans Schiff gebracht zu werden. Er war von kastanienbrauner Farbe und mittlerer Statur, ungefähr fünf Fuß und acht Zoll groß und auf der Brust und am ganzen Leibe merklich haarig. Bart und Haupthaar waren ebenfalls stark, ersterer gestutzt und beides schwarz. Er hatte so lange Ohrlappen, daß sie ihm fast bis auf die Schultern herabhingen, und seine Schenkel waren felderweise punktiert.

Anfänglich kostete es uns einige Mühe, seine Sprache zu verstehen, als wir ihn aber fragten, wie er die Hauptglieder des Leibes nenne, fand sich bald, daß es die Mundart war, die auf den Gesellschafts-Inseln gesprochen wird. Bei herannahender Nacht gab er uns zu verstehen, daß er schlafen wolle und daß ihn friere. Mein Vater gab ihm also ein großes Stück tahitisches Zeug, darin wickelte er sich ein. Man brachte ihn in die Kajüte des Lotsen, wo er sich auf einen Tisch legte und die ganze Nacht ruhig schlief. Maheine, der schon ungeduldig war, weil er noch nicht an Land gehen konnte, freute sich ungemein, daß die Leute eine Sprache redeten, die der seinen sehr ähnlich war.

Geheimnisvolle Statuen auf der Osterinsel

In der Nacht riß der Anker aus, und das Schiff trieb fort, weshalb wir die Segel setzen mußten, um unseren Ankerplatz wieder zu erreichen. Gleich nach dem Frühstück ging der Kapitän mit dem Wilden, der Maruwahai hieß, mit meinem Vater, Dr. Sparman und mir an Land. Mir waren Beine und Schenkel so dick geschwollen, daß ich fast gar nicht gehen konnte. Wir fanden eine gute Bucht, die für Boote tief genug und durch Klippen gegen die berghohen Wellen geschützt war. Ungefähr hundert bis hundertfünfzig Insulaner hatten sich in der Gegend versammelt. Sie waren fast alle nackt, einige trugen einen Gürtel um den Leib, von dem ein Stückchen Zeug oder ein kleines Netz herabhing. Einige wenige hatten Mäntel, die bis an die Kniee reichten. Die Leute ließen uns ruhig an Land steigen und machten nicht die geringste unfreundliche Bewegung, sondern fürchteten sich vielmehr vor unserem Schießgewehr, dessen tödliche Wirkung ihnen bekannt zu sein schien. Einige von ihnen trugen Lanzen aus höckerig gewachsenem Holz und mit einem Stück Glaslava als Spitze. Einer hatte einen Streitkolben, drei Fuß lang und mit Schnitzwerk verziert, andere hielten kurze, hölzerne Keulen in der Hand. Einer hatte einen europäischen Hut, andere hatten eine Mütze, ein gestreiftes Schnupftuch oder eine alte, zerrissene Jacke, alles Überbleibsel von der letzten Anwesenheit der Spanier im Jahre 1770. Sie waren mager und schmaler von Gesicht als die übrigen Bewohner der Südsee. Ihr Mangel an Kleidung und die Begierde nach unseren Waren waren hinreichende Merkmale ihrer Armseligkeit. Sie waren über den ganzen Leib punktiert, vornehmlich aber im Gesicht. Ihre Frauen, die sehr klein und zart gebaut waren, hatten auch Punkturen im Gesicht, die den Schönheitspflästerchen unserer Damen glichen. Sie hatten das ganze Gesicht mit Rötel überschmiert, darüber dann das schöne Orangenrot der Curkumawurzel gesetzt und das Gesicht noch mit weißen Kalkstreifen verziert. Die Kunst, sich anzumalen, ist also nicht nur auf die Damen beschränkt, die das Glück haben, die französischen Moden nachzuahmen. Die Weiber waren alle in Zeug gekleidet, aber so sparsam, daß es im Vergleich zu den verschwenderischen Trachten auf Tahiti recht ärmlich erschien. Die einzigen Zierate bestanden aus einem zungenförmigen Knochen, der von Männern und Weibern auf der Brust getragen wurde, dazu Halsbänder und Ohrringe aus Muschelschalen.

Nachdem wir eine Weile bei den Eingeborenen am Strande geblieben waren, gingen wir tiefer ins Land hinauf. Der ganze Boden war mit Felsen und Steinen bedeckt, die ein schwammiges, verbranntes Aussehen hatten. Ungefähr fünfzig Schritte vom Landungsplatz sahen wir eine Mauer aus viereckigen Steinen, die so kunstvoll gehauen und so genau ineinandergepaßt waren, daß sie ein ungemein dauerhaftes Stück Architektur ausmachten. Der Stein war nicht sonderlich hart, sondern nur eine schwammige, spröde Steinlava. Fünfzig Schritte weiter fanden wir einen erhabenen Platz, dessen Oberfläche mit ebensolchen Steinen gepflastert war. In der Mitte dieses Platzes stand eine steinerne Säule aus einem Stück, die eine menschliche Figur, bis zu den Hüften abgebildet, vorstellen sollte und zwanzig Fuß hoch und fünf Fuß dick war. Diese Figur war schlecht gearbeitet und bewies, daß die Bildhauerkunst hier noch in der ersten Kindheit war. Augen, Nase und Mund waren an dem plumpen Kopf kaum angedeutet, die Ohren nach der Landessitte ungeheuer lang und besser als das übrige gearbeitet. Den Hals fanden wir unförmig und kurz, Schultern und Arme nur wenig angedeutet. Auf dem Kopfe war ein sehr hoher zylindrischer Stein aufgerichtet, der über fünf Fuß in der Breite und Höhe hatte. Dieser Aufsatz, der dem Kopfputz einiger ägyptischer Gottheiten glich, bestand aus einer anderen, rötlichen Steinart. Kopf und Aufsatz machten die Hälfte der ganzen Säule aus, so weit sie über der Erde sichtbar war. Wir bemerkten übrigens nicht, daß die Insulaner diesen Statuen Verehrung erwiesen, doch mußten sie wenigstens Achtung davor haben, denn es schien ihnen manchmal unangenehm zu sein, wenn wir über das gepflasterte Fundament gingen, um die Steinart zu untersuchen.

Einige Insulaner begleiteten uns weiter ins Land hinein, der Weg ging über lauter vulkanische Steine, die unter unseren Füßen wegrollten und an die wir uns bei jedem Schritt stießen. Das Gebüsch, um dessentwillen wir die Wanderung unternommen hatten, bestand aus einer kleinen Pflanzung von Papier-Maulbeerbäumen, aus deren Rinde hier wie auf Tahiti das Zeug zur Kleidung gemacht wird. Nicht weit davon standen auch einige Hibiscus populneus L., der auf allen Südseeinseln angebaut und zum Gelbfärben gebraucht wird. Je weiter wir ins Land kamen, desto kahler und unfruchtbarer fanden wir den Boden. Das Häuflein von Einwohnern, die uns am Landeplatz entgegengekommen waren, schien der Hauptstamm des ganzen Inselvolkes zu sein, denn unterwegs hatten wir nicht einen einzigen Menschen zu Gesicht bekommen, und in der ganzen Gegend waren nicht mehr als zehn bis zwölf Hütten zu sehen. Eine der stattlichsten war auf einem kleinen Hügel erbaut, und die Neugier trieb uns hin, aber es war eine elende Wohnung. Wer hinein oder heraus wollte, mußte auf allen vieren kriechen. Das Innere war leer und kahl, und man fand nicht einmal ein Bund Stroh darin. Unsere Begleiter erzählten uns, daß sie die Nacht in diesen Hütten zubrächten, allein das muß ein elender Aufenthalt sein, zumal sie wegen der wenigen Hütten einer über dem anderen liegen müssen. Außer diesen Hütten sahen wir auch einige Steinhaufen, die an einer Seite steil waren und hier eine Öffnung hatten, die unter die Erde ging. Gern hätten wir sie genauer untersucht, die Eingeborenen wollten uns aber nicht hineinlassen.

Der Kapitän war im Handel mit den Leuten nicht glücklich gewesen. Sie schienen keine Lebensmittel übrig zu haben. Ein paar Mattenkörbe mit süßen Kartoffeln, etwas Zuckerrohr, einige Klumpen Pisangs und zwei oder drei kleine, schon gargemachte Hühner, das war alles, was er eingehandelt hatte. Er hatte den Leuten Korallen geschenkt, die sie aber mit Verachtung weit von sich geworfen, was sie hingegen an anderen Sachen an und um uns sahen, verlangten sie zu haben, obschon sie nichts dafür wiederzugeben hatten. Die Zahl der Weiber war immer gering, wir sahen nie mehr als zwölf oder fünfzehn. Sie waren aber weder zurückhaltend noch keusch, für ein Stückchen tahitisches Zeug hatten unsere Matrosen von ihnen, was sie wollten. Ihre Gesichtszüge dünkten uns sanft genug, und der große gespitzte Hut gab ihnen ein leichtfertiges, buhlerisches Aussehen. Noch ehe es Mittag war, kehrten wir an Bord zurück und teilten die eingekauften Früchte und Wurzeln an die Mannschaft aus, zur großen Stärkung unserer Kranken, die nach einer Erfrischung schmachteten.

Nachmittags gingen wir wieder an Land, und in einem anderen Boot wurde eine Mannschaft an Land geschickt, um die Wasserfässer zu füllen. Unter den wenigen Leuten am Landungsplatz trafen wir einen, der ein gewisses Ansehen zu haben schien und sehr geschäftig war, den Kapitän zu führen. Er ging dreist neben ihm, während die anderen bei dem geringsten Anlaß in Schrecken gerieten. Aber bei aller Furchtsamkeit leerten sie uns die Taschen und entwendeten uns, was ihnen sonst anstand. Einer schlich hinter Maheine, riß ihm die Mütze vom Kopf und rannte so schnell über die holprigen Steine, daß ihm niemand folgen konnte. Herr Hodges, der auf einer kleinen Anhöhe saß und zeichnete, verlor auf die gleiche Weise seinen Hut. Herr Wales stand mit einer Flinte neben ihm, war aber der Meinung, daß ein so geringes Verbrechen keine Kugel verdiene.

Bei Sonnenuntergang verließen wir den Wasserplatz und kamen auf dem Weg zu unserem Boot an den ebenen Platz, auf dem die vorbeschriebene Säule aufgerichtet ist. Wir erkundigten uns bei einigen Eingeborenen, was diese Steine zu bedeuten hätten, und soviel wir aus ihrer Antwort erraten konnten, müssen es Denkmäler ihrer Erikis oder Könige sein. Also ist das gemauerte Piedestal vermutlich als der Begräbnisplatz anzusehen, und wirklich fanden wir nicht weit davon eine Menge Gebeine. An der Westseite der Bucht standen drei Säulen auf einem breiten Postament in einer Reihe aufgerichtet. Diese Reihe nannten die Insulaner Hanga-roa. In der Nähe saßen ein Dutzend Eingeborene um ein Feuer, in dem sie Kartoffeln brieten, wovon sie uns etwas anboten. Mit einem kleinen Vorrat an Kartoffeln und Pflanzen kehrten wir nun an Bord zurück.

Früh am folgenden Morgen beorderte Kapitän Cook die Leutnants Pickersgill und Edgecumbe mit einigen Seesoldaten und Matrosen, das Innere des Landes zu untersuchen. Die Herren Wales und Hodges, Dr. Sparman und mein Vater machten sich mit auf den Weg, so daß das ganze Detachement aus siebenundzwanzig Mann bestand. Ich hingegen ging mit Kapitän Cook und einigen Offizieren ans Ufer, wo wir ungefähr zweihundert Einwohner und unter diesen vierzehn oder fünfzehn Weiber mit einigen Kindern fanden. Wir konnten uns die Ungleichheit in der Zahl der Geschlechter nicht erklären, da aber alle Weibsleute, die wir gesehen, ungemein freigebig in ihren Gunstbezeugungen waren, so vermutete ich, daß die Verheirateten durch die Eifersucht der Männer gezwungen würden, in entfernteren Teilen der Insel zu bleiben. Die wenigen, deren wir ansichtig wurden, waren die ausschweifendsten Kreaturen, die wir je gesehen haben. Sie schienen über alle Scham und Schande völlig weg zu sein, und unsere Matrosen taten auch, als wenn sie nie von so etwas gehört hätten, denn der Schatten der kolossalischen Monumente war ihnen in Hinsicht auf ihre Ausschweifungen schon Obdachs genug.

Herr Patton, Leutnant Clerke und ich machten uns von der Küste auf und gingen tiefer ins Land. Die Sonne stach unbeschreiblich, und es gab keinen Baum, der uns einigen Schatten hätte geben können. Wir folgten einem Fußsteig, bis wir an ein bebautes Feld kamen, das mit Kartoffeln, Yams, Arumwurzeln und einer Art von Nachtschatten besetzt war. Letzteres wird auf diesen Inseln als ein Wundmittel gebraucht. Das Gras war hier sorgfältig ausgejätet und statt des Düngers auf das ganze Feld gestreut. Daraus ergibt sich, daß die Eingeborenen nicht ganz unwissend im Ackerbau sind.

Bei unserer Rückkehr fanden wir Kapitän Cook am Landungsplatz noch mit dem Handel beschäftigt. Die Insulaner brachten ihm Hühner und einige Mattenkörbe mit süßen Kartoffeln, zuweilen aber betrogen sie ihn, indem sie die Körbe unten mit Steinen gefüllt und obenauf nur mit wenigen Kartoffeln bedeckt hatten. Schätzbare Artikel waren leere Kokosschalen, die wir auf den Gesellschafts- und Freundschafts-Inseln bekommen hatten, allerdings nur, wenn sie ein kleines Loch oder einen Deckel hatten. Eisenwaren hatten hier den geringsten Preis. Zu Mittag gingen wir an Bord und verspeisten einige Hühner mit Kartoffeln. Wir trafen mehrere Insulaner auf dem Schiff, die es gewagt hatten, vom Lande herzuschwimmen. Sie schienen über alles erstaunt und maßen die Länge des Schiffes mit ausgebreiteten Armen. Einem Volke, dessen Kanus aus lauter kleinen Stückchen zusammengeflickt sind, mußte natürlich eine solche Menge Zimmerholz unbegreiflich sein. Die Begierde hatte auch eine Weibsperson so beherzt gemacht, sich durch Schwimmen an unser Schiff zu begeben. Sie besuchte erst einige Unteroffiziere und wandte sich darauf an die Matrosen. Ihre Begierde war unersättlicher als die einer Messalina. Ein paar englische Lumpen und einige Stücke tahitisches Zeug waren alles, was sie für ihre Dienste davontrug. Sie wurde in dem zusammengeflickten Kanu abgeholt, welches das einzige auf der Insel zu sein schien. Wir wußten wahrlich nicht, worüber wir uns mehr wundern sollten, über ihr Glück bei unseren kränklichen, ausgehungerten Seeleuten oder über ihre unbegrenzte Liederlichkeit.

Um neun Uhr hörten wir am Ufer einen Schuß fallen, und da dies das Signal war, daß man ein Boot verlangte, schickten wir unsere Pinasse hin, und unser Detachement kam wieder an Bord. Mein Vater mußte wegen seiner rheumatischen Schmerzen gleich zu Bett gehen, die anderen Herren aber speisten mit uns und erzählten von ihren Verrichtungen. Da man aber vielleicht lieber etwas Zusammenhängendes darüber hören möchte, will ich einen Auszug aus den Tagebüchern meines Vaters folgen lassen: »Sobald wir gelandet waren, gingen wir sogleich ins Land hinein und nahmen unseren Weg längs des höchsten Berges, bis wir die andere Seite der Insel erreichten. Ungefähr einhundert Eingeborene begleiteten uns, darunter fünf Frauen. Auf der Ostseite der Insel kamen wir zu einer Reihe von sieben Bildsäulen, wovon noch vier aufrecht standen, eine hatte aber schon die Mütze verloren. Sie standen auf einem Piedestal, und die Steine im Postament waren behauen und paßten gut ineinander. Obgleich der Stein, aus dem die Bildsäulen verfertigt waren, aus weichem roten Tuff besteht, der die ganze Insel bedeckt, so ist doch schwer zu begreifen, wie ein Volk, das kein Handwerkszeug kennt, so große Massen habe bearbeiten und aufrichten können.

Wir kamen nun rechter Hand an einem tiefen Abgrund vorüber. Der Boden bestand eine weitere Strecke lang aus demselben eisenhaltigen Tuff, woraus die Bildsäulen gemacht sind. Wohin wir auch kamen, wurden uns gargemachte Kartoffeln angeboten, und bei einer Hütte, wo wir haltmachten, verkaufte man uns einige Fische. Bald darauf sagten uns die Leute, ihr Eri oder Hariki oder König käme uns entgegen. Einige Eingeborene gingen vor ihm her und gaben uns als Freundschaftszeichen Zuckerrohr. Dann sahen wir den König auf einer Anhöhe stehen und begaben uns zu ihm. Herr Pikkersgill und ich machten ihm einige Geschenke und fragten ihn nach seinem Namen. Er sagte uns, er heiße Ko-Tohitai, und er sei Eri von Waihu. Wir bemerkten aber nicht, daß ihm das Volk besondere Ehre erwiesen hätte, und wahrlich, in einem so armseligen Lande konnte er sich auch keine großen Vorrechte anmaßen. Er bat uns umzukehren, da aber unser Offizier entschlossen war weiterzugehen, ließ er es sich gefallen und ging mit uns. Wir gingen auf eine Anhöhe zu, wo wir haltmachten, um Herrn Hodges Zeit zu lassen, einige Monumente zu zeichnen. Bei einem derselben fanden wir ein vollständiges Menschenskelett.

Ein Matrose, der meinen Pflanzensack tragen mußte, gab nicht genug darauf acht. Einer von den Wilden nahm ihn an sich und lief damit weg. Leutnant Edgecumbe schoß gleich mit einem Schrotschuß hinterher. Der arme Schelm warf den Beutel hin und fiel zu Boden. Seine Landsleute nahmen ihn auf und entfernten sich, bis wir ihnen zurückzukommen bedeuteten, was sie auch fast alle taten. Obschon dies der einzige Fall war, daß auf die Insulaner während unseres Hierseins gefeuert wurde, so ist darum nicht weniger zu bedauern, daß Europäer sich ein Strafrecht über Menschen anmaßen, die mit ihren Gesetzen so ganz unbekannt sind.

In der Nähe war eine Anhöhe, von der wir die See auf beiden Seiten der Insel überschauen konnten. Wir übersahen zugleich die ganze östliche Küste und die daselbst befindlichen zahlreichen Bildsäulen und überzeugten uns, daß auf der dortigen Seite der Insel kein Hafen anzutreffen sei. Mit dieser Entdeckung begaben wir uns zurück und kamen zu einer großen Statue, die von den Bewohnern Mangototo genannt wird. Nahe dabei zeigte sich uns eine andere, noch größere Statue, aber umgeworfen. Sie hatte 27 Fuß Länge und 9 Fuß im Querschnitt und übertraf an Größe alle anderen, die wir bis dahin gesehen hatten.

Von da gingen wir auf die Berge zu, die quer über die Insel laufen, fanden aber den Fußsteig rauh und beschwerlich. Hier fühlte ich, wie sehr ich durch den lange anhaltenden Rheumatismus geschwächt worden war. Alle meine Glieder waren sozusagen verkrüppelt. Die Insulaner waren zurückgeblieben, nur ein alter Mann und ein Knabe blieben bei uns. Da unsere Offiziere den nächsten Weg zum Schiff verfehlt hatten, so trennte ich mich von ihnen und nahm mit Dr. Sparman, einem Matrosen und den beiden Insulanern den nächsten Weg, den letztere uns gezeigt hatten. Die Sonne war schon im Untergehen, so daß wir fast zwei Stunden im Dunkeln den Berg hinuntergingen. Ich wartete auf Leutnant Pickersgill und sein Kommando, denn ich war ihnen fast drei Meilen zuvorgekommen. Wenigstens fünfundzwanzig Meilen aber hatten wir auf den beschwerlichsten Wegen gemacht, ohne auch nur ein Bäumchen anzutreffen, das uns gegen die brennende Sonne hätte schützen können. Meinem freundlichen Führer gab ich zur Belohnung alles tahitische Zeug und alle Nägel, die ich noch bei mir hatte, und kam endlich mit dem ganzen Kommando glücklich wieder an Bord.«

Man sieht aus dieser Nachricht, daß selbst die sorgfältigsten Nachforschungen noch nicht hinreichten, Licht über die bewunderungswürdigen Gegenstände zu verbreiten, die wir auf dieser Insel fanden. Was besonders die riesenhaften Monumente anlangt, die hier so häufig sind und doch die Kräfte der gegenwärtigen Bewohner gar weit zu übertreffen scheinen, so muß man wohl annehmen, daß sie Überbleibsel vormaliger Zeiten sind, denn die Zahl der Bewohner haben wir niemals höher als auf siebenhundert ansetzen können, und diese alle haben fast keinen Augenblick ihres Lebens zu etwas anderem übrig, als sich den notdürftigsten Unterhalt für ihr Dasein zu beschaffen. Es fehlt ihnen an Handwerkszeug, sie haben kaum ein nötiges Obdach, die Kleider fehlen ihnen, Hunger und Mangel verfolgen sie immer und überall zu sehr, als daß sie an die Anfertigung solcher Bildsäulen denken könnten, zu deren Vollendung ihr ganzes Leben und zu deren Aufrichtung die vereinten Kräfte des ganzen Volkes nötig sein würden. Wir sahen auch kein einziges Instrument, das zur Bildhauerei hätte dienen können, ebensowenig wie wir etwa neue Steinbrüche oder unvollendete Statuen fanden. Wahrscheinlich ist also, daß die Inselbewohner ehemals weit zahlreicher, wohlhabender und glücklicher gewesen sein müssen, als sie heute sind, und Zeit genug gehabt haben, der Eitelkeit ihrer Fürsten durch Errichtung verewigender Denkmäler schmeicheln zu können.

Allerdings läßt sich schwer bestimmen, durch was für Zufälle dies Volk sowohl hinsichtlich der Zahl als auch des Wohlstandes soweit heruntergekommen ist, doch können mancherlei Ursachen angeführt werden. So wäre die Verwüstung durch einen Vulkan völlig hinreichend, hundertfaches Elend über ein Volk zu bringen, das in einen so kleinen Erdraum eingeschlossen war. Wer weiß, ob diese Insel nicht ehemals gerade durch einen Vulkan hervorgebracht wurde, denn alle hiesigen Steinarten sind vulkanisch. Alle Bäume und Pflanzen, alle Tiere und ein großer Teil der Bewohner können in dieser fürchterlichen Revolution vernichtet worden sein, und Hunger und Elend mußten nur allzu mächtige Verfolger derer werden, die dem Erdbrande entgingen. Die kleinen geschnitzten Menschenfiguren, die wir entdeckten, und die Hand einer Tänzerin, die Maheine fand, können wir nicht erklären, denn sie sind aus einem Holz gemacht, das nicht mehr auf der Insel zu finden ist. Sie sind in weit früheren Zeiten verfertigt worden und bei der allgemeinen Katstrophe durch Zufall erhalten geblieben.

Alle Weibsleute, die wir auf der Insel gesehen haben, machten zusammen keine dreißig aus, und doch hatten unsere Leute die ganze Insel durchstreift und nicht die geringste Wahrscheinlichkeit dafür gefunden, daß sich die übrigen etwa in abgelegenen Distrikten versteckt hätten. Waren ihrer aber wirklich nicht mehr als dreißig oder vierzig gegen sechs- oder siebenhundert Männer, so muß dies Volk bald aussterben. Die meisten Frauen, die uns zu Gesicht kamen, gaben uns allerdings keinen Anlaß zu der Vermutung, daß sie nur einen einzigen Mann gewohnt wären, sondern sie schienen ganz des Geistes der Kleopatra oder der Messalina zu sein. Bei alledem bleibt doch das ungleiche Verhältnis ein so sonderbares Phänomen, daß wir jedes Argument, daß dafür oder dagegen spricht, annehmen wollen. Zwar hat niemand von uns ein entferntes oder abgesondertes Tal gefunden, in dem sich vielleicht die anderen Weiber verborgen haben können, aber wir müssen den Leser an die Höhlen erinnern, wozu uns die Einwohner niemals den Zugang gestatten wollten. Wir sahen aber nicht ein, warum die Bewohner der Osterinsel auf ihre Weiber eifersüchtiger sein sollten als die Tahitier, wir wissen jedoch, wie ausschweifend und zügellos das Seevolk ist, besonders wenn es über die Eingeborenen eine solche Überlegenheit hat, wie die Holländer und Spanier über die Leute von der Osterinsel gehabt haben müssen. Wir müssen die Sache unentschieden lassen. Sollte die Zahl der Weiber wirklich so gering sein, so muß sie durch einen außerordentlichen Zufall vermindert worden sein, und dazu wären die Insulaner allein imstande gewesen, uns einiges mitzuteilen. Aber bei allen Nachfragen konnten wir wegen der Sprachschwierigkeiten nichts erfahren.

Am folgenden Morgen wurde ein Boot an Land geschickt, um Wasser einzunehmen, und da es gerade windstill war, ging ein zweites ab, um unseren Vorrat an Kartoffeln durch Handel zu vermehren. Ein Eingeborener kam in dem geflickten Kanu, um Kartoffeln und Pisangs ans Schiff zu bringen. Ein starker Regenguß gab unseren Leuten Gelegenheit, mit Hilfe von Segeln und Decken einen guten Vorrat Wasser aufzufangen. Nachmittags ging noch einmal ein Boot an Land, da sich aber gegen Abend ein Wind erhob, wurde eine Kanone abgefeuert, worauf es an Bord zurückkam, und hierauf segelten wir nach Westen ab.

Wir hatten geglaubt, daß wir hier einen guten Handelsplatz finden würden, aber unsere Hoffnung war fehlgeschlagen. Die einzigen Artikel von Belang waren die süßen Kartoffeln, aber der Vorrat reichte nur für ein paar Mahlzeiten. Pisangs, Yams und Zuckerrohr gab es so wenig, daß es kaum des Handels wert war. Die Zahl der Hühner, die von sehr kleiner Art waren, belief sich nicht auf fünfzig Stück. Selbst an Wasser gab es hier wenig, das außerdem einen schlechten Geschmack hatte. So unbeträchtlich aber auch diese Erfrischungen waren, so bekamen wir sie doch zur rechten Zeit.

Wenn wir voraussetzen, daß die Osterinsel einmal durch vulkanisches Feuer zerstört worden ist, so sind die Bewohner weit mehr zu bedauern als jedes andere wenig zivilisierte Volk. Maheine bejammerte ihre Armseligkeit sehr oft, er schien mit ihnen mehr Mitleid zu haben als mit den Neuseeländern, und er erinnerte sich Ostereilands immer mit den Worten: »Tata maitai whennua ino«, d. h. das Volk sei gut, aber die Insel sehr elend.

15. Kapitel

Reise von der Osterinsel nach den Marquesas – Aufenthalt im Hafen Madre de Dios auf der Insel Waitahu – Reise von da über die flachen Inseln nach Tahiti

Von der Osterinsel segelten wir mit so schwachem Winde, daß wir uns am folgenden Tag noch in Sicht der Insel befanden. So kurz auch unser Aufenthalt auf dem Lande gewesen war, so hatten sich unsere Kranken doch vom Skorbut erholt und klagten nur noch über Mattigkeit. Die wenigen frischen Nahrungsmittel auf der Osterinsel hatten aber unseren Appetit gereizt und uns auf die Inseln des Marquese de Mendoza, nach denen wir jetzt steuerten, desto begieriger gemacht. Zum Glück bekamen wir am nächsten Tage frischeren Wind, der uns mehr Heiterkeit und Mut gab, als wir seit Monaten empfunden hatten. Desto beunruhigender dünkte es uns aber, als ein paar Tage später einige unserer Leute über Verstopfung und Gallenfieber, diese tödlichen Krankheiten der heißen Himmelsstriche, zu klagen anfingen. Unter diesen Kranken war auch unser Wundarzt selber, ein Umstand, der uns die größte Besorgnis verursachte. Das Betrüblichste aber war, daß unsere Kranken die süßen Kartoffeln als eine für ihren schwachen Magen zu schwere Speise nicht genießen konnten. Selbst Kapitän Cook mußte von neuem das Bett hüten. Mein Vater ließ seinen tahitischen Hund, den einzigen, der noch an Bord war, schlachten und den Kapitän einige Tage damit beköstigen.

Ein großer Vorteil war es, daß die Sonnenhitze durch die schnelle Bewegung der Luft erträglich wurde, so daß man mit Vergnügen auf dem Deck umhergehen konnte. Dies stärkte unseren Mut und erquickte unsere Kranken, die jetzt von Wind und Hoffnung lebten, da sie sonst nichts hatten, woran sie sich hätten laben können. Der Vorrat an Kräuterwerk, den wir auf der Osterinsel angelegt hatten, war aufgezehrt, und also mußte man entweder von neuem mit dem elenden Pökelfleisch vorlieb nehmen, das Saft und Kraft verloren hatte, oder sich entschließen, bei schmalen Portionen von trockenem Brot Hunger und Kummer zu leiden. Wir wünschten daher recht sehnlich, von all den Unannehmlichkeiten recht bald befreit zu werden, und das Thermometer unserer Erwartungen stieg und fiel mit dem ab- oder zunehmenden Wind. Alle Nachrichten von Mendañas Reisen wurden sorgfältig zu Rate gezogen. Insofern die darin angegebene unbestimmte Entfernung der Marquesas von der peruanischen Küste einem jeden Freiheit ließ, seinen Hoffnungen und Vermutungen nachzugehen. Fünf Tage lang durchsegelten wir die verschiedenen Längen, die unsere Geographen dieser Insel zuwiesen. Einige unserer Reisegefährten schienen sich darüber lustig zu machen, daß von unseren Hoffnungen eine nach der anderen ins Wasser fiel.

Endlich erblickten wir am 6. April nachmittags eine kleine steile Insel, die aber zum Teil in Nebel gehüllt war. Man konnte also das Land noch nicht näher betrachten und nach dem Augenschein urteilen, ob sich Erfrischungen darauf finden ließen. Quiros, den man für den Verfasser der im Jahre 1595 unternommenen Reise des spanischen Generalkapitäns Don Alvaro Mendaña de Neyra ansieht, gibt von der damals entdeckten Inselgruppe eine vorteilhafte Beschreibung. Sie wurden die Inseln des Marquese de Mendoza genannt, zu Ehren des Vizekönigs von Peru, der die Expedition veranstaltet hatte. Wir studierten diese Reisebeschreibung sorgfältig, um von dem Land, das nun vor uns lag, einen möglichst deutlichen Begriff zu bekommen.

Am folgenden Morgen gingen wir eifrig daran, auf das Land loszusegeln. Die Luft war zwar voller Dünste, dennoch konnten wir bald die verschiedenen Inseln unterscheiden, die von den Spaniern Dominica, St. Pedro, und St. Christina genannt wurden. Wir bemerkten, daß die steile Insel, die wir zuerst gesichtet hatten, nicht gesehen worden war. Kapitän Cook nannte sie also Hoods-Eiland, dem jungen Seemann zu Ehren, der sie von unserem Schiffe aus zuerst wahrgenommen hatte. Dominica, eine hohe, bergige Insel, war uns am nächsten. Gleich nach Verschwinden des Nebels entdeckten wir viele turmartige, spitze Felsen, auch mitten auf der Insel einige hohe Bergspitzen, die zu beweisen schienen, daß feuerspeiende Berge und Erdbeben an der Gestalt und Beschaffenheit der Insel großen Anteil haben. Der ganze östliche Teil besteht aus einer fürchterlich steilen Felsenwand.

San Pedro ist eine kleine Insel von geringerer Höhe, sie kam uns aber weder sonderlich fruchtbar noch stark bewohnt vor. Santa Christina hingegen schien unter allen das meiste zu versprechen. Obgleich sie hoch und steil ist, findet man doch einige Täler, die sich gegen die See hin verbreitern, und die Wälder reichten bis an die Gipfel der Berge hinauf. Um drei Uhr kamen wir in die Straße zwischen Dominica und Santa Christina, die ungefähr zwei Meilen breit ist. Wir entdeckten auf beiden Inseln einige tiefe Täler, aber solche Ebenen, wie sie Tahiti verschönern, findet man hier nicht. Die Küste von Santa Christina sah aber doch so anmutig aus, daß sie uns ausgemergelte Seefahrer mit neuer Hoffnung belebte. Wir fuhren an verschiedenen kleinen Buchten vorüber, auf deren Strand die See eine hohe Brandung schlug. Die Landzungen dieser Buchten schlossen ein Tal ein, das uns seiner schönen Wälder und Pflanzungen wegen recht gut gefiel. Am Strand sahen wir einige Insulaner, die das Schiff neugierig angafften. Einige brachten ihre Kanus ins Wasser und versuchten uns nachzufolgen, der starke Wind aber trieb das Schiff so schnell fort, daß sie weit zurückblieben. An der Westseite der Insel fanden wir einen guten Hafen und wünschten sehnlich, darin Anker werfen zu können. Als wir aber drehten, um darin einzulaufen, sauste ein starker Windstoß von den hohen Bergen mit solcher Gewalt herab, daß das Schiff ganz auf die Seite zu liegen kam, die mittlere Bramstange verlorenging und wir selbst mit genauer Not der Gefahr entkamen, an der südlichen Spitze des Hafens zu stranden. Nachdem wir die Segel wieder gerichtet hatten, lavierten wir glücklich hinein. Bei dem Windstoß waren etwa fünfzehn Kanus vom Ufer abgegangen und ganz nah an unser Schiff getrieben worden. Einige waren Doppelkanus und mit fünfzehn Ruderern, die anderen mit drei bis sieben Mann besetzt. Sobald die Anker ausgeworfen waren, luden wir die Insulaner unter allerlei Freundschaftszeichen in tahitischer Sprache ein, zu uns an Bord zu kommen. Sie wagten es aber nicht eher, als bis sie uns einige Pfefferwurzeln als Friedenszeichen dargeboten hatten. Sobald wir diese ans Tauwerk gebunden hatten, verkauften sie uns für einige Nägel frische Fische und völlig reife Brotfrüchte, deren Anblick bei unserer Schiffsgesellschaft allgemeine Freude erweckte.

Die Eingeborenen waren wohlgebildete, schöne Menschen von hellbrauner Farbe, die aber der vielen Punkturen wegen ins

Schwärzliche zu fallen schienen. Sie gingen völlig nackt und hatten nur ein kleines Stück Zeug von der Art des tahitischen um die Hüften. Bart und Haar waren glänzend und schwarz, und ihre Sprache war dem Tahitischen ähnlich, nur daß sie kein R aussprechen konnten. Ihre Boote waren sehr schmal und bestanden aus leicht zusammengenähten Brettern. Die Ruderschaufeln waren den tahitischen ähnlich und oben mit einem runden Knopf versehen. Wir fragten hauptsächlich nach Schweinen und baten, daß man uns einige bringen möchte. Gegen Abend hatten wir auch das Vergnügen, eins neben dem Schiff zu sehen, und man überließ es uns für ein Messer. Sobald es dunkel wurde, verließen uns die Kanus nach dem allgemeinen Brauch der Südseevölker, die sogar durch den Anblick eines europäischen Schiffes niemals in Versuchung geraten, eine Nacht schlaflos zu verbringen. Die Täler um unseren Hafen waren voller Bäume, und alles schien die Vermutung, die wir aus der spanischen Beschreibung geschöpft hatten, zu bestätigen, daß wir im Hafen Madre de Dios geankert hatten. Da wir durch die Bäume weit ins Land hinein wahrnahmen, daß viele Feuer die Gegend erleuchteten, schlossen wir daraus mit Recht, daß die Insel stark bewohnt sein müsse.

Am folgenden Morgen genossen wir den reizenden Anblick des Landes. An der Südseite sieht man einen schroffen, unzugänglichen Pik emporsteigen. Die ganze Nordseite ist ein schwarzer verbrannter Berg, dessen Fels aber bis zur Spitze mit Casuarinabüschen bedeckt ist. Im Hintergrund des Hafens liegt ein hoher Berg, der seines flachen Gipfels wegen dem Tafelberg am Kap der Guten Hoffnung ähnlich sieht. Auf dem Gipfel bemerkten wir eine Reihe von Stangen oder Palisaden, die wie Befestigungen aussahen. Innerhalb derselben beobachteten wir mit dem Fernglas etwas, das uns Wohnhütten zu sein schien. Sie waren den neuseeländischen Hippahs ungemein ähnlich, die ebenso auf hohen Felsen angelegt und mit Palisaden umgeben sind.

Kurz nach Sonnenaufgang zeigten sich verschiedene Kanus, die uns eine Menge Brotfrucht gegen kleine Nägel brachten. Die Leute boten auch Pisangs zum Verkauf und bewiesen anfangs bei ihrem Handel viel Ehrlichkeit, doch hatte keiner Mut genug, sich an Bord zu wagen. Bald darauf fanden wir, daß ihre Denkungsart völlig mit

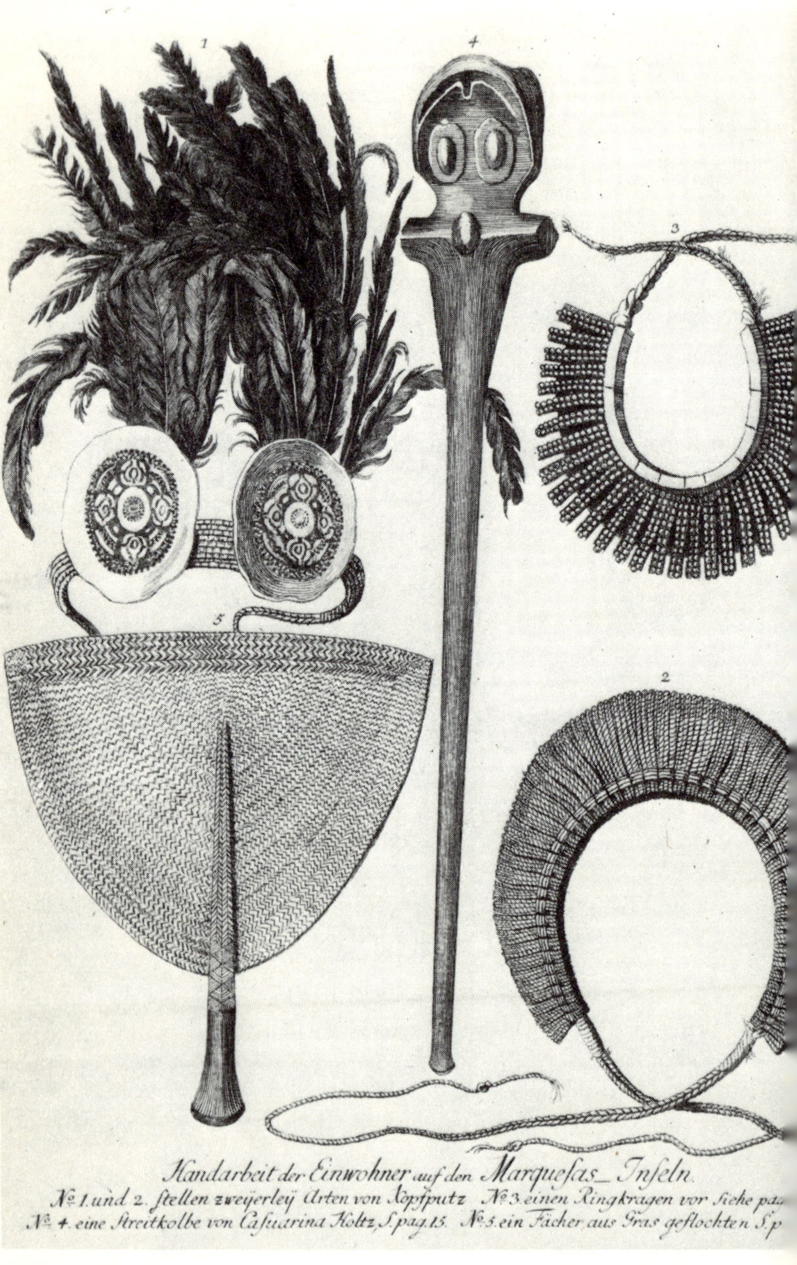

Kopfschmuck, Streitkolben und Kragen von den Marquesas-Inseln

der tahitischen übereinstimmte. Einige fingen an, uns offenbar zu betrügen und Nägel, wofür sie Brotfrüchte angeboten hatten, an sich zu nehmen, ohne die Früchte abzuliefern. Der Kapitän hielt es daher für notwendig, sich und seine Leute bei diesem Volke in Ansehen, die Betrüger aber in Furcht zu setzen. Er ließ daher eine Muskete über ihre Köpfe hinweg abfeuern. Der unerwartete Knall hatte die erwünschte Wirkung, sie reichten uns nämlich ganz bestürzt die Brotfrüchte, um die sie uns hatten betrügen wollen. Einige kamen nach dem Verkauf ihrer Waren an Bord, um zu gaffen und begafft zu werden. Als der Kapitän Anstalten machte, mit meinem Vater ins Boot zu gehen, bemerkte einer der Insulaner, daß die eiserne Stange, woran das Tau zum Aus- und Einsteigen befestigt ist, los war. Auf einmal erhaschte er sie, sprang mit seiner Beute über Bord und schwamm, ihrer Schwere unerachtet, zu seinem Kanu, um sie dort in Sicherheit zu bringen. Sobald Kapitän Cook den Diebstahl erfuhr, befahl er, eine Muskete über den Kerl hinzufeuern, während er selbst mit dem Boot um das Schiff herumkommen und sich der Stange wieder bemächtigen wollte. Der Schuß geschah, der Wilde aber geriet dadurch nicht außer Fassung, sondern sah vielmehr ganz unbesorgt um sich her.

Der Kapitän ließ nun einen zweiten Schuß abgeben, allerdings mit ebensowenig Erfolg. Ein Offizier, der gerade an Deck gekommen war, wurde über die Verwegenheit des Eingeborenen so aufgebracht, daß er nach einem Gewehr griff und den Unglücklichen auf der Stelle totschoß. Sobald er fiel, warf sein erschrockener Gefährte die Eisenstange in die See, und der Kapitän, der gerade jetzt anlangte, kam zu spät. Er mußte betrübt sehen, wie der andere Wilde das Blut seines Kameraden aus dem Kanu in die See schöpfte und dann mit den übrigen Kanus dem Ufer zueilte. Die Wilden hatten uns nun alle verlassen und waren am Strande damit beschäftigt, das Kanu durch die Brandung und den toten Körper ins Gebüsch zu schleppen. Gleich darauf hörten wir trommeln und erblickten eine große Menge von Wilden mit Keulen und Speeren bewaffnet, welcher Anblick uns höchste Gefahr zu bedeuten schien. Es war allerdings sehr zu bedauern, daß der Jähzorn eines unserer Mitreisenden den Indianer unbilligerweise das Leben kostete. Die ersten Entdecker und Eroberer von Amerika haben oft und mit Recht den Vorwurf der Grausamkeit über sich ergehen lassen müssen, weil sie die unglücklichen Völker dieses Erdteils nicht als ihre Brüder, sondern als unvernünftige Tiere behandelten, die man niederzuschießen berechtigt zu sein glaubte. Aber wer hätte es von unseren erleuchteten Zeiten erwartet, daß Vorurteil und Übereilung den Völkern der Südsee fast ebenso nachteilig werden würden? Maheine konnte sich der Tränen nicht erwehren, als er sah, daß ein Mensch den anderen wegen einer so geringen Veranlassung ums Leben brachte.

Kapitän Cook ließ das Schiff tiefer in den Hafen legen und landete mit einer ausgesuchten Mannschaft von Seesoldaten und Matrosen unter einem gewölbten Felsen, von Dr. Sparman, Maheine, meinem Vater und mir begleitet. Ein Haufen von mehr als hundert Wilden empfing uns auf diesem Felsen mit Speeren und Keulen bewaffnet, ohne jedoch Gebrauch davon zu machen. Wir gingen ihnen mit vielen Freundschaftsbezeigungen entgegen, die sie auf ihre Art zu erwidern schienen. Wir verlangten, sie möchten sich niedersetzen, und sie waren folgsam. Wir gaben ihnen nun zu verstehen, daß wir nach einem ihrer Landsleute nur deswegen geschossen hätten, weil er sich an unserem Eigentum vergriffen hatte, wir seien aber gesonnen, als Freunde mit ihnen zu leben, und hauptsächlich gekommen, um Wasser, Holz und Lebensmittel einzunehmen, wofür wir Nägel, Beile und andere gute Waren zum Tausch anzubieten hätten Unsere Gründe fielen in die Augen, und die Eingeborenen beruhigten sich. Sie schienen zu glauben, ihr Landsmann habe sein Schicksal verdient. Sie führten uns zu einem Bach, wo wir unsere Wasserholer einsetzen konnten und Gelegenheit fanden, einige Früchte einzukaufen. Der Sicherheit wegen mußten die Seesoldaten eine Linie bilden, um die Rückkehr zu sichern, aber diese Vorsicht hätten wir uns sparen können. Die Leute waren zu ehrlich, als daß sie den Frieden hätten brechen, und zu leutselig, als daß sie den Tod eines Mannes hätten rächen sollen, den sie von Schuld nicht ganz freisprechen konnten. In kurzer Zeit ging der Handel gut vonstatten, und die Einwohner kamen von den Bergen her mit ganzen Ladungen von Früchten.

Frauenspersonen hatten sich bisher noch gar nicht sehen lassen, sie mochten bei dem ersten Lärm in die Berge geflohen sein. Einige Mannsleute waren besser geputzt und bewaffnet als die übrigen, weshalb wir sie für Befehlshaber ansahen. Sie hatten alle nur ein kleines Stück Zeug um die Hüften geschlagen. Von Statur waren sie groß und wohlgebildet, keiner war so dick wie die vornehmen Tahitier, keiner auch so mager und abgezehrt wie die Osterinsulaner. Die Punktierungen, die fast den ganzen Körper bedeckten, machten es schwer, die Schönheiten ihrer Gestalt erkennen zu können. Unter den jungen Leuten aber, die noch nicht punktiert oder tätowiert waren, bemerkte man außerordentliche Schönheiten.

Die Befehlshaber trugen eine Art von Ringkragen, der vorn auf der Brust herabhing. Manche trugen nur eine Schnur um den Hals und daran ein Stück Muschelschale. Sie hielten auch sehr viel auf Büschel von Menschenhaaren, die um den Leib, um die Arme, Knie und Schenkel gebunden waren. Allen anderen Schmuck vertauschten sie gegen Kleinigkeiten, aber nicht so leicht diesen Haarschmuck, den sie ungemein hoch schätzten, so sehr er auch gewöhnlich von Ungeziefer bevölkert war. Wir gingen ins Gehölz nach dem Platz, den Kapitän Cook zu seinem Standort gewählt hatte. Wir sahen hier zwar keine Pflanzungen, dagegen war alles mir Holz und zum Teil mit gutem Zimmerholz bewachsen. Die Einwohner ließen uns ungestört gehen, wohin wir wollten. Wir fanden ein schönes, klares Springwasser an der Stelle, wo es nach der Beschreibung der Spanier hätte gesucht werden müssen. Es stürzt vom Felsen in ein kleines Becken und von diesem in die See. Nahe dabei ergießt sich ein Bach von den höheren Bergen und ein noch stärkerer in der Mitte der Bucht. Letzterer dünkte uns zum Füllen der Wasserfässer am vorteilhaftesten gelegen. Wir kehrten nun zum Handelsplatz zurück und ließen uns mit den Eingeborenen in eine Unterredung ein. Sie hatten ihr Mißtrauen so gänzlich beiseite gesetzt, daß sie sogar ihre Waffen gegen Eisengerät vertauschten. Sie waren alle aus Casuarinaholz verfertigt und bestanden aus hölzernen Wurfspeeren, acht bis zehn Fuß lang, oder aus Keulen, die an einem Ende mit einem dicken Kolben versehen waren. Kapitän Cook war in unserer Abwesenheit so glücklich gewesen, einige Schweine und eine Menge von Früchten einzukaufen, die wir gegen Mittag zum Schiff brachten.

Am folgenden Morgen sahen wir sieben Kanus von Dominica beim Schiff eintreffen, während verschiedene andere von St. Christina die Straße hinaufruderten. Sie brachten uns Früchte zum Kauf.

Nach dem Frühstück gingen wir an Land und fanden unsere guten Freunde bereits am Strand. Wir entdeckten einen Befehlshaber unter ihnen, der einen Mantel gleich dem tahitischen Zeug aus Maulbeerrinde trug und mit dem Diadem, dem Ringkragen, den hölzernen Ohrgehängen und Haarbüscheln geputzt war. Man berichtete uns, er sei König der ganzen Insel, doch wurden ihm, soviel wir sahen, keine sonderlichen Ehrenbezeugungen erwiesen. Er schenkte dem Kapitän einige Früchte und Schweine, blieb den ganzen Tag in unserer Nähe und sagte uns, er heiße Honu (Schildkröte), und er sei He-Ka-Ai, das ohne Zweifel soviel wie Eri zu Tahiti und Eriki auf den Freundschaftlichen Inseln bedeuten mochte.

Kapitän Cook fand auf dem Handelsplatz einen großen Vorrat von Kräutern und einige Hühner und Schweine, die er insgesamt einkaufte. Die roten Federn von Tongatabu hatten auch hier einen hohen Wert, und es wurde viel Kopfschmuck und anderer Zierat dagegen getauscht. Heute bekamen wir endlich eine Weibsperson zu sehen. Sie setzte sich in dem Kreis ihrer Landsleute nieder und war wie die Tahitierinnen in ein Stück Zeug von Baumrinde gekleidet.

Wir wanderten etwa anderthalb Meilen den Bach entlang, passierten einen offenen Platz, von wo wir die ganze Bucht überschauen konnten, und kamen in einen dichten Wald, der aus Nuß- und Brotfruchtbäumen bestand. Endlich erreichten wir ein Haus, das aber im Vergleich zu den hohen Häusern auf den Gesellschafts-Inseln nur eine Hütte genannt werden konnte. Die Bewohner brachten uns aus dem nahen Bach frisches Wasser zum Trinken. Wir belohnten sie für ihre Dienstfertigkeit und kehrten zum Schiff zurück. Beim Einsteigen wäre das Boot beinahe umgeschlagen, da sich die Brandung sehr heftig an den Felsen brach, doch kamen wir mit nasser Haut davon.

Am folgenden Morgen ging Dr. Sparman mit mir nach dem Wasserplatz, wo ein ziemlicher Handel getrieben wurde. Aber unsere Eisenwaren hatten, seit wir hier geankert, wenigstens zweihundert Prozent an ihrem vorigen Wert verloren. Unsere kleinen Nägel schienen keine Liebhaber mehr zu finden, nach den großen wurde kaum gefragt, und Glaskorallen wollte niemand mehr. Bänder aber, Zeug und andere Kleinigkeiten waren desto begehrter, und gegen Stücke von Maulbeerzeug mit roten Federn von Tongatabu ließen sie uns sogar einige große Schweine zukommen.

Die Marquesas sind, im ganzen genommen, mit den Sozietäts-Inseln von gleicher Beschaffenheit, nur daß ihnen die schönen Ebenen und die Korallenriffe fehlen. Auch die Bewohner gleichen einander in Gestalt, Sitte und Sprache. Der größte Unterschied, den wir zwischen beiden finden konnten, bestand darin, daß die Leute hier nicht so reinlich sind wie dort. Die Tahitier und ihre Nachbarn sind vielleicht das reinlichste Volk der Erde. Sie baden täglich zwei- bis dreimal und waschen Hände und Gesicht vor und nach jeder Mahlzeit. Die Eingeborenen auf den Marquesas wuschen und badeten sich nicht so oft und waren auch in der Bereitung ihrer Mahlzeiten weit nachlässiger. Hingegen taten sie es den Bewohnern der Sozietäts-Inseln in einem anderen Punkte an Reinlichkeit zuvor, denn statt daß man wie auf Tahiti die Fußwege überall mit Zeichen einer gesunden Verdauung besetzt fand, wurde hier der Unflat nach Katzenart sorgfältig verscharrt. Zwar verließ man sich auf Tahiti auf die guten Dienste der Ratten, doch schien man es außerdem weder für unanständig, noch für schmutzig zu halten, daß der Kot überall umherlag.

Als wir an das Schiff zurückkamen, fanden wir es von vielen Kanus umgeben, in denen Schweine und Pisangs zum Verkauf gebracht wurden. Der Schrecken über die von uns verübte Gewalttat war nun vergessen, und die Leute kamen in großer Menge an Bord, plauderten vertraut mit den unsrigen und staunten über alles, was sie auf dem Schiffe sahen. Einige fingen sogar wieder an zu mausen, wenn sie aber entdeckt wurden, säumten sie nicht, das Gestohlene wieder zurückzugeben. Oft tanzten sie den Matrosen zu Gefallen, und ihre Tänze stimmten mit den tahitischen überein. Ihre Kanus waren klein, sonst aber den tahitischen ähnlich. Auf dem Vorderteil sah man meist ein aufrechtstehendes Holz, mit einem grobgeschnitzten Menschengesicht verziert.

Abends kamen auch die übrigen Herren zurück. Sie hatten den Nachmittag mit der Untersuchung zweier Buchten zugebracht. Die Einwohner taten dort weniger zurückhaltend als in unserem Hafen, auch befanden sich unter ihnen einige Frauen, mit denen die Matrosen bald Bekanntschaft machten, weil sie sich ebenso gefällig erwiesen wie die auf den anderen Südseeinseln. Als unsere Leute sich wieder einschiffen wollten, war einer von den Matrosen so saumselig, daß er dafür vom Kapitän einige Schläge bekam. Diese Kleinigkeit würde nicht verdienen, hier vermerkt zu werden, wenn sie nicht die Eingeborenen veranlaßt hätte, sie aufmerksam zu verfolgen und dabei zu rufen: »Tape-a-hai te teina! – Er schlägt seinen Bruder!« Die Folgerung hieraus scheint zu sein, daß sie selber sich untereinander für Brüder, mithin ihr ganzes Volk für eine Familie und den König gleichsam nur für den Ältesten halten. Ihre politische Verfassung hat noch keine bestimmte monarchische Form erhalten. Damit stimmt sehr gut überein, daß dem König Honu keine besondere Ehrung erwiesen wurde. Sein ganzer Vorzug schien in seiner Kleidung zu bestehen, die vollständiger war als bei vielen anderen Leuten.

Am folgenden Morgen ging der Kapitän abermals nach der Bucht, war aber im Handel nicht glücklich. Die Insulaner kannten die Vortrefflichkeit unserer Eisenwaren noch nicht genügend, sie wollten sie nicht mehr nehmen und verlangten andere Dinge, die wir nicht entbehren konnten. Also lichteten wir nachmittags den Anker und verließen den Hafen Madre de Dios. Wir hatten eine ansehnliche Menge Wasser eingenommen und von diesem Volk einen heilsamen Vorrat von Nahrungsmitteln erhalten. In der Naturgeschichte hingegen hatten wir nicht viel Neues entdeckt. Aus Zeitmangel hatten wir auch mit den Eingeborenen nicht genauer bekannt werden können, sie hätten sonst wohl verdient, näher in Augenschein genommen zu werden. Besonders tat es uns leid, daß wir nicht imstande gewesen waren, die Verzäunungen auf den Bergen in Augenschein zu nehmen.

Nach einer Kreuzfahrt von fünfeinhalb Monaten, in denen wir den gefrorenen Erdstrich bis unter 71 ° und den heißen bis unter 9,5 ° südlicher Breite besucht hatten, waren die Marquesas der erste Ort, wo wir Fleisch und Früchte in ausreichender Menge erhielten. Der kleine Vorrat an süßen Kartoffeln, den wir auf der Osterinsel bekommen hatten, bewirkte zwar unter göttlichem Beistand so viel, daß die mancherlei Krankheiten, die uns damals drohten, nicht gleich zum Ausbruch kamen, allein dies währte nur so lange, bis wir das heiße Klima wieder erreichten. Alsdann geriet unser Blut in eine nachteilige Gärung, und bei dem blassen, ausgemergelten Aussehen der ganzen Schiffsgesellschaft war es gewiß die höchste Zeit, daß wir die Marquesas-Inseln erreichten, sonst würde der Skorbut eine schreckliche Niederlage unter uns angerichtet haben. Bei dieser Gelegenheit müssen wir zur Ehre unseres Schiffsarztes Patton öffentlich rühmen, daß er die besten Mittel ergriffen hat, uns alle so gesund wie möglich zu erhalten, indem er nicht allein dem Kapitän die dienstlichen Anordnungen zu diesem Endzweck vorschlug, sondern selbst mit unablässigem Fleiß über uns wachte. Ich kann mit gutem Grund behaupten, daß England die Erhaltung vieler wichtiger und brauchbarer Männer, die auf diese Expedition ausgeschickt wurden, ihm allein schuldet. Auch verdient Kapitän Cook alles Lob, daß er keinen Vorschlag unversucht ließ, der nur einigen Erfolg zu versprechen schien.

Die Kürze unseres Aufenthalts auf den Marquesas gestattete unseren Kranken nicht, vollkommen geheilt zu werden, vielmehr verschlimmerte sich der Zustand derer, die an der Gallenkolik darniederlagen, weil sie es gewagt hatten, blähende Früchte zu genießen, die einem schwachen Magen sehr schädlich sind. Kapitän Cook war nichts weniger als wiederhergestellt. Er hatte sich während unseres ganzen Hierseins nicht geschont, sondern sich in der Sorge um das Seevolk unermüdlich erwiesen. Auch ich mußte gewahr werden, daß mir bei meiner Schwäche das beschwerliche Klettern nicht zuträglich gewesen war. Ich bekam eine heftige Gallenkrankheit davon, die mir um so unangenehmer war, als sie mich zu einer Zeit befiel, in der mir viele Aufgaben bevorstanden.

Wir steuerten von Santa Christina nach Südsüdwest, hernach aber nach Südwest und legten des Nachts bei, weil wir jetzt dem Archipel der flachen Inseln nahe waren, die von jeher als eine gefährliche Gegend der Südsee angesehen worden sind. Vornehmlich haben die Holländer ungünstige Nachrichten davon gegeben, denn Schouten hat diesen Teil des Südmeeres die böse See und Roggeveen ihn das Labyrinth genannt. Letzerer verlor eins seiner Schiffe an einer dieser flachen Inseln und legte ihr deswegen den Namen einer gefährlichen Insel bei. Am 17. entdeckten wir die erste dieser Inseln, erreichten sie gegen Mittag und wurden durch Byrons deutliche Beschreibung überzeugt, daß es die östlichste der König-Georg-Inseln sei. Davon hatten wir gegen Abend noch einen anderen Beweis, denn wir erblickten auch die zweite Insel dieses Namens. Die erstere war sehr niedrig und sandig. Sie besteht aus einem elliptischen Felsenriff, dessen längster Durchmesser über sechs Seemeilen ausmacht. Hin und wieder war sie mit vielen Kokospalmen besetzt. Die Stämme dieser Palmen waren oft bis zu einer großen Höhe durch Buschwerk und andere Bäume verdeckt, ihre schönen Kronen aber sah man allenthalben über die anderen emporsteigen. An den Stellen, wo keine Bäume standen, war das Erdreich oder waren vielmehr die Felsen so niedrig, daß die See über sie hinweg in den inneren Landsee hineinschlug. Wir segelten nachmittags dicht an der Westseite der Insel hin und bemerkten, daß die Felsen an vielen Stellen scharlachrot aussahen, wie auch Byron sie gefunden hatte. Auf dem Landsee fuhren einige Kanus mit Segeln umher, zwischen den Bäumen stieg hier und da Rauch auf, und am Strande sah man bewaffnete Schwarze umherlaufen. Auch bemerkten wir, daß einige Frauensleute mit Bündeln auf dem Rücken nach den entlegenen Gegenden des Riffs flüchteten, und das war kein Wunder. Sie hatten ehemals, als sie sich einer von Byrons Bootsbesatzungen widersetzten, einige von ihren Landsleuten verloren, und die englischen Matrosen hatten sie einen ganzen Tag über aus ihren Hütten verscheucht und von ihren Kokosnüssen gelebt.

Am südwestlichen Ende der Insel entdeckten wir eine Einfahrt in den Landsee und setzten ein Boot aus, um sie zu sondieren. Unsere Leute fanden, daß der Grund aus scharfen Korallen besteht und daß es unmöglich war, darauf zu ankern. Mittlerweile hatten sich die Insulaner auf der Nordseite der Einfahrt versammelt und die Waffen ergriffen, sie zeigten sich aber trotz des kriegerischen Aufzugs als friedfertig und brachten uns einige Kokosnüsse, die man gegen Nägel eintauschte. Sobald wir hiervon Nachricht bekamen, wurde ein zweites Boot ausgesetzt und an Land geschickt. Mein Vater, Dr. Sparman und ich waren mit von dieser Partie. Wir landeten ohne Widerstand und mischten uns sogleich unter die Eingeborenen, deren hier fünfzig bis sechzig beisammen waren, lauter starke, große Männer von schwarzbrauner Farbe mit Punkturen auf der Brust, auf dem Bauch und auf den Händen, die meist Fische darstellten. Sie hatten nur ein kleines Stück Zeug um die Hüften gewickelt. Ihre Frauen wagten sich nicht zu uns heran, ihre Kleidung war etwas länger und reichte wie eine Schürze bis zu den Knien. Sobald wir landeten, umarmten sie uns und begrüßten uns durch Berührung der Nasen. Dann fingen sie sogleich an, Kokosnüsse und Hunde zum Verkauf an die Boote zu bringen. Wir versuchten, zu ihren Hütten zu gehen, was sie aber nicht gestatten wollten, so begnügten wir uns damit, längs der Landzungen allerlei Pflanzen zu sammeln, vornehmlich eine Kressenart, die ein gutes Blutreinigungsmittel zu sein schien. Der Boden bestand überall aus Korallenfelsen, die nur wenig über die Oberfläche des Wassers ragten. Darauf lag eine Schicht grober, weißer Sand, mit Korallen und Muscheln vermischt, und darüber eine dünne Lage guter Erde.

Als wir sahen, daß eine große Menge von Wilden von der anderen Seite des Landsees her das Wasser durchwatete und ihre Speere hinter sich herschleppte, traten wir den Rückzug an. Der Weg führte uns an den Hütten vorüber, die nur klein und niedrig waren und ein Dach aus Kokosblättern hatten. Die Wetterdächer der Kanus waren aus gleichem Material, aber etwas größer gebaut, die Kanus selbst aber nur kurz, jedoch stark, an beiden Enden zugespitzt und mit einem scharfen Kiel versehen. Wir gaben dem Leutnant, der unser Boot kommandierte, Nachricht von den feindlichen Bewegungen, worauf unsere Leute sofort Vorkehrungen trafen, wieder an Bord zu gehen. Nun sah man die Wilden in den Büschen herankommen. Sie hatten sich mit langen Keulen, runden Knüppeln und Speeren bewaffnet, die mit dem Schwanzstachel eines Rochen versehen waren. Wir traten also in unsere Boote, die Insulaner eilten aber in großen Haufen herbei, schienen aber unschlüssig, ob sie uns den Abzug wehren oder gestatten sollten. Einige halfen uns sogar, unsere Boote abzustoßen, andere aber warfen Steine neben uns ins Wasser und schienen sich einzubilden, uns verscheucht zu haben. Sobald wir an Bord waren, ließ der Kapitän einige Kanonen teils über ihre Köpfe hinweg, teils vor ihnen ins Wasser abfeuern, worauf der ganze Haufen mit größter Eile davonrannte. Wir hatten von ihnen nicht mehr als dreißig Kokosnüsse und fünf Hunde erhandelt.

Die großen Seen in diesen kreisförmigen Inseln sind allem Anschein nach sehr fischreich. Die sandigen Stellen der Korallenriffe sind gute Stellen für die Schildkröten, ihre Eier darauf zu legen, und aus den Stücken von Schildkrötenschalen erhellt deutlich, daß die Eingeborenen diese großen Tiere zu fangen wissen, deren Fleisch ein herrlicher Leckerbissen für sie sein muß. Einige Bäume sind so dick, daß die Stämme zu Kanus, die Äste hingegen zu Waffen und anderem Gerät gebraucht werden können. Die Kokospalme, die so manchen Völkern Unterhalt gibt, leistet auch hier unendlichen Nutzen, weil von ihr fast alles und jedes zu gebrauchen ist. Die Nuß enthält, solange sie grün ist, eine Pinte Wasser, das einen lieblichen Geschmack hat. Wenn die Nuß älter wird, bildet sich darin ein Kern, der anfänglich fettem Milchrahm gleicht, dann aber so fett und ölig wird wie Mandeln. Das Öl wird zuweilen herausgepreßt und zum Salben der Haare und des Körpers gebraucht. Aus der harten Schale machen sie Trinkgeschirr und allerlei andere Gerätschaften, und die faserige Rinde gibt ein starkes, elastisches und dauerhaftes Tauwerk. Mit den obersten langen Blättern decken sie ihre Hütten oder flechten Körbe daraus. Aus der inneren Schale wird eine Art von Zeug bereitet, das in diesen heißen Ländern zur Kleidung reicht, und der Stamm des Baumes, wenn er zu alt wird, Früchte zu tragen, taugt wenigstens noch zum Bau einer Hütte oder zum Mast eines Kanus. Außer Fischen und Früchten haben sie auch Hunde, die mit Fischen gefüttert und für die schmackhafteste Fleischspeise gehalten werden. So hat die Vorsehung nach ihrer Weisheit sogar diese unbedeutenden schmalen Felsenriffe für ein ganzes Geschlecht von Menschen hinreichend mit Nahrungsmitteln versehen.

Die Entstehung dieser Koralleninseln gibt uns ein nicht minder bewunderungswürdiges Beispiel von der Allmacht des Schöpfers, der so oft große, wichtige Endzwecke durch die geringsten Mittel zu erreichen weiß. Die Koralle ist bekanntlich das Gebäude eines kleinen Wurms, der sein Haus in dem Maße vergrößert, wie er wächst. Kaum bemerkt man in diesem kleinen Tierchen Empfindung genug, um es von den Pflanzen unterscheiden zu können. Gleichwohl baut es aus den Tiefen der See ein Felsenwerk bis an die Oberfläche des Meeres und verschafft unzähligen Menschen einen festen Wohnplatz.

Um acht Uhr des folgenden Morgens entdeckten wir wiederum eine Insel von der gleichen Art, die anscheinend noch keinem anderen Seefahrer zu Gesicht gekommen ist. Um Mittag zeigte sich noch eine andere gegen Westen. Sie erstreckte sich über acht Seemeilen. Am Strande liefen viele Insulaner mit langen Speeren herum, und auf dem inneren See sahen wir verschiedene Kanus segeln. Noch am gleichen Abend erblickten wir eine dritte Insel. Kapitän Cook nannte diesen Haufen von Inseln Pallisers-Eilande. Die nördlichste scheint Roggeveens Gefährliche Insel zu sein, an deren Küsten er die »Galley« verlor. Diese Vermutung wird dadurch bestätigt, daß Byron nicht weit von hier, nämlich zu Te-aukea, ein Bootsruder fand.

Wir steuerten nun südwestwärts. Schon waren auf beiden Seiten die Flachen Inseln hinter uns, und nun ging zu jedermanns Freude die Fahrt geradewegs nach Tahiti. Da wir mit dem guten Willen der dortigen Bewohner sicher rechnen und uns die beste Aufnahme von ihnen versprechen konnten, sahen wir diese Insel gleichsam als unsere zweite Heimat an. Unsere Kranken schöpften neue Hoffnung, die übrigen freuten sich nicht minder, dort neue Kräfte sammeln zu können. Der Kapitän versprach sich einen reichlichen Vorrat an frischen Lebensmitteln, der uns eine glückliche Beendigung der Seereise erhoffen ließ. Unser Astronom war äußerst begierig, eine Sternwarte zu errichten und zu berechnen, wie unsere Längenuhr gegangen sei, was seit der Abreise von Neuseeland nicht hatte untersucht werden können. Aber auch wir Naturforscher sehnten uns sehr nach dieser Insel, um unsere Pflanzensammlung etwas reichhaltiger zu machen.

Aber noch eifriger als wir wünschte unser Freund Maheine nach Tahiti zu kommen, weil viele seiner Verwandten sich dort niedergelassen hatten, er selber aber noch nie dort gewesen war. Er hatte so viel Schönes von dieser Insel gehört, daß er darauf brannte, sie mit eigenen Augen zu sehen. Er wußte, daß die Kuriositäten, die er auf der Reise gesammelt hatte, ihm bei den Insulanern ein großes Ansehen verschaffen und daß die vielen Kenntnisse, die er durch uns erworben hatte, auf Tahiti Aufmerksamkeit erregen würden. Er tat sich also schon im voraus etwas darauf zugute, daß ihm jedermann mit Achtung und Freundschaft begegnen, daß seine Bekanntschaft mit uns und unserer Lebensart ihm noch mehr Bewunderung eintragen und daß man besonders vor dem Schießgewehr, dessen Gebrauch man ihm erlaubt hatte, nicht wenig Respekt bezeigen würde.

Am folgenden Morgen sichteten wir Land und erkannten, daß es ein Teil von Tahiti war. Aber wir mußten doch noch die Nacht auf See verbringen. Solange es hell blieb, hatte jedermann die Augen auf diese Königin der tropischen Inseln gerichtet. Ich kroch, so schwach auch meine Kräfte waren, ebenfalls an Deck. Am Morgen war ich früh erwacht, und welch Entzücken gewährte mir da die herrliche Aussicht! Es war, als hätte ich die reizende Gegend, die vor mir lag, noch nie gesehen, und sie war auch jetzt weit schöner als vor acht Monaten. Die Wälder waren mit frischem Grün bekleidet, besonders aber prangten die Ebenen mit allem Schmuck der jungen Wiesen. Im Vorbeisegeln hatten wir überdies noch das Vergnügen, jede Gegend gleich wiederzuerkennen; endlich zeigte sich die Pracht der Matavai-Bai, und nun konnten wir es kaum erwarten, nach acht Monaten wieder hier zu landen.

16. Kapitel

Nachricht vom zweiten Besuch auf der Insel Tahiti

Kaum hatten die Leute vom Lande her das Schiff wahrgenommen, so kamen auch schon verschiedene Kanus, um uns mit Früchten willkommen zu heißen. Unter den ersten, die uns an Bord besuchten, waren zwei junge Leute, die dem Rang nach mehr als die anderen sein mußten. Wir baten sie, in die Kajüte zu kommen, und hier wurde sogleich mit Maheine Bekanntschaft gemacht. Der Landessitte nach mußten sie ihm ein Geschenk von Kleidern machen, sie zogen also ihre Oberkleider aus und gaben sie ihm. Er hingegen zeigte ihnen seine Merkwürdigkeiten und beschenkte sie mit ein paar roten Federn, die sie als eine große Seltenheit sehr erfreut annahmen.

Gegen acht Uhr ließen wir in der Matavai-Bai den Anker fallen, und gleich war auch eine ganze Flotte von Kanus um uns herum, in der uns unsere alten Bekannten Fische, Brotfrucht, Äpfel, Kokosnüsse und Pisangs zu Markte brachten und uns zu geringen Preisen überließen. Die Fische brachten sie uns lebendig in einem Trog, der zwischen den Doppelkanus unter Wasser hing und vorn und hinten mit einem Flechtwerk aus Baumzweigen versehen war. Wir ließen nun wieder einige Zelte aufschlagen, um die astronomischen Beobachtungen, den Handel, das Holzhauen und das Wassereinnehmen zu erleichtern. Der Kapitän, Dr. Sparman und mein Vater gingen an Land. Ich aber mußte noch an Bord bleiben, denn ich fühlte mich so matt und elend, daß ich kaum stehen konnte. Aber ich erlaubte mir die kleine Abwechslung, vom Kajütenfenster aus zu handeln, und brachte auf diese Art einige neue Fischarten an mich, während die Herren bei ihrer Rückkehr nichts Neues vorzuweisen hatten. Was sie uns vom Lande erzählten, lautete sehr vorteilhaft. Sie hatten alles weit besser angetroffen als bei unserer ersten Anwesenheit, das Grün in voller Pracht, viele Bäume noch mit Früchten beladen, die Bäche wasserreich und eine Menge ganz neuer Häuser. Maheine, der mit ihnen gegangen war, kam nicht wieder an Bord. Er hatte einige von seinen Verwandten getroffen, vornehmlich eine Schwester namens Teioa, eine der schönsten Frauen auf der ganzen Insel, die mit einem vornehmen Mann von Raiatea namens Nuna verheiratet war. Ehe Maheine an Land ging, hatte er seine europäische Kleidung abgelegt und die schönen neuen Kleider angelegt, mit denen er von seinen Landsleuten beschenkt worden war. Die Freude, die er dabei äußerte, bewies, daß ihm seine vaterländische Sitte doch über alles gefiel. In der Tat war es ganz natürlich, daß ein Mensch von den Gesellschafts-Inseln das glückliche Leben, die gesunde Nahrung und die einfache Tracht seiner Landsleute der ständigen Unruhe, den ekelhaften Speisen und der groben, engen Kleidung europäischer Seeleute vorziehen mußte.

Maheine fand auf Tahiti alle Glückseligkeit und Freude, die er nur je erwarten konnte. Jeder begegnete ihm mit Achtung und sah ihn als ein rechtes Meerwunder an. Man bewirtete ihn mit den ausgesuchtesten Speisen, er bekam verschiedene Kleider geschenkt, und indem er unter den Nymphen des Landes herumschwärmte, fand er nicht selten Gelegenheit, auch jene Art des Vergnügens zu schmekken, die er zur See hatte entbehren müssen. Empfindlich für jede sinnliche Lust, wie alle Kinder der Natur, aber lange des Anblicks seiner hübschen Landsmänninnen beraubt und durch den Umgang mit unseren Seeleuten vielleicht noch mehr als sonst zur Sinnlichkeit gestimmt, mußte ihm die Gelegenheit, sich auch hierin einmal Genüge zu tun, sehr willkommen sein. Er hatte also alle Ursache, sich durch den Umgang mit den schönen Insulanerinnen fesseln zu lassen. Überdies konnte in einem so warmen Klima das Schiff kein angenehmes Nachtquartier für ihn sein; warum hätte er sich in eine enge, übelriechende Kajüte einsperren sollen, da er am Lande die reinste Luft und den Wohlgeruch der Blumen einatmen konnte.

So glücklich aber auch Maheines Los sein mochte, so gab es doch auch an Bord Leute, die sich für recht beneidenswert hielten. Gleich am ersten Abend kamen nämlich mehrere Insulanerinnen aufs Schiff, mit denen die ganze Nacht hindurch allerlei Ausschweifungen getrieben wurden. Ich habe schon bei einer anderen Gelegenheit bemerkt, daß diese liederlichen Weibspersonen von der niedrigsten Klasse sind; das bestätigte sich jetzt noch augenscheinlicher, weil diese Personen die gleichen waren, die sich bereits bei unserem ersten Aufenthalt mit den Matrosen einließen. Dies beweist offenbar, daß die H... hierzulande ebenfalls eine besondere Klasse ausmachen. Sie ist jedoch bei weitem nicht so zahlreich, und die Sittenverderbnis ist nicht so allgemein, wie unsere Vorgänger dies zu verstehen geben. Es würde abgeschmackt sein, wenn etwa O-Mai seinen Landsleuten erzählen wollte, in England wisse man wenig oder nichts von Zucht und Ehrbarkeit, weil er dergleichen unter den gefälligen Nymphen in Covent-Garten und Drurylane nicht angetroffen hat.

Am Tag nach unserer Ankunft hatten wir überaus treffliches Wetter. Ich fuhr an Land und versuchte nach den Zelten zu gehen, war aber kaum fünfzig Schritte weit gekrochen, als ich umkehren und mich niedersetzen mußte, um nicht ohnmächtig zu werden. Man brachte mir Äpfel zum Verkauf, die so reizend aussahen, daß ich dem ausdrücklichen Verbot des Arztes zuwider einen zu mir nahm. Hierauf ging ich wieder an Bord. Während dieser Zeit hatten unsere Leute große Boniten und eine Menge Früchte eingetauscht, so daß reichliche Portionen an die Mannschaft ausgeteilt werden konnten. Einem der Insulaner war mittlerweile die Lust angekommen, etliche Nägel zu stehlen. Ich fand ihn bei meiner Rückkehr in Ketten, weil aber viele Landsleute Fürbitte für ihn einlegten und für seine Freilassung viele Boniten anboten, wurde er wieder in Freiheit gesetzt. Das liederliche Gesindel, das die vorige Nacht an Bord zugebracht hatte, war diesen Abend zeitig wieder da und hatte so viele andere mitgebracht, daß jeder Matrose seine eigene Dirne haben konnte. Das war ihnen recht, denn sie hatten gerade heute das St.-Georgsfest nach altem Brauch gefeiert, das heißt, dem Schutzheiligen des Landes zu Ehren sich tapfer bezecht. Nach Beendigung der Bacchanalien brachten sie nun noch die ganze schöne, mondhelle Nacht im Dienst Cytherens hin.

Dr. Sparman und mein Vater kamen erst nach Sonnenuntergang an Bord zurück. Sie waren über One-Tree-Hill nach Parre gegangen, hatten dort Tutahas Mutter und Happai, des Königs Vater, angetroffen und sie mit einigen Geschenken bewillkommnet. Ein Eingeborener lud sie in sein Haus ein und bewirtete sie mit einer guten Mahlzeit. Auf dem Rückweg fanden sie die beiden Ziegen, die Kapitän Furneaux dem König geschenkt hatte, unweit von dessen Haus. Sie hatten ein feines, seidiges Haar bekommen, und die Ziege hatte bereits zwei Junge geworfen, die ebenso munter waren wie die beiden Alten. Wenn die Eingeborenen fortfahren, diese Tiere so sorgfältig zu warten, dann werden sie bald daran einen neuen Beitrag zu ihrem Unterhalt haben. Am folgenden Morgen fand ich mich durch den verbotenen Genuß des Apfels außerordentlich erquickt, und Kapitän Cook, der noch immer an seiner Gallenkrankheit litt, hatte die gleiche Wirkung dieser herrlichen Frucht gespürt. In wenigen Tagen war die Krankheit bis auf eine geringe Schwäche behoben.

Um Mittag besuchte uns der König O-Tu mit seiner Schwester Taurai und mit seinem Bruder. Sie brachten dem Kapitän einige Schweine zum Geschenk, und der König schien bei weitem nicht mehr so mißtrauisch und so schüchtern wie ehemals zu sein. Man belohnte seine Freigebigkeit mit einigen Beilen, aber es mußte ihm und seiner Gesellschaft wohl hauptsächlich um rote Papageienfedern zu tun sein. Ohne Zweifel mußten Maheines Berichte dem König Anlaß gegeben haben, sich danach zu erkundigen. Wir durchsuchten also unseren ganzen Vorrat an Merkwürdigkeiten und fanden eine Menge solcher Federn, hielten es aber nicht für ratsam, sie alle auf einmal zu zeigen. So wurde dem König und seiner Schwester nur ein Teil dieser Kostbarkeiten gezeigt, deren Anblick schon hinreichend war, sie in frohes Erstaunen zu setzen. Man braucht diese Federn hierzulande hauptsächlich zur Ausschmückung der Kriegerkleidung.

Am folgenden Tage besuchten uns mehrere Befehlshaber der Insel, darunter auch unser alter Freund Potatau nebst seinen Gemahlinnen. Auch diese mußten schon von unserem Reichtum an roten Federn gehört haben, denn sie brachten eine Menge Schweine mit und tauschten sie gegen die kleinsten Läppchen des Federzeugs. Es war ganz augenfällig, wie sich die Umstände der Eingeborenen während unserer achtmonatigen Abwesenheit gebessert hatten. Das erste Mal konnten wir nur mit genauer Not einige wenige Schweine von ihnen bekommen, diesmal aber waren unsere Decks so voll davon, daß wir uns genötigt sahen, einen Stall zu bauen. Solchermaßen hatten sich die Leute von ihrem Krieg mit der anderen Halbinsel, dessen traurige Folgen sie bei unserer ersten Anwesenheit im August 1773 noch sehr drückend zu empfinden schienen, jetzt ohne Zweifel wieder erholt.

Regen und Ungewitter hielten diesen ganzen Vormittag über an, und die Blitze waren so heftig, daß wir sicherheitshalber eine kupferne Kette an die Spitze des mittleren Mastes befestigen und zum Schiff hinaushängen ließen. Das untere Ende verwickelte sich im Tauwerk, und kaum hatte ein Matrose es losgemacht und über Bord geworfen, als ein erschrecklicher Blitz losbrach, der an der ganzen Kette hinablief und von einem fürchterlichen Donnerschlag begleitet wurde. Das ganze Schiff erbebte dermaßen, daß nicht nur die an Bord befindlichen Tahitier, sondern auch wir anderen äußerst erschraken. Der Blitz hatte jedoch nicht den geringsten Schaden angerichtet, und das überzeugte uns wieder einmal von dem großen Nutzen der elektrischen Kette.

Die erste Nachricht, die wir am anderen Morgen von unserer auf dem Lande kampierenden Mannschaft erhielten, lautete dahin, daß verschiedene Kamisole und einige Bettdecken, die dem Kapitän gehörten und gewaschen werden sollten, gestohlen worden seien. Der Kapitän fuhr also an Land, um dem König seinen Besuch abzustatten und ihn um seine Vermittlung zur Wiedererlangung des Entwendeten anzusprechen. Dr. Sparman, mein Vater und einige Herren begleiteten ihn, und ich war soweit wiederhergestellt, daß ich mit von der Partie sein konnte. Bei unserer Ankunft an der Küste von O-Parre wurden wir durch einen Anblick überrascht, den keiner von uns erwartet hatte. Längs dem Ufer lag nämlich eine zahlreiche Flotte von großen Kriegskanus vor Anker, mit Ruderern und Streitern bemannt, die in ihrer vollen Rüstung mit Brustschildern und hohen Helmen versehen waren. Der Strand wimmelte von Menschen, doch herrschte ein allgemeines feierliches Stillschweigen.

Wir hatten kaum das Land erreicht, als der Oberbefehlshaber der Flotte ans Ufer eilte, uns willkommen zu heißen. Das Volk rief: »Tohah kommt!« und machte ihm ehrfürchtig Platz. Er ging auf den Kapitän zu und reichte ihm die Hand, nannte ihn seinen Freund und bat ihn, auf sein Kanu zu kommen. Der Kapitän war schon im Begriff, das Kanu zu betreten, als er sich besann und die Einladung ablehnte. Tohah verließ uns darauf mit kalter Miene und stieg in sein Kanu. Wir aber nahmen die Schiffe, die alle mit dem Vorderteil gegen das Land gekehrt waren, eins nach dem anderen in Augenschein. Es waren nicht weniger als 159 doppelte Kriegskanus von fünfzig bis neunzig Fuß Länge. Wenn man bedenkt, mit was für unvollkomme-

Kriegsflotte von Tahiti

nem Handwerkszeug die Leute hierzulande versehen sind, kann man sich über die Geduld, mit der sie am Bau dieser Schiffe gearbeitet haben müssen, nicht genug wundern. Denn um die Bäume zu fällen, Planken daraus zu schneiden, diese glatt und eben zu machen, sie aneinanderzufügen und endlich in die Form großer und belastbarer Schiffe zusammenzusetzen, dazu haben sie weiter nichts als ein Beil und einen Meißel von Stein, ein Stückchen Koralle und etwas scharfes Rochenfell, womit sie zuletzt die Oberfläche abhobeln und glätten. Alle ihre Kanus sind doppelt und durch fünfzehn bis achtzehn starke Querbalken nebeneinander befestigt.

An Streitern mochten in jedem Fahrzeug fünfzehn bis zwanzig Mann sein. Ihre Kleidung war sonderbar und machte bei diesem Schauspiel das meiste Gepränge. Sie hatten drei große Stücke Zeug vermittels eines Lochs für den Kopf angezogen. Das lange untere war weiß, das zweite rot, das oberste und kürzeste braun. Die Brustschilder waren mit Federn und Haifischzähnen besetzt. Die Helme maßen fast fünf Fuß in der Höhe und bestanden aus einem langen Korb, dessen Vorderseite durch Flechtwerk verstärkt war, das am Rande strahlenweise lange Schwanzfedern von tropischen Vögeln trug, so daß es von weitem so aussah, als ob eine Lichtgloriole um das Haupt der Krieger strahlte. Da aber ein solcher Kopfputz nur zum Staat dient, pflegen die Kriegsleute ihn meistens abzunehmen und neben sich zu setzen. Die vornehmsten Befehlshaber trugen ein Unterscheidungszeichen, das mit den Roßschweifen türkischer Paschas einige Ähnlichkeit hatte. Es bestand aus langen Schwänzen, die aus grünen und gelben Federn verfertigt waren und auf dem Rücken herunterhingen. Tohah, der Admiral, hatte fünf solcher Federschwänze, die am unteren Ende mit Kokosschnüren und roten Federn versehen waren. Statt des Helmes trug er einen schönen Turban, der ihn gut kleidete. Er schien ein Mann von sechzig Jahren zu sein, war aber noch sehr munter, dabei groß und ungemein edel in seinem Betragen.

Um die Flotte auch von der Seeseite in Augenschein nehmen zu können, setzten wir uns in unser Boot und ruderten längs der ganzen Linie der Kanus hin. In jedem Kanu sahen wir große Bündel von Speeren und lange Keulen oder Streitäxte, auch hielt jeder Krieger einen Speer oder eine Keule in der Hand. Außerdem lag in jedem

Kanu noch ein Haufen von großen Steinen, dies ist die einzige Waffe, mit der sie ihren Feind aus der Ferne zu erreichen suchen. Außer den Kriegskanus zählten wir noch siebzig kleinere Kanus mit einem Dach auf dem Hinterteil, die den Befehlshabern zum Nachtlager oder auch als Proviantschiffe dienten. Andere Kanus waren mit Pisangblättern gefüllt, und nach Aussage der Insulaner waren sie für die Toten bestimmt. Die Bemannung der Flotte mußte nach mäßiger Schätzung aus 1500 Kriegern und 4000 Ruderern bestehen.

Da der König O-Parre verlassen hatte und nach Matavai-Bai gegangen war, kehrten wir, ohne ihn gesprochen zu haben, gegen Mittag an Bord zurück. Hier fanden wir viele Befehlshaber, unter ihnen auch Potatau, der mit uns speiste und bei Tisch erzählte, die ganze Rüstung sei gegen die Insel Eimeo gerichtet, deren Befehlshaber ein Vasall von O-Tu sei, sich aber empört habe. Zugleich hörten wir zu unserer größten Verwunderung, die Flotte, die wir gesehen, sei nur das Kontingent des Distrikts Atahuru, und alle übrigen Distrikte könnten nach Maßgabe ihrer Größe noch eine Anzahl von Schiffen in See stellen.

Der Kapitän ging nachmittags abermals mit uns nach O-Parre. Die Flotte war aber schon abgefahren, dagegen trafen wir den König O-Tu an. Er führte uns nach einigen seiner Häuser, wohin der Weg durch eine Landschaft ging, die überall einem Garten ähnlich sah. Wir brachten einige Stunden in seiner Gesellschaft zu, und seine Verwandten und Bedienten taten alles mögliche, uns ihre Freundschaft zu beweisen. Vornehmlich lachten und plauderten die Damen mit ausnehmend guter Laune und mit wirklich witzigen und drolligen Einfällen. Unter diesem Zeitvertreib verstrich der Tag so unbemerkt, daß wir erst bei Sonnenuntergang an Bord zurückkehrten.

Am folgenden Morgen statteten der Kapitän und mein Vater dem König O-Tu zu O-Parre abermals einen Besuch ab. Sie fanden Tohah, den Admiral der Flotte, bei ihm, und der König machte sie miteinander bekannt. Der Kapitän lud sie ein, mit ihm an Bord zu kommen, und das taten sie auch noch am gleichen Vormittag. Sowohl über als unter Deck wurden alle Winkel des Schiffes besichtigt, hauptsächlich dem Admiral zu Gefallen, weil dieser noch nie auf einem europäischen Schiff gewesen war. Er betrachtete besonders die Stärke und Größe der Balken, Masten und Taue, und unser Takelwerk gefiel ihm so ausnehmend, daß er sich verschiedene Artikel, wie Taue und Anker, ausbat. Er war jetzt nicht besser als andere Insulaner gekleidet und ging in Anwesenheit des Königs bis auf die Hüften nackt. Ich hatte Mühe, ihn wiederzuerkennen, er kam mir heute dickbäuchig vor, was ich gestern unter dem weiten Kriegskleid nicht wahrgenommen hatte.

Der König und sein Admiral blieben bei uns zu Mittag und aßen von allem, was ihnen vorgesetzt wurde, mit bestem Appetit. O-Tu war nicht mehr der schüchterne, mißtrauische Mann, er schien bei uns zu Hause zu sein und machte sich ein Vergnügen daraus, Tohah in unseren Gebräuchen Unterricht zu geben. Er zeigte ihm, wie er Salz zum Fleisch nehmen und Wein trinken müsse, trug auch keine Bedenken, ihm zum Exempel ein volles Glas zu leeren, und hätte ihn gern überredet, den roten Wein für Blut anzusehen. Tohah kostete von unserem Grog, verlangte aber bald puren Branntwein, den er E-Wai no Bretanni, »britisches Wasser« nannte, wovon er ein Gläschen voll hinunterschluckte, ohne eine Miene zu verziehen. Er sowohl als Seine Majestät waren außerordentlich lustig und schienen an unserer Art zu leben viel Geschmack zu finden. Sie erzählten, ihre Flotte sei gegen die Rebellen auf Eimeo bestimmt. Zum Spaß erbot sich Kapitän Cook, sie mit seinem Schiff zu begleiten und die Landung durch Kanonenfeuer zu unterstützen. Anfänglich lachten sie darüber und waren es zufrieden. Gleich darauf aber sprachen sie unter sich, spannten andere Saiten auf und sagten, sie könnten von unserer Hilfe keinen Gebrauch machen, da sie gesonnen seien, erst fünf Tage nach unserer Abreise auf Eimeo loszugehen. Wenn dies wohl auch nicht der wahre Grund sein mochte, unser Angebot abzulehnen, so gebot es doch die Klugheit. Unsere allzugroße Übermacht würde den Eingeborenen von Eimeo ein gar zu wichtiges Ansehen gegeben haben, die Überwundenen hätten ihre Niederlage lediglich unserem Geschütz zugeschrieben, die Sieger hingegen würden nach unserer Abreise viel von ihrem Ansehen verloren haben, das sie zuvor genossen.

Mein Vater und Dr. Sparman gingen am folgenden Nachmittag in Begleitung eines Matrosen und eines Seesoldaten an Land, um die Berge hinaufzusteigen. Die Zufuhr an Lebensmitteln und anderen

Handelsartikeln war seit einigen Tagen sehr beträchtlich. Das Schiff war ständig von Kanus umringt, in denen die Befehlshaber der Nachbardistrikte ihre Schweine und andere schätzbare Sachen selbst zu Markte brachten, um rote Federn dagegen einzutauschen. Eben diese Federn brachten auch in den Beziehungen der Matrosen zu den Frauensleuten eine große Veränderung zuwege. Glücklich war derjenige, der von dieser kostbaren Ware auf den Freundschafts-Inseln einen Vorrat gesammelt hatte. Ihn allein umringten die Mädchen, nur er hatte unter den Schönsten die Wahl. Wie allgemein und unwiderstehlich unter diesem Volke das Verlangen nach roten Federn sein mußte, davon erlebten wir heute einen überzeugenden Beweis. Ich habe bereits berichtet, daß die Weiber der Vornehmen nie Besuch von Europäern annahmen und daß bei aller Freiheit, die den unverheirateten Mädchen gestattet wurde, die Verheirateten sich immer rein und unbefleckt erhielten. Allein die Begierde nach roten Federn warf auch diesen Unterschied über den Haufen. Ein Befehlshaber ließ sich durch sie verleiten, dem Kapitän Cook seine Frau anzubieten, und die Dame wandte auf Geheiß ihres Mannes alles mögliche an, den Kapitän in Versuchung zu führen. Sie wußte ihre Reize so sichtbar geltend zu machen, daß manche europäische Dame vom Stande sie darin nicht hätte übertreffen können. Es tat mir leid, daß ich einen solchen Antrag von einem Manne hören mußte, dessen Charakter sich sonst so untadelhaft gezeigt hatte. Potatau war es, der sich so sehr erniedrigen konnte. Wir verwiesen ihm seine Schwachheit und bezeugten unseren Unwillen darüber.

Es war als ein Glück anzusehen, daß die Matrosen schon eine Menge roter Federn auf den Marquesas eingetauscht hatten, denn wären diese Reichtümer alle hierhergekommen, so würden die Lebensmittel ohne Zweifel so hoch im Preis gestiegen sein, daß wir diesmal vielleicht schlechter als beim ersten Aufenthalt daran gewesen wären. Die kleinste Feder wurde weit höher geschätzt als eine Koralle oder ein Nagel, und ein Stück Zeug mit Federn besetzt erregte bei dem, der es empfing, ein solches Entzücken, wie ein Europäer kaum empfinden dürfte, wenn er unverhoffterweise den Diamanten des Großmoguls fände. Potatau brachte seinen großen Kriegshelm an Bord und verkaufte ihn – für rote Federn. Andere folgten seinem Beispiel, und Brustschilder ohne Zahl wurden von den Matrosen eingehandelt. Noch mehr zu verwundern war es, daß die Insulaner sogar die sonderbaren Trauerkleider zum Verkauf brachten, die sie bei Kapitän Cooks erstem Aufenthalt um keinen Preis weggeben wollten. Da sie aus den kostbarsten Produkten des Landes und der See mit vieler Kunst verfertigt sind, so ist es ganz natürlich, daß sie einen sehr hohen Wert darauf legen mußten. Gleichwohl wurden nicht weniger als zehn solcher Trauerkleider von verschiedenen Leuten an Bord aufgekauft und nach Europa gebracht. Gewöhnlich pflegt der nächste Verwandte eines Verstorbenen diese wunderliche Tracht anzuziehen, dabei hat er in der Hand ein paar große Perlmutterschalen, womit er ständig klappert, in der anderen Hand aber führt er einen mit Haifischzähnen besetzten Stock, mit dem er alle Tahitier verwundet, die ihm in den Wurf kommen. Bei unserer Rückkehr waren die Liebhaber ausländischer Seltenheiten auf diese Trauerkleider so begierig, daß unter anderen ein Matrose fünfundzwanzig Guineen dafür bekam.

Am folgenden Morgen wurde ein Tahitier, der bei den Zelten ein Wasserfaß stehlen wollte, ertappt und gefangengesetzt. O-Tu und Tohah, die früh an Bord gekommen waren, begleiteten den Kapitän an Land, um die Bestrafung des Diebes mit anzusehen. Er wurde an einen Pfahl gebunden und bekam mit ihrer Genehmigung vierundzwanzig tüchtige Hiebe. Diese Exekution jagte den dabei versammelten Insulanern einen solchen Schrecken ein, daß sie anfingen davonzulaufen. Tohah aber rief sie zurück und erklärte ihnen in einer kurzen Rede, daß unsere Bestrafung des Diebstahls billig und notwendig sei. Er stellte ihnen vor, Freunde zu bestehlen sei schändlich und verdiene bestraft zu werden. Nachmittags kam eben dieser Tohah mit seiner Frau an das Schiff. Sie war schon bei Jahren und dünkte uns dem äußeren Ansehen nach von ebenso gutem Charakter wie er. Ihr Fahrzeug bestand aus einem großen Doppelkanu, welches ein Verdeck auf dem Hinterteil und acht Ruderer hatte. Die beiden alten Leute baten Herrn Hodges und mich, sie an Land zu besuchen, also stiegen wir in ihr Kanu und fuhren gleich mit nach O-Parre. Unterwegs erkundigte sich Tohah sehr genau nach der Beschaffenheit und Verfassung des Landes, aus dem wir kamen. Da Herr Banks und Kapitän Cook die Vornehmsten unter den Europäern waren, die er gesehen hatte, glaubte er, jener könne wohl nichts

Geringeres als des Königs Bruder und dieser müsse wenigstens Großadmiral von England sein. Was wir auf seine Fragen antworteten, hörte er mit Aufmerksamkeit und Verwunderung an, als wir ihm aber sagten, es gebe bei uns weder Kokosnüsse noch Brotfruchtbäume, schien er England bei all seinen sonstigen Vorzügen doch nur für ein schlechtes Land anzusehen. Als wir in seiner Wohnung angelangt waren, ließ er Fische und Früchte auftragen und nötigte uns zu essen. Obgleich wir gerade zu Mittag gespeist hatten, wollten wir seine Einladung doch nicht abschlagen, wir setzten uns also und fanden die Speisen vortrefflich. Die gute Dame speiste nachher, der Gewohnheit des Landes gemäß, in einiger Entfernung. Nach der Mahlzeit gingen wir mit ihnen spazieren und plauderten zusammen bis Sonnenuntergang. Sie fuhren nach dem Distrikt Atahuru, wir aber mieteten für einen Nagel ein Kanu und langten vor Eintritt der Nacht auf dem Schiffe an.

Seit dem Handel mit roten Federn hatte sich die Zahl der Frauenspersonen an Bord ungemein vermehrt, und heute waren sie in solcher Menge gekommen, daß manche, die keinen Galan hatten finden können, sich als überzählig auf dem oberen Deck herumtrieben. Nächst den roten Federn mochte sie noch das Schweinefleisch herbeilocken, denn da die geringeren Leute es selten zu essen bekamen, pflegten die Dirnen sich bei unseren Matrosen, die Überfluß daran hatten, gern zu Gast zu bitten. Oft aber ließen sie es sich so gut schmecken, daß ihre Verdauungskräfte dem Übermaß ihres Appetits nicht gleichkamen, und dann mußten sie es durch unruhige Nächte büßen. Abends pflegten sich diese Frauenzimmer in verschiedene Gruppen zu teilen und auf dem Deck zu tanzen. Ihre Lustigkeit ging oft bis zur Ausschweifung, und gewöhnlich waren sie sehr laut dabei. Mitunter fehlte es ihnen auch nicht an drolligen und originellen Einfällen. Wir hatten zum Beispiel einen Skorbutkranken, der bei unserer Ankunft sehr schwach gewesen, aber durch den Genuß frischer Kräuter bald wieder genesen war und keine Bedenken fand, dem Beispiel seiner Kameraden zu folgen. Er wandte sich an eins der Mädchen und brachte es nach seiner Schlafstelle, wo er ein Licht anzündete. Nun sah sie ihrem Liebhaber ins Gesicht, und da sie gewahr wurde, daß er nur ein Auge hatte, faßte sie ihn stillschweigend bei der Hand, führte ihn wieder an Deck und zu einem Mädchen, dem ebenfalls ein Auge fehlte, und sie fügte hinzu, daß diese sich recht gut für ihn schicke.

Um diese Zeit erfuhren wir, daß Maheine die Tochter eines im Tal Matavai wohnhaften Befehlshabers namens Toperri geheiratet habe. Einer unserer jungen Seeoffiziere rühmte sich, bei der Verheiratung zugegen gewesen zu sein, konnte sich aber keiner der Zeremonien erinnern. Indessen kam Maheine mit seiner Neuvermählten an Bord. Sie war ein sehr junges Mädchen, klein von Statur und nicht sonderlich schön, aber aufs Betteln verstand sie sich vortrefflich. Sie ging durch das ganze Schiff, um sich Geschenke auszubitten, und da ihr Mann allgemein beliebt war, bekam sie Korallen, Nägel, Hemden und rote Federn die Menge. Der neue Ehemann erzählte uns, seine Absicht sei, sich auf Tahiti niederzulassen, denn seine Freunde hätten ihm hier Haus und Garten angeboten. Er war in die Familie eines Eri aufgenommen worden und stand in großem Ansehen. Einer seiner Freunde hatte ihm bereits einen Tautau oder Leibeigenen gegeben, einen Knaben, der ihn bedienen, ihm überall folgen und jederzeit zu Gebote stehen mußte.

Am anderen Morgen kam O-Tu in aller Frühe nach Point Venus und gab dem Sergeanten der dort kampierenden Seesoldaten Nachricht, daß einer seiner Untertanen unserer Schildwache die Muskete gestohlen habe und damit entlaufen sei. Zu gleicher Zeit schickte er an seinen Bruder, der seit gestern abend noch bei uns an Bord war, einen Boten und ließ ihn abrufen. Der König erwartete ihn schon am Strand, und sobald er ankam, flüchteten beide mit den übrigen königlichen Herrschaften nach Westen aus Furcht, man werde die gestohlene Muskete von ihnen fordern. Um sie nun trotzdem wiederzubekommen, wandte Kapitän Cook Repressalien an, wie er schon mehrmals mit Erfolg getan hatte. Er nahm einige Doppelkanus in Beschlag, die verschiedenen vornehmen Leuten und vornehmlich einem gewissen Maratata gehörten, dem man die Schuld gab, er habe einem seiner Leute befohlen, die Muskete zu entwenden. Maratata befand sich in seinem Kanu und suchte dem Embargo durch die Flucht zu entgehen. Als aber Kapitän Cook einige Schüsse auf das Fahrzeug abgeben ließ, sprang er samt seinen Ruderern in die See und schwamm ans Ufer, wir aber nahmen sein Kanu an uns. Gegen Abend kam E-Tih an Bord und zeigte an, der Dieb sei nach der kleinen Halbinsel geflüchtet, worauf die angehaltenen Kanus, das von Maratata ausgenommen, wieder freigegeben wurden. Als Kapitän Cook endlich gegen Abend an Land ging, kamen ihm einige Tahitier ganz außer Atem und von Schweiß triefend entgegen und brachten nicht nur die Muskete, sondern auch ein Bündel Kleider und ein doppeltes Stundenglas mit sich. Sie erzählten, daß sie den Dieb eingeholt, tüchtig verprügelt und gezwungen hätten, ihnen den Ort zu zeigen, wo er die gestohlenen Sachen im Sande verscharrt hatte. So treuherzig sie sich aber auch dabei anstellten, so mochte ihre Erzählung doch wohl nicht ganz stimmen, wenigstens war einer dieser Gesellen noch vor kurzem bei den Zelten gewesen, so daß er unmöglich so weit gelaufen sein konnte, wie sie vorgaben. Indessen stellten wir uns, als ob wir nichts argwöhnten, sondern machten ihnen allerhand Geschenke, damit sie sehen sollten, daß wir Diensteifer jederzeit belohnten.

Am folgenden Tage war der Handel gänzlich eingestellt, es zeigte sich niemand, der etwas zum Verkauf gebracht hätte. Tih war der einzige, der an Bord kam. Er bat, wir möchten den König zu Parre aufsuchen und wieder besänftigen, denn er sei Matau, also ungehalten und in Besorgnis, weshalb man ihn durch einige Geschenke umstimmen müsse. Der Kapitän, Dr. Sparman, mein Vater und ich gingen deshalb zu den Zelten. Wir fanden die Tahitier recht betreten. Der König hatte ihnen ausdrücklich untersagt, Lebensmittel an uns zu verkaufen, gleichwohl konnten sie es nicht übers Herz bringen, uns nicht mit Kokosnüssen und anderen Erfrischungen zu bewirten. Gegen Mittag kamen wir wieder an Bord zurück und fanden dort den Kapitän, der in der Zwischenzeit bei dem König alles wieder gutgemacht hatte. Diese Nacht mußten die Matrosen sich ohne ihre gewöhnliche Gesellschaft zurechtfinden. Der König hatte es den Frauenspersonen verboten, damit durch die Diebereien nicht neue Händel entstehen könnten. Am folgenden Tage hatten sie sich hingegen schon wieder die Erlaubnis erwirkt, an Bord zu kommen, und mit ihnen langten auch wieder eine Menge Kanus mit Früchten und Fischen an.

Das Gerücht von unseren roten Federn hatte sich bis nach Paparra, dem Wohnsitz der Oberea, verbreitet. Sie kam an Bord und brachte dem Kapitän zwei Schweine. Sie machte kein Geheimnis daraus, daß sie nur gekommen sei, um sich einige Federn auszubitten. Sie mochte jetzt zwischen vierzig und fünfzig Jahre alt sein, war groß und stark, und ihre Gesichtszüge hatten ein ziemlich männliches Aussehen bekommen. Doch bemerkte man in ihrer Physiognomie noch immer Spuren von ehemaliger Majestät. Sie blieb nicht lange bei uns, vielleicht weil es ihr wehe tat, in unseren Augen nicht mehr so viel wie vormals zu bedeuten. Sie begnügte sich, nach einigen ihrer Freunde, die vor einigen Jahren auf dem Schiffe »Endeavour« hier gewesen waren, zu fragen, dann ließ sie sich wieder an Land bringen. Um eben die Zeit besuchte uns auch ihr voriger Gemahl O-Ammo, dem noch weniger Achtung widerfuhr als der Oberea. Da die Matrosen ihn nicht kannten, hatte man ihm sogar den Zutritt zur Kapitänskajüte verweigert, und er hatte sogar Mühe, seine Schweine anzubringen, denn wir hatten jetzt fast mehr an Bord, als wir unterbringen konnten. Ammo und Oberea, die sich vor weniger Zeit noch auf dem Gipfel der Ehre befanden, waren jetzt tief herabgesunken, lebendige Beispiele von der Unbeständigkeit aller irdischen Größe.

Am 12. suchten wir dem König allerlei Abwechslung zu bieten. Wir feuerten unsere scharfgeladenen Kanonen ab, so daß die Kugeln und Kartätschen über das Riff hinweg ins Meer schlugen, welches für ihn und einige tausend Zuschauer ein bewunderungswürdiges Schauspiel war. Bei Anbruch der Nacht ließen wir Raketen und Luftkugeln steigen, worüber sie noch mehr Vergnügen und Erstaunen zeigten. Sie wußten nicht, was sie dazu sagen sollten, daß wir Blitze und Sterne hervorbringen konnten. Unserem Feuerwerk gaben sie den hochtönenden Namen »Hiva Bretanni«, das britische Fest.

Am folgenden Tage war der Zulauf ungewöhnlich groß. Man hatte bemerkt, daß wir zur Abreise rüsteten, daher brachten sie statt Lebensmitteln lauter Zeug und andere Seltenheiten, die am teuersten bezahlt wurden. Nachmittags gingen wir mit Kapitän Cook nach O-Parre und fanden dort unseren würdigen Freund Tohah und Maheine. Tohah war an einer Art Gicht sehr krank gewesen und klagte noch über Schmerzen und eine Geschwulst an den Füßen. Trotzdem hatte er sich auf den Weg gemacht, um Abschied von uns zu nehmen, und er versprach uns, morgen noch einmal an Bord zu kommen. O-Tu war gleichfalls da und ließ verlauten, daß er uns einen Vorrat an Brotfrucht zugedacht habe, womit uns damals mehr als mit Schweinen gedient war. Am 14. Mai morgens bekamen wir von vielen Vornehmen der ganzen Insel Besuch. Happai und alle seine Kinder, O-Tu ausgenommen, waren darunter, und um acht Uhr langte auch Tohah mit seiner Frau an und hatte eine ganze Bootsladung von Geschenken bei sich. Der gute alte Admiral befand sich aber so übel, daß er nicht auf den Beinen stehen konnte, deshalb ließen wir ihn in einem an Tauen befestigten Tragsessel an Deck winden. Wir nahmen Gelegenheit, das Gespräch auf die bevorstehende Expedition nach der Insel Eimeo zu lenken, und er versicherte uns, daß sie bald nach unserer Abfahrt vor sich gehen werde und daß seine Unpäßlichkeit ihn nicht abhalten würde, die Flotte zu kommandieren. Maheine, der mit ihm an Bord gekommen war, entschloß sich kurz, mit uns nach Raietea zu gehen, um seine Verwandten der Reihe nach zu besuchen und dann nach Tahiti zurückzukehren. Er erzählte uns mit einer Art von Prahlerei, aber im Vertrauen, daß er vorige Nacht bei Oberea die Aufwartung gemacht habe, er zeigte uns auch einige Stücke feinen Zeugs, die sie ihm für treu geleistete Dienste geschenkt habe. Oberea war also für die Freuden der Sinnlichkeit noch immer nicht zu alt, ungeachtet in diesem Klima die Weiber früher reifen und auch früher alt und stumpf werden sollen als bei uns zu Lande.

Da O-Tu nicht an Bord gekommen war, statteten wir ihm noch einen Besuch ab und sahen bei dieser Gelegenheit eine Anzahl von Kriegskanus am Gestade von O-Parre vor Anker. O-Tu ließ in unserer Gegenwart einige Manöver ausführen, die mit der größten Fertigkeit vonstatten gingen. Die Befehlshaber waren alle in Kriegsausrüstung mit Brustschildern, aber ohne Helme. Wir fanden auch einige ganz junge Knaben dabei, die als Krieger gekleidet waren und ebenso geschickt mit dem Speer umzugehen wußten wie die Erwachsenen. Einige Kanus mußten auch Manöver im Rudern machen. Sie passierten eins nach dem anderen die schmale Durchfahrt im Felsenriff, und sobald sie hindurch waren, formierten sie eine Linie und schlossen dicht aneinander. Beim Anblick der tahitischen Flotte fiel uns die Seemacht der alten Griechen ein. Das einzige abgerechnet, daß die Griechen Metalle hatten, mochten ihre Waffen sonst wohl ebenso einfach, und ihre Art zu fechten, ebenso unregelmäßig sein wie die tahitischen, was auch Vater Homer, als Dichter, nur immer daran verschönern mag. Die vereinte Macht von ganz Griechenland, die ehemals gegen Troja in See ging, konnte nicht viel beträchtlicher sein als die Flotte, mit welcher O-Tu die Insel Eimeo anzugreifen gedachte, und ich kann mir die mille carinae nicht viel furchtbarer vorstellen als eine Flotte tahitischer Kriegskanus, deren eins fünfzig bis hundertzwanzig Ruderer erfordert. Die Schiffahrt der alten Griechen erstreckte sich nicht viel weiter als heutzutage die tahitische. Von einer Insel stach man zur anderen hinüber, das war alles. Die damaligen Seefahrer im Archipelagus richteten bei der Nacht ihren Lauf nach den Sternen, und so machen es die auf der Südsee noch jetzt. Die Griechen waren tapfer, und daß es die Tahitier nicht minder sein müssen, beweisen die vielen Narben ihrer Befehlshaber. Auch scheint es mir sehr wahrscheinlich zu sein, daß man sich hierzulande, wenn es zu einer Schlacht kommen soll, in eine Art von Raserei zu versetzen sucht, daß also die Bravour der Tahitier nur eine Art von künstlich erregtem Grimm ist. Und wie uns Homer die Schlachten der Griechen beschreibt, scheint es, daß jener Heroismus, der alle die von ihm besungenen Wunder hervorbrachte, im Grunde auch nichts anderes war.

Wir wollen einmal diese Parallele weiter verfolgen. Homers Helden werden als übernatürlich große und starke Leute geschildert, auf eben die Art haben die tahitischen Befehlshaber, der Statur und schönen Bildung nach, so viel dem gemeinen Mann voraus, daß sie fast eine ganz andere Art von Menschen zu sein scheinen. Natürlicherweise wird eine mehr als gewöhnliche Menge von Speisen dazu erfordert, um einen mehr als gewöhnlich großen Magen zu füllen. Daher rühmt der griechische Dichter von seinen trojanischen Helden, daß sie gar stattliche Mahlzeiten gehalten, und eben das läßt sich auch von den tahitischen Befehlshabern sagen. Überdies haben beide Nationen gemeinsam, daß sie eine wie die andere am Schweinefleisch Geschmack finden. Beide stimmen in der Einfalt der Sitten überein, und ihre Charaktere sind durch Gastfreiheit, Menschenfreundlichkeit und Gutherzigkeit fast in gleichem Grade vor anderen ausgezeichnet. Sogar in ihrer politischen Verfassung findet sich eine Ähnlichkeit. Die Eigentümer der tahitischen Distrikte sind mächtige

Herren, die gegen O-Tu nicht mehr Ehrerbietung haben wie die griechischen Helden gegen ihren Agamemnon, und vom gemeinen Mann ist in der Iliade so wenig die Rede, daß er bei den Griechen von keiner größeren Bedeutung gewesen zu sein scheint wie die Tautaus in der Südsee. Die Ähnlichkeit beider Völker ließe sich meines Erachtens wohl noch in mehreren Stücken sichtbar machen, allein es war mir nur darum zu tun, sie durch einen Wink anzudeuten.

O-Tu kam zu uns an Bord, um noch zu guter Letzt bei uns zu speisen. Er schlug meinem Vater und Herrn Hodges vor, auf Tahiti zu bleiben, und versprach ihnen, sie in den reichen Distrikten von O-Parre und Matavai zu Eris zu machen. Doch kann man sich wohl denken, daß kein Gebrauch davon gemacht wurde. Nach dem Mittagessen lichteten wir den Anker und gingen unter Segel. O-Tu bat den Kapitän, einige Kanonen abzufeuern, und hielt bis auf den letzten Mann bei uns aus. Als seine Untertanen alle fort waren, nahm auch er Abschied und umarmte uns einen nach dem anderen recht herzlich. Das betäubende Getöse der Kanonen hinderte uns gewissermaßen, in jene Traurigkeit zu sinken, die bei solchen Gelegenheiten wohl zu folgen pflegt, oder einer sanften Wehmut nachzuhängen, zu der wir bei der Trennung von diesem gutgesinnten, sanften Volke berechtigt waren.

Einer unserer Seeleute suchte sich diese unruhigen Augenblicke zunutze zu machen, um nach der Insel zu entwischen. Man wurde ihn aber gewahr, als er hinüberschwamm, und sah zugleich einige Kanus heranrudern, die ihn aufnehmen wollten. Der Kapitän ließ ihm gleich durch eins unserer Boote nachsetzen, ihn mit Gewalt zurückbringen und zur Strafe vierzehn Tage in Ketten legen. Allem Anschein nach war die Sache zwischen ihm und den Insulanern verabredet, denn sie hätten ebensoviel Nutzen davon gehabt, einen Europäer unter sich zu haben, wie dieser gefunden haben würde, wenn er unter ihnen blieb. Wenn man erwägt, wie groß der Unterschied zwischen dem Leben eines gemeinen Matrosen an Bord und dem Leben eines Insulaners besteht, dann läßt sich leicht einsehen, daß es jenem nicht zu verdenken war, wenn er einen Versuch wagte, den Mühseligkeiten einer Reise um die Welt zu entgehen und ein sorgenfreies Leben in dem herrlichsten Klima der Welt zu genießen.

Wie aber ist beim Tahitier alles ganz anders! Zwei oder drei

Brotfruchtbäume, die fast ohne alle Handanlegung fortkommen und fast ebenso lange tragen als der, der sie gepflanzt hat, leben kann, drei solche Bäume reichen aus, ihm drei Viertel des Jahres hindurch Brot und Unterhalt zu geben. Selbst die Pflanzen, die die meiste Kultur erfordern, nämlich der Papierbaum, der Maulbeerbaum und die Arumwurzeln, kosten einen Tahitier nicht mehr Arbeit als uns unser Kohlbau. Die ganze Kunst, einen Brotfruchtbaum zu ziehen, besteht darin, daß man einen gesunden Zweig abschneidet und in die Erde steckt. Der Pisang sprießt alle Jahre frisch aus der Wurzel, die königliche Palme, der goldene Apfel und eine Menge anderer Pflanzen, sie alle schießen von selbst auf und erfordern so wenig Wartung, daß ich sie fast als wildwachsend ansehen möchte. Die Zubereitung des Kleidungszeuges, womit sich die Frauen allein abgeben, ist mehr als Zeitvertreib denn als Arbeit anzusehen; und so mühsam der Haus- und Schiffbau, sowie die Verfertigung der Waffen und des Handwerkszeugs auch immer sein mögen, so verlieren sie doch dadurch viel von ihrer Beschwerlichkeit, daß jeder sie nur zu seinem eigenen Nutzen und freiwillig übernimmt. Auf solcherlei Art fließt das Leben der Tahitier in einem beständigen Kreislauf von mancherlei reizendem Genusse dahin. Sie bewohnen ein Land, wo die Natur mit schönen Gegenden sehr freigiebig gewesen, wo die Luft ständig warm, aber durch frische Seewinde stets gemäßigt und der Himmel fast ständig heiter ist. Ein solches Klima und die gesunden Früchte verschaffen den Bewohnern Stärke und Schönheit des Körpers. Sie sind alle wohlgestaltet und von schönem Wuchs, so daß Phidias und Praxiteles manchen zum Modell männlicher Schönheit gewählt haben würden. Ihre Gesichtsbildungen sind angenehm und heiter, große Augen, gewölbte Augenbrauen und eine vorstehende Stirn geben ihnen ein edles Aussehen, das durch einen starken Bart- und Haarwuchs noch mehr erhöht wird. Alles das und die Schönheit ihrer Zähne sind sprechende Kennzeichen ihrer Gesundheit und Kraft. Das andere Geschlecht ist nicht minder wohlgebildet. Man kann zwar die hiesigen Frauen nicht regelmäßige Schönheiten nennen, sie wissen aber doch das Herz der Männer zu gewinnen und erwerben sich durch ungezwungene, natürliche Freundlichkeit und durch ihr stetes Bestreben zu gefallen die Zuneigung und Liebe unseres Geschlechts.

In der Lebensart der Tahitier herrscht eine glückliche Einförmigkeit. Mit Aufgang der Sonne stehen sie auf und eilen sogleich zu Bächen und Quellen, um sich zu waschen und zu erfrischen. Dann arbeiten sie oder gehen umher, bis die Hitze des Tages sie nötigt, in ihren Hütten oder im Schatten der Bäume auszuruhen. In diesen Erholungsstunden bringen sie ihren Kopfputz in Ordnung, sie streichen das Haar glatt und salben es mit wohlriechendem Öl, zuweilen blasen sie auch die Flöte und singen dazu, oder sie ergötzen sich, im Grase ausgestreckt, am Gesang der Vögel. Um Mittag ist ihre Tischzeit, und nach der Mahlzeit gehen sie wieder an die Arbeit oder an ihren Zeitvertreib. Bei allem, was sie tun, zeigt sich gegenseitiges Wohlwollen, und ebenso sieht man auch die Jugend in Liebe untereinander und in Zärtlichkeit zu den Ihrigen aufwachsen. Munterer Scherz, ungekünstelte Erzählungen, fröhlicher Tanz und ein mäßiges Abendessen bringen die Nacht heran, und dann wird der Tag durch abermaliges Baden im Flusse beschlossen.

17. Kapitel

Zweiter Aufenthalt auf den Gesellschafts-Inseln

Ein rascher Wind führte uns schnell von Tahiti weg. Noch betrachteten wir die schöne Insel, als sich auf unserem Deck ein unerwarteter Anblick zeigte. Es war eins der schönsten Mädchen, das den Vorsatz gefaßt hatte, mit uns nach ihrer Heimatinsel Raiatea zurückzufahren. Sie hatte sich bei O-Tus letzter Anwesenheit auf dem Schiff versteckt gehalten und kam erst wieder zum Vorschein, als wir auf offener See waren. Außer ihr ging auch Maheine mit seinem Bedienten und zwei Leuten von Borabora mit uns. Ihre Gesellschaft half uns während der Überfahrt nach Huaheine die Zeit verkürzen. Das Mädchen hatte die Kleidung eines Offiziers angezogen und gefiel sich darin so gut, daß sie diese Tracht gar nicht wieder ablegen wollte. Sie trug keine Bedenken, in Gesellschaft der Offiziere zu speisen, und lachte über das Vorurteil, das die Insulanerinnen abhielt, ein Gleiches zu tun.

Am folgenden Morgen lag die Insel Huaheine vor uns, und nachmittags kamen wir in dem nördlichen Arm des Hafens Warre vor Anker. Die Insulaner brachten Schweine zum Verkauf, forderten aber Beile dafür, die nun schon so selten bei uns geworden waren, daß wir sie für wichtigere Gelegenheiten aufsparen mußten. Ori, der Befehlshaber der Insel, kam in einem kleinen Boot ebenfalls zu uns und brachte dem Kapitän ein Schwein, ein Brustschild und einige Pfefferwurzeln. Abends wurde es gänzlich windstill, und da das Schiff nahe am Ufer lag, konnten wir an dem abendlichen Zeitvertreib der Insulaner von Bord aus Anteil nehmen. Wir sahen, wie sie in den nächsten Hütten um ihre Lichter, die aus öligen, auf einen Stock gespießten Nüssen bestehen, herumsaßen und vertraulich miteinander plauderten.

Wir gingen morgens ziemlich früh an Land und nach den salzigen Seen, die man unweit des Hafens antrifft. Vom Meere sind sie nur durch ein schmales Felsenriff getrennt, das mit Kokospalmen bewachsen ist, obschon es nur wenig über die Oberfläche des Meeres emporragt und kaum mit Sand bedeckt ist. Von diesem Riff an wird der Boden rings um den ganzen See morastig und vertieft sich zum

Ufer hin, das aus bloßem Schlamm besteht. Auf dem See gab es Scharen von Enten, denen aber nicht beizukommen war, weil man befürchten mußte, in dem Schlamm zu versinken. Auf dem Rückweg wurde unser Diener, der einen Sack mit Pflanzen und einen anderen mit Eisengeräten trug, wenige Schritte hinter uns von einigen Insulanern angefallen und zu Boden geworfen. Da wir dies aber gerade noch gewahr wurden, machten die Räuber sich eilfertig aus dem Staube. Dies war das zweitemal, daß unsere Leute angegriffen worden waren, überhaupt schienen die hiesigen Insulaner unter der schläfrigen Regierung des alten Ori ausschweifender zu sein als ihre Nachbarn auf Tahiti.

Ori kam uns diesmal noch weit abgelebter und untätiger vor als bei unserem ersten Besuch. Seine Seelenkräfte schienen merklich abgenommen zu haben. Seine Augen waren rot und entzündet und der ganze Körper mager und schäbig. Die Ursache blieb uns nicht lange verborgen. Wir bemerkten nämlich, daß er dem Trunke ergeben war und von der stärksten Art des berauschenden Pfeffergetränks große Portionen zu sich zu nehmen pflegte.

Am anderen Morgen gingen wir wieder nach den Landseen und brachten eine Menge Korallen, Muscheln und Seeigel mit zurück, die die Eingeborenen für uns aufgelesen hatten. Den Tag darauf bestiegen wir einen Berg, der ganz mit Brotfrucht-, Pfeffer- und Maulbeerbäumen, sowie mit Ignamen (Yams) und Arumwurzeln bepflanzt war. Ziemlich weit den Berg hinauf fanden wir ein Haus, dessen Bewohner, eine alte Frau und ihre Tochter, uns gastlich bewirteten. Wir gaben ihnen einige Glaskorallen, Nägel und rote Federn, welch letztere sie weit richtiger als zu Tahiti einschätzten. Man hielt sie für bloßen Flitterstaat und wollte daher auch nicht Nutzbares dafür hergeben. Daß die Bewohner von Huaheine und Tahiti so verschiedener Meinung über den Wert der roten Federn waren, rührt anscheinend daher, daß das Volk dort wohlhabender ist als hier. Auf Huaheine müssen die Bewohner bei der Bestellung der Felder die Berghänge mit einbeziehen, und da es ihnen auf diese Art saurer wird als den Tahitiern, ihren Unterhalt zu beschaffen, können sie nicht dem Luxus nachhängen.

In den folgenden Tagen wurden wir verschiedentlich und auf eine verwegene Art bestohlen. Eine Gesellschaft von Offizieren war zum Vogelschießen nach einem Berge gegangen und hatte einen Seesoldaten mitgenommen, um sich ein paar Gerätschaften nachtragen zu lassen. Als der Soldat den Beutel einmal niederlegte, hatte ihn ein Eingeborener augenblicklich erhascht und rannte mit ihm davon. Am folgenden Tage wohnten die Herren einem Hiva bei, und glücklicherweise trafen sie den Dieb unter den Zuschauern. Er gestand sein Vergehen und versprach, für das Entwendete einige Brustschilde bringen zu wollen. Dies Anerbieten ließen sie sich gefallen, und am folgenden Tage stellte sich der Mann auch ein. Ein anderer, der ein Pulverhorn zu stehlen suchte, wurde ertappt und bekam eine volle Ladung Schläge. Die Insulaner ließen sogar die Tahitierin, die mit uns hierhergekommen war, nicht unangetastet. Als sie es sich einmal am wenigsten versah, wurde sie in einem Hause überfallen und sollte die europäische Kleidung, die sie ständig trug, mit Gewalt hergeben. Zum Glück kamen einige unserer Leute hinzu und verjagten die Räuber. Das arme Mädchen wagte sich fortan nie wieder ohne Begleitung an Land.

Indessen waren das der Drangsale, die unsere Schöne hier erleben mußte, noch nicht alle, und ihr widerfuhr ein recht schmählicher Schimpf. Sie wohnte nämlich in Gesellschaft einiger Offiziere einem Hiva bei, aber unglücklicherweise hatte man ihre eigene Geschichte als Gegenstand des Stückes gewählt und suchte ihre romanhafte Entweichung von der Insel lächerlich zu machen. Sie wollte vor Scham und Tränen vergehen, und es kostete viel Zureden, daß sie bis zum Ende des Stückes aushielt. Die letzte Szene, in der die Aufnahme, die sie bei ihren Eltern finden würde, dargestellt wurde, fiel gar nicht schmeichelhaft für das trostlose Mädchen aus.

Am folgenden Tage blieben wir den ganzen Vormittag über an Bord, nach Tisch aber gingen wir mit Kapitän Cook an Land und nach einem großen Hause, das wie eine Karawanserei von verschiedenen Familien bewohnt wurde, die hierhergekommen waren, um in unserer Nähe zu sein. Es befanden sich einige Befehlshaber darunter. Wir hatten uns noch nicht lange mit ihnen unterhalten, als einige Insulaner die Nachricht brachten, daß der erste und zweite Leutnant und einer unserer Lotsen völlig ausgeplündert worden seien. Diese Botschaft verbreitete unter den Insulanern allgemeinen Schrecken, und die meisten suchten sich aus Furcht vor unseren

Maßnahmen durch die Flucht zu retten. Wir selbst waren um das Schicksal unserer Gefährten nicht wenig besorgt, weil das tahitische Wort Matte sowohl prügeln als auch totschlagen bedeutet. Unsere Besorgnis dauerte jedoch nicht lange, denn wir sahen die Herren unbeschädigt und in voller Jagdausrüstung wiederkommen. Sie erzählten, daß man sie unversehens überfallen und mit Gewalt ihrer Vogelflinten beraubt und auch mit Schlägen sehr mißhandelt habe. Endlich sei dann ein Befehlshaber hinzugekommen, durch dessen Vermittlung die Räuber die abgenommenen Flinten und andere Sachen zurückgegeben hätten. Ganz vergnügt, daß die Geschichte einen besseren Ausgang genommen hatte, als zu besorgen stand, kehrten wir an Bord zurück, bemerkten aber, daß die Insulaner sich aus dieser Gegend größtenteils entfernten.

Am folgenden Tage ließ Ori durch Maheine den Kapitän wissen, daß die gestrige Tat durch dreizehn Insulaner begangen worden sei, er aber ohne des Kapitäns Hilfe nicht imstande sein würde, die Bösewichte zu bestrafen. Er möchte ihm also bewaffnete Leute schicken, alsdann wolle er noch einige seiner Krieger aufbieten und gegen die Rebellen marschieren. Kapitän Cook rief die Offiziere zusammen und überlegte die Sache mit ihnen. Da gestand denn der zweite Leutnant offenherzig, daß von ihrer Seite der erste Angriff geschehen sei. Einer von ihnen habe ein paar wilde Enten geschossen und einen von den Insulanern gebeten, sie aus dem Wasser zu holen, dieser aber, der es vorher schon mehrmals getan hatte, wollte sich nicht länger als Pudel gebrauchen lassen. Dies habe der Offizier übelgenommen und den armen Kerl so lange geprügelt, bis er sich dazu bequemte. Er sei hierauf halb schwimmend, halb gehend durch den dicken Schlamm bis zum Wasser vorgedrungen, als er aber die wilden Enten erreicht gehabt, sei er damit nach dem jenseitigen Ufer geschwommen. Unser Seemann habe nun sein Gewehr mit einer Kugel geladen und nach dem Insulaner geschossen, zum Glück aber nicht getroffen. Hierauf habe er zum zweitenmal laden wollen, aber die anwesenden Insulaner hätten dem Schützen das Gewehr abgenommen; er habe zwar um Hilfe gerufen, sie seien aber ebenso wie er umringt gewesen. Gleichwohl habe einer von ihnen sein Gewehr abfeuern und einem Insulaner ins Bein schießen können, die übrigen hätten diese Gewalttat aber durch unbarmherzige Prügel gerächt. Maheines

Knecht, ein starker, untersetzter Kerl, habe für unsere Herren ganz verzweifelt gekämpft, sei aber von der Menge überwältigt worden.

Durch dieses Geständnis bekam die Sache ein ganz anderes Gesicht, demungeachtet wollte der Kapitän den Befehlshaber um seine Meinung fragen, und er bat meinen Vater, ihn zu begleiten, weil dieser mehr von der Eingeborenensprache verstand. Ori eröffnete ihnen, auf die Häuser der Leute loszugehen, die sich vermutlich auch gegen ihn aufgelehnt hätten. Er wolle ihre Schweine und alle übrigen Habseligkeiten wegnehmen und uns zur Schadloshaltung preisgeben. Mit dieser Erklärung kam Kapitän Cook ans Schiff zurück und beorderte eine Mannschaft, die mit Dr. Sparman, meinem Vater und mir aus siebenundvierzig Mann bestand, ihn zu begleiten. Wir marschierten mit Ori nach der Gegend, wo die Gewalttätigkeit vor sich gegangen war. Je weiter wir vorrückten, desto größer wurde der Zulauf von Insulanern. Ihre Zahl belief sich in kurzem auf etliche hundert Mann, und sie fingen schon an, aus den nächstgelegenen Häusern Waffen zu holen. Ori selbst schleppte einen zehn Fuß langen Speer mit sich, dessen Spitze aus dem zackigen Stachel eines Rochen bestand. Nachdem wir zwei Meilen weit vorgedrungen waren, wurde haltgemacht, und wir erfuhren durch Maheine, daß die Insulaner uns einzuschließen und vom Schiff abzuschneiden gedächten. Kapitän Cook ließ sich aber nicht abschrecken, sondern befahl nur, daß der Haufen, der uns nachfolgte, nicht weiter vorrükken solle. Ori hingegen mußte weiter mit uns ziehen. Nach einem Marsch von drei Meilen stießen wir auf einen Scheideweg. Der eine Weg ging über einen steilen Felsen, der andere schlängelte sich um den Fuß des Berges herum. Der Kapitän wählte den ersten, doch das Hinaufsteigen war sehr mühsam, auf dem anderen Wege aber fanden wir Tritte in den Felsen gehauen, vermittels derer man bequemer nach der Ebene hinabkommen konnte. Dieser Paß war für die Sicherheit unserer Rückkehr so wichtig, daß der Kapitän ihn durch einige Leute besetzen lassen wollte, da er aber sah, daß der größte Teil des Insulanerhaufens trotz Oris Befehl langsam nachrückte, hielt er es für klüger, den ganzen Plan aufzugeben und geradenwegs umzukehren. Die Insulaner ließen sich leicht davon überzeugen, es geschehe nur, weil der Feind so weit entfernt sei und man ihn nicht mehr verfolgen wolle. Auf der Hälfte des Rückweges kamen wir an einem großen Hause vorüber, worin uns Ori Kokosnüsse vorsetzen ließ. Dann brachten Eingeborene junge Pisangsprossen, zwei Hunde und ein Ferkel herbei, außerdem wurde uns noch ein großes Schwein gezeigt, aber gleich wieder weggetrieben. Darauf eilten wir nach dem Strande und kamen dort gegen Mittag an. Der Kapitän ließ die Gewehre pelotonweise in die See abfeuern, und wir vergnügten uns an dem Erstaunen der Eingeborenen, die nicht vermutet hatten, daß die Kugeln so weit reichten und daß wir mit unseren Flinten ein anhaltendes Feuer abgeben könnten. So lief die geplante Kriegsexpedition ohne Blutvergießen ab, wie es diejenigen unter uns gewünscht hatten, denen das Leben ihrer Mitmenschen keine Kleinigkeit zu sein dünkt. Andere hingegen schienen ganz unzufrieden damit zu sein, daß es nicht zum Totschlagen gekommen war.

Unser Feldzug mochte die Insulaner abgeschreckt haben, an Bord zu kommen. Am anderen Morgen aber erhielten wir von unseren Bekannten mancherlei Geschenke. Unter anderen besuchte uns auch ein Befehlshaber namens Morurua, der eine besondere Zuneigung zu meinem Vater gefaßt hatte, in Begleitung seiner Frau und aller Angehörigen. Keiner kam mit leeren Händen, und daher ließen auch wir niemand unbeschenkt von uns gehen. Am folgenden Morgen, als wir absegeln wollten, kam er nochmals an Bord und nahm mit vielen Tränen Abschied.

Am 24. mittags ankerten wir bei der Insel Raiatea im Hafen Hamaneno. Der Befehlshaber Orea kam an Bord und schien höchst vergnügt über unsere Wiederkehr. Nachmittags machten wir einen Spaziergang am Strand, wo eine unzählige Menge von Kanus aufs Land gezogen und jedes Haus und jede Hütte vollgepfropft mit Menschen war, bei denen es an nichts fehlen sollte, denn überall lagen große Vorräte der ausgesuchtesten Lebensmittel dazu bereit. Wir wußten, daß es auf diesen Inseln eine Gesellschaft von Leuten beiderlei Geschlechts gebe, die Errioys genannt werden, und daß sie sich zuweilen von weit und breit her versammelten, eine Insel nach der anderen besuchten und überall bis zur Ausschweifung schmausten und schwelgten. Als wir zu Huaheine vor Anker lagen, hielt sich dort eine Karawane von mehr als siebenhundert solcher Errioys auf, und eben diese waren es, die wir jetzt hier antrafen. Sie hatten sich eines Morgens mit etwa siebzig Kanus von Huaheine nach Raiatea

O-Mai, Insulaner von Raiatea

übersetzen lassen und hier an der Westseite Quartier genommen. Es waren Leute von gewissem Ansehen und schienen alle zum Stand der Befehlshaber zu gehören. Sie waren durchweg stark und wohlgebaut und nannten sich Kriegsleute. Die Mitglieder sind alle durch die engsten Bande der Freundschaft miteinander verbunden. Es scheint fast, daß von jeder vornehmen Familie eine oder mehrere Personen in diese Gesellschaft eintreten, deren Grundgesetz ist, daß keines ihrer Mitglieder Kinder haben darf. Da aber in diesem heißen Lande der Trieb zur Fortpflanzung sehr stark sein muß, so hat man nach und nach die Heiraten zugelassen. Um aber doch den Zweck des ledigen Standes beizubehalten, ist man darauf verfallen, die unglücklichen Kinder gleich nach der Geburt umzubringen.

Zu gewissen Zeiten reisen die Errioys von einer Insel zur anderen. Dann schmausen sie die besten Früchte und verzehren eine Menge von Schweinen, Hunden, Fischen und Hühnern, welche die Tautaus zur Bewirtung dieser Schwelger herbeischaffen müssen. An einer guten Portion des berauschenden Pfefferwurzelgetränks darf es bei solchen Gelegenheiten auch nicht fehlen, denn diese Herren zechen sämtlich gern. Überhaupt halten sie es mit allen Arten sinnlicher Freuden, und daher ist Musik und Tanz allenthalben ihr Zeitvertreib. Diese Tänze sollen des Nachts sehr ausschweifend sein, doch wird nur den Mitgliedern der Gesellschaft der Zutritt gestattet.

Die Errioys sind zum Teil ebenso verheiratet wie Maheine sich mit Toperris Tochter verehelicht hat, andere pflegen sich Beischläferinnen zu halten. Manche mögen sich freilich auch mit gemeinen Huren abgeben, deren es auf allen diesen Inseln so viele gibt. Diese Art von Ausschweifung ist aber nicht so unerhört, sondern unter den zivilisierten Europäern weit verbreiteter als hier. Sollte man also nur daher Anlaß genommen haben, die Errioys zu beschuldigen, daß sie einander wechselweise ihre Weiber preisgeben, so würde das ebenso sein, als wenn man wegen der liederlichen Lebensart einzelner Europäer behaupten wollte, daß es in Europa eine Klasse von Leuten beiderlei Geschlechts gebe, die ihre Tage in einer steten Befriedigung sinnlicher Lüste zubrächte. Von dem Vorwurf des Kindermordes hingegen sind die Tahitier nicht freizusprechen, so unerklärlich es auch scheinen mag, daß eine Nation von so sanften, mitleidigen und zur Freundschaft gestimmten Herzen zugleich der äußersten Grausamkeit fähig sein soll.

Sobald wir Gewißheit davon hatten, daß eine so widernatürliche Barbarei wirklich unter den Errioys verübt werde, verwiesen wir unserem Freunde Maheine, daß er es sich zur Ehre anrechnete, einer so verabscheuungswürdigen Gesellschaft anzugehören. Es gelang uns, ihn zu überzeugen, daß es unrecht sei, und er versprach, sich von der Gesellschaft lossagen zu wollen, sobald er Vater werde. Es gereichte uns einigermaßen zum Trost, von ihm zu vernehmen, daß die Errioys selten Kinder bekämen.

Bei all ihrer Schwelgerei vergaßen die hier versammelten Errioys doch die Gastfreiheit nicht, sondern luden uns ein, an ihrem Mahl teilzunehmen, da wir aber eben vom Tisch aufgestanden waren, gingen wir lieber spazieren und kehrten erst gegen Abend nach dem Schiff zurück, das Maheine, das Mädchen und die übrigen Insulaner inzwischen verlassen hatten. Am folgenden Morgen besuchten uns viele Insulaner in ihren Kanus, und die Frauensleute kamen nicht nur in Menge an Bord, sondern ließen es sich auch die Nacht über bei unseren Matrosen gefallen. Zu Huaheine waren dergleichen Besuche ungleich seltener gewesen, wenigstens hatten sich dort meist nur solche Insulanerinnen dazu verstanden, die auf der Insel fremd waren.

Am nächsten Tag hatten wir vornehmen Besuch auf dem Schiffe. Orea und seine Familie, Boba, der Vizekönig dieser Insel, O-Taha und Taina-Mai, die schöne Tänzerin, machten unsere Gesellschaft aus. Boba ist ein großer, wohlgebildeter Mann, von Borabora gebürtig und mit O-Puni, dem dortigen König und Eroberer der Inseln Raiatea und Taha, verwandt. Maheine hatte uns erzählt, daß O-Puni diesen jungen Menschen zu seinem Nachfolger ausersehen und ihm seine einzige Tochter Maiwerua zugedacht habe, die ungemein schön und erst zwölf Jahre alt sein soll. Boba war damals ein Errioy und hielt sich die schöne Tänzerin Taina-Mai als Beischläferin. Da sie uns schwanger zu sein dünkte, sprachen wir mit ihr über den Brauch, wonach die Kinder der Errioys umgebracht werden müssen. Das Gespräch war aber sehr kurz, teils weil es Mühe kostet, diese Insulaner überhaupt und die Frauenzimmer besonders aufmerksam zu halten, teils wir noch nicht genug von ihrer Sprache konnten, um moralische und philosophische Begriffe darin auszudrücken. Was wir also mit unserer mangelnden Beredsamkeit aus Taina-Mai herauslocken konnten, war dieses: daß unser Eatua (Gott) in England vielleicht über die Gewohnheiten der Errioys böse sein möchte, daß der ihrige aber kein Mißfallen daran habe. Indessen versprach sie, daß sie, wenn wir aus England kommen und ihr Kind abholen wollten, es am Leben erhalten werde, doch verstände es sich, daß wir ihr ein Beil, ein Hemd und einige rote Federn dafür geben müßten. Alles das sagte sie aber in einem lachenden Ton, so daß wir kaum hoffen durften, es sei ihr Ernst. Auch war es umsonst, länger mit ihr davon zu sprechen, denn sie verfiel von einem Gegenstand auf den anderen, und wir mußten froh sein, daß sie uns so lange zugehört hatte.

Nachmittags gingen wir an Land, um einem Tanzspiel beizuwohnen, in welchem sich Oreas Tochter Poyadua sehen lassen wollte. Die Zahl der Zuschauer war beträchtlich, und die Tänzerin fand auch bei den Europäern großen Beifall. Die Zwischenspiele wurden durch Mannspersonen dargestellt. Obschon wir nicht jedes Wort verstanden, konnten wir doch unterscheiden, daß die Namen von Kapitän Cook und anderer Herren in den Gesängen vorkamen. Die Handlung schien eine von den Räubergeschichten darzustellen, deren wir einige auf diesen Inseln begegnet waren. Ein anderes Intermezzo stellte den Angriff der Krieger von Borabora dar, wobei derbe Schläge mit einem Riemen ausgeteilt wurden, daß es nur so klatschte. Das dritte Zwischenspiel war seltsamer als alle übrigen. Es stellte eine Frau in Kindswehen vor und erregte bei den Zuschauern überlautes Gelächter. Der Kerl, der diese Rolle hatte, machte alle Posituren, die die Griechen in den Hainen der Venus Ariadne bei Amathus bewunderten. Ein anderer großer und starker Kerl stellte das neugeborene Kind dar und gebärdete sich dabei so possierlich, daß wir herzlich mitlachen mußten. Diese Vorstellung schien den Damen das meiste Vergnügen zu machen. Sie konnten sich auch den Eindrücken ohne Bedenken überlassen, weil nach hiesiger Sitte nichts darin vorkam, was sie in Verlegenheit hätte setzen können, wie es wohl unseren europäischen Schönen geht, die bei den Schauspielen oft nur durch den Fächer schielen dürfen.

Am folgenden Morgen unternahmen wir einen Spaziergang nach Süden. Der Weg führte uns zu einem großen steinernen Gebäude,

Tanzspiel auf Tahiti

das Marai no Parua, Paruas Begräbnisplatz, genannt wurde. Die Eingeborenen versicherten uns, daß Parua ein Eri sei. Das Gebäude war sechzig Fuß lang und fünf Fuß breit. Die Mauern bestanden aus großen Steinen und waren sechs bis acht Fuß hoch. Wir kletterten hinüber, fanden aber den inneren Hof nur mit einem Haufen k!einer Korallensteine angefüllt. Wir kehrten erst gegen Sonnenuntergang an Bord zurück. Orea hatte sich während unserer Abwesenheit bei Kapitän Cook zu Gast gebeten und eine ganze Bouteille Wein getrunken, ohne davon im mindesten berauscht zu scheinen.

In der Nacht wurden aus den Booten, die an dem Ankerwächter befestigt waren, einige Ruder, Bootshaken und kleine Anker gestohlen. Sobald man sie am Morgen vermißte, ließ der Kapitän den Befehlshaber Orea davon unterrichten. Dieser fand sich auch sogleich bei uns ein und holte den Kapitän in seinem Boote ab, um die Diebe aufzusuchen. Nachdem sie ungefähr eine Stunde weit gerudert waren, ging er im südlichsten Teil der Insel an Land und brachte alles Gestohlene von dorther wieder zurück. Nachmittags tanzte Poyadua wieder, und es schien fast, als ob sie ihre übrigen Gespielen diesmal ausstechen wollte, jedenfalls hatte sie sich mehr als gewöhnlich geschmückt und mit einer Menge von europäischen Glaskorallen behängt. Als der Tanz zu Ende war, bat Maheine uns, ihn morgen auf seinem eigenen Grund und Boden zu besuchen. Er hatte uns schon oft erzählt, daß er auf dieser Insel Landeigentum besitze, und wollte die Gelegenheit, dies zu beweisen, um so weniger ungenutzt lassen, als verschiedene unserer Schiffsgesellschaft noch immer daran gezweifelt hatten. Wir fuhren also am folgenden Tag in zwei Booten nach dem nördlichen Distrikt der Insel. Orea begleitete uns mit seiner Familie, und nach zwei Stunden langten wir glücklich an. Maheine bewillkommnete uns und ließ gleich Anstalten zu einer Mahlzeit machen. Während der Vorbereitungen hierzu gingen mein Vater, Dr. Sparman und ich zum Botanisieren auf die benachbarten Berge. Nach Verlauf zweier Stunden kehrten wir zurück, und während das Essen aufgetragen wurde, erzählte uns Kapitän Cook, wie es bei der Zubereitung hergegangen war.

Drei Kerle ergriffen ein Schwein, das ungefähr fünfzig Pfund schwer sein mochte, legten es auf den Rücken und erstickten es, indem sie ihm einen dicken Stock quer über den Hals drückten. Um alle Luft im Leibe zu verschließen, stopfte man dem Schwein ein Büschel Gras in den Hintern. Nach Verlauf von zehn Minuten war das Schwein tot. Während dieser Zeit hatten zwei andere Feuer angemacht, um den sogenannten Ofen zu heizen, der aus einer Erdgrube bestand, worin eine Menge Steine gepackt waren. An diesem Feuer wurde das tote Schwein gesengt, und zwar so gut, als hätten wir's in heißem Wasser gebrüht. Darauf wurde es zurückgebracht und auf frische Blätter gelegt, um es auch von innen zu reinigen. Dazu wurde der Bauch geöffnet, der äußere Speck abgelöst, auf grüne Blätter beiseite gelegt und dann das Eingeweide herausgeschnitten und weggeschafft. Nachdem das Schwein nun noch einmal innen und außen gereinigt worden war, legten sie einige heiße Steine in den Bauch und in die Brusthöhlung und stopften frische Blätter dazwischen. Mittlerweile war der Ofen genügend durchgeheizt, man nahm also die Steine bis auf die unterste Schicht weg und legte das Schwein mit dem Bauch darauf. Fett und Speck wurden in einem langen Trog neben das Schwein gestellt. In das Blut warf man einen heißen Stein, damit es sich verdickte, dann wurde es in kleinen Klumpen in Blätter gewickelt und mit Brotfrüchten und Pisangs neben das Schwein gelegt. Hierauf bedeckten sie alles mit frischem Laub, mit dem Rest der heißen Steine und schließlich mit einem Erdhaufen. Nun breiteten die Leute neben dem Haus eine Menge grüne Blätter auf die Erde. Nach Verlauf von zwei Stunden und zehn Minuten wurde der Ofen geöffnet und alles herausgezogen. Die Gäste setzten sich rund um die Blätter, die Eingeborenen an das eine und wir an das andere Ende. Da wo wir saßen, wurde das Schwein aufgetragen, dort aber, wo die Eingeborenen saßen, wurde das Fett und das Blut hingesetzt, was sie auch allein verzehrten und für ungemein schmackhaft hielten. Dagegen ließen wir uns das Fleisch nicht weniger gut schmecken, weil es in der Tat ganz vortrefflich zubereitet war. Kaum war das Schwein zerlegt, als die angesehensten Befehlshaber und die Errioys darüber herfielen und ganze Hände voll Blut und Fett auf einmal verschlangen, während die armen Tautaus, die in Menge um uns herumstanden, sich mit dem Zusehen begnügen mußten, denn für sie blieb auch nicht ein Bissen übrig. Unter allen Zuschauern waren Oreas Frau und Tochter die einzigen, die etwas bekamen, und beide wickelten ihre Portionen sorgfältig in Blätter, um sie an einem abgesonderten Platze zu verzehren.

Der Kapitän hatte vorsorglich einige Flaschen Branntwein mitgenommen, der mit Wasser verdünnt das Lieblingsgetränk der Matrosen, den sogenannten Grog, ausmacht. Die Errioys und einige andere vornehme Insulaner fanden dies Gemisch stark und fast ebensosehr nach ihrem Geschmack wie das berauschende Pfefferwasser, sie tranken also tapfer davon und setzten noch etliche Gläser Branntwein obendrauf, was ihnen dann so wohl behagte, daß sie sich bald nach einem Ruheplätzchen umsehen und ausschlafen mußten. Um fünf Uhr nachmittags kehrten wir zum Schiff zurück, badeten aber zuvor des heißen Wetters wegen in einer schönen Quelle.

An den folgenden Tagen suchten wir auf den Bergen nach Pflanzen und fanden auch hin und wieder noch unbekannte Arten. Bei unserer letzten botanischen Exkursion erfuhren wir eine sehr wichtige Neuigkeit. Ein Insulaner, der eben von Huaheine zurückkam, brachte die Nachricht mit, daß dort zwei Schiffe vor Anker lägen, wovon eins größer sei als das unsrige. Er selber sei an Bord des kleineren Schiffes gewesen und von den Leuten betrunken gemacht worden. Wir erkundigten uns nach dem Namen der Kapitäne, worauf er antwortete, der Befehlshaber des größeren sei Tabane, der in dem kleinen heiße Tonno. Da dies die Namen waren, die die Insulaner den Herren Banks und Furneaux gegeben hatten, stutzte Kapitän Cook und fragte weiter, von welcher Statur diese Herren seien. Der Insulaner versetzte, Tabane sei groß, Tonno aber kleiner, und auch dies stimmte. Wenn aber Kapitän Furneaux wirklich zu Huaheine war, mußte er von den Eingeborenen erfahren haben, daß Kapitän Cook in der Nähe sei, und da er unter dessen Befehl von England abgesegelt war, war es seine Pflicht, ihn aufzusuchen. Bei unserer Rückkehr erfuhren wir am Kap, daß Kapitän Furneaux lange vor der Zeit, als er bei Huaheine gelegen haben sollte, von der Tafelbai abgesegelt sei, Herr Banks aber Europa gar nicht verlassen habe. Die ganze Sache war also eine bloße Erdichtung, womit die lieben Insulaner uns vielleicht auf die Probe setzen wollten, ob wir uns vor anderen Seefahrern fürchten würden.

Am folgenden Tage brachten die Eingeborenen Haufen von Lebensmitteln an das Schiff, weil sie hörten, daß wir morgen, am

4.Juni, schon wieder absegeln wollten. Wenn sie auch alles sehr wohlfeil anboten, so war doch unser Vorrat an Beilen und Messern bereits dermaßen erschöpft, daß der Büchsenschmied neue Waffen anfertigen mußte, die aber zu grob und wenig nütze waren. Das galt besonders von den Messern, deren Klingen aus eisernen Tonnenbändern zusammengestümpert wurden. Die einfältigen Leute waren aber doch damit zufrieden. Dafür, daß sie uns bisher die Taschen ausgeleert oder manches entwendet hatten, machten wir es jetzt doppelt so arg mit ihnen, denn wir hintergingen sie gar bei offenen Augen.

Unter den Bewohnern der Sozietäts-Inseln gibt es hier und da Personen, die von den Traditionen, von der Mythologie und von der Sternkunde ihrer Nation Kenntnis haben. Maheine hatte sie oft als die Gelehrtesten seines Landes gerühmt und sie Tata-o-Rerro genannt, das man etwa als Lehrer übersetzen könnte. Im Distrikt Hamaneno fanden wir nun einen solchen Mann, der Tutawai hieß und den Beinamen eines Tata-o-Rerro führte. Es tat uns leid, daß unsere Abreise schon so nahe bevorstand, aber mein Vater verwendete die letzten Stunden darauf, diesen wichtigen Fall zu erforschen, und dem hochgelehrten Tutawai schmeichelte es, daß er Gelegenheit fand, seine Wissenschaft auszukramen. Im ganzen scheint die Religion dieser Insulaner das sonderbarste System von Vielgötterei zu sein, das jemals erdacht worden ist. Nur wenige Völker sind so elend und so ganz mit den Bedürfnissen ihrer Selbsterhaltung beschäftigt, daß sie darüber gar nicht an den Schöpfer denken und sich einen wenn auch noch so unvollständigen Begriff von ihm machen. Diese Begriffe scheinen zu jenen Zeiten, da sich Gott den Menschen unmittelbar offenbarte, durch mündliche Erzählungen unter allen Völkern verbreitet worden zu sein. Vermittels einer solchen Offenbarung hat sich denn auch auf den Gesellschafts-Inseln ein Funken davon erhalten, daß sie an ein höchstes Wesen glauben, durch welches alles Sichtbare und Unsichtbare erschaffen worden ist. Die Geschichte zeigt aber, daß alle Völker, wenn sie diesen unbegreiflichen Geist näher untersuchen wollten, gewöhnlich zu den törichtesten Anschauungen verleitet wurden. Daher geschah es, daß die Eigenschaften der Gottheit durch beschränkte Köpfe gar bald personifiziert oder als besondere Wesen vorgestellt wurden. So entstand jene ungeheure Zahl von Göttern und Göttinnen. Ein Irrtum gebar den anderen. Ebenso, dünkt mich, ist es auf den Sozietäts-Inseln zugegangen, man verehrt dort Gottheiten aller Art, und jede Insel hat eine besondere Göttergeschichte. Tutawai fing damit an, daß er sagte, der höchste Gott und Schöpfer habe auf jeder Insel einen besonderen Namen, auf Tahiti und Eimeo werde er O-Ruahattu genannt. Sie glauben auch, daß jeder Mensch ein besonderes Wesen in sich habe. Dies Wesen nennen sie Tih, so wie wir es Seele heißen. Ihrer Vorstellung nach bleibt es nach dem Tode übrig und wohnt in den hölzernen Bildern, die um die Begräbnisplätze gestellt werden. Der Mond soll durch eine weibliche Gottheit erschaffen worden sein. Sie regiert diesen Weltkörper und wohnt in den wolkenähnlichen Flecken dieses Planeten. Daß übrigens die tahitische Göttin des Mondes nicht die keusche Diana der Alten, sondern vielmehr die phönizische Astarte sein müsse, werden meine Leser nicht in Abrede stellen. Die Sterne sind durch eine Göttin hervorgebracht worden, die Tetu-matarau genannt wird, und die Winde stehen unter der Botmäßigkeit des Gottes Orri-Orri.

Außer diesen höheren Gottheiten gibt es noch eine Menge von geringerem Range, von denen einige Unheil stiften und Menschen im Schlafe töten. Diese werden bei den vornehmsten Marais durch den Hohenpriester der Insel verehrt. Die Gebete werden aber nicht laut ausgesprochen, sondern nur durch die Bewegung der Lippen angedeutet. Der Priester sieht dabei gen Himmel, und man glaubt, der Eatua komme zu ihm herab und rede mit ihm, bleibe aber dem Volke unsichtbar. Die Opfer, die den Göttern dargebracht werden, bestehen aus Schweinen und Hühnern und allen Arten von Lebensmitteln. Die niedrigen, besonders aber die bösen Geister werden nur durch eine Art von Gezisch verehrt.

Kapitän Cook hat über die Religionsverfassung dieser Inseln eine wichtige Entdeckung gemacht, wovon mir aber bei unserem Aufenthalt nichts bekannt geworden ist. Ich will sie deshalb mit den eigenen Worten des Verfassers hier einrücken: »Da ich (sagt Kapitän Cook) nicht ohne Grund vermutete, daß die tahitische Religion Menschenopfer vorschreibt, ging ich einmal mit Kapitän Furneaux nach einem Marai oder Begräbnisplatz in Matavai und nahm einen meiner Leute mit, der die Landessprache ziemlich gut verstand.

Etliche Eingeborene folgten uns. Auf dem Platz stand ein Tupapau oder Gerüst, worauf ein Toter nebst einigen Speisen lag. Ich fragte, ob die Pisangs und andere Früchte dem Eatua dargebracht worden seien, ob man dem Eatua Schweine, Hunde, Hühner u.s.f. opfere. Auf alle diese Fragen wurde bejahend geantwortet. Nun fragte ich, ob man dem Eatua auch Menschen opfere. Ein Tahitier antwortete gleich, Taata-ino, d.h. böse Menschen würden geopfert, nachdem sie erst zu Tode geprügelt worden seien. Ich fragte, ob man nicht zuweilen auch gute Leute auf diese Weise umbrächte. Nein, nur Taata-ino. Werden auch Eris geopfert? Er antwortete, die haben ja Schweine, sie dem Eeatua hinzugeben. Ich verlangte noch zu erfahren, ob ein unbescholtener Tautau, der weder Schweine noch Hunde habe, dem Eatua geopfert würde. Ich bekam aber immer die erste Aussage zu hören, man opfere nur Bösewichter. Nachher habe ich auch von O-Mai erfahren, daß sie dem höchsten Wesen wirklich Menschenopfer darbringen. Seiner Aussage zufolge kommt es nur auf den Hohenpriester an, wen er zum Opfer auswählen will. Wenn das Volk versammelt ist, geht er allein in das Haus Gottes. Sobald er wieder herauskommt, erzählt er, daß der große Gott einen Menschen zum Opfer verlangt habe. Er sagt hierauf, wen das traurige Los getroffen habe, vermutlich fällt diese Wahl aber allemal auf jemand, der dem Priester verhaßt ist. Der wird dann sofort totgeschlagen, und wenn es nötig sein sollte, wird der Priester wohl so viel Verschlagenheit besitzen, dem Volke einzureden, er sei ein Bösewicht gewesen.«

Die Priester dieses Volkes bleiben lebenslang im Amt, und ihre Würde ist erblich. Außer den Priestern gibt es in jedem Distrikt einen oder zwei Lehrer, deren Tutawai einer war, die dafür sorgen, daß die Kenntnisse in der Geographie, Astronomie und Zeitrechnung nicht verlorengehen. Der Name eines Lehrers wird auch denen beigelegt, die sich auf die Heilkräfte der Kräuter verstehen, die hierzulande gegen mancherlei Krankheiten angewandt werden.

Kaum war unser gelehrter Tutawai in seinem Unterricht so weit gekommen, als die Anker gelichtet wurden. Wir verließen diese Insel am 4. Juni um zehn Uhr morgens. Der König von Raiatea besuchte uns noch mit einigen seiner Verwandten. O-Rea war mit seiner Familie gleichfalls an Bord, und auch Maheine stellte sich mit den

Seinigen ein. Die guten Leute weinten alle recht herzlich, am meisten aber der arme Maheine. Er lief von einer Kajüte zur anderen und umarmte einen jeden, ohne ein Wort sprechen zu können. Als das Schiff endlich anfing zu segeln, mußte er sich von uns losreißen und in sein Boot steigen, doch blieb er aufrecht stehen und sah uns unverwandt nach. Wir waren schon weit über das Felsenriff hinaus, als er die Hände immer noch nach uns ausgestreckte, und das dauerte fort bis man ihn nicht mehr unterscheiden konnte.

18. Kapitel

Reise von den Gesellschafts-Inseln nach den Freundschaftlichen Inseln

Bei unserer Abfahrt von Raiatea feuerten wir dem Geburtstag Sr. Majestät des Königs zu Ehren einige Kanonen ab, welches für die Insulaner ein neues Schauspiel zu sein schien. Während der sechs Wochen auf den Sozietäts-Inseln hatten wir uns von Gallenkrankheiten und Skorbut völlig erholt, dagegen kamen nun die venerischen zum Vorschein. Fast die Hälfte der Matrosen wurde von dieser häßlichen Krankheit angesteckt, doch war sie im ganzen genommen nicht so bösartig wie in Europa. Maheine hat uns oft versichert, daß sie auf Tahiti und den Nachbarinseln schon eingerissen gewesen sei, ehe Kapitän Wallis im Jahre 1768 dorthin kam, und er behauptete, daß seine eigene Mutter einige Jahre zuvor auf Borabora an dieser Krankheit gestorben sei. So wäre also der Ausbruch der Krankheit in verschiedenen Teilen der Welt bisher einer ganz unrichtigen Ursache zugeschrieben worden. Seit fast dreihundert Jahren haben unsere Moralisten auf die Spanier geschimpft, weil ihnen die Schuld gegeben wurde, die Seuche aus Amerika zu uns gebracht zu haben, doch ist jetzt erwiesen, daß wir sie in Europa kannten, ehe Amerika entdeckt war. Ebenso übereilt haben auch die englischen und französischen Seefahrer einander vorgeworfen, daß diese fürchterliche Krankheit durch einen von ihnen unter die gutherzigen Tahitier gebracht worden sei, da diese doch schon lange vorher davon angesteckt gewesen sind und sie sogar zu heilen wissen. Ja noch mehr, das Gift scheint hier bereits ebensosehr entkräftet zu sein, als es in Südamerika ist. Die Ausschweifungen unserer Matrosen auf Tongatabu, den Marquesas-Inseln und der Osterinsel hatten keine üblen Folgen. Daraus läßt sich vielleicht schließen, daß diese Inseln zur Zeit noch nicht verseucht sind; ich sage vielleicht, denn solche Folgerungen können dennoch trügen. Dies beweist Kapitän Wallis' Beispiel. Er verließ Tahiti, ohne einen einzigen venerischen Patienten an Bord zu haben, gleichwohl war die Krankheit schon zuvor eingerissen. Daß auch die Neuseeländer diese Krankheit gehabt haben, ehe die Europäer kamen, ist wohl ebenfalls außer allem Zweifel.

Nachmittags passierten wir die Insel Maurua und steuerten mit einem guten Passatwind nach Westen. Am folgenden Tage änderte sich der Wind, und den ganzen Nachmittag hatten wir Blitz, Donner und heftige Regengüsse. An den nächsten drei Tagen war der Wind so schwach, daß wir fast nicht von der Stelle kamen. Die Matrosen fingen einen großen Hai an der Angel, aber zu ihrem größten Leid entging er ihnen wieder, obschon sie ihm drei Kugeln in den Leib gejagt hatten. Am 20. nachmittags kam eine bergige Insel in Sicht, und wir segelten in einer Entfernung von zwei Meilen daran entlang. Um zehn Uhr wurden wir sieben bis acht Leute gewahr, die am Strand umherliefen. Jeder hielt einen Spieß, eine Keule oder eine Ruderschaufel in der Hand. Wir sahen kleine Kanus auf den Strand gezogen, und auf den Felshängen standen einige Kokospalmen. Das war schon Einladung genug, hier zu landen. Also wurden zwei Boote in See gesetzt, bewaffnet und bemannt, und der Kapitän, Dr. Sparman, Herr Hodges, mein Vater und ich gingen nach dem Ufer ab. Ein Korallenriff lief vor der Küste her, aber wir fanden bald einen Durchlaß, wo wir an Land gingen. Wir ließen einige Soldaten und Matrosen auf Posten und kletterten auf die nächste Felsenklippe. Wir mochten hundertfünfzig Schritte durch das Gesträuch gegangen sein, als wir die Eingeborenen laut rufen hörten. Dies bewog uns, nach der Felsenklippe zurückzukehren. Wir riefen nun in allen uns bekannten Südseesprachen, daß wir Freunde seien und daß sie zu uns an den Strand kommen möchten. Endlich kam einer von ihnen zum Vorschein. Er hatte den Oberleib bis an die Hüften schwarz gefärbt, trug einen Kopfputz aus Federbüschen und hielt einen Speer in der Hand. Bald sprang ein zweiter hervor und warf einen Stein nach uns. Er zielte so gut, daß Dr. Sparman eine sehr empfindliche Kontusion am Arm davontrug, obschon er wenigstens fünfzig Schritte entfernt stand. Er ließ sich durch den heftigen Schmerz verleiten, einen Schrotschuß abzugeben, der aber zum Glück nicht traf. Darauf verschwanden die beiden Eingeborenen und kamen auch nicht wieder zum Vorschein.

Wir ruderten weiter den Strand entlang und kamen endlich an eine Stelle, wo der Zugang zum Land etwas freier war. Wir fanden hier vier Kanus auf den Strand gezogen. Der Kapitän legte in jedes einige Geschenke für die Eigentümer, während er aber noch damit beschäftigt war, sah ich einen Trupp Insulaner den Weg herabkommen. Zwei von ihnen liefen unter wütendem Geschrei auf uns los und schwenkten ihre Speere. Der Kapitän wollte auf sie feuern, aber das Gewehr versagte. Er bat uns, ebenfalls Feuer zu geben, aber es erging uns wie ihm. Die Insulaner, die nun noch mehr Mut bekommen hatten, warfen zwei Speere nach uns. Der eine hätte den Kapitän um ein Haar getroffen, aber er bückte sich zur rechten Zeit. Der andere fuhr mir so dicht an der Lende vorbei, daß die schwarz Farbe, womit er beschmiert war, mir das Kleid beschmutzte. Nach einigen weiteren Versuchen ging meine Flinte endlich los. Ich hatte zwar nur mit Schrot geladen, traf meinen Mann aber richtig. Nun fing die auf dem Felsenriff postierte Mannschaft ein Pelotonfeuer an, das anhielt, solange einer von den Insulanern zu sehen war. Zwei von ihnen hielten besonders lange stand. Endlich mußte einer verwundet worden sein, denn sie ergriffen unter gräßlichem Geheul die Flucht.

Nun gingen wir in die Boote zurück und wollten mit diesen Leuten nichts mehr zu schaffen haben. Die Natur selbst scheint sie schon dadurch, daß sie ihr Land fast unzugänglich machte, zur Ungeselligkeit verurteilt zu haben. Die Boote und Waffen der Eingeborenen gleichen denen von Tongatabu. Die Bewohner beider Inseln scheinen also gleichen Ursprungs zu sein, doch ist die Zahl der hiesigen nur gering, und sie sind auch noch sehr ungesittet, wild und gehen nackt. Die Insel mag ungefähr drei Meilen lang sein. Sie liegt unter dem 19. Grad s.Br. und dem 169. Grad 37 Sekunden w.L. und bekam von uns den Namen Wildes Eiland (Savage Island).

Sobald wir wieder an das Schiff gelangten, wurden die Boote eingenommen, und am folgenden Morgen segelten wir weiter. Ein großer Wal mit hoher Rückenflosse schnaubte nahe beim Schiff mit viel Getöse das Wasser in die Höhe, und Vögel und Fische machten wie gewöhnlich unsere Begleitung aus. Da wir um diese Zeit nicht weit von Anamoka oder der Insel Rotterdam zu sein glaubten, die von Tasman im Jahre 1643 entdeckt wurde, ließ der Kapitän in der Nacht die Segel einnehmen. Bei Tagesanbruch lag das Land vor uns. Es bestand aus mehreren niedrigen Inseln, die zusammen von einem großen Riff umgeben waren. Als wir noch eine Meile vom Land entfernt waren, kam uns schon ein Kanu entgegen. Obschon nur zwei Leute darin saßen, ruderten sie mutig auf uns zu, da das Schiff aber schneller war als ihr Boot, kehrten sie zurück.

Am folgenden Tag segelten wir zwischen den Inseln und Riffen durch, in deren Bezirk die See ganz ruhig war. Gegen Mittag ließ der Wind nach, und dies machten sich einige Insulaner zunutze. Sie brachten ihre Kanus zu Wasser und ruderten so scharf, daß sie binnen einer Stunde bei dem eine Seemeile entfernten Schiff waren. Sie schickten uns einige Büschel Pisangs und schmackhafte Pampelmusen an Deck und fügten einen Stengel voll roter Palmnußfrüchte oder Pandangs bei, die hier als Freundschaftszeichen gelten. Nach diesen Präliminarien verkauften sie uns ihren ganzen Vorrat an Früchten und kamen hierauf selbst an Bord. Mittlerweile langten auch die übrigen Kanus an, und die Insulaner überließen uns ihre Waren mit so großem Zutrauen, als ob wir uns schon lange gekannt hätten.

Sobald sich der Wind wieder erhob, segelten wir nach Namoka und gelangten an die Westseite dieser Insel, wo ehemals auch Tasman vor Anker gelegen hatte. Als wir den Anker auswarfen, erhaschte ein Insulaner das Senkblei und riß es von der Leine. Man bat ihn, es wieder herauszugeben, aber er hörte nicht auf den Kapitän, und so wurde die Forderung etwas nachdrücklicher, nämlich durch eine Ladung Schrot unterstützt. Nun war er auf einmal folgsam und knüpfte das Lot an einen über Bord hängenden Strick. Damit waren aber seine Landsleute noch nicht zufrieden, sie warfen ihn aus dem Kanu, so daß er sich durch Schwimmen an Land retten mußte und von dem Tauschhandel ausgeschlossen blieb, den sie nun eifrig fortsetzten.

Am folgenden Morgen ging Kapitän Cook in der sandigen Bucht an Land, die Tasman so genau beschrieben hat. Er erkundigte sich, ob in dieser Gegend Trinkwasser zu finden sei, worauf man ihn zu dem gleichen Teich führte, aus dem auch Tasman Wasser eingenommen hatte. Unterwegs kaufte er ein junges Schwein und hatte zugleich Gelegenheit, die Gastfreiheit der Insulaner von einer besonderen Seite kennenzulernen, indem eins der schönsten Mädchen ihm zum freundlichen Willkommen galante Anträge machte. Er verbat sich dies aber recht höflich und eilte, sobald er eine zum Wasserfüllen geeignete Stelle gefunden hatte, nach dem Schiff zurück. Hier hatte sich in der Zwischenzeit eine Menge Kanus voller Frauensleute versammelt. Da aber der Kapitän streng angeordnet hatte, daß keiner, der mit venerischen Krankheiten behaftet oder erst vor kurzem davon geheilt war, an Land gehen, also auch keine Frauenspersonen auf das Schiff gelassen werden sollten, so mußten all diese Dirnen, nachdem sie lange vergebens hin und her gerudert waren, ganz unverrichteterdinge wieder abziehen.

Kaum merkten die Eingeborenen, daß uns mit Lebensmitteln gedient sei, so drängten sich ganze Scharen von Verkäufern herbei und überschrien einander dermaßen, daß wir uns dem Getümmel des Marktplatzes entzogen und weiter ins Land zu kommen suchten. Der Weg ging über Wiesengrund und war zum Teil mit Bäumen besetzt, zum Teil auch von blühenden, wohlriechenden Büschen überwölbt. Wir kamen an einer Menge Wohnhäuser vorbei, fanden aber nur selten Leute darin, weil die meisten sich nach dem Marktplatz begeben hatten. Diejenigen aber, die wir antrafen, leisteten uns gute Dienste, sie führten uns auf der Insel herum, kletterten auf die höchsten Bäume, um uns Blüten zu verschaffen, und holten die Vögel, die wir geschossen hatten, aus dem Wasser. Sie bewirteten uns mit Pampelmusen und Kokosnüssen, trugen uns nach, was wir eingesammelt hatten, und hielten sich für reichlich belohnt, wenn wir ihnen am Ende einen Nagel, eine Koralle oder ein Stückchen Zeug schenkten.

Gegen Mittag kamen wir wieder nach dem Marktplatz zurück, wo Kapitän Cook unterdessen einen großen Vorrat von Früchten und Wurzeln, etliche Hühner und ein paar Ferkel eingekauft hatte. Auch an Waffen und Hausrat wurden uns ganze Bootsladungen zugeführt. Beim Mittagessen bemerkten wir, daß einer von uns am Ufer zurückgeblieben und von Insulanern umringt war. Er gab durch Zeichen zu erkennen, daß ihn ein Boot abholen solle. Gleichwohl nahm es niemand ernst, bis endlich nach der Mahlzeit einige Matrosen des Einkaufs wegen an Land gingen. Sie sahen, daß es unser Wundarzt Dr. Patton war, und nahmen ihn gleich an Bord. Er hatte bei Gefahr für sein Leben erfahren müssen, daß es auch unter diesem gutherzigen Volk einzelne Bösewichter gab. Er hatte, von einem Insulaner auf der Insel herumgeführt, elf Enten geschossen, die sein Begleiter ihm treulich nachtrug. Als er zum Marktplatz zurückkam, waren unsere Leute bereits sämtlich zum Schiffe zurückgekehrt. Er stieg also auf die Felsenklippe, wo wir ihn von Bord aus bemerkt hatten. Mittlerweile wollte sein Begleiter unbemerkt einige Enten von sich werfen, als aber Herr Patton sich danach umsah, nahm er sie wieder auf. Nun aber drängten die Insulaner immer dichter auf ihn ein, doch hielt der Anblick des Gewehrs sie noch in Respekt. Um nun durch List zu erlangen, was durch Gewalt nicht tunlich schien, veranlaßten sie einige Weiber, ihn durch wollüstige Gebärden an sich zu locken, seine Lage aber war viel zu gefährlich, als daß damit das geringste wäre auszurichten gewesen.

Da sah Herr Patton ein Kanu vom Schiff zurückkommen, er bot also dem Eigentümer seinen letzten Nagel an, wenn er ihn an Bord bringen werde. Schon war er im Begriff, ins Kanu zu steigen, als man ihm seine Vogelflinte entriß, die Enten bis auf drei wegnahm und das Kanu fortschickte. Da die Insulaner ihn nun gänzlich wehrlos sahen, fingen sie an, ihm der Reihe nach die Kleider zu nehmen, wobei sie ihn aufs neue mit ihren Waffen bedrohten. In der größten Angst fühlte er in seinen Taschen herum, fand aber nichts als ein Zahnstocher-Etui. Dies machte er auf und hielt es wie ein Terzerol dem Trupp entgegen, der sich auch vor dem unbekannten Ding ein paar Schritte zurückzog. Er fing aber bereits an, sein Leben aufzugeben, als eine junge Insulanerin ihn in Schutz nahm. Mit fliegenden Haaren trat sie aus dem Gedränge zu ihm. Güte und zärtliches Mitleid waren so deutlich in ihren Mienen zu lesen, daß er alles Gute von ihr erhoffen durfte. Sie reichte ihm eine Pampelmuse, die er mit Begierde und Dank annahm.

Endlich stießen die Boote vom Schiff ab, und sobald die Insulaner dies gewahr wurden, stoben sie eiligst auseinander. Nur seine Beschützerin und ein alter Mann, ihr Vater, blieben unbesorgt bei ihm sitzen. Sie fragte ihn nach seinem Namen, und als er sich dem tahitischen Dialekt gemäß Patine genannt hatte, versprach sie ihm, diesen Namen künftig zu führen, veränderte ihn aber in Patsine. Beim Abschied beschenkte er sie und ihren Vater mit allerlei Kleinigkeiten, die er von den Matrosen borgte. Bei seiner Rückkunft erstattete er dem Kapitän Bericht, bekam aber keinen anderen Bescheid, als daß ihm recht geschehen sei, er hätte den Eingeborenen nicht trauen sollen.

Am folgenden Morgen entdeckten wir in Nordwest einige Inseln, die wegen des nebligen Wetters bisher nicht zu sehen gewesen waren. Die beiden westlichsten schienen bergig, die dritte aber dem Umfang nach die größte zu sein. Von dieser stieg ein dicker Rauch empor, und in der Nacht hatten wir in derselben Gegend Feuer bemerkt. Die Insulaner berichteten uns, daß dies Feuer ständig zu sehen sei, wir vermuteten also, daß es von einem Vulkan herrühren müsse. Sie nannten dies Eiland Tofua und die dabei liegende Insel mit dem spitzen Berge E-Ghao. Nordwärts von diesen beiden Inseln konnten wir dreizehn flache Eilande unterscheiden, deren Namen uns die Eingeborenen der Reihe nach herzusagen wußten.

Nach dem Frühstück eilten wir von neuem an Land. Die erste Pflanze, die wir fanden, war eine schöne Lilienart (Crinum asiaticum), und wir trafen noch mehr dergleichen schätzbare Blumen an. Unser Weg brachte uns an den Wasserplatz, wo die Wasserfässer gefüllt wurden. Leutnant Clerke, der hier das Kommando hatte, erzählte uns, daß ein Insulaner ihm mit großer Behendigkeit die Muskete weggeschnappt habe und damit entronnen sei. Während wir hier nach Pflanzen suchten, dünkte es uns, als ob drei Kanonenschüsse abgefeuert würden, deren Schall durch die Bäume sehr gedämpft wurde. Als wir zum Wasserplatz zurückkamen, eilte uns der Lotse Gilbert entgegen und erklärte uns, die Kanonenschüsse seien abgegeben worden, um uns wegen eines mit den Insulanern entstandenen Streites zurückzurufen. Der Kapitän stand auch schon mit einem Kommando Seesoldaten in der Nachbarschaft. Wir vermuteten, daß der Streit wegen des Gewehrs von Leutnant Clerke entstanden sei, aber er hatte in einer unbedeutenden Kleinigkeit seine Ursache. Unser Böttcher hatte nämlich bei der Ausbesserung der Wasserfässer nicht genug auf sein Handbeil achtgegeben, und ein Insulaner die Gelegenheit genutzt und war damit entlaufen. Um nun dies kostbare Instrument, wovon gleichwohl noch ein Dutzend auf dem Schiffe vorrätig waren, wieder herbeizuschaffen, ließ der Kapitän ein paar Doppelkanus in Beschlag nehmen, obschon diese Fahrzeuge nicht einmal hiesigen Insulanern gehörten, sondern des Handels wegen von anderen Inseln gekommen waren. So befremdlich aber dies Verfahren auch den Eingeborenen vorkommen mußte, hatte es doch den Nutzen, daß Leutnant Clerkes Gewehr auf der

Stelle zurückgebracht wurde. Um nun auch das Böttcherbeil wiederzubekommen, mußte noch ein Kanu konfisziert werden. Der Eigentümer verteidigte sein Eigentum, indem er einen Speer ergriff und damit auf den Kapitän zielte. Dieser schoß ihm jedoch eine Ladung Hagel durch die Faust und durchs Bein, so daß er zu Boden stürzte. Damit noch nicht zufrieden, wurde Befehl gegeben, vom Schiff aus drei Kanonen gegen die höchste Spitze der Insel abzufeuern. Nun dachten wir, die Insulaner würden sich eiligst entfernen, aber im Vertrauen auf ihre Unschuld blieben sie am Strande, ja einige Kanus ruderten nach wie vor um das Schiff herum.

Wir waren noch nicht lange zu dem Kapitän und seinem Kommando gestoßen, als die Veranlassung alles Unheils, das Böttcherbeil, wieder abgeliefert wurde. Eine Frau, die einiges Ansehen zu haben schien, hatte mehrere Leute ausgeschickt, und diese brachten nicht nur dies Stück, sondern auch eine Patronentasche und Herrn Pattons Vogelflinte zurück. Bald darauf trugen einige Insulaner ihren verwundeten Landsmann auf einem Brett zu uns. Man schickte gleich nach dem Wundarzt Patton. Die Eingeborenen kamen nun nach und nach wieder, und die Frauen ließen es sich besonders angelegen sein, Ruhe und Frieden wiederherzustellen, doch schienen ihre schüchternen Blicke uns anzuklagen, daß wir zu grausam mit ihnen umgegangen seien. Endlich setzten sich ihrer fünfzig oder mehr auf den grünen Rasen und winkten, daß wir neben ihnen Platz nehmen möchten. Jede dieser Schönen hatte ein paar Pampelmusen mitgebracht, die sie mit freundlicher Gebärde unter uns austeilte. Unterdessen war der Schiffsarzt mit den Instrumenten angelangt und verband den verwundeten Insulaner. Als er mit der Bandage fertig war, legten die Eingeborenen noch Pisangblätter darüber, und so überließen wir ihn ihrer eigenen Kurmethode.

Das Volk war auf dieser Insel ebenso friedfertig und dabei ebenso gewinnsüchtig wie auf Tongatabu. Sie trugen uns unsere Übereilung nicht nach und fuhren ungestört fort, am Schiffe Handel zu treiben. Sie fanden besonderes Wohlgefallen an jungen Hunden, wovon wir auf den Sozietäts-Inseln eine große Anzahl an Bord genommen hatten, um sie auf anderen Inseln einzuführen. Die gewöhnlichen Kanus waren nur klein, aber sauber gearbeitet. Die Kanus von benachbarten Inseln waren ansehnlicher und je zwei durch Querbalken zusammengekoppelt, so daß in manchen wohl fünfzig Mann Platz hatten. In der Mitte stand meist eine Hütte, in deren Mitte eine Öffnung in den Bauch des Kanus führte. Die Masten bestanden aus starken Bäumen, die niedergelegt werden konnten. Die Segel waren groß und dreieckig, taugten aber wenig zum Lavieren. Statt der Anker hatten sie am Ende eines starken Taus etliche große Steine befestigt, die vermöge ihrer Schwere das Schiff anhielten.

Am folgenden Morgen lichteten wir die Anker und steuerten nach dem Eiland Tofua, auf welchem wir auch in dieser Nacht das Feuer des Vulkans wieder wahrgenommen hatten. Eine ganze Flotte von Kanus begleitete uns meilenweit, um noch Kleider und Hausrat anzubringen. Einige brachten uns auch Fische, die durchgehend sehr wohlschmeckend waren. Gegen Mittag verließen uns die Kanus und kehrten nach verschiedenen niedrigen Inseln zurück. Nachmittags ließ der Wind nach und drehte sich, so daß wir mehr rück- als vorwärts kamen. Dies machten sich verschiedene Insulaner zunutze und ruderten von neuem herbei. Gegen Abend hatte die Anzahl der Kanus so zugenommen, daß sie wie heute morgen eine Flotte ausmachten und der Tauschhandel von beiden Seiten so lebhaft wie je betrieben wurde.

Bei Anbruch des Tages fanden sich die Kanus von neuem ein. Die großen dreieckigen Segel gaben ihnen ein malerisches Aussehen. Es währte nicht lange, so erhob sich ein Wind und machte dem Handel ein Ende, denn nun segelten wir nach den beiden hohen Inseln, die wir von unserem vorigen Ankerplatz aus entdeckt hatten. Die größere dieser Inseln heißt in der Landessprache Tofua und scheint bewohnt zu sein. Wir steuerten bis auf Kabellänge heran, aber nirgends war ein Ankerplatz zu finden. Des nebligen Wetters wegen konnten wir den eigentlichen Gipfel der Insel nicht deutlich erkennen, doch sah man beträchtlichen Rauch davon emporsteigen. Der Süd-Süd-Ost führte uns so schnell von der Insel weg, daß wir keine weiteren Beobachtungen des Vulkans anstellen konnten.

Nun segelten wir nach West-Süd-West und entdeckten am folgenden Tage, dem 1. Juli, um die Mittagszeit Land, das noch von keinem Seefahrer bemerkt worden war. Vor Einbruch der Nacht kamen wir ziemlich nahe heran, mußten aber der Brandung wegen die ganze Nacht über gegen den Wind lavieren. Am folgenden Morgen näherten wir uns wieder der Küste, und es währte nicht lange, so kamen fünf schwarzbraune Männer zum Vorschein, die mit Keulen bewaffnet waren und scharf nach uns ausschauten. Als wir ein Boot aussetzten, um durch den Lotsen die Durchfahrt untersuchen zu lassen, ruderten sie eilig nach der Insel zurück. Der Lotse passierte die Durchfahrt und fand etwa dreißig Insulaner beisammen, die aber ihr Fahrzeug in den Wald zogen und davonliefen. Er kam mit dem Bericht zurück, daß die See in der Einfahrt durch das Riff unergründlich tief, innerhalb aber zu seicht sei.

Bis zum 12. dauerte der frische, gute Wind fort, am 13. aber ließ er nach, und abends fielen einige Regentropfen. Es waren heute gerade zwei Jahre seit unserer Abreise von England verflossen, die Matrosen unterließen daher nicht, diesen Tag nach ihrer gewohnten Art, das heißt bei vollen Gläsern zu feiern. Sie hatten von ihrem täglichen Deputat an Branntwein ausdrücklich etwas gespart und sich vorgenommen, allen Kummer und Verdruß in Grog, der wahren Lethe des Seemanns, zu ersäufen. Einer von ihnen, der ein halber Schwärmer war, hatte im vorigen Jahr, also auch diesmal wieder, ein geistliches Lied auf diesen Tag gemacht und hielt nach Absingung desselben seinen Kameraden eine ernstliche Bußpredigt, alsdann aber setzte er sich zu ihnen und ließ sich die Flasche ebenso kräftig wie die Buße empfohlen sein, indessen ging es ihm dabei wie den anderen mit der Sünde, sie überwältigte ihn.

An den beiden folgenden Tagen bekamen wir frischen Wind, am dritten aber nebliges und von Regengüssen begleitetes Wetter. Nachmittags sahen wir eine hohe Insel von ziemlichem Umfang vor uns. Nachts verstärkte sich der Wind, und die Wellen warfen das Schiff von einer Seite zur anderen, dabei regnete es so heftig, daß der Regen in unsere Kajüten eindrang und weder an Ruhe noch an Schlaf zu denken war. Dies Wetter war um so unangenehmer, weil wir es in dieser Gegend, die immer das Stille Meer genannt worden ist, gar nicht erwartet hatten. Man sieht hieraus, wie wenig dergleichen allgemeinen Benennungen zu trauen ist, und daß, wenn Stürme und Orkane in diesem Meer auch selten, so dennoch gar nichts Ungewöhnliches oder gar Unerhörtes sind. Als Kapitän Fernando de Quiros seine Tierra del Espiritu Santo verließ, als Herr Bougainville an der Küste von Luisiada war und Kapitän Cook auf der »Endea-

Handarbeiten von den Freundschaftlichen Inseln

vour« die östliche Küste von Neu-Holland (Australien) untersuchte, fanden sie alle stürmisches Wetter. Vielleicht rührt dies von den großen Ländern her, die in diesem Teil des Ozeans liegen, wenigstens ist gewiß, daß in der Nachbarschaft eines großen und bergigen Landes sogar die Passatwinde, die unverrückt nach einer Richtung wehen, unbeständig und veränderlich werden.

Am folgenden Tage klärte sich das Wetter auf, so daß wir es wagen konnten, nach der Küste zu steuern. Man konnte nunmehr zwei Inseln unterscheiden, die Pfingstinsel (Pentecôte) und die Aurora-Insel (Maiwo) des Herrn von Bougainville, und wir liefen auf das Nordende der letzteren zu. Nachdem wir zwei Jahre damit zugebracht hatten, lauter schon entdeckte Inseln aufzusuchen, die Fehler unserer Vorgänger zu berichtigen und alte Irrtümer zu widerlegen, fingen wir nun das dritte Jahr an, dem vorbehalten war, an neuen Entdeckungen besonders fruchtbar zu sein und uns für die beiden ersten Jahre zu entschädigen.

19. Kapitel

Nachricht von unserem Aufenthalt auf Mallikolo und Entdeckung der Neuen Hebriden

Am 18. Juli früh um acht Uhr hatten wir das Nordende der Aurora-Insel (Maiwo) erreicht und erblickten allenthalben, selbst auf den höchsten Bergen, eine große Menge von Kokospalmen. Überhaupt war das ganze Land, soviel man des Nebels wegen unterscheiden konnte, mit Waldung bedeckt. Mit Hilfe der Ferngläser entdeckte man auch Eingeborene und hörte sie einander zurufen. Als wir um das Nordende herumgekommen waren, steuerten wir längs der Westküste nach Süden. Der Sturm dauerte zwar noch immer fort, doch war auf dieser Seite der Insel die See nicht so unruhig, weil nach allen Gegenden hin Inseln lagen. Gerade vor uns lag die Isle des Lepreux des Herrn von Bougainville, und den ganzen Tag über lavierten wir zwischen dieser und der Aurora-Insel (Maiwo).

In dieser Gegend wagte sich nur ein einziger Insulaner mit seinem kleinen Kanu in die See, und bald darauf wurden wir noch drei andere gewahr. Andere saßen auf den Felsen und gafften von dorther das Schiff an. Die in den Kanus ruderten dicht zu uns heran, aber sie wollten nicht an Bord kommen. Als wir wieder seewärts segelten, verließen sie uns. Die Insel, die in Bougainvilles Karte südlich der Pfingstinsel angegeben ist, kam am folgenden Morgen in Sicht, war aber so sehr in Wolken gehüllt, daß sich weder ihre Gestalt noch ihre Höhe unterscheiden ließen. Am nächsten Morgen war das Wetter klar, so daß wir Bougainvilles südlichste Insel sehr deutlich sehen konnten. Unter den Wolken, womit die Gipfel eingehüllt waren, bemerkten wir dickere Massen, die aus Rauch zu bestehen und von einem brennenden Berge herzukommen schienen.

Noch am gleichen Tage entdeckten wir auch gegen Westen Land. Als wir das nordwestliche Ende jener Insel, auf der wir einen Vulkan vermutet hatten, erreichten, blieb kein Zweifel übrig, denn nun konnten wir von dem Gipfel eines tief im Lande gelegenen Berges deutlich weiße Dampfsäulen mit Ungestüm in die Höhe steigen sehen. Die südwestliche Küste bestand aus einer großen Ebene, auf der zwischen den Bäumen unzählige Hüttenfeuer hervorblinkten.

Gegen Mittag kamen wir der Küste ziemlich nahe und sahen, daß viele Insulaner bis an den Leib ins Wasser wateten. Einer von ihnen hatte einen Speer, ein zweiter Bogen und Pfeil in den Händen, die übrigen waren mit Keulen bewaffnet. Doch winkten sie uns mit grünen Zweigen. Nach Tische machten wir endlich Anstalten zum Landen und schickten zwei Boote aus, um einen Hafen zu sondieren. Am Südende dieser Bai waren einige hundert Insulaner versammelt. Als wir von den Booten Zeichen bekamen, daß guter Ankergrund vorhanden sei, liefen wir durch Korallenriffe in den Hafen ein. Darauf kamen unsere Lotsen an Bord zurück und berichteten, die Eingeborenen seien bis dicht an die Boote gekommen, hätten mit grünen Zweigen gewinkt und mit der Hand Wasser geschöpft und über ihre Köpfe gegossen, und weil der Offizier dies als Freundschaftszeichen angesehen, habe er dies in gleicher Weise erwidert.

Als wir in die Bai eingelaufen waren, näherten die Eingeborenen sich dem Schiffe, winkten mit grünen Zweigen und wiederholten ohne Unterlaß das Wort Tomarro, das mit dem tahitischen »Tayo« die gleiche Bedeutung haben mochte. Dabei waren sie aber mit Bogen und Pfeilen und auch mit Speeren bewaffnet, schienen folglich auf beides, Krieg und Frieden, vorbereitet zu sein. Wir ließen ein paar Stücke tahitisches Zeug herab, die sie begierig nahmen, zugleich aber auch einige Pfeile als Gegengeschenk aufs Schiff reichten. Ihre Sprache war von allen uns bekannten Südsee-Dialekten so verschieden, daß wir auch nicht ein einziges Wort davon verstanden. Ihre Arme und Beine waren lang und dünn, die Farbe der Haut schwarzbraun und die Haare schwarz und wollig gekräuselt. Sie hatten gleich den Negern flache, breite Nasen und hervorstehende Backenknochen, dabei eine kurze, platte Stirn. Manche hatten Gesicht und Brust schwarz gefärbt, und einige trugen kleine, aus Matten verfertigte Mützen, sonst aber gingen sie allesamt gänzlich nackt. Ein Strick war das einzige, was sie um den Leib gebunden hatten, und zwar so fest, daß er einen tiefen Einschnitt machte. Fast alle anderen Völker haben aus Schamhaftigkeit zur Bedeckung des Körpers Kleidung erfunden, hier aber waren die Geschlechtsteile der Männer nur mit Zeug umwickelt und aufwärts an den Strick gebunden, mithin weniger verhüllt als sichtbar gemacht.

Seit unserer Ankunft im Hafen hatten die Insulaner das Schiff

Insulaner von Mallikolo

von allen Seiten umringt und schwatzten lebhaft untereinander. Kaum sahen wir einem ins Gesicht, so plauderte er uns ohne Aufhören etwas vor, fletschte auch wohl aus Freundlichkeit, obgleich nicht viel besser als Miltons Tod, die Zähne dazu. Dieser Umstand, nebst ihrer Häßlichkeit und schwarzen Farbe machte, daß sie uns beinahe wie ein Affengeschlecht vorkamen. Doch sollte es mir herzlich leid tun, Rousseau und den seichten Köpfen, die ihm nachbeten, durch diesen Gedanken auch nur einen Schattengrund für sein Orang-Utan-System gegeben zu haben.

Als es dunkel wurde, kehrten die Eingeborenen nach dem Lande zurück und zündeten dort eine Menge von Feuern an. Am späten Abend kamen sie mit brennenden Fackeln schon wieder ans Schiff, allein der Kapitän befahl, daß nichts eingekauft werden sollte. Einige von uns meinten, daß die Insulaner bei diesem späten Besuch nur ausforschen wollten, ob wir auf der Hut wären. Gegen Mitternacht gingen sie wieder an Land, und man hörte sie die ganze Nacht singen und trommeln.

Am anderen Morgen kamen sie schon bei Tagesanbruch mit ihren Kanus herbei. Vier oder fünf von ihnen wagten sich unbewaffnet aufs Schiff und gingen überall dreist und unbesorgt umher, stiegen auch hurtig in dem stehenden Tauwerk bis zum Mastkorb hinauf. Als sie wieder herunterkamen, führte der Kapitän sie in seine Kajüte und schenkte ihnen Medaillen, Nägel, Bänder und Stücke von rotem Boy. Hier lernten wir sie als das verständigste und gescheiteste Volk kennen, das wir bisher in der Südsee angetroffen hatten. Sie begriffen unsere Zeichen und Gebärden so schnell, als ob sie schon wer weiß wie lange mit uns umgegangen wären, und in wenigen Minuten lehrten auch sie uns eine Menge Wörter aus ihrer Sprache verstehen. Die kleinen Spiegel, die wir ihnen schenkten, gefielen ihnen vorzüglich. Sie fanden viel Vergnügen daran, sich selbst zu begaffen, und verrieten also bei all ihrer Häßlichkeit noch mehr Eigendünkel als die schöneren Völker auf Tahiti und den Sozietäts-Inseln. Sie hatten Löcher in den Ohrlappen und im Nasenknorpel, durch den sie ein Stäbchen oder auch Stücke von Alabaster gesteckt hatten. Ihre schwarzbraune Haut wurde im Gesicht durch ein schwarzes Geschmier noch dunkler gemacht. Das Haar war kraus und wollig, der Bart stark und gekräuselt.

Wir waren in voller Unterredung, als der erste Leutnant in die Kajüte trat und dem Kapitän berichtete, daß ein Insulaner seinen Pfeil auf einen Matrosen gerichtet habe, der sein Kanu zurückstieß, weil das Schiff schon gedrängt voll war. Der Leutnant hatte noch nicht ausgeredet, als einer von den Insulanern durch das Kajütfenster hinaussprang und nach seinem Landsmann schwamm, um ihn zu besänftigen. Der Kapitän ging unterdessen mit einer geladenen Flinte an Deck und schlug auf den Insulaner ein. Darauf richtete dieser seinen Pfeil auf den Kapitän. Die Insulaner, die sich draußen befanden, riefen denen in der Kajüte etwas zu, und diese stürzten sich einer nach dem anderen zum Kajütenfenster hinaus. Mittlerweile hörten wir einen Flintenschuß und eilten an Deck. Der Kapitän hatte auf den Insulaner eine Ladung Hagel abgefeuert und ihn mit einigen Körnern getroffen. Der Eingeborene ließ sich aber nicht abschrekken, sondern nahm einen anderen Pfeil vor. Sobald er von neuem zielte, schoß ihm der dritte Leutnant das Gesicht voll Hagel, worauf er alle Lust weiterzufechten verlor und hurtig ans Land zurückruderte. Ein anderer Insulaner schoß noch einen Pfeil aufs Deck, der im Tauwerk steckenblieb, dann ruderten alle Kanus nach dem Lande, und die Insulaner, die noch an Bord waren, stürzten sich in die See, um ihr Heil in der Flucht zu versuchen. Um ihren Schrecken noch zu vergrößern und eine Probe von unserer Gewalt zu geben, wurde eine Kanonenkugel über sie weg zwischen die Bäume auf dem Lande gefeuert. Kaum hatten sie das Land erreicht, so hörte man in verschiedenen Gegenden Lärm trommeln und sah die armen Schelme truppweise beisammen hocken, um Rat zu halten, was bei so kritischen Zeitläufen zu tun sei.

Um neun Uhr ließen sich wieder einige Kanus sehen, und sobald wir mit einem grünen Zweig winkten, kamen sie näher heran, um einige Geschenke in Empfang zu nehmen, womit sie sich an Land zurückbegaben. Wir folgten ihnen in zwei Booten und wateten durch das seichte Wasser an den Strand. Unsere Seesoldaten formierten sich angesichts von wenigstens dreihundert Insulanern. Ein Mann, der dem Aussehen nach ein Befehlshaber war, gab seinen Bogen und Köcher einem anderen in Verwahrung, kam unbewaffnet an den Strand und reichte uns zum Zeichen der Freundschaft die Hand. Darauf ließ er ein Ferkel herbeibringen und übergab es dem

Kapitän. Wir gaben ihnen zu verstehen, daß es uns an Brennholz fehle. Sie wiesen uns einige Bäume an, die wir gleich umhauen und in Stücke sägen ließen. Der Strand war nicht mehr als fünfzehn Schritte breit, um also einigermaßen gedeckt zu sein, ließ der Kapitän eine Linie ziehen und den Insulanern andeuten, daß sie jenseits derselben bleiben müßten. Dies beobachteten sie genau, doch vermehrte sich ihre Anzahl von allen Seiten. Im Vertrauen auf das neugeschlossene Bündnis wagten wir uns mitten unter die Wilden. Wir wünschten Waffen einzukaufen, fanden sie aber nicht dazu geneigt, doch hörten alle ihre Bedenken auf, sobald wir ihnen Schnupftücher, tahitisches Zeug oder englischen Fries dafür anboten. Außer den Bogen und Pfeilen hatten sie auch Keulen an einem aus Gras gedrehten Strick über die Schulter hängen.

Unsere Holzhauer wurden ihrer Geschicklichkeit wegen sehr bewundert. Es kamen auch einige Weiber zum Vorschein, hielten sich aber in einiger Entfernung. Sie waren von kleiner Statur und dabei von dem unangenehmsten Äußeren, das uns in der Südsee vorgekommen ist. Die Erwachsenen und vermutlich Verheirateten trugen Matten, die von den Hüften bis zu den Knien reichten, die anderen hatten nur eine Schnur um den Leib, woran ein Strohwisch befestigt war, der statt einer Schürze wenigstens das Notwendigste bedecken sollte. Die Kinder gingen völlig nackt. Von den Frauen hatten sich einige das Haar mit gelbem Puder bestreut, andere das Gesicht und sogar den ganzen Körper damit bestrichen, was gegen die dunkle Farbe ihrer Haut einen häßlichen Kontrast gab. Die Schminke machte aber ihren ganzen Staat aus, wenigstens sahen wir nicht eine einzige, die Ohrringe, Hals- oder Armbänder gehabt hätte, nur den Männern schien solches Putzwerk vergönnt zu sein. Wo aber dies der Fall ist, da sind die Weiber gemeiniglich verachtet und leben in der größten Sklaverei. Dies schien auch hier zuzutreffen, sie trugen zum Beispiel große Bündel auf dem Rücken und schleppten auf die gleiche Art oft mehr als eins ihrer Kinder herum. Die Männer wollten ihnen auch nicht erlauben, näher zu uns zu kommen, und die Weiber waren sich dessen so gut bewußt, daß sie von selbst entliefen, wenn wir uns ihnen näherten.

Gleich nach Tisch gingen Kapitän Cook und mein Vater nach der Nordseite des Hafens, um unseren Ankerwächter wiederzuholen, den die Eingeborenen gestohlen und dorthin verschleppt hatten. Während der ganzen Zeit ließ sich am Strande kein einziger Eingeborener sehen. In den Wäldern aber hörte man oft Schweine quieken, folglich mußte die Insel damit ziemlich versehen sein. Unsere Leute gingen eine Landspitze hinauf, wo sie eine umzäunte Pflanzung von Pisang, Brotfruchtbäumen, Kokospalmen und anderen Gewächsen und nicht weit davon ein paar elende Hütten antrafen. Es waren Dächer aus Palmblättern, die auf einigen Pfosten ruhten, aber so niedrig, daß man darin nicht aufrecht stehen konnte. Von hier aus gingen unsere Herren bis zum äußersten Ende der Landspitze, von wo aus sie drei Inseln sehen konnten. Sie erkundigten sich bei den Eingeborenen nach den Namen jener Inseln und erfuhren, daß die größte, auf der wir einen Vulkan bemerkt hatten, Ambrym, die andere mit dem zuckerhutförmigen Berge Pa-uhm und die südlichste Api genannt werde. Nun fragten wir die Eingeborenen, wie ihre eigene Insel hieße. Mallikolo war die Antwort. Der Kapitän ließ das Boot zwei Meilen weit in die Hafenbucht hineinrudern. Am innersten Ende war der Strand mit Manglebäumen besetzt, frisches Wasser aber nirgends zu finden, obschon es wahrscheinlich ist, daß zwischen diesen Manglebäumen ein Strom läuft. Entdecken aber konnte man ihn nicht, weil es unmöglich war, einen Weg durch diese Art von Bäumen zu finden, deren niederhängende Äste überall neue Wurzeln schlagen und auf solche Art zu neuen Stämmen werden. Bei der bis zum Abend anhaltenden Hitze dieses Tages kamen unsere Leute äußerst ermüdet an Bord zurück. Unterwegs hörten sie Trommeln und sahen die Insulaner um ihre Feuer tanzen.

In der Nacht fischten unsere Leute mit ziemlichem Glück. Unter anderem war uns ein neun Fuß langer Hai sehr willkommen, weil wir von frischen Lebensmitteln nur noch ein paar Yams übrig hatten. Ein Matrose hatte zwei große Seebrachsen gefangen, mit einer bewirtete er seine Tischkameraden, die andere schenkte er den Leutnants. Der Kapitän bekam einen Teil des Hais, womit wir uns am folgenden Tage zugute taten. Das Fleisch der Haifische ist zwar kein Leckerbissen, doch war es besser als unser Pökelfleisch, und die Not lehrte uns, es schmackhaft zu finden. Am folgenden Morgen lichteten wir die Anker. Ehe wir aber zum Riff hinauskamen, trat Windstille ein. Wir mußten also unsere Boote aussetzen und uns hinausbugsieren lassen. Die Insulaner machten sich den Aufschub zunutze und führten uns mit allen ihren vierzehn Kanus eine Menge Waffen zu. Gegen Mittag waren wir endlich zum Hafen hinausgelangt und entfernten uns mit Hilfe eines aufsteigenden Seewindes von Mallikolo. Nun ging die Fahrt nach Ambrym, nach der Insel, auf der wir einen feuerspeienden Berg gesichtet hatten.

Die Mahlzeit von frischen Fischen, woran sich heute die gesamte Besatzung etwas zugute getan hatte, hätte einige beinahe das Leben gekostet. Alle Leutnants, dazu ein Unterpilot, einige Kadetten und der Schiffszimmermann hatten miteinander zwei rote Seebrachsen verzehrt. Wenige Stunden darauf zeigten sich die heftigsten Symptome einer Vergiftung. Das Übel fing mit einer gewaltigen Hitze im Gesicht an, darauf folgte unerträgliches Kopfweh, Erbrechen und Durchfall. In allen Gliedern fand sich eine solche Betäubung ein, daß sie kaum stehen, geschweige denn gehen konnten. Ein Schwein, das von den Eingeweiden der Fische gefressen hatte, bekam die gleichen Anfälle, dabei schwoll es erstaunlich auf und lag am folgenden Morgen tot im Stall. Einige Hunde, die den Rest der Eingeweide gefressen hatten, mußten auf die gleiche Art dafür büßen. Sogar ein kleiner Papagei, der beim Essen auf der Schulter seines Herrn zu sitzen pflegte, starb an einem kleinen Bissen, den er bekommen hatte. Zum Glück war der Schiffsarzt dem Schicksal seiner Tischgenossen dadurch entgangen, daß er diesen Mittag an unserem Tisch gespeist hatte, also konnte er nun den Kranken Hilfe leisten.

Nachmittags gelangten wir auf unserer Fahrt an die nordöstlichsten unter den Eilanden. Sie waren durchweg weit kleiner als Mallikolo, Ambrym und Api, demungeachtet fanden wir die meisten bewohnt. Dies konnte man besonders abends feststellen, wenn selbst auf den steilsten Felsen Feuer zu sehen waren. Diese gefährlichen Inseln wurden dem Professor der Sternkunde Dr. Shepherd in Cambridge zu Ehren Shepherds Eilande genannt. Gegen Sonnenaufgang segelten wir nach Süden nach einigen kleinen Inseln. Zwischen einer dieser Inseln und einem hohen, säulenförmigen Felsen segelten wir mitten durch und nannten den Felsen seiner Form wegen das Monument. Von hier aus steuerten wir auf ein im Süden entdecktes großes Land zu. Nachmittags waren wir fast bis an die Insel gekommen, als der Wind mit einem Male aufhörte und die Seeströmung das Schiff unaufhaltsam gegen Westen forttrieb. So befanden wir uns in dieser Nacht wieder in einer gefährlichen Lage, doch mit dem Unterschied, daß der Mond sehr hell schien und wir deutlich sehen konnten, wie schnell uns die Flut auf das Eiland zutrieb. Wir mußten befürchten, an dem Nordende zu scheitern, und um so schrecklicher zu scheitern, da die Küste aus hohen und beinahe senkrechten Felsen bestand. Bis gegen zehn Uhr blieben wir in der fürchterlichsten Ungewißheit über unser Schicksal. Die Wellen warfen das Schiff im Kreise herum, und das Geräusch der tobenden Fluten hallte fürchterlich vom Felsen zurück. Endlich trieb uns die Strömung, zwar knapp genug, doch ohne Schaden an den Klippen vorüber.

Sobald es Tag wurde, segelten wir zwischen den beiden Inseln hindurch. Eine Menge von Insulanern kamen mit Bogen, Pfeilen und Wurfspießen bewaffnet an den Strand, um uns anzugaffen. Das Eiland hatte in der Mitte einen ziemlich hohen Hügel, an dessen Fuß man bebautes Land entdeckte, dazu ein Gebüsch von Kokospalmen, Pisangs und anderen Bäumen, in deren Schatten wir einige Hütten, am Ufer aber verschiedene auf den Strand gezogene Kanus gewahr wurden. Das größte Eiland lag weiter gegen Süden und erstreckte sich zehn gute Seemeilen weit. Es war wie die beiden vorigen ziemlich bergig. Finstere Wälder wechselten mit großen freien Strecken ab, die ihrer goldgelben Farbe wegen den europäischen reifen Kornfeldern ähnlich sahen. Überhaupt dünkte uns dies Eiland von der ganzen Gruppe das schönste und zu einer europäischen Kolonie besonders geeignet zu sein. Wir fanden es nicht so stark bewohnt wie die nördlichen Inseln, die wir hinter uns gelassen hatten. Dieser Umstand würde die Gründung einer Kolonie erleichtern, und wenn sich jemals bei Kolonisten menschenfreundliche Gesinnungen vermuten ließen, so könnten sie hier mit wenig Mühe wahrhafte Wohltäter der Eingebornen werden. Kapitän Cook nannte die große Insel Sandwich (Efate), die gegen Norden gelegene Hinchingbrook und die östliche Montague, dem Ersten Lord des Admiralitätskollegiums und seinen beiden Söhnen zu Ehren.

Den Nachmittag und die ganze Nacht hindurch steuerten wir gegen Südosten. Bei Tagesanbruch befanden wir uns vierzehn Seemeilen von der Insel Sandwich und ebensoweit von einem der vor uns liegenden Eilande. Auf unserem Schiff sah es nicht viel besser

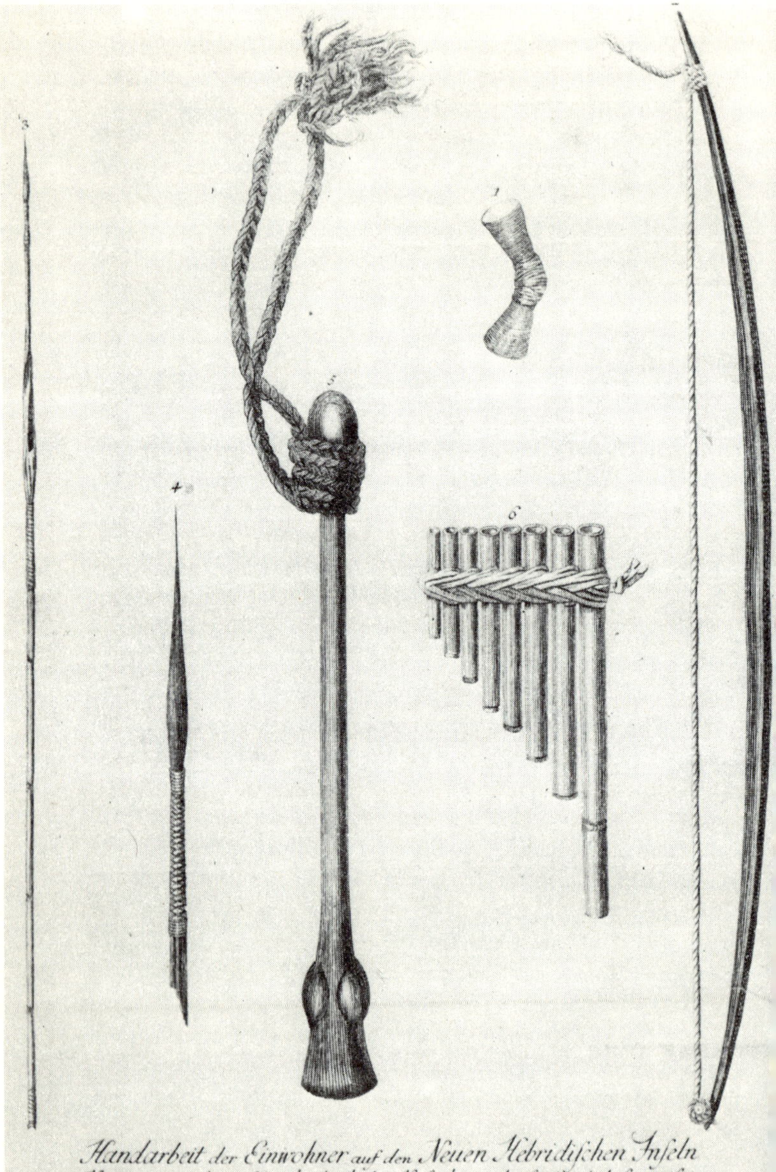

Waffen von den Neuen Hebriden:
Bogen mit Pfeil und Pfeilspitze und Streitkolben,
dazu ein Nasenschmuck und eine Rohrflöte

aus als in einem Hospital. Die vergifteten Patienten waren immer noch übel dran, das Bauchweh und die Schmerzen in den Knochen wollten nicht nachlassen, außerhalb des Bettes konnten sie vor Schwindel kaum den Kopf aufrecht halten, und wenn sie sich niederlegten, dann vermehrte die Bettwärme das Gliederreißen dermaßen, daß sie kein Auge schließen konnten. Dabei schälte sich die Haut am ganzen Körper ab, und auf den Händen bildeten sich kleine Geschwüre. Manche klagten weniger über Schmerzen als über Mattigkeit, sie krochen blaß und abgezehrt umher. Von den Leutnants war nicht ein einziger imstande, Wache zu tun, und weil ein Unterpilot und mehrere Kadetten ebenfalls von diesem Fisch gegessen hatten, mußte die Schiffswache wechselweise dem Konstabel und zwei Unterpiloten anvertraut werden.

Seit der Abreise von Mallikolo hatten wir recht frischen Passatwind gehabt. Sobald wir aber nicht mehr weit von der letzten neuen Insel waren, ließ der Wind nach. Am anderen Morgen hatten wir Windstille, und die Matrosen fingen an zu glauben, daß das Eiland verhext sein müsse, weil wir trotz aller Mühen nicht herankommen konnten. Nachmittags wurden zwei Haifische gefangen, die mit Pilot- und Saugfischen als ihren gewöhnlichen Begleitern das Schiff umschwammen. Eins dieser gefräßigen Tiere schien ein rechter Epikuräer zu sein, dennn wir fanden in seinem Magen vier junge Schildkröten von achtzehn Zoll Durchmesser nebst der Haut und den Federn eines Tölpels, und gleichwohl hatte er sich nicht enthalten können, auch das fette Schweinefleisch an unserem Angelhaken zu kosten. Kaum war er an Deck gezogen, als er in wenigen Minuten zerteilt, gebraten und gegessen war. Der andere wollte sich losreißen, wurde aber von den Offizieren totgeschossen, denn ihnen war soviel wie den Matrosen daran gelegen, daß er nicht entkäme.

Am folgenden Morgen, den 10. August, gegen zehn Uhr, entstand Lärm, daß das Schiff in Brand geraten sei. Die fürchterliche Nachricht verbreitete plötzlich allgemeinen Schrecken. Überall sah man verstörte Gesichter, und es dauerte eine ganze Weile, ehe Anstalten zum Löschen gemacht wurden. Der unvermutete Anblick einer drohenden Gefahr läßt uns zu schneller Überlegung und tätiger Wirksamkeit gewöhnlich nicht Stärke genug. Geistesgegenwart und Entschlossenheit sind dann sehr schätzbare, aber ebenso seltene

Eigenschaften, und es war also kein Wunder, wenn sie den meisten fehlten, denen die Führung des Schiffes oblag. Doch kann es auch für den Standhaftesten nicht leicht eine härtere Prüfung geben, als sich in einem brennenden Schiffe zu befinden. Ein Sturm, selbst an der gefährlichsten Küste, ist lange nicht so schreckensvoll, weil man da noch Hoffnung hat, wenigstens das Leben zu retten. Bei dem heutigen Feuerlärm war jedoch der Schreck das Schlimmste. In der ersten Bestürzung glaubten wir, daß das Feuer in der Segelkammer ausgebrochen sei, es zeigte sich aber, daß in der Kajüte des Proviantmeisters die Lampe nur ein Stückchen Zeug entzündet und daß man wegen des entstandenen Qualms ein größeres Unglück befürchtet hatte.

Nachmittags gelangten wir an die Westseite der Insel und segelten die Küste entlang. Am Strand liefen dreißig bis vierzig Eingeborene mit Bogen, Pfeilen und Speeren bewaffnet herum. Als wir die Südspitze der Insel erblickten, fing es an dunkel zu werden, und da zugleich der Wind nachließ, wendeten wir seewärts, um nicht durch eine Strömung an die Küste zu geraten. Die Matrosen mußten jeden Morgen und Abend das Deck waschen, damit es bei der großen Hitze nicht zusammentrocknete und leck wurde. Ein Seesoldat, der zu diesem Zweck Wasser aus der See schöpfen wollte, hatte das Unglück, über Bord zu fallen. Er konnte nicht schwimmen und würde also verloren gewesen sein, wenn das Schiff nicht augenblicklich in den Wind gerichtet und Stricke hinausgeworfen worden wären. Glücklicherweise hatte er noch soviel Besinnung, eines der Taue zu ergreifen, so daß er herausgezogen werden konnte. Die Furcht vor dem Tode und die Anstrengung, diesem zu entgehen, hatten ihn so abgemattet, daß er sich kaum auf den Füßen halten konnte. Seine Kameraden brachten ihn in den Schlafraum, zogen ihm trockene Kleider an und gaben ihm ein paar Schlucke Branntwein, worauf er sich bald wieder erholte. So brüderlich pflegen die Soldaten einander beizustehen, unter den Matrosen ist das ungleich seltener.

Am nächsten Morgen ging der Kapitän mit zwei wohlbemannten Booten nach dem Lande ab. In dem einen kommandierte er selbst, in dem anderen der Lotse. Beide wollten einen Platz zum Wasserfüllen suchen. Sie fuhren dem Schiff gegenüber an Land, wo wenigstens sechzig Eingeborene versammelt waren. Sobald sie sich dem Ufer näherten, wateten die Insulaner durch das Wasser und stellten sich rund um die Boote. Der Kapitän teilte Geschenke an sie aus, fuhr aber bald weiter, um jenseits einer flachen Landspitze zu kommen. Die Boote lagen dann etwa eine Stunde lang hinter der Landzunge, ohne daß wir etwas von ihnen gewahr wurden. Die Eingeborenen hingegen sah man von allen Seiten nach jener Bai zusammenlaufen. Ehe wir es uns versahen, fielen einige Flintenschüsse. Man säumte also nicht, ein drittes Boot zu Hilfe zu schicken, und feuerte zugleich aus einer Drehbrasse eine Kugel nach der Landspitze. Der Knall erschreckte die Eingeborenen, die wir sehen konnten, so daß sie eilfertig ins Gebüsch rannten. Einige brachten aus der Gegend, wo der erste Schuß gefallen war, einen Toten oder Verwundeten herangeschleppt. Endlich kam der Kapitän in seinem Boot zurück. Ein Matrose war an der Backe und an der Hand verwundet, und Kapitän Cook erzählte uns den Verlauf dieses unglücklichen Vorfalls folgendermaßen:

Kaum waren die Boote um die Landzunge herumgekommen, als sie einen guten Landeplatz fanden. Der Kapitän stieg mit noch einem aus und fand einige hundert Eingeborene, mit Bogen, Pfeilen, Streitkolben und langen Speeren bewaffnet, vor sich. Um sich ihr Zutrauen zu erwerben, verteilte der Kapitän allerlei Kleinigkeiten unter sie und beschenkte besonders einen Mann, der dem Anschein nach über die anderen etwas zu sagen hatte. Eben diesem gab er durch Zeichen zu verstehen, daß wir Wasser und Lebensmittel nötig hätten. Der Befehlshaber schickte augenblicklich einige Insulaner fort. Sie kamen auch bald zurück und brachten ein Bambusrohr voll Wasser, ein paar Kokosnüsse und eine Yamwurzel mit. Sie mußten das Wasser irgendwo aus der Nähe geholt haben, schienen aber verhindern zu wollen, daß unsere Leute selbst den Ort untersuchten. Da ihre Zahl überdies ständig zunahm, hielt der Kapitän es für klug, sich wieder einzuschiffen. Allein sein Rückzug war gleichsam das Signal zum Angriff, denn ehe das Boot vom Lande abgestoßen werden konnte, hatte schon einer von den Eingeborenen ein Ruder weggenommen. Zwar riß ein anderer es ihm aus der Hand und warf es den Unsrigen zurück, dagegen aber versuchten andere, das Brett, auf dem unsere Matrosen ins Boot gegangen waren, ans Ufer zu ziehen, noch andere suchten das Boot auf den Strand zu

Kampf mit den Eingeborenen am »Traitors-head« auf Eromanga

schleppen. Da ihr Befehlshaber den ganzen Angriff zu kommandieren schien, wollte der Kapitän Feuer auf ihn geben, allein seine Flinte versagte. Die Eingeborenen säumten nun nicht, das Boot von allen Seiten mit Pfeilen und Speeren anzugreifen. Ein Wurfspieß fuhr einem Matrosen in die Backe. Der Kapitän ließ also aus wirklicher Notwehr auf die Eingeborenen feuern. Es dauerte zwar eine geraume Zeit, bis eine Flinte losgehen wollte, doch wurden gleich durch die ersten Schüsse zwei Insulaner getroffen. Die übrigen ließen sich aber nicht abschrecken, sie rannten nur einige Schritte zurück, kamen herzhaft wieder und erneuerten den Angriff mit Steinen und Pfeilen. Nun fing das zweite Boot ebenfalls an zu feuern, aber auch da waren nur zwei oder drei Flinten brauchbar. Obschon in England die besten Feuersteine vorhanden sind, werden die Truppen doch mit den schlechtesten von der Welt beliefert. Es ist unerhört, wie die Lieferanten auf Kosten des Allgemeinwesens Reichtümer zusammenzuscharren suchen.

Ein Rohrpfeil traf den Lotsen auf die Brust, verursachte aber nur eine Prellung. Die verwundeten Insulaner krochen auf allen vieren ins Gebüsch, und sobald das grobe Geschütz zu spielen anfing, lief der ganze Trupp eilfertig davon. Als der Kapitän das ihm zu Hilfe geschickte dritte Boot ankommen sah, kehrte er zum Schiff zurück und ließ durch die beiden anderen Boote die Bai sondieren. Ich glaube, daß die Eingeborenen nicht die geringste Feindseligkeit im Sinne gehabt haben. Nur das mochte sie aufbringen, daß mit einem Gewehr auf ihren Anführer gezielt wurde. Gleichwohl war das den Unsrigen auch nicht zu verdenken, und so scheint es denn ein unvermeidliches Übel zu sein, daß wir Europäer bei unseren Entdekkungsreisen den armen Wilden allemal hart fallen müssen.

Nach dem Frühstück lichteten wir den Anker, um tiefer in die Bucht zu gehen, wo unsere Boote einen guten Ankerplatz gefunden hatten. Die Küste der Bai war mit vielen tausend Palmen bedeckt, die einen herrlichen Anblick boten. Schon freuten wir uns, hier vor Anker zu kommen, als der Kapitän das Schiff unvermutet wenden und ostwärts um den Sattelberg steuern ließ. Dieses Vorgebirge nannten wir wegen des Angriffs der Insulaner Traitors-head, d.i. Verräter-Kap. Mittlerweile kam gerade jene Insel, die wir schon am 28. Juli entdeckt hatten, im Süden wieder zum Vorschein, und der

Kapitän entschloß sich, dorthin zu segeln. Ein günstiger Wind begünstigte unsere Fahrt nach der neuen Insel, auf der wir des Nachts verschiedene Feuer gewahrten, darunter eins, das stoßweise in die Höhe schlug, wie die Flamme eines feuerspeienden Berges zu tun pflegt.

Das Eiland, wohin wir unseren Lauf richteten, hatte eine Kette hoher Berge. Vor dieser lag eine Reihe niedriger Hügel, von denen der äußerste ein Vulkan war, wie wir in der vergangenen Nacht vermutet hatten. Aus seinem Schlund sah man von Zeit zu Zeit eine Säule von dickem Rauch gleich einem Baume emporsteigen. Sooft eine neue Rauchsäule zum Vorschein kam, hörte man ein dumpfes Geprassel wie von einem fernen Donner. Um acht Uhr wurden die Boote ausgesetzt und der Lotse ausgeschickt, einen Hafen ostwärts vom Vulkan zu sondieren. Während sie mit einem günstigen Winde hineinliefen, sahen wir zwei Kanus mit Eingeborenen von der Küste abstoßen, um den Unsrigen zu folgen, und ein drittes Kanu segelte in der Ferne am Ufer. Unsere Leute winkten, daß wir ihnen mit dem Schiffe folgen möchten. Wir steuerten also in den Hafen, der eine enge Einfahrt hatte, erschraken aber nicht wenig, als das Senkblei auf einmal nur viereinhalb Faden angab, doch vertiefte sich das Wasser gleich darauf wieder auf vier, fünf und mehr Faden. An der seichten Stelle war eine Felsenklippe vorhanden, an der wir leicht hätten scheitern können. Der Hafen an sich war rund und klein, aber sicher und bequem, und hatte an der Ankerstelle vier Faden Tiefe.

20. Kapitel

Aufenthalt zu Tanna und Abreise von den Neuen Hebriden

Sobald das Schiff vor Anker lag, sahen wir die Insulaner aus allen Gegenden der Bai in ihren Kanus herankommen und in einiger Entfernung um das Schiff herum rudern. Endlich wagte sich hier und da einer heran und reichte uns eine Yamwurzel oder eine Kokosnuß aufs Deck. In kurzer Zeit belief sich die Zahl der Kanus auf vierzehn, wovon einige mit zweiundzwanzig Mann, andere mit zehn und die kleinsten mit zwei Mann besetzt waren, so daß sich im ganzen mehr als zweihundert Eingeborene um uns herum befanden. Nach und nach verlor sich der erste Eindruck, den unsere Gegenwart auf sie gemacht zu haben schien, und sie kamen endlich ganz unbesorgt ans Schiff. Vom Hinterteil hatten wir in einem Netz ein Stück Pökelfleisch in die See gehängt, um es auszuwässern. An dieses Netz machte sich ein alter Kerl und würde es losgeknüpft haben, wenn wir ihn nicht durch Zurufe verscheucht hätten. Dafür drohte ein anderer mit seinem Speer, ein dritter legte seinen Pfeil auf den Bogen und zielte damit nach verschiedenen Personen. Kapitän Cook hielt jetzt dafür, daß es die rechte Zeit sei, eine Kanone abzufeuern. Er winkte den Insulanern zu, auf die Seite zu rudern, und sie versammelten sich am Heck des Schiffes. Die Kanone wurde also abgefeuert, und im selben Augenblick sprangen zweihundert Kerle aus ihren Kanus in die See. Nur ein einziger junger Mann blieb dreist in seinem stehen und lächelte voll Verachtung über seine furchtsamen Landsleute. Der Schrecken ging indessen bald vorüber, sie schwangen sich wieder in ihre Kanus und schienen über ihre eigene Furcht zu lachen.

Kapitän Cook war mit der Lage des Schiffes nicht zufrieden, sondern wünschte es tiefer in die Bucht ziehen zu lassen. Er schickte ein stark bemanntes Boot voraus, was von seiten der Insulaner keinen Widerstand fand. Sie hatten vielmehr ihre Absichten auf die Ankerboje gerichtet und betrachteten sie mit gierigen Blicken, bis ein alter Kahlkopf heranruderte und versuchte, sie loszumachen. Kapitän Cook winkte ihm, davon zu bleiben, woran er sich aber nicht kehrte. Der Kapitän schoß nun mit Schrot nach ihm; sobald er sich verwundet fühlte, warf er den Anker-Boy ins Wasser. Kaum war aber der erste Schmerz vorüber, so kehrte er zurück, um in der Unternehmung fortzufahren. Nun wurde eine Flintenkugel dicht vor ihm ins Wasser geschossen, worauf er die Boje abermals fahren ließ und mit einer Kokosnuß als Geschenk ans Schiff kam. Ein anderer Insulaner ließ sich nicht abschrecken, bei der Boje des zweiten Ankers einen ähnlichen Versuch zu machen. Als er die Boje in sein Kanu ziehen wollte, wurde eine Muskete dergestalt abgefeuert, daß die Kugel dicht bei ihm einschlug, dann noch ein paarmal vom Wasser absetzte und endlich auf den Strand fiel. Eine so unerwartete Erscheinung jagte alle Insulaner augenblicklich auseinander, nur der Täter kehrte unerschrocken nach der Boje zurück. Man ließ also von neuem eine Muskete, dann eine Drehbrasse und endlich gar eine Kanone abfeuern, wodurch denn sowohl er als alle Insulaner mit einem Male verscheucht wurden.

Nach der kleinen Unruhe brachten wir das Schiff vor Anker. Dann setzten wir uns ruhig zu Tisch und fuhren darauf in drei Booten nach dem Lande. Die Eingeborenen liefen fort, als sie uns aus den Booten steigen sahen, da wir ihnen aber freundlich zuwinkten, kehrten sie zurück. Von Westen kam ein Haufen von etwa hundertfünfzig Wilden, die allesamt in der einen Hand Waffen, in der anderen aber grüne Palmzweige trugen. Diese gaben sie uns als Friedenszeichen, und wir teilten Medaillen, tahitisches Zeug und Eisenwaren aus. Darauf verlangten wir, daß sie sich hinsetzten, was auch zum Teil geschah, worauf wir ihnen andeuteten, daß sie eine in den Sand gezogene Linie nicht überschreiten sollten. Ein Teich mit frischem Wasser, der in der Nähe lag, bot uns Gelegenheit, ihnen verständlich zu machen, daß wir hierhergekommen seien, um uns mit Trinkwasser und Brennholz zu versorgen. Sie wiesen uns denn auch verschiedene Bäume an und baten nur, keine Kokosbäume umzuhauen.

Damit sie nun sehen sollten, wie wir beim Wasserschöpfen und Holzfällen zu Werke gingen, wurde mit beidem sogleich der Anfang gemacht. Die Soldaten hatten sich in Ordnung gestellt, und die Insulaner zeigten so viel Furcht vor ihnen, daß sie bei der geringsten Bewegung derselben allemal eine Strecke davonliefen. Nur einige alte Männer ließen sich nicht abschrecken. Wir verlangten, daß sie ihre Waffen von sich legen sollten, welcher Forderung sie auch

Cooks Landung auf Tanna

nachkamen. Sie waren von schwarzbrauner Farbe und mittlerer Größe, aber weit stärker gebaut als die Mallikoleser. Gleich diesen gingen sie völlig nackt und trugen auch einen Strick um den Leib. Die Frauen, wovon sich einige in der Nähe sehen ließen, trugen Röcke, die bis übers Knie reichten, und sie dünkten uns nicht so häßlich zu sein wie die Mallikoleserinnen. Ein paar Mädchen hatten lange Speere in den Händen, kamen aber deshalb nicht näher als die übrigen. Wir lernten gleich bei dieser ersten Begegnung eine ziemliche Anzahl Wörter in der Landessprache. Unter anderem brachten wir auch heraus, daß ihre Insel Tanna genannt werde, was in der malayischen Sprache soviel wie Erde bedeutet.

Sobald die Fässer gefüllt waren, kehrten wir aufs Schiff zurück, ganz erfreut, daß der erste Schritt zur Bekanntschaft mit den Eingeborenen glücklich abgelaufen sei. Am folgenden Morgen zeigte sich aber, daß die Insulaner nur in Ermangelung einer größeren Anzahl so friedlich gegen uns gewesen, aber keineswegs gesonnen waren, uns freien Zugang zu ihrer Insel zu gestatten. Bisher habe ich noch nichts von dem auf dieser Insel vorhandenen Vulkan berichtet, der fünf bis sechs Meilen weit im Lande lag und gerade in vollem Ausbruch war. Von fünf zu fünf Minuten fuhr mit donnergleichem Krachen ein Flammenstoß daraus empor, wobei das unterirdische Getöse oft eine halbe Minute lang währte. Zu gleicher Zeit war die Luft mit Rauch und schwarzer Asche gefüllt, die in solcher Menge herabfiel, daß in wenigen Stunden das ganze Schiff damit bedeckt war.

Am nächsten Morgen brachten wir das Schiff näher ans Ufer, indes die Insulaner aus den Wäldern hervorkamen und sich am Strande zu beratschlagen schienen. Hin und wieder stießen sie ihre Kanus einzeln vom Ufer und brachten eine oder zwei Kokosnüsse und Pisangs zum Verkauf. Einer bot dem Kapitän auch seine Keule an, dieser hielt ihm ein Stück Zeug dagegen, und so wurden sie handelseinig. Als man dem Insulaner das Zeug an einem Strick ins Kanu hinabließ, knüpfte er es los, machte aber keine Anstalten, die Keule abzuliefern. Der Kapitän versuchte ihn durch Zeichen an sein gegebenes Wort zu erinnern, was jener aber nicht im geringsten beachtete. Der Kapitän schoß also eine Ladung Schrot auf ihn ab, worauf der Insulaner mit zwei anderen in seinem Kanu eiligst davonruderte. Nun wurde vom Schiff aus ein paarmal mit einer Muskete hinter ihnen her gefeuert, bis sie vor Schreck über eine Kugel, die neben dem Kanu einschlug und einigemal vom Wasser abprallte, in die See sprangen und zum Ufer schwammen. Dort entstand ein großer Zusammenlauf von Menschen, die vermutlich zu erfahren suchten, was ihren Landsleuten widerfahren war. Ein paar Minuten darauf kam ein kleiner, alter Mann mit einem Kanu voll Zuckerrohr, Kokosnüssen und Yamwurzeln ganz allein an das Schiff. Schon am Tage vorher hatte er sich Mühe gegeben, den Frieden zu erhalten, und seine treuherzige Miene ließ uns hoffen, daß er auch jetzt in so löblicher Absicht gekommen sei. In dieser Überzeugung schenkte Kapitän Cook ihm einen vollständigen Anzug aus rotem tahitischem Zeug, worüber der Alte ungemein vergnügt zu sein schien. Gleich seinen Landsleuten, die nie ohne Waffen gehen, hatte auch er zwei Keulen bei sich. Kapitän Cook ergriff die Keulen, warf sie ins Meer und gab dem Alten zu verstehen, daß alle Insulaner ihre Waffen von sich legen sollten. Mit diesem Auftrag ruderte der Greis ans Ufer zurück und spazierte dort eine Zeitlang in seinem neuen Staat umher.

Nun kamen aus allen Gegenden der Insel eine Menge von Menschen an den Strand herab, so daß es überall von ihnen wimmelte, deren keiner unbewaffnet war. Mittlerweile hatten wir das Schiff quer gegen das Ufer gestellt, damit die Kanonen das Land bestreichen konnten und dann bereiteten wir uns vor, in drei Booten mit allen Seesoldaten und einem wohlbewaffneten Trupp Matrosen eine Landung zu unternehmen. Als die Wilden uns kommen sahen, eilten sie alle an den Strand und stellten sich dort in zwei große Haufen zu beiden Seiten des Wasserplatzes auf. Der westliche Haufen bestand aus wenigstens siebenhundert Mann, an der Ostseite mochten mindestens zweihundert Mann stehen. Mitten zwischen diesen beiden Haufen stand der kleine Alte mit zwei anderen unbewaffneten Männern und hatte eine Menge Pisangs, Yamswurzeln und anderes vor sich aufgehäuft. Es wäre unvorsichtig gewesen, zwischen beiden Haufen zu landen, um sie aber von einem Angriff abzuschrecken, ließ Kapitän Cook eine Flintenkugel über ihre Köpfe hinwegfeuern. Der unvermutete Knall brachte auch wirklich den ganzen Haufen in Bewegung, sobald aber das erste Erstaunen vorüber war, blieben sie alle wieder stehen. Einer, der dicht ans Ufer kam, hatte sogar die Verwegenheit, uns den Hintern zu zeigen und mit der Hand darauf zu klatschen, was unter allen Völkern der Südsee das Zeichen der Herausforderung ist. Dieses Großsprechers wegen ließ der Kapitän noch einen Schuß in die Luft abgeben, und da man dies auf dem Schiff für ein Signal hielt, wurde alles grobe Geschütz, das aus fünf vierpfündigen Kanonen, zwei halbpfündigen Drehbrassen und vier Musketen bestand, mit einem Male abgefeuert. Die Kugeln pfiffen über die Insulaner hinweg und kappten einige Palmbäume, wodurch wir unseren Zweck erreichten, daß in wenigen Augenblicken nicht ein Mann mehr auf dem Strand zu sehen war. Nur der alte Friedensstifter und seine beiden Freunde waren unerschrocken bei ihren Früchten stehengeblieben. Sobald wir ans Land traten, schenkte der Alte dem Kapitän diese Lebensmittel und bat ihn, nicht länger zu schießen.

Wir ließen es nunmehr unsere Sorge sein, zum Schutz der Arbeitsleute zwei Linien von Seesoldaten aufzustellen. An beiden Seiten schlug man Pfähle in die Erde und zog einen Strick daran entlang, so daß die Wasserschöpfer einen Platz von wenigstens einhundertfünfzig Fuß Breite innehatten, wo sie ihre Arbeit ungestört vornehmen konnten. Nach und nach kamen die Eingeborenen wieder an den Strand, sie mußten aber jenseits unserer Linie bleiben, und der Kapitän wiederholte seine Forderung, die Waffen abzulegen. Der größere Haufen kehrte sich aber nicht daran, die andere Partei, die mit dem friedlichen Alten eines Sinnes zu sein schien, ließ sich größtenteils dazu bewegen. Dem Alten hatten wir die Erlaubnis gegeben, sich innerhalb unserer Linie zu begeben. Nach und nach fingen wir an, uns in die Wälder zu wagen, um Pflanzen zu suchen, wir waren aber kaum zwanzig Schritte weit gegangen, als wir überall in dem Gesträuch Eingeborene gewahr wurden. Es dünkte uns also nicht ratsam, weiter vorzudringen. Wir begnügten uns mit zwei oder drei neuen Pflanzenarten und kehrten nach dem offenen Strand zurück.

Die große Zahl der Eingeborenen gab uns zur Untersuchung ihrer Bildung, ihrer Kleidung und ihrer Waffen die beste Gelegenheit. Sie haben ein männliches, gutherziges Aussehen, doch findet man auch hier wie bei jedem Volk einige Physiognomien, die nichts

Insulaner von Tanna

Gutes vermuten lassen. Ihre Hautfarbe ist braun und zum Teil schwärzlich, so daß man beim ersten Anblick glauben möchte, sie hätten sich mit Ruß beschmiert. Das Seltsamste ist ihre Frisur. Sie besteht aus lauter kleinen Zöpfen, die kaum so dick wie die Spule einer Taubenfeder und mit dem zähen Stengel einer Glockenwinde umwickelt sind. Wer starkes Haar hat, muß etliche hundert solcher Zöpfchen am Kopfe haben, und da diese nur drei bis vier Zoll lang sind, pflegen sie wie die Borsten eines Stachelschweins aufrecht zu stehen. Meist tragen sie ein dünnes Stöckchen in den Haaren, um sich von Zeit zu Zeit Ruhe vor dem Ungeziefer zu verschaffen, das auf ihren Köpfen vorhanden ist. Der Nasenknorpel ist bei fast allen durchbohrt und durch die Öffnung ein Stäbchen oder ein Stein gesteckt. Als Ohrgehänge tragen sie eine Menge Ringe aus Schildkrötenschalen oder Muscheln, wodurch das Loch im Ohrläppchen ungemein weit wird. Einige gehen mit einer Binde aus grünem Zeug umgürtet, das aus der Rinde eines Baumes verfertigt wird, andere begnügen sich mit einer dünnen Schnur um den Leib. Beides geschieht, um die männlichen Glieder, die mit Blättern umwickelt sind, nach Art der Mallikoleser in die Höhe zu ziehen und an den Gürtel zu knüpfen. Zu den Zieraten dieser Nation gehören verschiedene Schminken und allerlei Figuren, die sie sich in die Haut ritzen. Die Tanneser nehmen ein Bambusrohr oder eine scharfe Muschel zu dieser Operation. Sie machen damit nach willkürlichen Zeichnungen ziemlich tiefe Einschnitte in die Haut und legen dann ein besonderes Kraut darauf, das die Eigenschaft hat, beim Heilen eine erhabene Narbe zuwege zu bringen.

Heute ließen sich wenig Frauenspersonen und auch diese nur in einiger Entfernung sehen. Sie waren allesamt häßlich und kleiner als die Männer. Die jungen Mädchen hatten nur einen Strick um den Leib, von dem vorn und hinten ein Grasbüschel herabhing. Die älteren trugen einen Rock aus Blättern. Gegen Mittag verließen uns die meisten Eingeborenen wegen der Hitze und der Essenszeit, und auch uns nötigte beides, mit den gefüllten Fässern zum Schiff zurückzukehren. Nach Tisch verfügten wir uns wieder an den Strand, fanden dort aber nicht eine Seele. Nur weit im Osten sah man einen Trupp von etwa dreißig Insulanern im Schatten der Palmen sitzen. Wir machten uns die Gelegenheit zunutze, um einige hundert

Schritte in den Wald zu gehen, wo es verschiedene neue Pflanzen gab. Wir durften uns aber nicht weit vom Strand wagen, denn noch wußte man nicht, ob den Wilden zu trauen sei. Unterwegs begegnete uns der Alte, der meinem Vater ein Ferkel schenkte. Er bekam einen langen Nagel und ein Stück Zeug dafür, und wir kehrten zusammen nach den Booten zurück. Unsere Leute waren damit beschäftigt, mit dem großen Netz zu fischen. Dies mußten die in der Ferne sitzenden Insulaner bemerkt haben, denn sie kamen herbei und hatten nicht nur ihre Waffen zurückgelassen, sondern unterhielten sich auch mit uns, so gut es gehen wollte. Der Fischfang fiel so reichlich aus, daß wir in kurzer Zeit drei Zentner beisammen hatten. Der Alte zeigte großes Verlangen und war sehr erfreut, als ihm ein paar Fische zugestanden wurden. Gegen Sonnenuntergang kehrten wir an Bord zurück und erregten bei der ganzen Schiffsgesellschaft große Freude über den mitgebrachten Vorrat.

Der Vulkan, der sich gestern früh noch dann und wann hören ließ, wurde am Nachmittag ganz still. Am folgenden Morgen wurde der Berg von neuem unruhig. Das aufbrennende Feuer verschaffte uns jedesmal ein prächtiges Schauspiel. Es teilte dem Rauch, der in dicken Wolken emporstieg, wechselweise die glänzendsten Schattierungen von Orange-, Purpur- und Scharlachfarbe mit, die endlich in einem rötlichen Grau und dunkleren Braun verloschen. Nach dem Frühstück gingen wir an Land, wo die Eingeborenen sich zwar zahlreich, doch nicht in solcher Menge wie vorher eingefunden hatten. Sie machten uns Platz, aber der Kapitän fand es dennoch für gut, zu unserer Sicherheit Stricke ziehen zu lassen. Mein Vater gab dem Alten für das Schwein, das er ihm gestern geschenkt hatte, ein Beil, und er zeigte ihm zugleich, wie es gebraucht werden müsse. Nun entstand bald eine große Nachfrage nach Beilen, und wir versprachen den Insulanern auch welche, wenn sie uns Schweine dafür bringen würden, das erfolgte aber nicht. Unter den Wilden gab es einige, die ziemlich übermütig herumtanzten und mit ihren Speeren drohten. Zu Tätlichkeiten kam es jedoch nicht, und gegen Mittag gingen wir mit dem Kapitän ruhig an Bord zurück.

Am folgenden Morgen fuhren Dr. Sparman, mein Vater und ich wieder nach dem Lande und stiegen am Fuße eines steilen Berges aus, wo ein Trupp Matrosen Ballast laden sollte. Die Wellen schlugen hier so heftig gegen das Ufer, daß wir mit dem Boot nicht ganz herankommen konnten und durch die Brandung waten mußten. Es ließ sich hier auch nicht gut botanisieren, denn um einige neue Pflanzen zu erjagen, lief man Gefahr, den Hals zu brechen. Etliche hundert Schritte weiter entdeckten wir einen Fußpfad, der auf den Berg hinaufführte. Weil aber ein Haufen Insulaner von dort herabkam, kehrten wir zu unseren Leuten zurück. Die Eingeborenen setzten sich um uns her und einer, dem die anderen mit Achtung zu begegnen schienen, nahm meines Vaters Namen an und gab ihm dafür den seinigen. Darauf bekamen wir zwei große Pisangfrüchte und wurden also mit Vergnügen inne, daß auch bei diesem Volke die Gastfreundschaft keine unbekannte Tugend sei. Es waren Weiber und Kinder, die uns mit dergleichen Leckerbissen beschenkten. So nahe hatten sie sich bisher noch nicht herangewagt. Zwar waren sie auch jetzt noch furchtsam, und wenn wir sie nur scharf ansahen, liefen sie davon, worüber die Männer herzlich lachten, indessen genügte es uns, ihre bisherige Schüchternheit wenigstens so weit besiegt zu haben. Manche von diesen Frauen sahen wohl etwas freundlich, die meisten aber finster und traurig aus. Gegen Mittag verfügten sie sich alle nach ihren Wohnungen, und auch wir begaben uns mit den Matrosen an Bord.

Am folgenden Morgen kehrten wir nach dem Ort zurück, wo unsere Leute Ballast geladen hatten. Hier kletterten wir einige Stunden lang auf dem Felsen herum, fanden jedoch nicht viel Neues. Auf dem Rückweg entdeckten wir eine heiße Quelle. Kaum hatten wir am Mittag das Schiff wieder erreicht, so kam auch der Kapitän vom Wasserplatz zurück und brachte einen Insulaner mit an Bord. Dies war der junge Mann, der gleich bei unserer Ankunft so viel kaltblütigen Mut gezeigt hatte, indem er bei der Abfeuerung der Kanone als einziger in seinem Kanu stehenblieb. Er sagte, sein Name sei Fanokko, und verlangte die unsrigen Namen zu wissen, die er nachzusprechen versuchte. Sein ganzes Aussehen verriet Fröhlichkeit und Scharfsinn. Von letzterem will ich folgendes Beispiel anführen: Mein Vater und Kapitän Cook hatten in ihrer Wörtersammlung zwei verschiedene Ausdrücke verzeichnet, die beide soviel wie Himmel bedeuten sollten. Um nun die richtige Benennung zu erfahren, wandten sie sich an Fanokko. Dieser war nicht einen Augenblick verlegen, sondern streckte seine rechte Hand aus und legte ihr das eine Wort bei, danach bewegte er unterhalb der ersten die andere Hand hin und her, benannte sie mit dem zweiten streitigen Wort und gab so zu verstehn, die obere Hand bedeute eigentlich den Himmel, die andere hingegen die Wolken. Auf eine ebenso deutliche Weise lehrte er uns auch die Namen der Inseln, die hier rundum lagen. Die Insel, wo Kapitän Cook Händel mit den Eingeborenen bekam, und von wo wir gerade hierherkamen, nannte er Eromango, ein hohes Eiland östlich von Tanna hieß Erroman und ein drittes, südwärts liegendes, das wir noch nicht wahrgenommen hatten, Anatom.

Die Insulaner mußten wegen des Ausbleibens Fanokkos unruhig geworden sein, denn er war noch nicht lange an Bord, als einige in einem Kanu herankamen und ängstlich nach ihm fragten. Fanokko zeigte sich am Kajütfenster und schickte sie zurück. Es dauerte aber nicht lange, so kamen sie mit einem Hahn, etwas Zuckerrohr und Kokosnüssen wieder, womit er dem Kapitän ein Geschenk machte. Nun setzten wir uns zu Tisch, und Fanokko kostete von dem Pökelfleisch, hatte aber schon am ersten Bissen genug. Gebratene oder gekochte Yams waren mehr nach seinem Geschmack, und er schloß seine Mahlzeit mit einem Stück Torte, die ihm sehr gut schmeckte, obschon sie nur aus getrockneten, wurmstichig gewordenen Äpfeln zubereitet war. Er betrug sich bei Tisch recht anständig, das einzige, was uns von seinen Manieren nicht gefiel, war, daß er den Rohrstab, den er im Haar stecken hatte, statt einer Gabel brauchte und sich dann aber bei jeder Gelegenheit damit am Kopfe kratzte. Da sein Kopf mit Öl und allerhand Farben beschmiert war, kam es uns sehr ekelhaft vor, den Rohrstab bald auf dem Teller, bald in seinem Haar herumfahren zu sehen.

Nach dem Essen führten wir ihn im ganzen Schiff umher und zeigten ihm alles Merkwürdige. Ein tahitischer Hund erregte seine besondere Aufmerksamkeit. Er nannte ihn buga, was in seiner Sprache eigentlich Schwein bedeutet, und bat darum, ihm eins zu schenken. Der Kapitän gab ihm also nicht nur den Hund, sondern auch eine Hündin dazu. Hierzu bekam er noch ein Beil, einige lange Nägel und andere Kleinigkeiten, worüber er außer sich vor Freude war. Darauf kehrte er mit uns ans Land zurück, wo er durch einen Insulaner Geschenke heranholen ließ. Mittlerweile fand sich auch der Alte ein und überbrachte dem Kapitän einen kleinen Vorrat an Yams und Kokosnüssen, die er wie zur Schau von zwanzig Mann tragen ließ, obschon zwei sie hätten gemächlich fortbringen können. Fanokko und seine Freunde warteten noch immer mit Ungeduld auf die Rückkehr ihres Boten, da es indessen anfing finster zu werden, verließ der Kapitän die guten Leute, die nicht wenig betreten zu sein schienen, daß sie seine Geschenke unerwidert lassen sollten.

Am folgenden Tage begaben wir uns gleich zum Wasserplatz. Unsere Leute, die schon seit Tagesanbruch dort waren, erzählten uns, sie hätten viele Eingeborene mit Bündeln beladen tiefer ins Land ziehen gesehen. Sie glaubten, daß die Insulaner die Gegend um den Hafen verließen, um vor unseren Gewehren sicher zu sein. Meines Erachtens hatten die Insulaner sich bei unserer Ankunft von allen Enden und Orten hier am Hafen versammelt, um nötigenfalls ihre Insel mit vereinten Kräften verteidigen zu können. Jetzt aber, da sie nichts mehr zu befürchten hatten, ging ein jeder wieder nach seiner Hütte zurück. Bei ihrer heutigen Wanderung hatte man bemerkt, daß alle, die Bündel trugen, Weibsleute waren, indes die Männer ohne alle Bürde gemächlich nebenher gingen. Daraus läßt sich ersehen, daß die Tanneser noch nicht so zivilisiert sind wie die Bewohner der Sozietäts- und Freundschaftlichen Inseln, denn es zeigt immer eine rohe und ungebildete Nation an, wenn die Männer hart mit den Weibern umgehen und ihnen die niedrigsten und schwersten Arbeiten auflegen.

Die Nacht über regnete es sehr heftig und fast ohne Unterlaß. Je dunkler dies die Finsternis machte, desto malerischer war es anzusehen, wie das Feuer des Vulkans den aus dem Gipfel aufsteigenden Rauch vergoldete. Am Morgen klärte sich das Wetter wieder auf und gestattete uns, an Land zu gehen, wo ebenso wie gestern nur wenige Insulaner zum Vorschein kamen. Wir suchten nach einem Fußsteig, um den Berg hinaufzuklettern. Er war so steil nicht, und wir folgten dem schlängelnden Pfad immer höher, bis wir an einen freien Platz kamen, der mit dem feinsten Rasen bewachsen und von schönen wilden Bäumen umstanden war. Die Sonnenstrahlen wirkten hier um so kräftiger, und weil der Wind keinen Zugang fand, wurde die Hitze noch durch einen heißen Dampf vermehrt, dessen durchdringender Schwefelgeruch seinen unterirdischen Ursprung

Frau von der Insel Tanna

verriet. Als wir eine gute Strecke höherstiegen, brachte uns der Weg wieder an einen solchen Platz, der aber weder Gras noch andere Pflanzen trug. An einer Stelle bestand das Erdreich aus rotem Ocker, womit die Eingeborenen sich zu schminken pflegen, und an zwei anderen Stellen stieg von einem Häufchen Erde Schwefeldampf empor. Mittlerweile war der Vulkan unruhiger geworden, und bei jeder Explosion stieg der Dampf in einer dicken weißen Wolke hervor. Wir stiegen höher bis zum Gipfel, von dem ein schmaler, von zwei Rohrzäunen eingehegter Weg an der anderen Seite des Berges hinablief. Auf diesem Wege bekamen wir nach kurzer Zeit den Vulkan zu Gesicht und konnten das Auswerfen sehr deutlich wahrnehmen, obschon wir noch etwa zwei Seemeilen davon entfernt waren. Die Gewalt des unterirdischen Feuers setzte uns am meisten in Erstaunen, denn Felsklumpen, zum Teil so groß wie unser größtes Boot, wurden aus dem Innersten des Berges hoch emporgeschleudert, als ob es nur Kiesel wären. Als wir im Begriff waren, weiter vorzudringen, ertönte plötzlich der Schall von Trompetenmuscheln. Da dies Instrument in der Südsee zum Alarmblasen gebraucht wird, mußten wir uns durch allzu lautes Reden verraten haben. Nun durften wir dem Landfrieden nicht länger trauen und kehrten also unverzüglich zurück. Als wir mit unseren botanischen Reichtümern an den Strand kamen, waren die Boote gerade zur Abfahrt nach dem Schiff bereit. Die Insulaner hatten während unserer Abwesenheit angefangen, Yams, Zuckerrohr, Kokosnüsse und Pisangs zum Markt zu bringen, zwar noch sehr sparsam, doch für den Anfang genug. Unser Eisengerät stand bei ihnen aus Mangel an Kenntnis in gar keinem Wert. Sie nahmen lieber tahitisches Zeug, grünen nephritischen Stein, Perlmutter und vor allen Dingen Schildkrötenschalen. Gegen letztere vertauschten sie sogar, was ihnen das liebste war, ihre Waffen, zuerst nur Speere und Pfeile, bald aber auch Bogen und Keulen.

Gleich nach der Mahlzeit fuhren wir wieder an Land und eilten nach der östlichen Spitze des Hafens. Unterwegs entdeckten wir einen Eingeborenen, der hinter einem Baum hockte und einen Pfeil auf uns richtete. Als einer von uns gleich mit der Flinte auf ihn zielte, warf der Kerl den Bogen von sich und kam ganz demütig zu uns gekrochen. Es mag sein, daß er keine böse Absicht gehabt hatte, doch ist solchem Spaß nicht immer zu trauen. Unweit der Landspitze fand sich eine Art schöner Blumen, die man wegen ihrer brennend roten Farbe schon bei der Einfahrt in den Hafen vom Schiff aus bemerkt hatte. Jetzt zeigte sich, daß es die Blüte einer Eugenia war. Als wir weitergingen, stellten sich etwa zwanzig Eingeborene in den Weg und baten uns ernstlich umzukehren. Als wir nicht die geringste Lust dazu zeigten, wiederholten sie ihre Bitte und gaben uns durch Gebärden zu verstehen, daß ihre Landsleute uns unfehlbar totschlagen und fressen würden, wenn wir noch weiter vordringen wollten. Wir stellten uns, als hätten wir verstanden, daß sie uns etwas zu essen anböten, aber nun gaben sie sich alle Mühe, uns dem Irrtum zu entreißen, und deuteten uns durch Zeichen an, daß sie einen Menschen zuerst totschlügen, hierauf die Glieder einzeln ablösten und dann das Fleisch von den Knochen schabten. Endlich setzten sie die Zähne an den Arm, damit uns kein Zweifel bleiben sollte, daß sie wirklich Menschenfleisch äßen.

Die Insulaner folgten uns auf dem Fuße und fingen von neuem an, uns zu drohen, sofern wir darauf beharrten, noch weiter zu gehen. Unsere Beharrlichkeit schien sie so mißtrauisch gemacht zu haben, daß wir wohl nicht friedlich auseinandergekommen sein würden, wenn uns nicht der Alte begegnet wäre. Mit diesem ließen sie uns ruhig nach dem Westende des Hafens weitergehen. Diese Gegend war durchgehend mit Feigenbäumen besetzt, die wegen ihrer eßbaren Blätter und Früchte angepflanzt werden. Jenseits dieser Plantage kamen wir an ein Wäldchen von allerlei blühenden Sträuchern, das einen freien Platz enthielt, der von hohen Bäumen eingeschlossen war. In einer Ecke stand ein ungewöhnlich großer Feigenbaum, der unweit der Wurzel wenigstens drei Ellen im Durchmesser hatte und seine Äste auf eine malerische Art wohl vierzig Ellen weit nach allen Seiten ausbreitete. Unter diesem stattlichen Baum saß eine kleine Familie bei einem Feuer, an dem sie Yams und Pisangs brieten. Sobald sie uns gewahr wurden, liefen sie fort, aber der Alte rief ihnen zu, daß sie nichts zu befürchten hätten, und auf diese Versicherung hin kamen sie wieder zum Vorschein. Die Weiber und Mädchen blieben jedoch in sicherer Entfernung und sahen nur dann und wann schüchtern aus den Büschen hervor. Wir taten, als ob wir sie gar nicht bemerkten, und setzten uns bei den Männern nieder, die uns mit eben der Gastfreiheit, die wir fast auf allen diesen Inseln angetroffen hatten, an ihrer Mahlzeit teilzunehmen baten. Rund um den grünen Platz hingen auf den Büschen kleine grüne Lappen von dem Zeug, das sie aus der Rinde eines Feigenbaumes machen und in Form eines Gürtels oder einer Schärpe zu tragen pflegen. Die Geschenke, die der Alte von uns erhalten hatte, worunter sich auch ein Tressenhut befand, waren dort gleichsam als Ehrenzeichen zur Schau gestellt. Dies sorglose Verfahren scheint mir ein Beweis für die allgemeine Ehrlichkeit der Tanneser zu sein. Auf Tahiti muß jeder seine kleine Habe unters Dach hängen und die Leiter des Nachts statt eines Kissens unter den Kopf legen, um vor Dieben sicher zu sein, hier hingegen ist alles auf dem ersten besten Strauch in Sicherheit. Daher kam es auch, daß wir während unseres Aufenthalts unter den Insulanern von Tanna nicht das geringste durch Diebstahl eingebüßt haben. Endlich standen wir auf, um nach dem Strand zurückzukehren. Diesmal wollte der Alte nicht mit uns gehen, weil es Abend wurde, aber er gab uns drei Landsleute als Führer mit. Unsere Führer waren gutwillige junge Leute. Als wir unterwegs über Durst klagten, schlugen sie einen anderen Weg nach einer Plantage ein, wo sie uns einige Nüsse pflückten. Darauf brachten sie uns auf dem kürzesten Weg zum Strand hinab. Hier belohnten wir sie und eilten der anbrechenden Nacht wegen an Bord.

Am folgenden Nachmittag unternahmen wir einen Spaziergang, der uns verschiedene neue Pflanzen einbrachte. Einige Eingeborene erboten sich, uns über die Anhöhe an den jenseitigen Strand zu führen, aber an dem Wege, den sie dazu vorschlugen, merkten wir, daß sie uns nach dem Wasserplatz zurückführen wollten. Wir verließen sie also, um allein weiterzugehen. Unterwegs gesellte sich ein anderer Insulaner zu uns, der uns nach dem jenseitigen Strand brachte. Hier sahen wir die Insel Anatom zum zweitenmal, und etwas weiter gegen Norden sollte nach Aussage des Insulaners die Insel Itonga liegen, man konnte aber der großen Entfernung wegen nichts davon gewahr werden.

Nachdem unsere Neugier gestillt war, verfügten wir uns wieder zum Wasserplatz, wo die Matrosen inzwischen dreieinhalb Zentner Fische gefangen hatten. Ein so glücklicher Zug setzte den Kapitän in den Stand, der ganzen Mannschaft wieder eine frische Mahlzeit zu geben. Eines Tages wurden unter anderen auch ein paar Fische von der Art gefangen, durch die bei Mallikolo so viele von uns vergiftet worden waren. Ich wünschte diese Sorte zur Warnung für die Seefahrer abzuzeichnen und zu beschreiben, aber die Matrosen waren viel zu heißhungrig, als daß sie mir die Zeit dazu gelassen hätten. Ohne sich an das, was uns mit diesen Fischen geschehen war, zu kehren, schnitten sie sie in Stücke, rieben sie mit Salz und Pfeffer ein und wanderten damit nach dem Kessel. Glücklicherweise bekamen sie ihnen diesmal recht gut. Die Matrosen hatten sich auf das Experiment verlassen, daß ein silberner Löffel, den sie in den Kessel warfen, ganz ohne Flecken blieb. Im Grunde ist dies eine sehr unzulängliche Probe, denn bekannterweise greifen nur bestimmte Arten von Giften das Metall an.

Bei unserer Rückkehr an den Strand gingen wir eine Strecke am Ufer entlang, um nach der östlichen Landspitze des Hafens zu kommen. Unsere Begleiter äußerten darüber viel Besorgnis und baten uns nicht nur dringend, diese Gegend der Insel zu meiden, sondern drohten uns auch, daß man uns im Weigerungsfalle totschlagen und auffressen werde. Wir kehrten also um. Es war jetzt das dritte Mal, daß sie sich selbst durch die deutlichsten Zeichen für Menschenfresser ausgaben, mithin muß diese Barbarei wohl in der Tat bei ihnen im Schwange sein. Gewöhnlich pflegt man dem Mangel an Nahrungsmitteln die Schuld daran zu geben, allein was für einer Ursache will man sie hier zuschreiben, wo das fruchtbare Land die nahrhaftesten Pflanzen im Überfluß und auch noch zahmes Vieh liefert? Wohl ungleich wahrscheinlicher und richtiger läßt sich diese widernatürliche Gewohnheit aus der Begierde nach Rache herleiten. In der bürgerlichen Gesellschaft sind wir vermittels gewisser Gesetze und Verordnungen dahin übereingekommen, daß nur einigen wenigen Personen die Sorge überlassen sein soll, das Unrecht zu rügen, bei den Wilden hingegen verschafft sich jeder selbst Recht und sucht bei der geringsten Beleidigung oder Unterdrückung seinen Durst nach Rache zu befriedigen. Schon der bloße Anschein einer Beleidigung ist dem Wilden genug, um die Waffen zu ergreifen und alles vernichten zu wollen, was ihm in den Weg kommt. Er verläßt sich auf das Recht des Stärkeren und fällt seinen Feind mit einer Wut an, die ihn der unbändigsten Grausamkeit fähig macht. Ein anderes Volk hingegen, das durch den Ackenbau schon zu Wohlstand, Überfluß und

Sittlichkeit, mithin auch schon zu Geselligkeit und Menschenliebe gelangt ist, solch ein Volk weiß nichts von Jähzorn, sondern es muß schon übermäßig gereizt werden, wenn es auf Rache sinnen soll. Zur Zeit gehören die Bewohner von Tanna zu der ersten dieser beiden Klassen. Aus ihrem mißtrauischen Betragen und aus ihrem Brauch, nie unbewaffnet zu gehen, läßt sich vermuten, daß sie oft in Streitigkeiten unter sich oder mit Nachbarn verwickelt sind, und da mögen Wut und Rachgier sie nach und nach zu Kannibalen gemacht haben, was sie ihrem eigenen Geständnis nach auch jetzt noch sind.

Die Insulaner waren sehr froh, als wir endlich umkehrten. Der Weg brachte uns nach vielen Krümmungen zu den Wohnhütten unserer Begleiter. Die Frauen hatten unter dem großen Feigenbaum ein Feuer angelegt und waren gerade dabei, Yams- und Arumwurzeln daran zu braten. Als sie uns gewahr wurden, wollten sie davonlaufen, aber der Zuruf unserer Begleiter hielt sie zurück. Wir setzten uns auf den Stamm eines Baumes, der neben einer Hütte lag, und suchten mit den Insulanern ins Gespräch zu kommen. Zufällig brummte ich ein Liedchen vor mich hin, wodurch ich mir vieles Bitten zuzog, der Versammlung etwas vorzusingen. Obschon keiner von uns sich auf Musik verstand, ließen wir sie einige Melodien hören. Einige deutsche und englische Lieder, besonders die lustigen, gefielen ihnen recht gut, aber sie trugen nicht so allgemeinen Beifall davon, wie Dr. Sparmans schwedische Volkslieder. Als wir ihnen sagten, nun sei die Reihe an ihnen, stimmte einer ein sehr simples Lied an, das jedoch mehr Melodie hatte als irgendeins von denen, die wir im Südmeer gehört hatten. Die Insulaner brachten darauf ein Instrument zum Vorschein, das wie die Panflöte von Tongatabu aus acht Rohrpfeifen bestand, die hier aber stufenweise kleiner wurden und eine ganze Oktave ausmachten. Vielleicht hätten wir sie auf diesem Instrument auch spielen gehört, wenn nicht gerade ein Insulaner mit Kokosnüssen, Zuckerrohr, Yams und Feigen gekommen wäre und unsere Aufmerksamkeit abgelenkt hätte. Wir beschenkten unsere Insulaner, so gut wir konnten, gingen nach dem Strand zurück und hielten uns dort noch eine Zeitlang bei den dort anwesenden Insulanern auf. Unter ihnen befanden sich mehr Frauen, als wir je beisammen gesehen hatten. Die meisten mußten verheiratet sein, denn sie trugen in Mattensäcken Kinder auf dem Rücken. Einige trugen auch in geflochtenen Körben eine Brut junger Hühner oder Jambos und Feigen bei sich und boten beides zum Verkauf an. Eine der Frauen schenkte uns eine Pastete, deren Rinde aus Pisang und Arum, die Füllung aber aus einem Gemisch von Blättern und Kokoskernen bestand. Diese Pastete war sehr wohlschmeckend und machte der Kochkunst der hiesigen Damen viel Ehre. Wir kauften noch einige achtröhrige Pfeifen ein, die neben Bogen, Keulen und Speeren feilgeboten wurden, und kamen ziemlich spät an Bord zurück.

Gleich nach Tisch eilten wir wieder an Land und gingen auf die Anhöhe, um dort nochmals vorzusprechen. Kaum hatten wir uns niedergelassen, als unsere Freunde uns baten, ihnen wieder etwas vorzusingen. Wir machten ihnen diese Freude, und da sie sich über die Verschiedenheit unserer Lieder zu wundern schienen, erklärten wir ihnen, daß wir in verschiedenen Ländern geboren seien. Nun riefen sie einen Mann aus dem Kreis der Umstehenden und sagten, er sei auch aus einem anderen Lande, nämlich von der Insel Eromango, und er werde uns nun ebenfalls eins vorsingen. Er stimmte also ein Lied an, machte aber unzählige Stellungen und Grimassen dazu, worüber nicht nur die Insulaner, sondern auch wir rechtschaffen lachen mußten. Währenddessen kamen die Frauen leise aus den Hütten hervor und mischten sich unter die Zuhörer. Die Frauen, die Kinder hatten und etwa dreißig Jahre alt sein mochten, hatten bereits alle Reize der Gestalt verloren, und ihre Röcke reichten von den Hüften bis auf die Knöchel herab. Die jüngeren, vierzehnjährigen Mädchen dagegen waren nicht ohne angenehme Gesichtszüge und gefielen durch ein sanftes Lächeln, das immer freundlicher wurde, je mehr ihre Schüchternheit abnahm. Sie waren sehr schlank gewachsen, hatten feine, niedliche Arme, runde, volle Busen und ein lüsternes Röckchen, das kaum bis ans Knie reichte. In den Ohren trugen sie Ringe aus Schildkrötenschale, und die Zahl solcher Zierate nahm in eben dem Verhältnis zu, wie die Reize der Frauenspersonen abnahmen. Die ältesten und häßlichsten waren daher mit einem Halsgeschmeide und mit einer Menge Ohrringe, Nasengehänge und Armbänder versehen. Die Männer bezeigten nicht die geringste Achtung gegen die Weiber, indes diese auf den kleinsten Wink gehorchten und oft den Dienst von Lasttieren versehen mußten. Indes pflegen alle ungesitteten Völker den Weibern die allgemeinen Rechte der Menschen zu versagen und sie als Geschöpfe von niederer Art zu behandeln. Solange der Mensch unablässig mit der Sorge um seine Erhaltung beschäftigt ist, so lange können sich nur wenig verfeinerte Empfindungen zwischen beiden Geschlechtern entwickeln, vielmehr muß der Umgang sich nur auf tierischen Genuß beschränken. Der Wilde sieht auch nicht die Schwäche und das sanfte, duldende Wesen der Frauen als schutzbedürftige Eigenschaften, sondern als einen Freibrief zur Unterdrückung und Mißhandlung an.

Wir blieben bei diesen Insulanern bis Sonnenuntergang, hörten ihren Gesängen zu und bewunderten ihre Geschicklichkeit bei den Waffenübungen. Als wir an den Strand zurückkamen, waren die meisten Eingeborenen schon zur Ruhe gegangen, und in kurzer Zeit waren wir allein. Die Dämmerung lockte eine Menge Fledermäuse aus ihren Schlupfwinkeln. Fast aus jedem Strauch flatterten sie uns entgegen, doch schossen wir keine einzige, weil man sie nicht früh genug sah, um zielen zu können. Ebensowenig war auch den Matrosen der Fischzug geglückt. Sie trugen die Netze wieder ins Boot, ohne mehr als ein paar Dutzend Fische gefangen zu haben. Am folgenden Morgen verfügten wir uns von neuem ans Land und gingen auf der Ebene in den Wald. Eine Menge großer Papageien mit schwarz, rot und gelb geflecktem Gefieder hielt sich darin auf. Sie saßen aber in den Gipfeln der Feigenbäume, wo sie mit Schrotschüssen nicht zu erreichen waren. Die ungeheure Größe dieser Bäume kann man sich kaum vorstellen. Ihre Wurzeln stehen größtenteils über der Erde und machen ungefähr zehn bis zwölf Fuß hoch vom Boden das Stammende des Baumes aus. Sie wachsen etwa dreißig bis vierzig Fuß hoch, ehe sie sich in Äste teilen. Die Äste werden ebenfalls dreißig bis vierzig Fuß lang, ehe sie kleine Zweige hervortreiben, und auf solche Art ist der Gipfel des Baumes mindestens hundertfünfzig Fuß hoch.

Gegen Mittag machten wir uns auf den Rückweg. Wir trafen einen Insulaner, der im Gesträuch dünne Stangen abhieb, um in seinem Garten das Kraut der Yamswurzeln daran emporranken zu lassen. Seine Axt war ein elendes Werkzeug, denn statt des sonst gewöhnlichen harten Steins bestand die Klinge nur aus einer

Muschelschale. Aus Mitleid kamen wir ihm mit einem unserer Beile zu Hilfe, und nach wenigen Minuten waren mehr Stangen abgehauen, als er den ganzen Vormittag über geschafft hatte. Die Eingeborenen, die vorüberkamen, blieben stehen, um die Nutzbarkeit unseres Beils zu bewundern. Einige boten ihre Bogen und Pfeile dafür, allein gegenüber der Forderung, uns ein Schwein dafür zu geben, blieben sie taub. Das Ferkel, womit der Alte meinen Vater beschenkt hatte, war und blieb das einzige, welches wir auf dieser Insel bekamen.

Unter den am Strande versammelten Insulanern trafen wir einen alten Mann, den noch keiner von uns vorher gesehen hatte. Die Wilden versicherten, er sei ihr Eriki und heiße Jogai. Er war lang, hager, ausgezehrt, hatte einen fast kahlen Kopf und einen eisgrauen Bart. Neben ihm saß ein anderer, den die Insulaner für Jogais Sohn ausgaben und Jatta nannten. Er war groß, wohlgebaut und für einen Tanneser wirklich schön zu nennen. Die Insulaner sagten, er sei ihr Kau-Wosch, was soviel wie Thronfolger oder Kronprinz bedeuten mochte. Von Leibesfarbe waren diese Befehlshaber so schwarz wie ihre Untertanen, unterschieden sich auch nur dadurch, daß ihr Leibgürtel schwarzgestreift und mit weißen, roten und schwarzen Feldern bemalt war. Das einzige abgerechnet, daß man ihnen den Titel Eriki beilegte, wurde ihnen keine besondere Ehrerbietung bezeigt, auch sahen wir nicht, daß sie Befehle erteilt hätten. Ich vermute daher, daß ihr Ansehen nur zu Kriegszeiten etwas gilt. Wir machten den beiden Befehlshabern einige kleine Geschenke und baten sie, uns ans Schiff zu begleiten, was sie aber ausschlugen. Also kehrten wir allein an Bord zurück.

Nach dem Essen gingen wir wieder an Land und in den Wald, fanden aber nichts Neues, was nicht zu verwundern war, da wir diese Gegend fast Tag für Tag durchsucht hatten. Am folgenden Morgen gaben wir uns Mühe, irgendwo einen Muskatnußbaum zu finden. Wir glaubten vor allen Feindseligkeiten von seiten der Insulaner sicher zu sein, so daß wir uns oft voneinander trennten. Dies geschah auch heute ohne den geringsten Unfall, aber auch ohne weiteren Erfolg. Wir kamen mit leeren Händen an den Strand zurück, als das letzte Boot gerade im Begriff war, nach dem Schiff zu fahren. An Bord fanden wir den alten Eriki Jogai, seinen Sohn Jatta und einen

Knaben von vierzehn Jahren, der Narepp hieß und ein naher Verwandter der beiden Befehlshaber zu sein schien. Sie hatten sich in der Kajüte auf den Fußboden gesetzt, und der Kapitän war gerade dabei, allerlei Geschenke an sie auszuteilen. Mittlerweile war das Essen aufgetragen, und wir ließen sie mit uns zu Tische sitzen. Die Yams schmeckten ihnen wie unserem vorigen Gast Fanokko recht gut, von anderen Speisen wollten sie aber nichts anrühren.

Nach der Mahlzeit brachten wir sie an den Strand zurück. Dort kamen sie mit ihren Landsleuten sogleich ins Gespräch und erzählten ihnen, wie gut sie von uns aufgenommen worden seien. Es kamen jetzt selten mehr als hundert Eingeborene an den Strand, und diese pflegten sich meist im Schatten der Bäume niederzusetzen. Die Weiber brachten ganze Körbe voll Jambosäpfel (Eugenia) mit und verkauften sie uns gegen Kleinigkeiten. Am Strand gab es eine Menge kleiner Fische, ungefähr zwei Zoll lang, die auf den nassen Klippen wie Eidechsen umherhüpften. Die Brustflossen dienten ihnen als Füße, und die Augen saßen beinahe mitten auf dem Scheitel, vermutlich damit sie sich vor ihren Feinden außerhalb des Wassers besser in acht nehmen konnten. In der Tat waren diese kleinen Tiere so vorsichtig und so schnell, daß man ihrer nicht leicht habhaft werden konnte. Ehe man es sich versah, waren sie mit einem Sprung über drei Fuß weit fortgehüpft.

Den Rest des Tages brachten wir auf der hinter dem Wasserplatz gelegenen Ebene zu und jagten dort nach der Blüte eines unbekannten Baumes, die nicht anders zu bekommen war, als daß wir sie mit der Kugelbüchse herunterschießen mußten. Dr. Sparman und ich gingen noch einmal auf die hohe Ebene und brachten dort bei unseren Bekannten eine halbe Stunde recht vergnügt zu. Wir unterhielten sie auch diesmal mit unseren Liedern und machten uns dadurch so beliebt, daß sie zuletzt auf einige Mädchen zeigten, um sie uns aus übertriebener, aber bei wilden Völkern gar nicht ungewöhnlicher Gastfreiheit auf Diskretion zu überlassen. Die Mädchen merkten kaum, wovon die Rede war, als sie eiligst davonliefen und nicht nur sehr erschrocken, sondern auch über den unanständigen Vorschlag der Männer äußerst unwillig zu sein schienen. Diese aber, besonders die jungen Leute, verlangten, daß wir den Spröden nachsetzen sollten. Doch wollten sie vielleicht nur den Mädchen einen Schrecken einjagen, wenigstens hatten sie nichts dagegen, daß wir ihren Antrag diesmal unbeachtet ließen.

Die Vorräte an Trinkwasser, Brennholz und Ballast waren nun wieder so weit ergänzt, daß wir am folgenden Morgen absegeln wollten, allein der Wind verhinderte es, indem er gerade in die Mündung des Hafens hineinblies. Wir gingen also in Begleitung des Kapitäns wie gewöhnlich an Land, der Kapitän, um mit den Eingeborenen zu handeln, wir aber, um uns noch einmal auf der Insel umzusehen. In dieser Absicht nahm jeder einen anderen Weg. Auf dem Wege, den ich gewählt hatte, begegneten mir viele Insulaner, die nach dem Strand wollten, und obschon sie sahen, daß ich ohne Begleitung war, verzog doch keiner auch nur eine Miene gegen mich. Natürlich ließ ich mir dies eine Aufmunterung sein, meinen Spaziergang weiter auszudehnen, und ich kam tiefer ins Land hinein, als ich je gewesen war. Überall war ich von dichter Waldung umgeben und wurde selten etwas von der Gegend gewahr, wenn nicht hier und da eine Lücke zwischen den Bäumen mir die Aussicht verschafft hätte. Dann aber hatte ich ein desto reizenderes Schauspiel. Ich überschaute einen Teil der am Abhang des Hügels liegenden Pflanzungen, wo die Eingeborenen in voller Arbeit waren. Sie fällten oder beschnitten Bäume, bestellten ihr Land mit einem dürren Ast und setzten Yams oder andere Wurzeln. Diese Landschaft war entzükkend schön, und selbst Tahiti könnte sich nicht leicht einer schöneren Landschaft rühmen. Dort ist das ebene Land nirgends mehr als zwei englische Meilen breit und meist von ungeheuren Felsmassen begrenzt, hier aber hatte ich eine ungleich größere Strecke Landes voll sanft abhängender Hügel und geräumiger Täler vor mir, die alle bebaut werden konnten. Auch die Plantagen hemmten die Aussicht nirgends, weil dort meist nur Pisangs, Arum, Yams und Zuckerrohr gezogen wurden, die niedrige Gewächse sind. Nur hin und wieder streckte ein einzelner Baum den dichtbelaubten Wipfel in die Höhe. Hinten war der Gesichtskreis durch eine Anhöhe abgeschlossen, auf deren Rücken überall Baumgruppen standen, und aus diesen ragten die stattlichen Kronen der Kokospalme in großer Menge hervor.

Die verschiedene Stellung der Bäume gegen das Licht gab der Landschaft das herrlichste Kolorit. Hier glänzte das Laub im goldenen Strahl der Sonne, während dort der Schatten dem Auge wohltat.

Der Rauch, der in bläulichen Kreisen zwischen den Bäumen aufstieg, erinnerte mich an die Freuden des häuslichen Lebens; der Anblick großer Pisangwälder, deren goldene, traubenförmige Früchte hier ein Sinnbild des Friedens und Überflusses waren, erfüllte mich mit dem Gedanken an Freundschaft und Volksglück, und das Lied eines Ackersmannes, das in diesem Augenblick ertönte, vollendete das Bild gleichsam bis auf den letzten Pinselstrich. Über mir der heitere Himmel, um mich her das Säuseln des kühlen Seewindes, stand ich da und genoß all das Glück, das die Fülle solcher Bilder nur gewähren kann.

Unversehens verlor ich mich in Betrachtungen über den Nutzen, den unser Aufenthalt unter den Eingeborenen gestiftet haben könnte. Wir hatten nur vierzehn Tage unter einem Volke zugebracht, das sich anfänglich mißtrauisch und entschlossen zeigte, auch die geringste Feindseligkeit nicht unerwidert zu lassen. Diesen Argwohn hatten wir durch überlegtes Verhalten und Mäßigung zu besiegen gewußt. Die Eingeborenen, die bisher in jedem Fremden einen heimtückischen Feind zu sehen gewohnt waren, hatten durch unser Beispiel gelernt, ihre Nebenmenschen höher zu schätzen. Sobald wir es einmal dahin gebracht hatten, den Naturtrieb, der die Wilden so argwöhnisch und feindselig machte, zu besänftigen, so bald sahen wir auch schon in ihren rohen Seelen den zweiten, nicht minder starken Naturtrieb, die Geselligkeit, aufkeimen und sich entwickeln. Kaum fanden sie, daß wir die Früchte ihres Landes nicht mit Gewalt wegnehmen wollten, so teilten sie uns freiwillig davon mit. Sie gestatteten uns, ihre Hütten zu besuchen und ließen uns mitten unter sich sitzen, wie es sonst nur den Mitgliedern der Familie geziemt. Welch ein Bewußtsein, rief ich aus, auf solche Art das Glück eines Volkes gefördert und vermehrt zu haben! Welch ein Vorteil, einer gesitteten Gesellschaft anzugehören, die solche Vorzüge genießt und anderen mitteilt!

Hier unterbrach mich das Geräusch eines herankommenden Wanderers. Es war Dr. Sparman. Ich zeigte ihm die Gegend und erzählte ihm, zu was für Gedanken sie mich verleitet hatte. Die Übereinstimmung seines Gefühls teilte dem meinigen neue Lebhaftigkeit mit. Doch wir mußten uns losreißen und nach dem Schiff eilen, weil der Mittag nicht weit war. Der erste Eingeborene, dem wir begegneten, floh vor uns und versteckte sich im Gebüsch. Bald darauf trafen wir am Eingang einer Plantage eine alte Frau, die weglaufen wollte, es aber nicht wagte, weil wir ihr unerwartet ganz nahe gekommen waren. Mit zitternden Händen bot sie uns einen Korb voll Yambosäpfel an. Ihr Betragen befremdete uns sehr, doch kauften wir ihr die Früchte ab und gingen weiter. Sowohl innerhalb als außerhalb der Plantage standen viele Männer im Gebüsch, die unaufhörlich winkten, daß wir an den Strand zurückgehen möchten. Sobald wir aus dem Walde traten, klärte sich das Rätsel auf. Zwei Männer saßen im Gras und hielten einen dritten tot in den Armen. Sie zeigten uns eine Wunde, die er von einer Flintenkugel in der Seite bekommen hatte, und sagten dabei mit einem rührenden Blick: »Er ist umgebracht!« In ihrer Sprache wird dies durch das einzige Wort »Markom« ausgedrückt.

Darauf eilten wir an den Strand, wo unsere Leute sich aufhielten, fanden aber keinen einzigen Insulaner bei ihnen und erfuhren, wie die Sache zugegangen war. Man hatte wie gewöhnlich eine Schildwache ausgestellt, die die Insulaner vom Arbeitsplatz der Matrosen fernhalten sollte. Einer von den Eingeborenen, der seit unserem Hiersein noch nie am Strand gewesen war, wollte über den freien Platz gehen, aber die Schildwache nahm ihn beim Arm und stieß ihn zurück. Dieser hingegen glaubte mit Recht, daß ein Fremder ihm auf seiner Insel nichts vorzuschreiben habe, und versuchte von neuem, über den Platz zu gehen. Die Schildwache stieß ihn nun mit solchem Ungestüm zurück, daß wohl ein minder jähzorniger Mann als ein Wilder dadurch aufgebracht worden wäre. Kein Wunder also, daß er, um seine Freiheit zu verteidigen, einen Pfeil auf den Bogen legte und auf seinen Angreifer zielte. Kaum wurde der Soldat dies gewahr, als er sein Gewehr anlegte und den Insulaner totschoß. In diesem Augenblick trat der Kapitän ans Land und sah, wie die übrigen Insulaner davonliefen, und bereit, den Fehler wiedergutzumachen, schickte er den Soldaten gefesselt aufs Schiff und gab sich alle Mühe, die Eingeborenen zu besänftigen. Einige von ihnen ließen sich auch überreden, stehenzubleiben und denen von neuem zu trauen, die das vornehmste Gebot der Gastfreiheit so schändlich verletzt hatten.

Wir fuhren nun mit dem Kapitän zum Schiff, nicht ohne Besorgnis, wie es meinem Vater ergehen würde, der in Begleitung eines

Matrosen im Walde herumirrte. Doch es lief besser ab, als wir befürchteten, denn nach einer Viertelstunde sahen wir ihn bei der Wache am Strand ankommen und ließen ihn sogleich mit einem Boot abholen. Ich muß gestehen, daß mehrere von unserer Schiffsgesellschaft rechtlich genug dachten, dies Unglück laut zu beklagen. Dergleichen Übereilungen waren uns fast allerorten begegnet, und der Schaden war nirgends gutzumachen gewesen. Und hier auf Tanna, wo wir uns gesitteter und vernünftiger betragen hatten als irgendwo anders, auch hier mußte dieser Ruhm durch die offenbarste Grausamkeit wieder vernichtet werden. Der Kapitän wollte den Soldaten exemplarisch bestrafen, aber der Offizier, der am Strande das Kommando gehabt hatte, nahm sich seiner an und sagte, er habe seinen Leuten eingeschärft, daß man die Wilden bei der geringsten Drohung niederschießen müsse. Nach diesem Geständnis konnte man dem Soldaten nichts mehr anhaben, ob aber der Leutnant über das Leben der Eingeborenen zu gebieten habe, das wurde weiter nicht untersucht. Man wußte, daß der Offizier viele vornehme Verwandte hatte, worunter auch Minister waren.

Am folgenden Morgen sahen wir verschiedene Kanus mit aufgespannten Segeln aus dem Hafen abgehen. Die Segel bestanden aus dreieckigen Matten, wovon das breite Ende aufwärts, das spitze nach unten gekehrt war. Eine lange Planke, wie ein Trog ausgehöhlt, bildet den Boden des Kanus, und die Seitenwände bestehen aus ein oder zwei aufeinandergesetzten Planken, die mit Stricken aus Kokosfasern verbunden sind. Die Eingeborenen ziehen die Stricke durch Löcher und schnüren auf solche Art die Planken eine auf die andere fest. Die Ruder sind schlecht, sowohl was die Form als was die Arbeit betrifft.

Da der Wind nunmehr günstig war, lichteten wir die Anker und stachen nach einem Aufenthalt von sechzehn Tagen am 20. August wieder in See. Wir steuerten ostwärts nach der Insel Eromango. Der Aufenthalt auf Tanna hatte uns drei bis vier Mahlzeiten von frischen Fischen und einen kleinen Vorrat Yams verschafft, der aber für die Kranken aufbewahrt werden mußte. Es stellten sich nämlich jetzt unter den Matrosen Fieber ein, und nur an diese Patienten durften kleine Portionen Yams ausgeteilt werden. Abends gelangten wir ziemlich nahe an die Insel Eromango, die ungefähr zwölf Seemeilen ostwärts von Tanna liegt und aus einem hohen Tafelberge besteht. Die Nacht wurde mit Lavieren zugebracht und am nächsten Morgen die Lage der Insel Anatom auf 20° 3' südlicher Breite und 170° 5' östlicher Länge bestimmt. Da nun von hier aus weiter gegen Süden hin nirgends mehr Land zum Vorschein kam, steuerten wir an der Küste von Tanna hin wieder nach Norden hinauf. Ein frischer Wind begünstigte unsere Fahrt so sehr, daß wir am folgenden Morgen, den 22., schon an der Südwestseite von Eromango hinsegelten. Noch vor Sonnenuntergang gelangten wir an die südlichen Ufer von Sandwich-Eiland, die uns weit fruchtbarer vorkamen als auf der Nordseite, an der wir ehemals hingesegelt waren. Die ganze Nacht über ging die Fahrt so schnell fort, daß wir am Morgen die Inseln Api, Pa-uhm und Ambrym wieder zu Gesicht bekamen und bald nachher schon die Südwestseite von Mallikolo entlangsteuerten. Die schönen Waldungen, womit Mallikolo auch an dieser Seite reichlich versehen war, setzten uns von neuem in Erstaunen, und der Rauch, der an unzähligen Orten emporstieg, ließ eine ansehnliche Bevölkerung vermuten. Bald darauf entdeckten wir eine geräumige Bai mit zwei kleinen Inseln. Gegen Mittag stießen zwei Kanus vom Lande ab und ruderten uns entgegen, sie mußten aber bald zurückkehren, weil wir für ihre Fahrzeuge zu schnell segelten. Bei Tagesanbruch, am 24., befanden wir uns an der Durchfahrt, die Bougainville zwischen Mallikolo und einer anderen, mehr nordwärts gelegenen Insel entdeckt hat. Das an der Nordseite dieser Durchfahrt befindliche Land schien von weitem Umfang, sehr hoch und bergig zu sein, und an seiner südlichsten Küste lagen viele kleine Inseln, mit ansehnlichen Bäumen bewachsen. Bei dem heiteren Wetter, das wir auf dieser Fahrt hatten, waren die Schönheiten dieser Gegenden genau zu sehen, und das Vergnügen, so viele reiche Aussichten vor Augen zu haben, mußte uns gewissermaßen die schlechte Kost versüßen, die jetzt einen Tag wie den anderen aus alten Schiffsvorräten bestand.

Das Land, welches wir gegen Norden sahen, die Insel Merena, ist vermutlich dasjenige, das von dem erfahrenen Seemann Quiros entdeckt, mit dem Namen Tierra del Espiritu Santo (Land des Heiligen Geistes) belegt und damals für ein Stück eines Kontinents gehalten wurde. Die Bai, worin er ankerte, mag wohl innerhalb der kleinen Inseln gelegen sein, die wir längs der Küste sahen, der Kapitän wollte sich aber nicht die Zeit nehmen, sie näher zu untersuchen, sondern begnügte sich damit, die kleinen Inseln nach dem Tage, an dem wir sie zuerst erblickt hatten, Bartholomäus-Eilande zu nennen.

Nunmehr steuerten wir längs der Ostküste von Espiritu Santo nach Norden. Hier befanden sich eine Menge kleiner Eilande, die Herr von Bougaunville nicht gesehen hatte. Sie waren überall mit Waldungen bedeckt, aus denen an unzähligen Orten Rauch emporstieg. Am schönsten nahm sich der Anblick aus, als wir an den nördlichen Ufern dieser kleinen Inseln dahinsegelten und sie nun eine nach der anderen sich von der größeren Insel absetzten, so daß man zwischen all den Durchfahrten frei hindurchsehen konnte. Endlich steuerten wir westwärts und entdeckten hinter einem auf der Hauptinsel Tierra del Espiritu Santo gelegenen Vorgebirge eine sehr geräumige Bai, die am Eingang fünf Seemeilen breit war. Die umliegende Gegend bestand auf viele Meilen weit aus Hügeln und breiten Tälern und schien überall anmutig, fruchtbar und bewohnt zu sein. Auf dem westlichen Ufer kamen viele Eingeborene zum Vorschein. Nachdem sie uns lange genug angegafft hatten, stießen einige in einem Kanu vom Lande ab und ruderten auf uns zu, aber sie getrauten sich nicht nahe heran.

Wir warfen an verschiedenen Stellen das Senkblei, fanden aber eine Meile vom Ufer bei 130 und 140 Faden nirgends Grund. Bald darauf wurde es völlig Nacht, so daß man das Ufer nur am Schimmer der hin und wieder aufflackernden Feuer erkennen konnte. Wir waren also in einer ziemlich unsicheren Lage und schon im Begriff, die Boote auszusetzen, um das Schiff bugsieren zu lassen, als ein Lüftchen aufstieg, mit dessen Hilfe wir mitten in die Bai segelten. Hier erwarteten wir das Tageslicht und fuhren dann fort, südwärts in die Bai hineinzusteuern, dies währte aber nicht lange, denn gegen Mittag hatten wir schon wieder Windstille. Nach Tisch mußten zwei Boote tiefer in die Bai rudern, um sich nach einem Hafen umzusehen. Während dieser Zeit kamen zwei Kanus mit dreieckigen Segeln vom Ufer und näherten sich ziemlich schnell. In jedem saßen vier Mann, die ganz nackt waren. Auf dem Scheitel trugen sie einen Federbusch, andere hatten eine weiße Muschel vor die Stirn gebunden und ein Blatt von der Sagopalme wie eine Mütze um den Kopf gewickelt. Ihre Armbänder bestanden aus Muschelwerk, und um den Leib trugen sie einen Gürtel, an dem vorn und hinten ein Stück Matte bis zu den Knien herabhing. Die Kanus waren mit einem Ausleger versehen und schlecht gearbeitet. Darin lagen einige Speere mit zwei bis drei Spitzen, die zum Fischfang dienten. Sobald sie uns nahe genug waren, riefen wir ihnen zu und ließen Nägel und andere Geschenke herab, die sie sofort in Empfang nahmen. Die Nägel machten ihnen die meiste Freude, sie müssen also dieses Metall bereits kennen. Vielleicht ist seit Quiros Zeiten etwas Eisenwerk hier zurückgeblieben und durch seine Dauerhaftigkeit bei den Eingeborenen beliebt geworden. Sie schickten uns an dem Strick, mit dem wir unsere Geschenke hinabgelassen hatten, einen Freundschaftszweig hinauf, sonst aber hatten sie uns nichts zu geben. Wir redeten sie mehrmals an, und sie antworteten uns auch, doch verstand keiner den anderen. Ich deutete mit dem Finger auf das Land und verlangte den Namen der Insel zu wissen. Sie antworteten nur mit dem Wort Fannua, welches soviel wie Land bedeutet, weshalb wir die von Quiros stammende Benennung Tierra del Espiritu Santo beibehielten. Beim Anblick unserer vom Lande zurückkehrenden Boote kehrten auch sie zurück.

Leutnant Pickersgill, der die Boote kommandiert hatte, berichtete, daß er nicht eher als innerhalb zwei bis drei Kabellängen (1 Kabellänge gleich 100 Faden, etwa 185 m) vom Ufer einen sehr guten Ankergrund gefunden habe. Dort war auch ein schöner Fluß vorhanden. Der Leutnant fuhr also hinein, während eine Menge Insulaner aus dem Gebüsch hervorguckten. Er ließ es nicht an freundlichem Rufen und Winken fehlen, da aber nicht ein einziger zum Herauskommen zu bewegen war, kehrte er nach dem Schiff zurück. Die Boote wurden eingehoben, und wir segelten bei gelindem Winde allmählich aus der Bai. Was Quiros von der Anmut und Fruchtbarkeit dieses Landes gerühmt, ist sehr begründet. Im Pflanzenreich würde unstreitig manche schöne Entdeckung zu machen gewesen sein, zumal da die Insel, Neuseeland ausgenommen, das größte Land, das wir bisher angetroffen, und außerdem noch von keinem Naturforscher besucht worden war. Allein das Studium der Natur wurde auf der Reise immer nur als Nebensache betrachtet, nicht anders, als ob der Zweck der ganzen Unternehmung nur darauf hinausliefe, auf der südlichen Halbkugel »nach einer neuen Kurslinie« umherzusegeln. Ein Glück war es, daß wenigstens dann und wann die Bedürfnisse der Mannschaft mit den Wissenschaften den gleichen Gegenstand hatten, sonst würden die letzteren vielleicht ganz leer ausgegangen sein.

Nachmittags wurde ein Haifisch gefangen, der uns am folgenden Tage eine frische Mahlzeit lieferte. In unserer kleinen Bibliothek fand sich beim Wegrücken einiger Bücher ein Skorpion, der vermutlich bei den Freundschaftlichen Inseln mit einem Bündel Pisangfrüchte an Bord gekommen war. Abends fingen wir einen Tölpel, der sich auf der großen Rahe niedergelassen hatte. Wir liefen nochmals in die Durchfahrt zwischen Mallikolo und Espiritu Santo, damit an der Umschiffung der letzteren Insel nichts fehlen sollte. Nunmehr hatten wir unser Ziel, den hier befindlichen Haufen von Inseln ganz zu umschiffen, völlig erreicht. Er bestand aus zehn großen und einer Menge kleiner Inseln, die von allen im Südmeer bekannten Inseln am weitesten nach Westen liegen, bisher aber noch von keinem Seefahrer untersucht worden waren und auch noch keinen allgemeinen Namen führten. Diesen erteilte ihnen Kapitän Cook, er nannte sie nämlich in Beziehung auf die an der Westküste von Schottland liegenden Hebriden die Neuen Hebriden. Diese Gruppe von Inseln, die wir innerhalb von sechsundvierzig Tagen nur obenhin untersucht hatten, scheint der Aufmerksamkeit künftiger Seefahrer wert zu sein, zumal wenn je wieder eine Reise in der rühmlichen Absicht unternommen werden sollte, die Wissenschaften zu fördern. Ich brauche nicht wie Quiros vorzugeben, daß hier großer Reichtum an Silber und Perlen zu finden sei. Er mußte freilich so sagen, um den eigennützigen Hof nur einigermaßen zu seinem großen Vorhaben anzuspornen. Jetzt aber sind dergleichen Lockungen gottlob nicht mehr so nötig. Schon haben die Mächtigsten unter den Herrschern Europas mehr als eine Reise nach entfernten Weltteilen veranstaltet, nur um die Wissenschaften und den allgemeinen Vorteil des Menschengeschlechts zu begünstigen. Sie scheinen endlich einmal inne geworden zu sein, daß sich für eben das Geld, das sonst zur Besoldung feiler Lustigmacher und Schmeichler erforderlich war, die glänzendsten Fortschritte, ja förmliche Revolutionen in den Wissenschaften erzielen lassen.

Nunmehr richteten wir unseren Lauf gegen Süden, um die Südsee in ihrer größten Breite, nämlich bis zur Spitze von Amerika zu durchkreuzen. So weit dieser Weg und so entkräftet unsere Mannschaft auch war, so hatte sich der Kapitän dennoch vorgenommen, auf der ganzen Fahrt nirgendwo anzulegen. Wäre dieser Plan zur Ausführung gekommen, dann hätten wir unfehlbar mehrere von unseren Leuten eingebüßt. Glücklicherweise aber hatten wir kaum drei Tage unseren Lauf eingehalten, als wir auf ein großes Land stießen, das noch kein Europäer gesehen hatte, und nun bekam der Rest unserer Unternehmungen im Südmeer auf einmal eine ganz andere Wendung.

21. Kapitel

Entdeckung von Neukaledonien – Nachricht von unserem dortigen Aufenthalt – Fahrt längs der Küste bis zur Abreise – Entdeckung der Norfolk-Insel – Rückkehr nach Neuseeland

Am 4. September morgens um sieben Uhr entdeckte ein Seekadett vom Mastkorb aus im Süden Land. Es schien des nebligen Wetters halber noch weit von uns zu sein, als sich jedoch die Luft aufgehellt hatte, sahen wir, daß die Entfernung kaum acht Seemeilen betragen mochte, da es aber zugleich windstill geworden war, näherten wir uns nur äußerst langsam. Am Nachmittag konnte man bereits an mehreren Orten Rauch aufsteigen sehen und folglich das Land für bewohnt halten. Das zuerst entdeckte Vorgebirge wurde nach dem jungen Offizier, der es erblickt hatte, Kap Colnett, das ganze Land hingegen Neukaledonien genannt. Frühmorgens näherten wir uns mit frischem Wind der Küste und entdeckten bald das Korallenriff, das parallel dem Ufer ungefähr drei Seemeilen davon entfernt lag. Innerhalb des Riffs segelten verschiedene Kanus herum, die je zwei Segel führten. Bald darauf fuhren einige Kanus über das Riff zu uns her. Sie gafften uns eine Weile an, fuhren dann aber wieder zurück. Unterdessen hatten wir eine Durchfahrt im Riff entdeckt und zwei Boote zur Sondierung in See gesetzt. Bald gaben unsere Leute Zeichen, daß sie eine Durchfahrt gefunden hätten, und wir sahen, daß sie sich mit den Eingeborenen in einem wohlbemannten Kanu ganz vertraulich unterhielten. Wir gelangten nun durch den Kanal innerhalb des Riffs, wo die See ganz ruhig war. An der engsten Stelle hielten einige Kanus, aus welchen die Eingeborenen uns zuwinkten, nur ja in der Mitte der Durchfahrt zu bleiben. Wir sahen am Fuß der Gebirge eine schmale Ebene mit Bäumen und Büschen vor uns, auch bekamen wir einige Häuser zu Gesicht, die kegelförmig, fast wie große Bienenkörbe gestaltet waren und statt der Tür nur eine Öffnung hatten.

Mittlerweile kam Leutnant Pickersgill im Boot zurück und erzählte, daß die Mannschaft des Kanus sich sehr freundlich betragen und einen ihrer Landsleute, den sie Tea-buma nannten, als ihren

Eriki oder König vorgestellt hätten. Er hatte ihm einige Kleinigkeiten geschenkt und den Rest an die übrigen verteilt, die aber alles dem Tea-buma übergaben. Leutnant Pickersgill brachte einige Fische mit, die er als Gegengeschenk bekommen hatte, aber sie waren bereits in Fäulnis geraten und nicht zu genießen. Als wir geankert hatten, drängten sich ungefähr zwanzig Kanus ans Schiff, deren jedes aus zwei durch eine Plattform aus Brettern zusammengefügten Kähnen bestand. Auf der Plattform lag ein Haufen mit Asche vermengter Erde, und auf diesem wurde ständig Feuer unterhalten. Viele Insulaner stiegen ganz zutraulich an Bord, und bei Tische bekamen wir noch mehr Besuch, Pökelfleisch aber wollten sie ebensowenig anrühren wie Wein trinken, die Yams ließen sie sich aber schmecken. Nur schade, daß unser Vorrat davon gering war. Alles Rote stach ihnen in die Augen, besonders das rote Tuch oder Boy, doch gaben sie niemals etwas dafür wieder. Die Insulaner waren von allen, die wir bisher gesehen hatten, sehr verschieden, nämlich groß und wohlproportioniert, ihre Gesichtszüge sanft, Haar und Bart schwarz und stark gekräuselt und die Farbe der Haut ins Schwarze fallend, aber dunkelkastanienbraun wie die der Bewohner von Tanna.

Nachmittags fuhren wir unter Bedeckung von zwölf Seesoldaten in zwei starkbemannten Booten dem Ufer zu und stiegen auf einer flachen Landzunge aus, wo ein Haufen teils wehrloser, teils bewaffneter Insulaner versammelt war. Gleich darauf hielt ein junger Mann, den uns Leutnant Pickersgill als den König Tea-buma zeigte, eine Rede. Bald darauf erschien ein Befehlshaber, der ebenfalls eine Rede hielt, und nun mischten wir uns ohne Bedenken unter die Versammlung. Die Insulaner waren von großer Statur, das einzige aber, was ich vorher noch nicht wahrgenommen hatte, bestand darin, daß manchen die Arme und Beine ungewöhnlich dick geschwollen und mit einer Art von Aussatz behaftet waren. Einige sahen wie Neger aus, wozu ihre platten Nasen und aufgeworfenen Lippen nicht wenig beitrugen. Statt aller Kleidungsstücke trugen sie nur eine Schnur um den Leib und eine andere um den Hals. Die Männer hatten die Zeugungsteile in ein Stückchen Zeug gewikkelt und diese runde Wulst entweder an der Gürtelschnur in die Höhe gezogen oder unterwärts frei herabhängen. So sittsam das auch gemeint sein mochte, so konnten wir Europäer es doch ebensowenig züchtig nennen wie die ähnliche Tracht der Mallikoleser, bei welcher das, was versteckt werden sollte, vielmehr recht sichtbar wurde. In der Tat sah auch jeder Einwohner dieses Landes wie ein umherwandernder Priap aus. Indessen sind die Begriffe von Scham in allen Ländern verschieden und ändern sich von Zeit zu Zeit. Die Trachten, besonders die Rüstungen, die im fünfzehnten und sechzehnten Jahrhundert an allen europäischen Höfen Mode waren, würde man jetzt für äußerst unanständig halten, wer getraut sich aber zu behaupten, daß heutzutage mehr Schamhaftigkeit in der Welt sei als damals, oder wer wollte den tugendhaften Charakter jener unüberwindlichen Ritter, die sich den Ruhm der Keuschheit, der Ehre und der edelsten Sitten erwarben, bloß deshalb in Zweifel ziehen, weil sie Hosen nach der damaligen Mode trugen?

Da Kapitän Cook vor allen Dingen frisches Wasser ausfindig machen wollte, eilte er mit uns bald wieder ins Boot und fuhr am Ufer hinauf, das überall von Manglebäumen beschattet war. Die Insulaner verliefen sich abenfalls, um nach Hause zurückzukehren. Zwei von ihnen gingen am Strand entlang und mußten die äußerste Mühe anwenden, um sich zwischen den dichtverwachsenen Manglebäumen hindurchzuarbeiten. Wir nahmen sie ins Boot, und als wir etwa zwei Meilen zurückgelegt hatten, zeigten sie uns eine Einfahrt zwischen den Manglebäumen, die die Mündung eines Flusses zu sein schien. Wir ruderten eine Weile den Krümmungen nach und fanden endlich, daß der Weg zu einem Wohnplatz der Insulaner führte. Einige von ihnen standen am Ufer und waren Zeugen, als ich eine Ente schoß. Sie schienen sich zwar über die Wirkung des Feuergewehrs zu wundern, aber doch nicht davor zu erschrecken. Endlich landeten wir an einer Stelle, wo der Fluß kaum zwölf Fuß breit war. Hier wohnten einige Familien, die mit Weib und Kindern ganz vertraulich zu uns kamen. Die Weiber waren kastanienbraun, von mittlerer Statur und zum Teil plump gebaut. Was sie vollends verunstaltete, war ihre Tracht, die nicht häßlicher sein konnte. Man stelle sich einen kurzen Rock vor, der aus unzähligen, an einem langen Strick befestigten Schnüren bestand. Dieser Strick wurde einigemal um die Hüften gewickelt, so daß die Schnüre schichtweise übereinander lagen und von der Mitte des Leibes an gleichsam ein dichtes Strohdach ausmachten, das den Frauen eine häßliche, unförmige Figur gab.

Waffen und Kopfputz aus Neukaledonien:
Spieß mit Wurfriemen, Mütze mit Schleuder, Streitkolben

Ungefähr zwanzig Schritte vom Ufer entfernt lagen die Wohnhütten auf einer kleinen Anhöhe. Sie waren zehn Fuß hoch, kegelförmig gestaltet, aber oben nicht zugespitzt. Das Tageslicht fiel durch ein Loch, das auch als Tür diente, aber nur vier Fuß hoch war. Die Hütte war voller Rauch, und am Eingang lag ein Haufen Asche. Es scheint, daß die Feuer hauptsächlich der Mücken wegen angezündet werden. Um die Hütte standen einige Kokospalmen, Zukkerrohr, Pisangstämme und Arumwurzeln. An eine Mannigfaltigkeit von Früchten, wie wir sie bisher auf den Inseln angetroffen hatten, war hier gar nicht zu denken, vielmehr erinnerte uns alles an die Armut der Osterinsel. Nach einigem Verweilen kehrten wir mit unseren Booten zurück und waren völlig überzeugt, daß der Mangel an Nahrungsmitteln die einzige Ursache sei, warum man uns keine überlassen hatte.

Am folgenden Morgen kamen die Eingeborenen ziemlich früh ans Schiff. Auf jedem Kanu brannte ein Feuer, und zwar auf einem Haufen von Steinen und Asche. Es waren auch einige Weiber unter dieser Gesellschaft, von denen jedoch keine an Bord wollte, die Männer hingegen kamen ohne Einladung herauf und boten ihre Waffen gegen Stücke Zeug an. Um einen nähergelegenen Platz zum Füllen der Wasserfässer ausfindig zu machen, schickte der Kapitän die Boote von neuem aus. Wir gingen mit und stiegen dort aus, wo wir gestern gelandet waren. Wir eilten nach einer nahen Anhöhe, von wo man weit und breit nach Wasser Ausschau halten konnte. Was uns an der Aussicht am meisten gefiel, war eine Reihe schattiger Bäume und grüner Büsche, die in einer Linie von der See bis an die Berge reichten und allem Anschein nach längs den Ufern eines Baches stehen mußten. Wir hatten uns nicht geirrt, denn unter diesen Bäumen fand sich wirklich ein kleiner Fluß. Ungefähr zweihundert Schritte weit vom Strand war das Wasser schon nicht mehr mit Seesalz vermischt, folglich konnten hier die Fässer mit geringer Mühe gefüllt und ans Schiff gebracht werden.

Gegen Mittag kehrten wir mit einer Bootsladung Wasser zum Schiff zurück. Während unserer Abwesenheit hatte Herr Wales einige Instrumente aufgerichtet, um eine Sonnenfinsternis zu beobachten. Von der Verfinsterung konnte aber nur das Ende aufgenommen werden, da bei ihrem Eintritt eine Wolke vorüberzog. Gegen

Abend gingen wir mit dem Kapitän zur Wasserstelle. Von den Insulanern waren einige so zutraulich, uns ihre Waffen zu verkaufen. Wir suchten ihnen begreiflich zu machen, daß es uns an Nahrungsmitteln fehle, doch sie waren gegen alle Winke dieser Art taub, weil sie augenscheinlich für sich selbst nicht genug hatten. Der Boden taugt hierzulande auch wirklich nur an wenigen Orten zum Ackerbau und lohnt die Mühe und Arbeit nur kärglich.

Am 11. morgens, noch ehe die Insulaner an Bord kamen, wurde ein Boot abgeschickt, um nach seemännischem Brauch einen unserer Leute zu versenken, der als Schiffsfleischer mit auf die Reise gegangen und gestern an den Folgen eines unglücklichen Sturzes gestorben war. Er war ein sechzigjähriger, arbeitsamer, in seinem Beruf unermüdlicher Mann und übrigens der dritte, den wir bisher verloren hatten, da einer ertrunken und ein anderer an der Wassersucht gestorben war.

Nach dem Frühstück gingen wir mit dem Kapitän an Land, um die Berge zu besteigen, von denen unser Bach herabrieselte. Unweit des Gipfels bemerkten wir eine Anzahl in die Erde gesteckter Pfähle, über die man trockene Äste gelegt und Laub gestreut hatte. Die Insulaner erklärten uns, daß sie auf diesem Berge ihre Toten begrüben und daß die Pfähle zur Bezeichnung der Grabstätten dienten. Gleich nach unserer Rückkehr zum Wasserplatz eilten wir ans Schiff, wo eine Menge Insulaner versammelt war, die Keulen, Speere und Zierate verhandelten. Einer unter ihnen war von sehr großer Statur, er maß wenigstens sechs Fuß fünf Zoll, mit seiner schwarzen, aufrechtstehenden Mütze wohl noch acht Zoll mehr. Des Wertes ungeachtet, den sie auf solche Mützen setzen, glückte es uns dennoch, einige gegen tahitisches Zeug einzutauschen. Ein anderer wichtiger Teil ihres Putzes bestand in Ohrgehängen, wovon manche eine ungeheure Menge trugen. So zählten wir zum Beispiel an einem nicht weniger als zwanzig aus Schildkrötenschale verfertigte Ringe.

Unsere großen Nägel begannen nun gangbare Münze zu werden, ja die Insulaner sahen den Wert des Eisens bald so gut ein, daß sie zu den runden Bolzen, woran die Stricke festgemacht werden, große Lust bezeigten. Sie schienen vorzüglich brauchbar zu sein, um mit ihrer Hilfe Löcher in die Planken der Kanus zu brennen, durch die sie dann zusammengenäht werden. So sehr ihnen aber die eisernen

Bolzen zu gefallen schienen, so unterstand sich doch keiner, diese oder die geringste andere Kleinigkeit zu entwenden. Über ihre Fertigkeit im Schwimmen mußten wir uns oft wundern. Das Schiff lag eine gute Meile weit vom Ufer, aber trotz dieser Entfernung kamen sie scharenweise herbeigeschwommen und hielten ihr Stückchen braunes Zeug mit einer Hand über Wasser, auf die gleiche beschwerliche Weise brachten sie auch Wurfspieße und Keulen mit.

Nachmittags fuhren wir abermals an Land. Am Wasserplatz hatten sich viele Eingeborene versammelt, und es waren auch einige Weiber darunter, die ohne Furcht vor ihren eifersüchtigen Männern an den Galanterien unserer Matrosen Gefallen zu finden schienen. Sie winkten sie zu sich ins Gebüsch, wenn aber der glückliche Liebhaber ihnen dorthin folgte, liefen sie mit unerreichbarer Behendigkeit davon und lachten den betrogenen Adonis aus. Es hat sich auch wirklich, solange wir auf der Insel waren, nicht eine einzige Insulanerin in die geringste Vertraulichkeit mit den Europäern eingelassen.

Wir waren noch nicht lange an Bord zurück, als der Schreiber des Kapitäns einen Fisch schickte, den ein Insulaner soeben mit einem Speer geschossen hatte. Da es eine neue Art war, machte ich mich sofort daran, ihn zu beschreiben und zu zeichnen. Er gehörte zu der Gruppe von Fischen, wovon verschiedene Arten für giftig gehalten werden. Wir ließen dies den Kapitän wissen, zumal man wegen der häßlichen Gestalt und des dicken Kopfes nicht viel Gutes erwarten konnte. Der Kapitän behauptete aber, er habe eben diese Art an der Küste von Neu-Holland ohne allen Schaden gegessen. Wir freuten uns also schon, am nächsten Tag eine frische Mahlzeit zu bekommen, und setzten uns abends zu Tisch, um die Leber zu verzehren. Sie war aber von so öligem Geschmack, daß der Kapitän, mein Vater und ich nur ein paar Bissen davon aßen. Gegen drei Uhr morgens wurde mein Vater durch eine sehr unbehagliche Empfindung aus dem Schlaf geweckt. Hände und Füße waren wie erstarrt, und als er aufstehen wollte, konnte er sich kaum auf den Füßen halten. Auch Kapitän Cook wachte, konnte aber nicht stehen, ohne sich festzuhalten. Mein Vater kam an mein Bett, ermunterte mich mit Gewalt, und nun fühlte ich erst, wie übel es mir war. Wir schleppten uns in die große Kajüte und ließen unseren Wundarzt Patton holen.

Er fand uns wirklich in einem mißlichen Zustand und gab uns Brechmittel. Bei meinem Vater und mir hatten sie gute, bei Kapitän Cook jedoch nur wenig Wirkung. Darauf mußten wir schweißtreibende Arznei nehmen und wieder zu Bett gehen.

Um acht Uhr standen wir auf, immer noch schwindlig und schwer im Kopfe. Ich fand mich jedoch soweit wiederhergestellt, daß ich den ganzen Vormittag aufbleiben und einige Pflanzen und Vögel zeichnen konnte. Mittags ging mein Vater an Deck, um mit einigen Insulanern zu reden. Sobald sie den Fisch sahen, der unter dem Deck hing, gaben sie durch Zeichen zu verstehen, daß er Schmerzen im Magen hervorrufe, dann legten sie den Kopf mit geschlossenen Augen in die Hand, um anzudeuten, daß er Betäubung und sogar den Tod verursache. Wir boten ihnen den Fisch an, sie weigerten sich aber mit dem äußersten Abscheu, ihn zu nehmen, ja sie baten uns sogar, ihn in die See zu werfen. Wir hielten es aber für ratsamer, ihn in Weingeist aufzubewahren. Das Gift, das uns so übel bekommen war, äußerte seine Wirkung auch an einigen Hunden, die über den Rest der Leber hergefallen waren. Das einzige Ferkel, das wir von Tanna mitgenommen hatten, schwoll entsetzlich an und büßte unter heftigen Zuckungen sein Leben ein, weil es die Eingeweide des Fisches verschluckt hatte.

Obschon wir noch sehr schwach waren, wagten wir uns doch am folgenden Morgen wieder an Land. Wir durchwanderten einen Teil der Ebene, wo nirgends eine angebaute Stelle, sondern überall nur dünnes und vertrocknetes Gras zu sehen war. Ein Fußpfad führte uns zu einem schönen Gehölz, und in diesem gab es viele neue Pflanzen, Vögel und Insekten. Das Auge suchte aber vergeblich auch nur die Spur einer Hütte. Überhaupt muß die Zahl der Bewohner sehr gering sein, denn auf den Bergen kann das Land nicht gebaut werden, ist schmal und meist unfruchtbar und wüst. Wir gingen weiter und fanden endlich einige Häuser, die zwischen Sümpfen lagen. Einige Bewohner kamen herbei, um uns zu zeigen, wo wir ohne Gefahr gehen konnten. Vor einigen Hütten saßen die Eingeborenen bei einer kärglichen Mahlzeit aus gargemachten Blättern, während andere den Saft aus der überm Feuer gerösteten Rinde des Hibiscus tiliaceus saugten. Wir kosteten dieses Gericht, fanden es aber unschmackhaft und widrig, auch kann es nicht besonders nahrhaft sein.

Die Leute scheinen sich in gewissen Jahreszeiten sehr behelfen zu müssen, besonders im Frühling, wenn die Wintervorräte aufgezehrt, die neuen Früchte aber noch nicht zur Reife gekommen sind. Fische werden dann wohl ihre einzige Nahrung sein, nur jetzt mußten sie darauf verzichten, da das Wetter zu stürmisch war.

Bei den Hütten gab es eine beträchtliche Anzahl von zahmen Hühnern, dies waren aber auch die einzigen Haustiere. Ebendort lagen große Haufen von Muschelschalen, die sie auf den Riffen eingesammelt und das Fleisch verzehrt hatten. Im ganzen genommen waren die Leute von träger, gleichgültiger Gemütsart, fast ohne alle Neugier. Oft standen sie nicht einmal von ihren Sitzen auf, wenn wir vorbeigingen. Nur die Frauen waren etwas aufgeräumter, obschon sie bei ihrer hohen Abhängigkeit von den Männern am wenigsten Ursache dazu zu haben schienen. Die Verheirateten mußten in einem Beutel auf dem Rücken ihre Kinder mit sich herumtragen, und schon dies sah nicht gerade erheiternd aus.

Bald darauf kamen wir an eine Umzäumung aus Stöcken, die einen Erdhaufen einschloß. Innerhalb der Umzäunung waren noch andere Stöcke in die Erde geschlagen und auf diese große Muschelhörner gesteckt. Wir brachten heraus, daß dies die Grabstätte der Befehlshaber dieses Distriktes sei. Es scheint hier also Sitte zu sein, daß man die Toten zur Erde bestattet, und das ist wahrlich gescheiter, als daß man sie wie zu Tahiti auf der Erde liegen läßt, bis das Fleisch ganz weggefault ist. Sollte auf jener Insel einmal ein starkes Sterben einreißen, so würde diese Gewohnheit sehr üble Folgen haben und schreckliche Epidemien nach sich ziehen.

Am folgenden Morgen stürmte es dermaßen, daß sich auch nicht ein einziger Insulaner ans Schiff wagte. Wir hingegen ließen uns durch den Sturm nicht abhalten, wieder an Land zu gehen, kamen dort aber ziemlich durchnäßt an und machten einen Gang nach Westen hin. Unsere Mühe wurde durch allerhand neue Vogelarten belohnt, die zu den bisherigen Sammlungen einen wichtigen Zuwachs bedeuteten. Wir hielten uns bei verschiedenen Hütten auf, von hier aber ging jeder von uns einen eigenen Weg. Dr. Sparman und mein Vater stiegen in die Berge hinauf, ich aber blieb in der morastigen Ebene und unterhielt mich mit den Eingeborenen, so gut es gehen wollte. Ich bemerkte viele Leute, die einen ungeheuer dicken

Arm oder ein dickes Bein hatten. Einem waren gar beide Beine geschwollen. Ich untersuchte die Geschwulst und fand sie überaus hart. Die unförmige Dicke der Arme oder Beine schien ihnen aber weder lästig noch hinderlich zu sein, und habe ich sie recht verstanden, so empfanden sie auch selten Schmerzen daran. Diese Elefantiasis, die nach Meinung der Ärzte eine Art Aussatz ist, scheint heißen und dürren Ländern eigen zu sein.

Bei unserer Rückkehr an Bord trafen auch die beiden Boote wieder ein, mit denen Leutnant Pickersgill nach Westen abgeschickt worden war. Wir hatten nun das Vergnügen, von diesem tüchtigen Offizier mehr darüber in Erfahrung zu bringen. Am nordwestlichen Ende der Insel näherte er sich dem Ufer und stieg aus. Der Boden war dort fruchtbarer und mehr bebaut als an unserem Ankerplatz und mit vielen Kokospalmen besetzt. Zwei Eingeborene, die am Schiff gewesen waren und gehört hatten, daß die Boote nach der im Norden liegenden Insel Balabia fahren sollten, gingen mit dorthin. Einer von ihnen mit Namen Bubik war ein lustiger Kerl und darin von seinen Landsleuten sehr verschieden. Er plauderte viel mit den Matrosen und teilte ihnen seinen Namen mit, den sie in ihrer gewöhnlichen Laune in Bubi (booby) oder Tölpel verwandelten. Der gute Narr war hocherfreut, sich so nennen zu hören, und ebendas machte bei den Matrosen den Hauptspaß aus. Als aber die Wellen ins Boot schlugen, wurde er mausestill und kroch in einen Regenmantel, um trocken zu bleiben. Endlich kam ihn auch der Hunger an, und er nahm mit Dankbarkeit alles an, was ihm unsere Leute zukommen ließen. Alle diese Freude hätte sich jedoch bald in allgemeines Leid verkehrt. Das Boot wurde nämlich leck, so daß trotz eifrigen Schöpfens mit Händen, Hüten und anderen Dingen immer mehr Wasser eindrang. Die Leute sahen sich schon genötigt, ein Faß mit Trinkwasser und viele andere Dinge über Bord zu werfen, bis endlich nach Wegräumung einiger Packen das Leck glücklicherweise entdeckt, mit Mützen und Lumpen verstopft und die Reise nach Balabia fortgesetzt werden konnte.

Leutnant Pickersgill, der sich in dem kleineren Boot befand, traf unterwegs ein Kanu mit Eingeborenen, die vom Fischfang zurückkehrten und unseren Leuten einen großen Teil ihres Fangs gegen etwas Eisenwerk überließen. Mittlerweile war es ziemlich spät geworden, als sie auf der Insel landeten. Unsere Leute lagerten sich neben einigen Büschen und zündeten ein großes Feuer an, bei dem sie ihre Fische brieten und verzehrten. Die Insulaner leisteten ihnen in großer Menge Gesellschaft. Sie waren zum Teil gesprächiger als die Leute von Neukaledonien und erzählten unter anderem von einem großen Lande im Norden, das sie Mingha nannten, dessen Einwohner sehr kriegerisch und ihre Feinde seien. Sie zeigten auch auf einen Hügel mit der Andeutung, daß darunter einer ihrer Befehlshaber begraben läge, der in einem Gefecht gegen die Leute von Mingha geblieben sei. Ein großer Rinderknochen, den unsere Leute hervorlangten, um den Rest des daran befindlichen Pökelfleisches abzunagen, unterbrach mit einemmal die freundschaftliche Unterredung. Die Insulaner begannen sehr laut und erregt untereinander zu reden und unsere Leute mit Erstaunen und Abscheu anzusehen. Endlich gingen sie sogar weg und gaben durch Zeichen zu verstehen, daß ihre fremden Gäste Menschenfresser sein müßten. Der Offizier suchte diesen Argwohn abzuwehren, aber aus Mangel an Sprachfertigkeit wollte ihm dies nicht gelingen.

Am folgenden Morgen machten sich die Matrosen an die Ausbesserung des Bootes und ließen ihre nassen Kleider in der Sonne trocknen. Die Insulaner versammelten sich in solcher Menge um sie her, daß Leutnant Pickersgill Linien in den Sand ziehen ließ, die von keinem der Wilden überschritten werden durften. Sie ließen sich dies ohne Widerspruch gefallen, nur einer war in dem Haufen, der darüber mehr Verwunderung zeigte als die anderen, und er fing an, mit einem Stock einen Kreis um sich herum zu ziehen und unter allerlei possierlichen Grimassen den Umstehenden anzudeuten, daß sie auch ihm vom Leibe bleiben sollten. Bei der gewöhnlichen Ernsthaftigkeit der Insulaner war dieser humoröse Einfall sonderbar und merkwürdig genug. Nachdem unsere Leute den ganzen Tag mit der Ausbesserung des Bootes und der Erkundung der Insel zugebracht hatten, ging die Rückreise am folgenden Morgen bei Tagesanbruch vor sich. Unglücklicherweise war das Leck so schlecht gestopft, daß sie schon an der nächstgelegenen Landspitze Neukaledoniens bis auf die Ruderer aussteigen und den Rückweg zum Schiff zu Fuß zurücklegen mußten. Ein Unterarzt hatte auf dieser Reise nach Balabia eine große Menge neuer Seemuscheln und Pflanzen gefunden, allein er ließ sich nicht bewegen, uns etwas davon abzugeben.

Am folgenden Morgen begleiteten wir den Kapitän nach dem Fluß im Osten, wohin er ausdrücklich ging, um seinem Freunde Hibai ein paar Schweine zu schenken und auf diese Weise einem Volke zahmes Schlachtvieh zu verschaffen, dessen friedfertiges Wesen ein solches Geschenk zu verdienen schien. Wir fanden den Mann und seine Familie in denselben Hütten, wo wir ihn zuerst angetroffen hatten, und nachdem Kapitän Cook ihm die Schweine übergeben hatte, ließ sich's ein jeder von uns angelegen sein, dem guten Hibai begreiflich zu machen, daß die Fortpflanzung dieser Tiere ihm mit der Zeit reichliche Nahrung verschaffen werde, daß sie also deswegen sorgfältig gepflegt zu werden verdienten. Er sowohl wie seine Familie zeigten aber so viel Furcht und Abscheu davor, daß sie uns durch Zeichen baten, sie wieder mit uns zu nehmen. Wir verdoppelten nun unsere Bemühungen und bewogen sie endlich, die Tiere zu behalten. Ihr Widerwille konnte uns indes nicht befremden, denn das Schwein ist nichts weniger als schön von Gestalt, und die Leute, die dergleichen nie gesehen, können wohl natürlicherweise keinen Gefallen daran finden. Die armen Bewohner von Neukaledonien hatten bisher noch kein anderes als das Fleisch von Fischen und Vögeln gekostet, ein vierfüßiges Tier mußte ihnen allerdings etwas Fremdes und Erstaunliches sein.

Wir kamen an einer Plantage vorbei, wo eine Gruppe Insulaner, meist Frauen, damit beschäftigt waren, ein morastiges Stück Land umzugraben und zu reinigen, vermutlich um nachher Yam- und Arumwurzeln darauf zu pflanzen. Sie bedienten sich dabei einer Hacke von Holz, die einen langen, krummen Schnabel hatte. Dies Werkzeug dient ihnen auch als Waffe. Der Boden scheint hier so ärmlich zu sein, daß er mehr Bearbeitung erfordert als anderswo. Ich hatte noch auf keiner anderen Insel des Südmeers ein ähnliches Umgraben und Umwühlen des Erdreichs bemerkt. Wir schossen einige neue schöne Vögel und kehrten ans Schiff zurück, wo schon alle Anstalten zur Abreise gemacht wurden. Nach Tische landeten wir noch einmal am Wasserplatz. Kapitän Cook ließ dort dicht am Bach in einen dicken Baum folgende Inschrift hauen:

His Brittanic Majesty's Ship Resolution Sept. 1774.

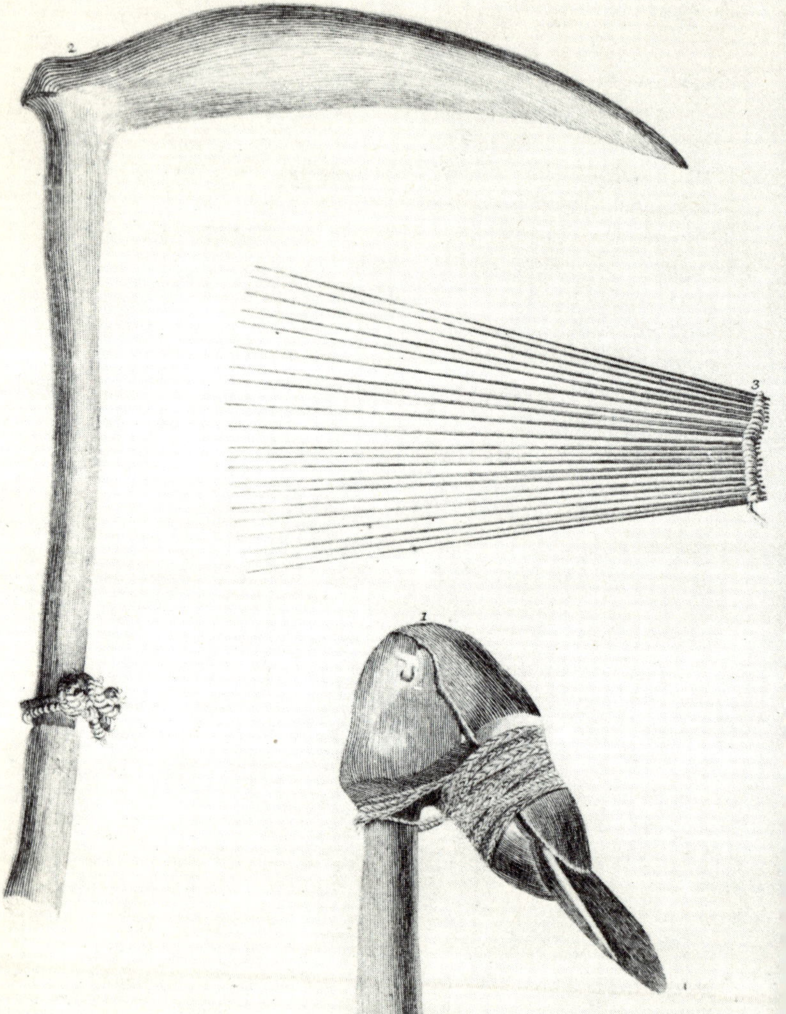

Geräte von Neukaledonien:
Beil und Axt, die auch als Bodenhacke dienen,
Kamm aus harten Holzstäben

Bei Anbruch des folgenden Tages wurde der Anker gelichtet. Wir waren bald aus den Riffen heraus und steuerten nordwestwärts an der Küste entlang. Unser Aufenthalt in diesem Hafen hatte nur achteinhalb Tage gedauert. Am dritten wurden wir bereits vergiftet und dadurch außer Stand gesetzt, die Zeit zu nutzen. Selbst bei der Abreise waren wir noch lange nicht wiederhergestellt. Überhaupt wollten unsere Kräfte jetzt kaum noch zu den kleinen Beschäftigungen ausreichen, die wir auf offener See vorzunehmen pflegten, und der Mangel an frischer Kost war freilich kein Mittel, uns wieder aufzuhelfen.

Wir steuerten nunmehr längs den Felsenriffen, womit Neukaledonien umgeben ist. In der Gegend der Insel Balabia war das Riff an einigen Stellen sechs Seemeilen von der Küste entfernt. Fregattvögel, Tölpel und tropische Vögel umschwärmten jetzt häufig das Schiff. Am 15. entdeckten wir, daß am Nordende von Neukaledonien drei Inseln liegen, da wir aber keine Durchfahrt im Riff fanden, mußten wir sie unerforscht lassen. Vier Meilen vom Riff wurden wir von einer Windstille überfallen, und die Wellen trieben uns gerade auf die Felsen zu. Die Gefahr war so groß, daß unverzüglich zwei Boote ausgesetzt werden mußten und die Leute es sich sauer werden ließen, uns an Stricken davon wegzuziehen. Eine schwache Brise gab ihnen am Abend Gelegenheit, sich etwas zu erholen, aber um Mitternacht mußten sie wieder an die Arbeit. Der folgende Morgen war so windstill, daß wir im kleinen Boot aufs Vogelschießen ausfahren konnten. Endlich stellte sich gegen Abend ein frischer Wind ein, und da wir keine Durchfahrt gefunden hatten, ließ der Kapitän das Schiff wenden.

Am folgenden Morgen segelten wir an dem Distrikt vorüber, wo unser Schiff vor Anker gelegen hatte. Der Windstillen wegen war die Fahrt herzlich langweilig. In zwei Tagen kamen wir nicht über zwanzig Seemeilen vorwärts, und wir fingen an bange zu werden, daß wir erst spät nach Neuseeland kommen würden, von wo wir dem Vernehmen nach aufs neue gegen den Südpol kreuzen sollten.

Am 24. früh erblickten wir das Kap, welches das östliche Ende von Neukaledonien ausmacht. Es war steil, aber nicht sehr hoch und oberhalb völlig platt. Abends entdeckte man vom Mastkorb aus eine andere Insel, und am folgenden Morgen zeigten sich zwischen dieser und Neukaledonien mehrere kleine Eilande. Die Unbeständigkeit des Windes hinderte uns aber, sie näher in Augenschein zu nehmen. Nur so viel bemerkten wir, daß sie von einem großen Riff eingeschlossen waren, weswegen wir nach Osten steuern mußten, um das Schiff außer Gefahr zu bringen. Dies war uns doppelt unangenehm, weil wir das Land so nahe hatten und doch nicht untersuchen, frische Nahrungsmittel dort vermuten und ihrer doch nicht habhaft werden konnten. Der noch vorhandene Rest von Yamwurzeln war sehr gering und kam nur als Delikatesse auf den Tisch der Offiziere, während der gemeine Matrose seit Namoka keinen frischen Bissen gekostet hatte.

Der Wind kehrte sich indessen nicht an unsere Ungeduld, sondern war und blieb schwach bis zum Abend des 26., als er besser und uns behilflich wurde, die größte der vor uns liegenden Inseln zu umsegeln. Sie bestand aus einem Berge, der ringsumher von einer Ebene umgeben war, wo eine unzählige Menge von Säulen standen. Wir mußten einigemal ab und zu lavieren, die Manöver brachten uns der Küste nahe, so daß wir das Rätsel der vermeintlichen Basaltsäulen lösen konnten. Es waren Bäume, die auf einem langen, sehr geraden Stamm kurze Zweige hatten. Kapitän Cook nannte dies Eiland die Fichten-Insel (Isle of pines). Am folgenden Tage fanden wir in den Riffen einen Durchgang und kamen bei einer kleinen Insel vor Anker, die sandig und flach, demungeachtet aber mit den säulenförmigen Bäumen bestanden war. Sobald die Anker gesichert waren, ruderten wir in einem kleinen Boot nach der Insel. Sie hatte ein eigenes Riff um sich her, in dem wir eine schmale Einfahrt fanden. Die schlanken, hohen Bäume zogen unsere ganze Aufmerksamkeit auf sich, und wir fanden, daß es eine Art Zypressen waren. Die Stämme hatten einen schönen geraden Wuchs von 90 bis 100 Fuß Höhe. Die Äste standen rund um den Stamm, waren aber selten über 10 Fuß lang und sehr dünn. Wir fanden hier auch etwas Löffelkraut und eine Tetragonia (Eiskrautgewächs), die wir auf Neuseeland häufig als Suppenkraut gebraucht hatten. Wir kehrten ans Schiff zurück, um nach dem Essen wieder zu landen, einige Bäume umhauen und Küchenkräuter einsammeln zu lassen. Am Ufer waren im Sande hin und wieder Spuren von Holzfeuern und dabei Überbleibsel von Schildkröten zu sehen. An der Küste gab es auch eine Menge plattschwänziger Wasserschlangen. Der Zypressenbaum lieferte gutes Zimmerholz, und die elastischen Äste taugten sehr gut zu Segelstangen. Kapitän Cook gab diesem Eiland den Namen Botany Island, weil es bei seinem geringen Umfang eine Flora von fast dreißig Arten enthielt.

Kapitän Cook hatte einen Vorrat geräucherten Schinken mit auf die Reise genommen, sie waren aber mittlerweile sehr schlecht und unschmackhaft geworden. Das Fett hatte sich in ranziges Öl verwandelt und das Salz in alkalischen Klumpen angesetzt. Sooft gleichwohl ein solcher halbverwester Schinken auf des Kapitäns Tisch getragen wurde, sahen alle jüngeren Offiziere, die nicht mit uns speisten, diesem Leckerbissen mit sehnsuchtsvollem Appetit nach und priesen uns, die wir daran teilhatten, so glücklich, daß es selbst einem Wilden hätte wehtun mögen. Dem Sauerkraut, das wir an Bord hatten, muß es allein zugeschrieben werden, daß der Skorbut nicht stärker einriß, doch waren unsere Umstände auch ohne dieses Übel schon kläglich genug.

Am Abend überfiel uns eine Windstille, noch ehe wir aus den Riffen heraus waren. Dies versetzte uns in die größte Gefahr, weil Flut und Strömung das Schiff gegen die Klippen trieben, wir dem aber keinen Einhalt gebieten konnten, da nirgends Grund zu finden war. In dieser Verlegenheit erblickten wir gegen Norden eine Feuerkugel, die an Größe und Glanz der Sonne glich, jedoch von etwas blasserem Licht war. Nach wenigen Augenblicken barst sie und hinterließ viele helle Funken, auch wollten einige während ihres Herabfallens ein Zischen gehört haben. Während wir über die Ursachen und Wirkungen dieses Meteors nachdachten, erscholl unter den Matrosen ein Jubel, daß jetzt bald ein frischer Wind entstehen werde, und sei es nun Zufall oder eine natürliche Verbindung zwischen diesem Phänomen und der Atmosphäre, ihre Prophezeiungen gingen noch dieselbe Nacht in Erfüllung. Es erhob sich nämlich ein starker Wind, der uns erlaubte, süd-süd-ostwärts von Neukaledonien wegzusteuern.

Am zweiten Tag wurde es schon wieder windstill. Wie aber ein Ding nie so schlimm ist, daß es nicht zugleich zu etwas anderem gut ist, so ging es auch hier. Wir fingen nämlich einen Haifisch, deren sich verschiedene neben dem Schiff sehen ließen. In einem Augenblick war er unter die Mannschaft verteilt, und von so öligem Geschmack das Fleisch auch sein mochte, wir verzehrten unseren Anteil doch mit großem Appetit. Endlich stellte sich ein frischer Westwind ein, mit dessen Hilfe wir unseren Lauf nach Süd-Süd-Ost richten konnten. Am 8. abends schwamm eine zahlreiche Herde Meerschweine am Schiff vorüber, die munter um uns her gaukelten und manchmal aus dem Wasser sprangen. Eins dieser Tiere wurde mit der Harpune geschossen. Es maß sechs Fuß und hatte Milch in den Zitzen, da es, wie bekannt, zu der Klasse der Säugetiere gehört. Das Fleisch sah fast schwarz aus, doch wenn das Fett davon abgeschnitten wurde, schmeckte es so erträglich wie ein Stück trockenes Rindfleisch.

Früh um acht Uhr erblickte man vom Mastkorb aus eine kleine Insel. Nach einer Stunde befanden wir uns nahe genug, um zu erkennen, daß sie sehr steil und fast ganz mit Wald bedeckt und vermutlich nicht bewohnt war. Das Mittagessen wurde geschwinder als sonst verzehrt, weil wir es kaum erwarten konnten, an Land zu gehen. Der Kapitän hatte mittlerweile zwei Boote in Bereitschaft setzen lassen, in denen wir nach einer kleinen Bucht ruderten. Zwischen zwei Hügeln rieselte ein Bach herab, an dessen Ufern wir hinaufstiegen und mit der größten Beschwernis in den Wald eindrangen, wo ein dichtes Verhack von Schlingpflanzen uns den Zugang versperrte. Die meisten Pflanzen waren uns bekannt, da sich hier die Naturalien von Neuseeland mit denen von den Neuen Hebriden und von Neukaledonien vereint fanden. Unter anderem wuchsen die Zypressen und die Kohlpalmen in größter Vollkommenheit nebeneinander. Die Zypressen dienten dem Zimmermann zu allerlei Zwecken, zu Bramstangen, Rahen und dergleichen, während die Kohlpalmen uns ein angenehmes und schmackhaftes Erfrischungsmittel lieferten. Wir ließen eine größere Anzahl davon fällen und nahmen die mittleren Schossen oder Herzen mit aufs Schiff. Am Strand wuchsen allerhand saftreiche Pflanzen, wovon wir einen guten Vorrat mitnahmen. Erst am späten Abend kehrten wir zum Schiff zurück und bedauerten, daß wir nicht daran gedacht haben, ein paar Schweine auszusetzen, die sich in der fruchtbaren Einöde gewiß fortgepflanzt und die Insel in einigen Jahren zu einem günstigen Landeplatz für künftige Seefahrer gemacht hätten. Während wir die Wälder durchsuchten, hatten die Bootsleute sich nach Fischen umgesehen. Der Fang war glücklich ausgefallen, und die Fische nebst den Vögeln, die wir geschossen hatten, und den Herzen der Kohlpalmen gaben uns zwei Tage lang stattliche Mahlzeiten. Kapitän Cook nannte diesen angenehmen Flecken Landes Norfolkinsel. Sie liegt unter 29° 2' 30" s.Br. und 168° 16'. ö.L.

Von Pintaden, Sturmvögeln und Albatrossen begleitet, segelten wir bei so günstigem Winde fort, daß schon am 17. frühmorgens die Küste von Neuseeland vor uns lag. Wir bekamen zuerst den Berg Egmont zu Gesicht, einen erstaunlich hohen Pik an der nördlichen Seite der Einfahrt in die Cook-Straße. Den Gipfel konnte man nur dann und wann erblicken, meist war er in Wolken gehüllt. Der Wind, der bisher noch immer gelinde gewesen war, verwandelte sich auf einmal in einen solchen Sturm, daß wir in der Stunde über acht Meilen zurücklegten. Gleichzeitig wurde die Luft sehr rauh und kalt. Wir waren froh, uns hier an der westlichen Küste von Neuseeland zu befinden, wo der Sturm für uns günstig war, während er an der Ostseite des Landes äußerst gefährlich gewesen wäre. Am folgenden Morgen trieb er uns beim Kap Stephens, an der Admiralitäts-Bai und an Point Jackson vorüber und brachte uns in den Königin-Charlotten-Sund, wo die Berge schon einigen Schutz gaben. So langten wir endlich zum dritten Male auf dieser Reise glücklich wieder auf unserem ehemaligen Ankerplatz in Ship-Cove an, und die Hoffnung, unsere erschöpften Kräfte wieder hier zu sammeln und zu stärken, erregte ungewöhnliche Fröhlichkeit auf dem ganzen Schiff.

22. Kapitel

Dritter und letzter Aufenthalt zu Königin-Charlotten-Sund in Neuseeland

Bei unserer Ankunft an der neuseeländischen Küste wurden wir von schweren Regengüssen und heftigen Windstößen empfangen, welches eben kein freundliches Willkommen zu nennen war. Nachmittags fuhren wir nach der Gegend, wo die beiden vorigen Male die Zelte gestanden hatten. Wir wollten nachsehen, ob die Flasche noch da war, die mit einem Brief an Kapitän Furneaux unter einem Baum vergraben worden war. Beim Aussteigen fanden wir einen Schwarm Seeraben, die auf einem über das Wasser hängenden Baum genistet hatten. Wir schlossen daraus, daß die Bucht seit langer Zeit nicht von Menschen besucht worden sei. Nachdem wir die Seeraben verscheucht und einige ihrer Jungen mit den Händen gefangen hatten, stiegen wir an Land. Nun änderte sich unsere Vermutung auf einmal, wir durften nicht zehn Schritte gehen, um überdeutlich wahrzunehmen, daß sich nach unserer Abreise ein europäisches Schiff hier aufgehalten hatte. Eine Menge von Bäumen fanden wir mit Sägen gefällt. Auch die Flasche war fort, und die Gärten, die wir angelegt hatten, waren verwildert. Bei Sonnenuntergang ließ der Kapitän eine Kanone abfeuern, um die Eingeborenen von unserer Ankunft zu benachrichtigen.

Bei Tagesanbruch zogen wir das Schiff tiefer in die Bucht und brachten es dicht ans Ufer. Wir schlugen die Zelte eben da auf, wo sie früher gestanden hatten. Nachmittags begleiteten wir Kapitän Cook nach Cannibal-Cove. Sellerie und Löffelkraut wuchsen hier häufig, und der Kapitän hatte es sich zum Gesetz gemacht, dergleichen heilsame Kräuter einzusammeln. Gegen Abend kehrten wir mit einer vollen Bootsladung zurück. Nun wurde abermals eine Kanone abgefeuert, da sich noch kein Eingeborener hatte sehen lassen. Nachdem wir noch einen Tag vergebens auf die Ankunft der Insulaner gewartet hatten, nahmen wir uns vor, sie selber aufzusuchen. Als wir am 24. hierzu Anstalten machten, zeigten sich zwei segelnde Kanus im Eingang von Shag-cove, allein sobald sie das Schiff sahen, nahmen sie die Segel ein und ruderten in größter Eile davon. Diese

Scheu machte uns natürlich nur noch begieriger, sie zu sprechen. In dieser Absicht fuhr Kapitän Cook mit uns nach Shag-cove, aber auch dort war niemand zu finden. Schon wollten wir umkehren, als vom südlichen Ufer eine Stimme erscholl und einige Leute auf den Bergen zum Vorschein kamen. Nicht weit davon lagen mehrere Hütten unter den Bäumen, und unterhalb waren Kanus auf den Strand gezogen. Hier stiegen wir an Land, aber die Insulaner besannen sich eine Zeitlang, endlich wagte es einer, zu uns herabzukommen, und sobald er nach Landessitte unsere Nasen mit der seinigen berührt hatte, folgten seine Kameraden. Sie hatten abgetragene Strohmäntel an, und man konnte sie schon von ferne wittern. Unter den Leuten waren uns drei oder vier bekannt, und wir fragten sie nach anderen Bekannten. Die Antwort darauf war verworren, und nur soviel brachten wir heraus, daß sie von einer Schlacht sprachen und daß ihre Landsleute das Leben dabei eingebüßt hätten. Ihre sichtbare Verlegenheit dabei ließ uns vermuten, daß sie mit der Mannschaft irgendeines europäischen Schiffes in Streit geraten sein müßten, und natürlich fiel uns dabei die »Adventure« ein. Doch suchten wir zuerst ihr Zutrauen zu gewinnen, und wir sagten ihnen, daß wir Fische zu kaufen begehrten. Sie liefen zu ihren Kanus und brachten eine Menge Fische zum Vorschein. Für unsere Kleinigkeiten bekamen wir so viel, wie unsere ganze Mannschaft zu einer Mahlzeit brauchte. Sie wurden endlich so zutraulich, daß sie versprachen, am anderen Morgen allesamt an Bord kommen zu wollen.

Sie kamen am anderen Morgen in fünf Kanus und verkauften uns eine große Menge schmackhafter Fische. Dann brachten sie allerhand Stücke aus grünem Stein hervor, und als auch diese verkauft waren, kehrten sie an Land zurück. Dort war ein Teil unserer Mannschaft mit Wasserfüllen, Holzhauen und dergleichen beschäftigt, und Herr Wales hatte seine Sternwarte aufgerichtet. Hier boten die Eingeborenen ihre Kostbarkeiten von neuem an und nahmen nach einem so gelungenen Tage ihr Nachtquartier auf dem nächsten Strand. Am folgenden Morgen gingen sie wieder auf Fischfang und versorgten uns nun Tag für Tag mit frischem Vorrat. Am liebsten hielten sie sich aber bei den Arbeitern am Strande auf, weil einige, besonders ein paar Seesoldaten, Vergnügen daran fanden, stundenlang mit ihnen zu sprechen. Dieser vertraute Umgang machte die

Trauerszene um einen Häuptling auf Neuseeland

Insulaner so offenherzig, daß sie ihren neuen Freunden eine Geschichte erzählen, die uns allen sehr auffallend vorkam. Es habe nämlich, so erzählten sie, vor einiger Zeit ein fremdes Schiff hier vor Anker gelegen, dessen ganze Mannschaft in einem Treffen mit den Eingeborenen erschlagen und gefressen worden sei.

Diese Nachricht war fürchterlich genug, uns zu erschrecken, zumal wir befürchten mußten, daß die »Adventure« gemeint sei. Um mehr Licht hineinzubringen, fragten wir die Wilden nach verschiedenen Umständen und entdeckten bald, daß unsere Vermutung immer mehr außer Zweifel geriet. Nun merkten sie aber, daß dieser Gegenstand uns besonders am Herzen liegen müsse, sie weigerten sich also auf einmal, mehr davon zu sagen. Dies machte Kapitän Cook immer neugieriger, etwas Zuverlässiges vom Schicksal der »Adventure« zu erfahren, er rief deshalb ihren Anführer Piterré und einen anderen Wilden in die Kajüte und fragte sie so deutlich als möglich. Beide leugneten aber, daß den Europäern das geringste zuleide geschehen sei. Indessen blieb noch die Frage, ob sie auch recht verstanden hatten, was wir wissen wollten.

Wir schnitten deshalb zwei Stückchen Papier in Gestalt zweier Schiffe aus, die die »Resolution« und die »Adventure« darstellen sollten. Dann zeichneten wir den Hafen auf einen größeren Bogen und zogen die Schiffe soviel mal in den Hafen und wieder heraus, als wir darin geankert hatten und wieder abgesegelt waren. Nun hielten wir eine Zeitlang ein und fingen dann an, unser Schiff nochmals hineinzuziehen. Hier unterbrachen uns aber die Wilden, schoben unser Schiff zurück und zogen das Papier, das die »Adventure« darstellte, in den Hafen und wieder heraus, wobei sie an den Fingern abzählten, seit wieviel Monden das Schiff abgesegelt sei. So erfuhren wir, daß unsere ehemaligen Reisegefährten von hier abgesegelt waren, doch blieb uns noch rätselhaft, wie sich ihr Bericht von einem Treffen zwischen den Insulanern und Europäern mit der Versicherung reime, daß unseren Landsleuten kein Leid widerfahren sei. Wir suchten uns endlich damit abzufinden, daß unsererseits ein Mißverständnis vorliegen müsse. Und wirklich kamen wir über diesen Punkt erst nach unserer Rückkehr zum Kap außer Zweifel. Dort erzählte man uns, daß die »Adventure« bei ihrer letzten Anwesenheit in Neuseeland ein Boot mit zehn Mann eingebüßt habe. Hoffentlich wird es meinen Lesern nicht zuwider sein, von diesem traurigen Vorfall etwas Bestimmteres zu vernehmen.

Nachdem Kapitän Furneaux durch Sturm und Nebel von uns getrennt worden war, sah er sich genötigt, am 9. November 1773 auf der nördlichen Insel von Neuseeland, nämlich in der Bai Tolage, vor Anker zu gehen. Von hier segelte er am 16. wieder ab und langte am 30., wenige Tage nach unserer Abreise, in Königin-Charlotten-Sund an. O-Mai, der Insulaner von Raiatea, der sich an Bord der »Adventure« befand, erzählte mir in England, er sei der erste gewesen, der die Inschrift am Baum entdeckt habe. Er zeigte die Inschrift dem Kapitän, der gleich nachgraben ließ und die Flasche mit dem darin befindlichen Briefe fand. Er machte nun auch unverzüglich Anstalten, die Reise fortzusetzen. Schon war sein Schiff segelfertig, als er noch ein Boot nach Gras-Cove abschickte, um eine Ladung Löffelkraut und Sellerie von dort zu holen. Das Kommando wurde dem Leutnant Rowe anvertraut. Dieser junge Mann hatte die Vorurteile der seemännischen Erziehung noch nicht abgelegt. Er sah z.B. alle Einwohner der Südsee mit einer Art Verachtung an und glaubte dasselbe Recht über sie zu haben, das sich in barbarischen Jahrhunderten die Spanier über das Leben der amerikanischen Wilden anmaßten. Seine Leute landeten in Gras-Cove und fingen an, Kräuter abzuschneiden. Vermutlich hatten sie ihre Röcke ausgezogen, wenigstens erzählten uns die Eingeborenen in Königin-Charlotten-Sund, daß einer von ihren Landsleuten den Unsrigen eine Jacke gestohlen habe. Darauf habe man sofort Feuer auf sie gegeben und so lange damit fortgefahren, bis die Matrosen kein Pulver mehr gehabt hätten. Als die Insulaner dies gewahr wurden, seien sie sofort auf die Europäer losgerannt und hätten sie bis auf den letzten Mann erschlagen.

Als das Boot zwei Tage ausblieb, schickte Kapitän Furneaux den Leutnant Burney in einem anderen wohlbemannten und stark bewaffneten Boot ab. Dieser erblickte am Eingang der East-Bai ein großes Kanu voll Insulaner, die aus allen Kräften davonruderten. Die Unsrigen ruderten hinterdrein, allein aus Besorgnis, eingeholt zu werden, sprangen die Neuseeländer sämtlich ins Wasser und schwammen nach dem Ufer. Leutnant Burney kam diese Flucht befremdend vor, und als er das leere Kanu erreicht hatte, sah er leider nur zu deutlich, was vorgefallen war. Er fand in diesem Fahrzeug verschiedene zerfetzte Gliedmaßen seiner Schiffskameraden und einige ihrer Kleidungsstücke. Nach dieser traurigen Entdeckung ruderten sie noch eine Zeitlang umher, bis sie in Gras-Cove ankamen. Hier war ein Haufen von Eingeborenen versammelt, die sich gegen ihre Gewohnheit beim Anblick der Europäer in wehrhafte Verfassung setzten. Der seitwärts gelegene Berg wimmelte von Menschen, und an vielen Orten stieg Rauch auf, der vermuten ließ, daß das Fleisch der erschlagenen Europäer zu einer festlichen Mahlzeit zubereitet werden sollte. Dieser Gedanke erfüllte selbst die hartherzigsten Matrosen mit Grausen, doch im nächsten Augenblick entbrannte ihre Rachgier. Sie feuerten und töteten viele der Wilden, trieben sie auch zuletzt vom Strande weg und schlugen ihre Kanus in Trümmer. Dann stiegen sie ans Land und durchsuchten die Hütten. Sie fanden mehrere Bündel Löffelkraut und sahen Körbe voll zerstückelter Glieder, unter denen sie die Hand des armen Rowe deutlich erkannten. Die Hunde der Neuseeländer fraßen von den umherliegenden Eingeweiden. Vom Boot waren nur einzelne Stücke zu sehen, Leutnant Burney vermutete daher, daß die Wilden es zerschlagen hätten, um die Nägel herauszuziehen. Nach einem solchen Verlust, den Kapitän Furneaux um so empfindlicher fühlte, weil Leutnant Rowe sein Verwandter war, segelte er am 22. Dezember aus dem Königin-Charlotten-Sund ab und passierte das Kap Hoorn, ohne irgendwo Land zu sehen oder vor Anker zu gehen, bis er am 19. März 1774 das Kap der Guten Hoffnung erreichte. Vom Kap kehrte er nach England zurück und langte am 15. Juli um eben die Zeit zu Spithead an, als wir auf der anderen Hemisphäre mit der Entdeckung der Neuen Hebriden beschäftigt waren.

Die Neuseeländer sind von jeher allen Nationen, die zu ihnen gekommen, gefährliche Feinde gewesen. Der erste Entdecker dieses Landes, Abel Jansen Tasman, ein Holländer, verlor vier seiner Matrosen an einem Ankerplatz, den er dieses Vorfalls wegen die Mörder-Bai nannte. Die Eingeborenen nahmen einen der erschlagenen Matrosen mit sich und wissen also seit 1642, wie das Fleisch eines Europäers schmeckt. Den Engländern haben sie nach dem soeben erzählten Bericht noch weit ärger, den Franzosen aber schlimmer als allen übrigen mitgespielt, indem sie den Kapitän Dufresne

Marion mit achtundzwanzig Mann erschlagen und gefressen haben. Ein Trupp von Wilden nahm den Augenblick wahr, als die Holzhauer bei der Arbeit waren, überfiel sie und ermordete alle bis auf einen Matrosen, der quer über die Landzunge davonrannte, sich in die See stürzte und, obgleich von Wurfspießen verwundet, nach den Schiffen schwamm.

Ich lenke nunmehr wieder in den Bericht ein. Die Aussage des Anführers Piterré hatte uns über die glückliche Abreise der »Adventure« völlig beruhigt. An einem schönen Tage machte der Kapitän eine Fahrt ins Innere der West-Bai, um nach den Schweinen und Hühnern zu sehen, die wir dort zurückgelassen hatten. Aber am Strand war nicht eine Spur von ihnen zu finden, und es schien keine menschliche Seele in diese Gegend gekommen zu sein. Wir konnten also annehmen, daß die Tiere sich in den Wald begeben hatten und daß sie sich dort ungestört vermehren würden. Nach dieser kleinen Ausfahrt blieb das Wetter immer so stürmisch und regnerisch, daß wir erst wieder am 2. November an Land und zwar nach Gras-Cove gingen. Ohne das geringste von dem traurigen Vorfall zu wissen, wovon diese Bucht der eigentliche Schauplatz gewesen war, stiegen wir in allen kleinen Buchten aus und liefen einzeln weit im Lande umher. Von Einwohnern war nicht eine Spur zu sehen. Abends um acht Uhr gelangten wir wieder an Bord, wo unterdessen aus einer anderen Gegend der Bai viele Wilde zu Besuch gekommen waren. Statt der Fische, die Piterré uns zuzuführen pflegte, hatten sie nichts als Kleidungsstücke, Waffen und andere Merkwürdigkeiten mitgebracht. Da aber diese Art des Handels bereits zu weit eingerissen war, verbot der Kapitän, ihnen etwas von diesen Artikeln abzunehmen. Am nächsten Tage kamen sie wieder, aber der Kapitän blieb bei seinem Entschluß, und sie mußten unverrichteterdinge wieder abziehen. Diese Beharrlichkeit war nötig, da die Insulaner augenblicklich aufhörten, Fische zum Verkauf zu bringen, sobald sie sahen, daß Waffen, Zierat und dergleichen besser bezahlt wurden.

Die Gier, womit unsere Mannschaft dergleichen Artikel einhandelte, war auch in der Tat zu einer Art Raserei angewachsen, und sie scheuten sich nicht, diese durch die niederträchtigsten Mittel zu befriedigen. Eine Gruppe, die mit einem Bootsmann an Land war, scheute sich nicht, einen armen Wilden in seiner Hütte zu berauben.

Sie nahmen seine Sachen mit sich und nötigten ihn, einige Nägel dafür anzunehmen, um der Gewalttätigkeit den Anschein eines Tauschhandels zu geben. Die Einheimischen waren aber dreist genug, diesen Vorfall dem Kapitän zu klagen, der die Täter nach Verdienst bestrafen ließ. So ist es mehr oder minder auf allen Reisen zugegangen, und namentlich hat es die Mannschaft der »Endeavour« (die Kapitän Cook auf seiner ersten Reise kommandierte) nicht um ein Haar besser gemacht. Zu Tahiti bestahlen sie die Gemahlin des Tuborai, und auf Neuseeland behaupteten sie öffentlich, daß alles Eigentum der Wilden von Gott und von Rechts wegen ihnen zukomme.

Da die Neuseeländer sahen, daß von ihren Sachen nichts mehr anzubringen war, verließen sie uns am 4. November bis auf eine einzige Familie, die seit zwei Tagen des stürmischen Wetters wegen nicht einmal für sich, geschweige denn für uns hatte Fische fangen können. Wir trafen sie heute in der Indian Bai, wo sie aus Mangel an besserer Nahrung Farnkrautwurzeln aßen. In jeder Hütte brannte ein Feuer, das den ganzen Raum mit Rauch füllte. Die Leute mochten die Unbehaglichkeit einer solchen Atmosphäre nicht ganz empfinden, weil sie gewöhnlich platt auf der Erde lagen, mir aber kam der Aufenthalt in den Hütten ganz unerträglich vor, wenngleich andere Europäer keine Bedenken trugen, der Liebkosungen einiger scheußlicher Weibsbilder wegen hineinzugehen. Vielleicht wird man glauben, daß nur der rohe Matrose diesem tierischen Instinkt nicht habe widerstehen können, allein das tyrannische Element, worauf Offizier und Matrose in gleichem Maße umhergeschleudert werden, scheint auch in dieser Beziehung allen Unterschied zwischen beiden aufzuheben. Die Nationen, die wir auf den Neuen Hebriden und auf Neukaledonien besuchten, hatten sich klüglich vor allen unanständigen Vertraulichkeiten gehütet, eben deshalb wandten sich die Herren nun mit desto größerer Zudringlichkeit an die ekelhaften Schönen in den unreinlichen, rauchigen Hütten Neuseelands.

Am 5. folgte endlich wieder ein schöner Tag. Der Kapitän fuhr mit uns nach dem Ende der Bucht, und nachdem wir eine Strecke gerudert waren, erblickten wir in der Ferne einige Fischerkanus, deren Mannschaft eiligst davonruderte, als sie uns gesichtet hatten. Da wir sie nach einer Durchfahrt in die offene See fragen wollten, mußten unsere Matrosen ihre Kräfte anstrengen, um sie einzuholen. Dies erfolgte auch bald. Die Fischer waren bereits bei uns an Bord gewesen, sie taten denn auch sehr freundlich und verkauften uns eine Menge Fische, wegen der Durchfahrt aber schienen sie uns nicht zu verstehen. Wir begegneten darauf einem anderen Kanu und erfuhren nun, daß der Arm, in dem wir fuhren, bald in eine große Bai endige. Wir steuerten darauf zu und gelangten in eine große Bucht, deren Ufer von Menschen wimmelte. Wir landeten gerade dort, wo die meisten standen, und begrüßten ihre Anführer durch Berührung der Nasen. Der Chef der Befehlshaber sagte uns, daß er Tringho-Buhi heiße. Er war ein kleiner Mann, schon bei Jahren, aber noch sehr munter. Sein Gesicht war in Schneckenlinien punktiert und zeichnete sich dadurch vor den anderen aus.

Die Leute merkten bald, daß uns sehr um Fische zu tun sei, und da ihnen nicht weniger daran gelegen war, sie loszuwerden, wuchs die Zahl der Verkäufer mit jedem Augenblick. Tringho-Buhi aber schien mit dem Zulauf der Menschen nicht zufrieden zu sein, weil der Preis der Fische in dem Maße fiel, in dem die Menge dieser Ware zunahm. Nachdem wir hier ungefähr eine Viertelstunde zugebracht hatten, hielten wir es für klug, uns wieder einzuschiffen. Und das war in der Tat desto ratsamer, weil der Haufen jetzt über zweihundert Mann stark war, weit stärker als die Zahl sämtlicher Bewohner an den Buchten von Königin-Charlotten-Sund zusammen. Zum Glück wußten wir damals noch nichts von dem Schicksal des Leutnants Rowe und seiner Gefährten, sonst würde uns die unerwartete Ansammlung der Wilden desto mehr erschreckt haben, je wahrscheinlicher es war, daß sie der Gegend nach an dem grausamen Blutbad teilgenommen hatten.

Die Bewohner dieser Bai versicherten uns, daß der Seearm, in dem wir uns befanden, ins Meer münde. Wir setzten also unsere Fahrt fort und sahen nach einigen Windungen, daß das Wasser nordwärts strömte. Wir sahen auch schon, wie der Seearm mit dem Meere zusammenhing, er ergoß sich nämlich in die Cook-Straße. Hätten wir jetzt um das Kap Koamaru segeln können, so würden wir in kurzer Zeit das Schiff wieder erreicht haben, aber das ging wegen des widrigen Windes nicht. Ebensowenig durften wir die Nacht auf dem Lande verbringen, weil die Bewohner uns noch nicht genug bekannt waren, also blieb uns nichts anderes übrig, als zurück zu rudern. Gegen zehn Uhr abends langten wir ganz ermüdet und entkräftet beim Schiffe an.

Am folgenden Tag fiel nebliges Wetter ein, der ehrliche Piterré ließ sich aber dadurch nicht abhalten, mit seinen Gefährten zu uns zu kommen. Kapitän Cook glaubte ihm für seine Dienste eine öffentliche Anerkennung schuldig zu sein, er rief ihn in die Kajüte und kleidete ihn von Kopf bis Fuß nach europäischer Weise. Wir nahmen ihn in seinem ungewohnten Staat mit auf die Jagd und dann wieder an Bord zum Mittagessen. Für einen rohen Wilden betrug er sich bei Tische ungemein sittsam und manierlich. Gegen Abend kehrte Piterré mit seinen Gefährten ans Land zurück, und am anderen Morgen kam er nach wie vor mit frischen Fischen zu uns.

Die Matrosen ergänzten nun den Vorrat an Trinkwasser, schafften eine Menge Brennholz an Bord, besserten das Tauwerk aus und setzten die Segel instand. Die Wilden hatten uns so reichlich mit Fischen versorgt, daß wir mehrere Fäßchen voll einsalzen konnten. Außerdem ließ der Kapitän kurz vor der Abreise noch eine Menge Seeraben und andere Vögel schießen, damit wir unterwegs frischen Proviant hatten. Am Nachmittag des 9. November wurden die letzten Anstalten zur Abreise getroffen, und am folgenden Morgen um vier Uhr verließen wir Neuseeland zum dritten und letzten Male.

23. Kapitel

Die Fahrt von Neuseeland nach Tierra del Fuego – Aufenthalt in Christmas- oder Weihnachtshafen

Am 10. November waren wir glücklich wieder in die offene See gekommen. Am 12. frühmorgens war von der Küste nichts mehr zu sehen, und die Fahrt ging nunmehr zwischen Süden und Osten auf Tierra del Fuego (Feuerland) zu. Diesmal verließen wir Neuseeland ungleich besseren Mutes als die beiden vorigen Male, als die Reise nach dem Südpol gerichtet war. Wir wußten nämlich, daß unsere jetzige Reise weder so lange dauern, noch so beschwerlich sein würde wie die vorhergehenden, nicht nur weil die ganze Reise sich jetzt ihrem Ende näherte, sondern auch weil der Westwind, der bei dieser Jahreszeit und in dieser Breite unverändert weht, uns eine schnelle Fahrt versprach, endlich weil in den Gegenden, die wir noch durchkreuzen sollten, kein unbekanntes, wenigstens kein großes Land zu erwarten war, dessen Erforschung unsere Rückkehr verzögert hätte. Wir hatten nicht zuviel gehofft, denn wir legten im Durchschnitt täglich einen Weg von vierzig englischen Seemeilen zurück.

Am 14. zeigte sich, daß das Schiff ein Leck bekommen hatte, doch machten wir uns darüber keine Sorgen, weil das Wasser innerhalb acht Stunden nicht mehr als fünf oder sechs Zoll im untersten Raum auflief. Der Westwind schwellte die Wogen dermaßen an, daß sie fürchterlich hoch und sechs- bis siebenhundert Fuß lang wurden, dies gab dem Schiff eine äußerst unangenehme Bewegung, besonders wenn der Wind von hinten kam. Man nimmt im allgemeinen an, daß die größte Schieflage eines Schiffes nie über zwanzig Grad betragen soll, allein hier war die See in solcher Bewegung, daß die unsrige mehr als dreißig, ja bisweilen um vierzig Grad betrug.

Am 2. Dezember erhob sich nach einer kurzen Windstille ein frischer Wind, der unablässig anhielt, bis wir am 18. kurz nach Mitternacht Land erblickten. Es war die Gegend um das Kap Deseado, das auf der westlichen Insel von Tierra del Fuego liegt. Die neuseeländischen gesalzenen Fische hatten bis hierher, folglich von einem Lande bis zum anderen vorgehalten und uns weit besser geschmeckt als das eingesalzene Rind- und Schweinefleisch. Letzteres war nun einem jeden dermaßen zum Ekel geworden, daß selbst Kapitän Cook, der doch sonst in allem ein rechter Seemann war, befürchtete, er würde nie wieder Pökelfleisch genießen können. Sauerkraut war auch noch vorrätig und von gutem Geschmack, und sowohl dieses wie auch die frische Würze diente zur Vorbeugung gegen den Scharbock.

Der Teil von Amerika, den wir jetzt vor uns hatten, sah höchst traurig aus. Gegen drei Uhr morgens liefen wir an die Küste heran, die meist in dicken Nebel gehüllt war. Was uns am nächsten lag, schienen kleine Eilande zu sein, die zwar nicht hoch, aber gänzlich unfruchtbare schwarze Felsmassen waren. Hinter diesen kamen höhere Berge zum Vorschein, vom Gipfel bis fast zum Meer herab mit Schnee bedeckt. Seeraben, Sturmvögel, Raubmöwen und andere Seevögel schwärmten an der öden Küste umher. Um elf Uhr kamen wir an einer weit in die See ragenden Landspitze vorüber, die Kapitän Cook Kap Gloucester benannte. Nach Maßgabe der Karten fanden wir, daß das Land bis zum Kap noir aus mehreren Inseln besteht, und vielleicht würden wir noch eine größere Zahl derselben wahrgenommen haben, wenn das Wetter nicht gar zu neblig gewesen wäre.

Am anderen Morgen fanden wir die Küste überall fest und ungeteilt. Die Berge waren merklich höher als zuvor und mit Schnee bedeckt. Der Wind nahm nach und nach ab und erstarb gegen Mittag gänzlich, während bei herrlichem Sonnenschein die Luft ziemlich gelinde blieb. Wasservögel von mancherlei Art flatterten ums Schiff, und im Wasser gaukelten Seekälber umher. Nachmittags kam ein Trupp von ungefähr dreißig Nordkapern meist paarweise angeschwommen. An diesem stürmischen Vorgebirge, dessen bloßer Name allen Seeleuten zum Schrecken geworden ist, hatten wir die heftigsten Stürme, aber nicht eine so milde Witterung erwartet. Desto mehr freute es uns, aus ganz entgegengesetzter Erfahrung jenem Wahn ein Ende machen zu können.

Gegen Abend liefen wir mit einem gelinden Ostwind in eine Bucht ein. An der Westseite der Einfahrt stand eine gewaltige senkrechte Felsenmauer, die Kapitän Cook York-Minster nannte, weil er mit jenem gotischen Gebäude eine Ähnlichkeit zu finden glaubte. In der Einfahrt war mit 150 Faden kein Grund zu erreichen, weil wir jedoch einen großen Hafen vor uns sahen, steuerten wir tiefer hinein.

Um neun Uhr abends gelangten wir endlich in eine kleine Bucht. Hier gingen wir nach einundvierzigtägiger Fahrt, auf der wir von Neuseeland bis zum Kap Deseado gesegelt waren, zum erstenmal wieder vor Anker.

Am folgenden Morgen fuhr Kapitän Cook mit verschiedenen Offizieren, meinem Vater, Dr. Sparman und mir in einem Boote ab, um einen günstigeren Ankerplatz zu suchen. Gleich hinter der ersten Landspitze der Insel, an der das Schiff einstweilen angelegt hatte, fand sich eine schöne Bucht, die windgeschützt und mit einem kleinen Bach und mit Gebüsch versehen war. In diesem ließen sich zu unserer Verwunderung allerlei Vögel hören. Sonst schien das Eiland durchweg aus einem Felsen zu bestehen, der aus grobem Granit, aus Feldspat, Quarz und schwarzem Glimmer zusammengesetzt war. Außer diesem Eiland gab es eine Menge anderer Inseln, die grün bewachsen zu sein schienen. Wir ruderten nach der zunächst gelegenen, wo das Moos- und Buschwerk an manchen Stellen niedergebrannt war. Am Ende der Insel zeigte sich ein Wäldchen, in dessen Schatten einige Hütten standen, wovon aber nur noch das Gerippe vorhanden war. Vielleicht war die Deckung von den Wilden beim Verlassen des Wohnplatzes mitgenommen worden.

Wir hatten es für unmöglich gehalten, daß diese Gegend bewohnt sein könne, wir glaubten vielmehr, daß die Wilden sich nur an der östlichen Küste von Tierra del Fuego und an den Ufern der Magellanischen Meerenge aufhielten. Allein nach diesen Hütten zu urteilen, muß die Gattung Mensch wohl alle möglichen Witterungsarten ausstehen und in den brennenden afrikanischen Sandwüsten wie auch an den eisigen Enden der Welt ausdauern können. In dieser Weltgegend fing nun gerade der Sommer an, die wenigen einheimischen Pflanzen standen in Blüte, und die Vögel nährten ihre junge Brut. Hatte also die Sonne jetzt noch nicht Kraft genug, den Schnee zu schmelzen, so kann man sich vorstellen, wie starr und traurig es hier im Winter aussehen muß.

Nach ziemlich langem Umherrudern fanden wir endlich einen ausnehmend schönen Hafen, wo das Wasser spiegelglatt und vollkommen durchsichtig war. Am Ufer stand eine Menge hoher Bäume, und mehrere kleine Bäche rauschten daraus hervor. Aber mehr als all dies überraschte uns das Zwitschern von einer Menge kleiner Vögel. Sie waren mit Menschen noch so unbekannt, daß sie ganz nahe herbeihüpften. Zwischen den Bäumen sprossen allerhand Moosarten, Farnkraut und Schlingpflanzen, und zur Freude des Botanikers fehlte es auch nicht an Blumen. So war wenigstens ein Schattenbild des Sommers vorhanden, blickte man aber nach den mit Wolken bedeckten Bergen, so zeigten sich nichts als senkrechte, mit Schnee und Eis bedeckte Felswände.

Auf einer benachbarten Insel fanden wir eine Menge Skuas (Raubmöwen), die im trockenen Grase genistet hatten, und ein drittes Eiland war überall mit Büschen bewachsen, die eine wohlschmeckende Art roter Beeren, so groß wie Kirschen, trugen. Die Klippen saßen voll großer Muscheln, deren Fleisch uns schmackhafter vorkam als die besten Austern. So lieferten uns also diese öden Felsen eine Mahlzeit, die mit unserem Schiffszwieback und einem Stückchen Pökelfleisch herrlich genannt werden konnte. Auf einer anderen flachen Insel entdeckten wir eine vortreffliche Sellerie und nahmen eine ganze Bootsladung davon mit aufs Schiff.

Anstatt mit den jüngeren Offizieren auf die Jagd zu gehen, begleiteten wir an diesem Morgen den Kapitän. Wir waren mit unserer Fahrt sehr zufrieden, denn sie brachte uns eine große Menge Seeraben (Tölpel) ein, die zu Tausenden in den Schieferklippen genistet hatten. Der Instinkt hatte sie gelehrt, ihre Nester dort zu bauen, wo die Felsen überhingen oder wenigstens senkrecht standen, ohne Zweifel, damit die Jungen nur ins Wasser fallen konnten, wo sie keinen Schaden nehmen würden. Kaum waren wir wieder an Bord, als auch Leutnant Pickersgill zurückkam. Er hatte eine Bucht gefunden, wo sich eine unzählige Menge wilder Gänse aufhielt. Kapitän Cook wünschte seinen Leuten für das bevorstehende Weihnachtsfest frische Nahrung zu verschaffen, deshalb fuhren wir am nächsten Morgen nach der sogenannten Gänsebucht (Goose Cove), wo sich eine unzählige Menge von Gänsen aufhielt, denen ihrer Unerfahrenheit wegen leicht beizukommen war. Bei Sonnenuntergang hatten wir dreiundsechzig Stück zusammengebracht, die für alles Volk an Bord zu einem Mittagsmahl reichten. Erst am späten Abend kamen wir wieder an Bord, wo Leutnant Pickersgill schon angelangt war, der auf einer kleinen Insel mehr als dreihundert Eier eingesammelt hatte.

Während unserer Abwesenheit hatten sich einige Eingeborene am Schiff gezeigt. Sie wurden uns als elende, harmlose Geschöpfe beschrieben, die ihre Speere, Seehundsfelle und dergleichen umsonst hergegeben hatten. Am folgenden Morgen kamen sie ungeachtet des Regens wieder. Ihre Kanus waren aus Baumrinde verfertigt. Mitten im Kanu lagen einige Steine neben einem Haufen Erde, und darauf unterhielten die Wilden ein ständiges Feuer. In jedem Kanu saßen fünf bis acht Personen, die Kinder mitgerechnet. Während aber sonst in der Südsee die Eingeborenen mit lauten Zurufen angezogen kamen, ging hier alles in tiefster Stille zu, und sogar dicht am Schiff gaben sie fast keinen anderen Laut von sich als das Wort Pesseräh. Einige von ihnen kamen aufs Schiff, doch ohne das geringste Zeichen von Neugier. Sie waren klein, hatten dicke Köpfe, breite Gesichter, sehr platte Nasen und vorstehende Backenknochen. Der Unterkörper war so mager, daß man sich kaum vorstellen konnte, er gehöre zum Oberkörper, denn Schultern und Brust waren stark und breit gebaut. Ihr einziges Kleidungsstück bestand aus einem Seehundsfell, das an einer Schnur um den Hals befestigt war. Die Weiber waren beinahe wie die Männer gestaltet. Einige hatten jedoch außer dem Fell einen kleinen Lappen vorn herabhängen. Ein ledernes, mit Muscheln besetztes Band zierte den Hals, und auf dem Kopfe trugen sie eine Art Mütze aus Gänsefedern. Die Kinder waren völlig nackt und saßen neben den Müttern um das Feuer im Kanu, zitterten aber ständig vor Kälte.

Mit unserer Zeichensprache, die uns überall geholfen hatte, war hier nichts anzufangen, und Gebärden, die der einfältigste Bewohner irgendeiner Insel in der Südsee verstanden hatte, begriff hier der Klügste nicht. Sie zeigten auch nicht ein einzigesmal die Bewunderung, die das Schiff und alle darin vorhandenen merkwürdigen Gegenstände bei allen übrigen Wilden zu erregen pflegten. Dem Tiere näher und mithin unglückseliger kann aber wohl kein Mensch sein als derjenige, dem es bei der unangenehmsten Empfindung von Kälte und Blöße so sehr an Verstand und Überlegung fehlt, daß er kein Mittel zu ersinnen weiß, sich dagegen zu schützen. Was die ärgste Sophisterei auch je zum Vorteil des ursprünglich wilden Lebens im Gegensatz zur bürgerlichen Verfassung vorbringen mag, so braucht man sich doch nur die hilflose, bedauernswerte Lage dieser

Pesserähs vorzustellen, um überzeugt zu werden, daß wir bei unserer gesitteten Verfassung unendlich glücklicher sind. Möge der große Vorzug, den uns der Himmel vor so manchen anderen Mitmenschen verliehen hat, nur immer zur Verbesserung der Sitten und zur strengeren Ausübung unserer moralischen Pflichten angewandt werden, aber leider ist das nicht der Fall, unsere zivilisierten Nationen sind vielmehr mit Lastern befleckt, deren sich der Elende, der unmittelbar an das unvernünftige Tier grenzt, nicht schuldig macht.

Diese unglücklichen Bewohner eines felsigen, unfruchtbaren Landes fraßen rohes, halbverfaultes Seehundsfleisch, das äußerst widerlich roch. Das tranartige ekelhafte Fett genossen sie am liebsten und boten auch den Seeleuten davon an. Die natürliche Folge einer solchen Nahrung war ein unerträglicher Gestank, der aus ihrem ganzen Körper dunstete und uns so zuwider war, daß wir es unmöglich lange bei ihnen aushalten konnten. Wer die Seeleute kennt, wird kaum glauben, was doch wirklich geschah, daß es ihnen nicht einmal einfiel, mit einem Frauenzimmer Bekanntschaft zu machen. Die armen Pesserähs verließen uns gegen Mittag und ruderten so langsam und still fort, wie sie gekommen waren. Das Schiffsvolk hatte schon am vorigen Abend angefangen, das Weihnachtsfest zu feiern, und fuhr zwei Tage fort, ohne Unterlaß zu schwelgen. Sie machten es so arg, daß Kapitän Cook endlich den größten Teil in ein Boot laden und ans Land setzen ließ, damit sie in der frischen Luft wieder nüchtern würden.

Am 27. morgens bemannte der Kapitän ein Boot mit einigen noch halbberauschten Matrosen und fuhr mit uns nach dem Eiland, wo er drei Tage zuvor so gute Jagd gehabt hatte. Abends brachten wir eine Anzahl Gänse und anderes Geflügel mit, die gebraten und für die bevorstehende Reise aufbewahrt wurden. Die Eingeborenen kamen wieder an Bord, doch hielten sie sich nicht lange auf, weil wir uns wegen ihres Gestanks nicht mit ihnen zu schaffen machten. Sie riefen ihr Losungswort Pesseräh manchmal so kläglich aus, daß wir glaubten, sie wollten damit betteln, wenn wir sie aber darauf ansahen, gafften sie uns nur mit der tiefsten Dummheit an. Nachdem wir Wasser und Brennholz und auch die Zelte eingeladen hatten, segelten wir am 28. morgens nach Kap Hoorn ab. Während unseres Aufenthalts hatte ein Seesoldat das Unglück, hier zu ertrinken. Als er vermißt wurde, kam heraus, daß er, um seine Notdurft zu verrichten, in der Trunkenheit über das Geländer vorn am Schiff gestiegen und von dort ins Wasser gefallen war. Eben dieser Mensch war schon einmal bei Eromango in Gefahr gewesen zu ertrinken, und auf der Insel Tanna hatte er einen von den Insulanern erschossen. Dies war der vierte und letzte Mann, den wir auf der ganzen Reise verloren.

Am anderen Morgen um sechs Uhr passierten wir das Kap Hoorn. Nachdem wir nun gänzlich aus der Südsee herausgekommen waren, steuerten wir auf Le Maire's Straße zwischen Tierra del Fuego und Staaten-Eiland hin, und am anderen Morgen gelangten wir in die Meerenge, wurden aber den ganzen Tag durch Windstille darin aufgehalten. Die Succeß-Bai lag uns gerade gegenüber, und die weitläufigen Ufer sahen so fruchtbar und anmutig aus, daß wir wünschten, dort landen zu können.

Um zwei Uhr nachmittags schickte der Kapitän ein Boot ab, um nachsehen zu lassen, ob die »Adventure« etwa in dieser Bai vor Anker gewesen sei oder eine Nachricht hinterlassen habe. Etwa dreißig große Wale und eine unzählige Menge Seehunde tummelten sich um uns herum. Die Wale schwammen meist paarweise zusammen, welches anzuzeigen schien, daß die Zeit ihres Begattens sei. Sooft sie auf der Luvseite des Schiffes bliesen, hatten wir einen faulen und unerträglichen Gestank auszustehen, der drei bis vier Minuten anhielt. Bisweilen legten sie sich auf den Rücken und plätscherten mit ihren langen Brustflossen auf dem Wasser, welches einen Knall verursachte, als wenn ein halbpfündiges Stück abgefeuert würde. Ihrer Größe ungeachtet sah man sie bisweilen ganz und gar aus dem Wasser springen, und dann fielen sie mit einem gewaltigen Getöse zurück.

Gegen sechs Uhr abends kam das Boot zurück. Der Leutnant berichtete, daß ihm eine Menge Seehunde in die Bai gefolgt und in derselben die Wale so häufig gewesen seien, daß das Boot beinahe darauf gestoßen sei. An der Stelle, wo Kapitän Cook auf seiner ersten Reise Wasser eingenommen hatte, fand sich nicht das geringste Merkmal, daß ein europäisches Schiff seit kurzem hiergewesen sei. Beim Aussteigen empfingen ihn einige Eingeborene, die in Guanakofelle und lange Mäntel aus Seehundsfellen gekleidet waren. Sie sahen zufriedener und heiterer aus als die Elenden, die wir am Christmas-Sund angetroffen hatten. Einige von ihnen hatten sogar Armbänder aus Schilf, das mit Silberdraht umsponnen war, den sie vermutlich durch nördlicher wohnende Völker bekommen haben.

Wir setzten unseren Lauf nun durch die Le Maire-Straße fort und segelten an der Küste von Staaten-Island hin. Es hatte viel Ähnlichkeit mit der Küste von Feuerland, die Felsen waren ebenso jäh und unfruchtbar, nur nicht so hoch und deshalb auch mit weniger Schnee bedeckt. Seehunde hielten sich hier überall in Menge auf, und da ihr Fett gut zu gebrauchen ist, entschloß sich der Kapitän, einen Ankerplatz aufzusuchen, um Vorrat davon einzunehmen. Wir entdeckten einen guten Hafen, da der Kapitän aber befürchtete, von einem widrigen Wind darin eingesperrt zu werden, hielt er es für sicherer, unter dem Winde eines der niedrigen Eilande anzulegen, und da nun der 31. Dezember zu Ende gegangen war, nannte er diese Gruppe Neujahrs-Inseln.

24. Kapitel

Aufenthalt an den Neujahrs-Eilanden – Entdeckung neuer Länder gen Süden – Rückkehr nach dem Kap der Guten Hoffnung

Unmittelbar nach der Mittagsmahlzeit setzten wir die Boote aus und setzten nach dem Eiland über, das ungefähr eine Meile vom Schiff entfernt lag. Alle Felsen am Ufer waren mit unzähligen Seehunden bedeckt, worunter einige mit langen, zottigen Mähnen den Namen Seelöwen eher verdienten als jene glatten Tiere, die Lord Anson auf der Insel Juan Fernandez so nannte. Wir fanden bald, daß diese Tiere grimmiger aussahen, als sie wirklich waren, denn sie stürzten sich bei den ersten Flintenschüssen ins Wasser und versuchten zu fliehen. Nur die größten und unbeholfensten blieben liegen und ließen sich unter ständigem Brüllen totschlagen. Die Matrosen wußten gut mit ihnen fertig zu werden, sie schlugen sie mit einer Keule vor den Kopf, schleppten sie in die Boote und brachten sie an Bord, wo aus dem Speck Tran gekocht wurde. Die alten Seelöwen waren erstaunlich fett und zehn bis zwölf Fuß lang. Die größten wogen zwölf– bis fünfzehnhundert Pfund. Die langen struppigen Haare um den Hals des Seelöwen gleichen wirklich der Mähne eines Löwen. Die Löwin ist über den ganzen Körper hin glatt. Je nach Alter und Geschlecht ließen sie zum Teil so durchdringende Töne hören, daß es uns in den Ohren davon gellte. Die alten Männchen schnarchten und brüllten wie Löwen oder wilde Ochsen, die Weibchen blökten wie Kälber und die Jungen wie Lämmer. Sie leben in Herden beisammen, nur die ältesten und fettesten Männchen liegen abgesondert, jedes wählt sich einen großen Stein zum Lager, und dem darf kein anderes sich nähern, ohne in einen blutigen Kampf zu geraten.

Nachdem die Seelöwen den Strand geräumt hatten, stiegen wir auf die höhere Ebene des Eilandes, wo sich eine andere Gattung von Seehunden aufhielt. Es waren Seebären, die wir schon in der Dusky-Bai angetroffen hatten, wenn auch nicht so häufig und so groß. Sie zeigten sich weit grimmiger als die Seelöwen, vornehmlich verteidigten die Bärinnen ihre Jungen und ließen sich eher totschlagen, als daß sie davongelaufen wären. Auf diesem Eiland gab es auch Geier, die sich von verreckten oder entführten jungen Seelöwen oder Seebären ernährten.

Das neue Jahr fing bei frischem Wind und kalter Luft mit einem schönen, heiteren Tage an. Wir begleiteten den Kapitän, der abermals nach dem in unserer Nachbarschaft befindlichen Eiland fuhr. Auf den Klippen hatten sich wieder ganze Herden von Seelöwen und Seebären gelagert, wir ließen sie aber ungestört. Sonderbar war es, daß diese beiden Tierarten, so nahe sie auch miteinander verwandt sind, sich niemals vermischten, sondern sich genau voneinander absonderten. Ihrer starken Ausdünstungen wegen konnte man sie bereits von weitem riechen. Wir kamen an einen Platz, wo viele tausend Seeraben auf kleinen bewachsenen Erdhügeln nisteten. Diese Gelegenheit, der ganzen Mannschaft eine Mahlzeit zu verschaffen, konnten wir nicht ungenutzt lassen. Die Vögel waren mit Menschen noch so unbekannt, daß die Matrosen in kurzer Zeit einige hundert totgeschlagen hatten.

Nachdem wir zu Mittag an Bord gespeist hatten, gingen wir wieder auf die Jagd. Einer Herde Pinguine erging es nicht besser als am Morgen den Seeraben. Wurde ein Trupp von ihnen angegriffen, so rannten sie auf uns los und bissen uns in die Beine. Der Kapitän hatte sein Ziel schließlich erreicht, es war nämlich ein hinreichender Vorrat an Speck zusammengebracht und in Fässer gepackt worden, der nach und nach zu Öl gekocht werden konnte. Dafür mußten wir uns aber auch einen häßlichen faulen Gestank gefallen lassen, der noch tagelang im Schiff zu spüren war.

Der 2. Januar wurde noch mit allerlei Untersuchungen am Lande verbracht. Gegen Abend wurden die Boote wieder an Bord genommen, und am anderen Morgen um drei Uhr liefen wir um die nordöstliche Spitze der Staaten-Insel wieder in See. Unsere Matrosen aßen tagelang nichts als Pinguine und Seeraben, und sie behaupteten, die Seeraben schmeckten so gut wie Hühner. Die Seebären sind auch nicht zu verachten, jedoch ist allzujung das Fleisch weichlich und daher ekelhaft. Von einem erwachsenen Tier schmeckt es so gut wie schlechtes Rindfleisch, die älteren Seebären und Seelöwen aber waren ihres widrigen Geruchs wegen schlechterdings nicht zu genießen.

Solange es Tag war, liefen wir an der Küste von Staaten-Land hin und dann nach Ost-Südost, um auch während des dritten Sommers unserer Reise einen neuen Versuch gegen Süden anzustellen. Der Wind wurde so heftig, daß eine große Bramstange brach, weil er aber für unseren Kurs günstig war, achteten wir des Schadens nicht. Die neuesten in England und Frankreich herausgekommenen Karten deuten zwischen 40° und 53° westlicher Länge und 54° und 58° südlicher Breite eine große Küste an, die bereits in einer Karte von Ortelius vom Jahre 1586, ja sogar schon in der Mercatorschen Karte von 1569 angezeigt worden ist. Über einen Teil des Distrikts, wo die westliche Küste hätte liegen sollen, segelten wir hinweg, fanden aber nirgends eine Spur von Land. Es muß also entweder gar nicht vorhanden oder auf den Karten unrichtig eingezeichnet worden sein.

Nachdem wir bis jenseits des 51. Grades gekommen waren, ohne Eis zu sehen, änderten wir unseren Lauf und steuerten nordwärts. Am 8. fiel ein starker Abendtau, bisher als sicheres Zeichen dafür angesehen, daß in der Nähe Land sein müsse, und die Matrosen hielten dies für desto glaubwürdiger, weil sich oft Sturmvögel, Albatrosse und Seehunde hatten sehen lassen. Am 14. morgens meldete der Offizier, der die Wache hatte, daß sich in der Ferne eine Eisinsel zeige. Wir segelten den ganzen Tag darauf zu und fanden am Abend, daß das, was wir für Eis hielten, wirkliches Land und zwar von beträchtlicher Höhe und mit Schnee bedeckt war. Am folgenden Tag wurde es so neblig, daß wir nichts von der Insel sehen konnten. Am 16. frühmorgens klärte sich das Wetter wieder auf, und wir erblickten das Land von neuem. Die Berge waren erstaunlich hoch und bis auf einige schwarze Klippen mit Schnee und Eis bedeckt. Da der Hauptzweck unserer Reise dahin ging, die See in hohen südlichen Breiten zu untersuchen, stellte mein Vater dem Kapitän vor, dies Land müsse den Namen des Monarchen tragen, auf dessen Befehl diese Reise zum Nutzen der Wissenschaften unternommen worden sei. Dieser Vorschlag fand Beifall, und das Land wurde Süd-Georgien benannt.

Gegen neun Uhr ließ der Kapitän ein Boot in See setzen und fuhr mit einem Seekadetten, meinem Vater, Dr. Sparman und mir nach einer Bai. In ihrem Inneren fanden wir eine Masse dichten, festen Eises, wie man dergleichen wohl in den spitzbergischen Häfen antrifft. An einer Landzunge stiegen wir aus. Der Strand war sehr steinig und voller Seehunde, in deren Mitte ein ungeheuer großes Tier lag, das wir von weitem für ein Felsstück gehalten hatten. Als wir näher kamen, zeigte sich, daß es der Ansonsche Seelöwe war, und da er gerade schlief, konnte ihm unser Seekadett mit leichter Mühe eine Kugel durch den Kopf jagen. Wir fanden auch etwa zwanzig Pinguine von ungewöhnlicher Größe. An jeder Seite des Kopfes hatten sie einen ovalen gelben Fleck mit schwarzem Rand. Bei unserer Rückkehr an Bord fanden wir, daß diese Gattung mit den Königspinguinen der Falklands-Inseln von einerlei Art ist. Die Seehunde waren viel grimmiger als auf den Neujahrs-Inseln. Statt vor uns zu fliehen, bellten uns hier schon die kleinsten Jungen an und liefen hinter uns her, um uns zu beißen. Es waren lauter Seebären und nicht ein einziger Seelöwe darunter. Auf einem kleinen Erdhügel ließ Kapitän Cook die britische Flagge wehen und nahm damit diese unfruchtbaren Felsen im Namen Sr. Großbritannischen Majestät in Besitz. Einige Flintenschüsse bekräftigten die Zeremonie, daß die Felsen widerhallten und Seehunde und Pinguine, die Einwohner dieser neuen Staaten, voll Angst und Bestürzung erbebten.

Die zwei folgenden Tage segelten wir noch immer längs der Küste hin. Am 19. erreichten wir das südliche Ende und fanden, daß dieses Land eine fünzig bis sechzig Meilen lange Insel ist. Bald darauf entdeckten wir ungefähr vierzehn Seemeilen gegen Südosten eine neue Insel. Diesem neuen Lande segelten wir am 20. morgens entgegen, doch kaum hatten wir diese Küste verlassen, so entstand mit Regen und Nebel ein so heftiger Wind, daß wir das Marssegel einziehen mußten. Das Land war in Nebel gehüllt, weshalb wir aus Vorsicht drei Tage lang lavierten. Am 23. entdeckte Leutnant Clerke eine Brandung, die eine halbe Meile vor uns lag, und nun merkten wir erst, daß wir während des nebligen Wetters rund um das neue Land gesegelt und in höchster Gefahr gewesen waren. Abends klärte sich das Wetter auf und ließ uns beides, die Insel Georgien und das Eiland, das wir umsegelt hatten, deutlich sehen. Die ganze Gruppe gefährlicher Felsen wurde nach ihrem Entdecker Clerkes Rocks genannt.

Am 26. liefen wir bei frischem Wind und ziemlich klarem Wetter gegen Süden. Die letzten Pinguine waren nun verzehrt, und wir mußten uns wieder an unsere gewöhnliche ekelhafte Kost halten. Doch der Gedanke, nun bald wieder nach dem Kap der Guten Hoffnung zu kommen, machte uns die Unannehmlichkeiten erträglich. Am 27. bekamen wir verschiedene Eisinseln und eine Menge loses Eis zu Gesicht. Am folgenden Morgen fanden wir uns von einer großen Eismasse umgeben, und am Nachmittag stießen wir auf Eisfelder, die uns zu jedermanns Freude zur Umkehr nötigten. Die Mannschaft war nun auch in der Tat dieses strengen Klimas ganz und gar überdrüssig, weil das stete Wachen, die Anstrengungen und die Arbeit, die zur Abwendung der oft zu schnell einbrechenden Gefahren gefordert wurden, sie völlig abgemattet und ausgemergelt hatten. Es schien aber nun einmal so bestimmt zu sein, daß wir in unserer Rechnung immer irren mußten. Wir gerieten von neuem in ein anderes gefrorenes Land.

Diese Entdeckung erfolgte am 31. Januar morgens bei so nebligem Wetter, daß wir nicht über fünf Meilen weit sehen konnten. Wir liefen eine Stunde lang darauf zu, bis auf eine halbe Meile von den Klippen. Diese waren voller Höhlen, dabei senkrecht und erstaunlich hoch. Aus den Wolken ragte nur ein einziger, mächtiger und dick verschneiter Pik hervor. Das Senkblei zeigte 170 Faden Tiefe, und wir wandten das Schiff nach Süden, um die Westspitze des neuentdeckten Landes zu umsegeln. Auf diesem Strich waren wir kaum eine Stunde lang fortgesteuert, als wir in Süd-Süd-Ost ein hohes Gebirge erblickten. Da es das südliche Ende des Landes war, nannte mein Vater es das Südliche Thule, und Kapitän Cook behielt diese Benennung bei. Um ein Uhr nachmittags segelten wir nordwärts um die Spitze, die wir zuerst entdeckt hatten. Diese stand nun deutlich als ein einzelner Felsen neben einem großen Vorgebirge. Kapitän Cook getraute sich nicht, mit genauer Untersuchung dieser Küste Zeit zu verlieren, weil er hier bei Westwind der äußersten Gefahr ausgesetzt war. Er wollte daher lieber die Nordseite der Insel befahren.

Nachts hatten wir wenig Wind, bei anbrechendem Tage aber steuerten wir ostwärts und entdeckten zwei kleine Inseln, die wir nach dem Tage der Entdeckung Lichtmeß-Inseln nannten. Da nunmehr von dem ganzen Lande, das sich nach Süden erstreckte, nichts mehr zu sehen war, steuerten wir wieder gegen Osten. Kapitän

Cook nannte es anfänglich Schneeland, änderte aber die Benennung in Sandwich-Land (Süd-Sandwich-Inseln). Es ist noch ungewiß, ob die vorspringenden Spitzen und Kaps einen Teil des Landes oder abgesonderte Eilande ausmachen, vielleicht bleibt dies auch in künftigen Jahrhunderten unentschieden, da die Seefahrt nach dieser wüsten Gegend nicht allein gefährlich, sondern dem Menschengeschlecht auch zu nichts nützen würde.

Kapitän Cook gab nunmehr die weitere Untersuchung dieser Küste auf und ließ ostwärts steuern. Zu diesem Entschluß bewegten ihn der öde Anblick dieses Landes, die bereits kürzer werdenden Tage, die herannahende härtere Witterung und endlich die Überlegung, daß wir noch einen langen Weg vor uns und nur wenige Lebensmittel mehr übrig hatten. Das Sauerkraut, wovon wir sechzig Tonnen voll aus England mitgenommen hatten, war aufgezehrt, und vom Kapitän bis zum letzten Matrosen bedauerte jeder den Mangel dieses Gemüses, mit dessen Hilfe man das Pökelfleisch hinunterschlucken konnte, ohne den faulen Geschmack so ganz gewahr zu werden.

Am 15. richteten wir unseren Lauf nach Norden, nachdem wir die Mittagslinie von Greenwich passiert hatten. Der Wind veränderte sich bald wieder und blies von Zeit zu Zeit aus Nordwest. Der häufige Wechsel machte das Schiffsvolk unzufrieden und ungeduldig. Nie waren die Wolken so genau beobachtet worden, um die Vorzeichen eines guten Windes daraus zu erspähen. Unsere Reise hatte jetzt siebenundzwanzig Monate nach der Abreise vom Kap gedauert, seit welcher Zeit wir in keinem europäischen Hafen angelegt und uns meist von gesalzenem Fleisch ernährt hatten. Wenn wir alle Tage zusammenrechneten, die wir an Land zugebracht hatten, konnten wir nicht über einhundertachtzig, also kaum ein halbes Jahr herausbringen.

Trotz des veränderlichen Windes ging die Fahrt so gut vonstatten, daß wir schon am 15. unsere warmen Kleider ablegen mußten. Am folgenden Morgen erblickten wir über dem Winde ein Schiff und drei Stunden später ein zweites. Wir zeigten die holländische Flagge, und das fremde Schiff zog die gleiche auf. Darauf zeigten wir die britische Flagge und feuerten ein Stück ab, den gewöhnlichen Friedensgruß. Da wir nun in eine bekannte See gekommen waren, rief Kapitän Cook alle Offiziere und Matrosen zusammen und forderte ihnen im Namen der Admiralität ihre Tagebücher ab, die alle zusammengepackt und versiegelt wurden. Die Personen, die nicht unmittelbar zum Militär gehörten, waren dieser Verordnung nicht unterworfen, sondern behielten ihre Papiere, aber sie wurden ersucht, unsere Entdeckungen nicht vor ihrer Ankunft in England bekanntzumachen.

Das fremde Schiff war vermutlich ein holländisches auf der Rückreise von Indien. Es hielt gleichen Kurs mit uns, doch kamen wir allmählich einander näher. Am 17. Februar morgens warfen wir das Blei und fanden Grund mit 55 Faden, da wir über der Bank waren, die sich um die südliche Spitze von Afrika erstreckt. Sogleich wurden Angeln ausgeworfen und ein sogenannter Pollack (Kabeljau) gefangen. Abends sahen wir die Küste von Afrika, die in dieser Gegend aus niedrigen Sandhügeln besteht, auf denen wir verschiedene Feuer erblickten. Am folgenden Morgen schickten wir ein Boot nach dem Holländer, der ungefähr fünf Seemeilen entfernt lag. Unsere Leute kamen nach wenigen Stunden mit der guten Nachricht zurück, daß in ganz Europa Frieden herrsche. Die Freude, die wir darüber empfanden, wurde aber durch die Nachricht vom Schicksal einiger unserer Freunde von der »Adventure« sehr getrübt.

Der holländische Kapitän kam von Bengalen und war so lange auf der Reise gewesen, daß er uns keinen Proviant abgeben konnte. Nachmittags sahen wir bei schönem Wetter und frischem Wind zwei schwedische, ein dänisches und ein englisches Schiff, die mit allen Segeln und wehenden Flaggen vorüberführen und uns eines der schönsten Schauspiele darboten, das wir seit langer Zeit nicht gesehen hatten. Am folgenden Morgen kam das englische Schiff auf uns zu, und Leutnant Clerke, mein Vater und ein Midshipman gingen an Bord. Nachmittags kam ein starker Wind auf, unser Boot kehrte zurück, und das andere Schiff legte gleich um, während wir so lange fortsegelten, bis wir dicht unter dem Lande waren. Das Schiff gehörte der Englisch-Ostindischen Compagnie. Es hieß »True Briton«, Kapitän Broadley, und kam von China nach Europa zurück. Unsere Herren konnten die Gastfreiheit dieses Schiffskapitäns nicht genug rühmen, der sie zu einem kleinen Mittagsmahl, wie er es nannte, eingeladen hatte. Meine Leser können sich die Gier vorstellen, mit der drei ausgehungerte Weltumsegler, die seit sechs Wochen kein frisches Fleisch gekostet hatten, über eine Schüssel fetter chinesischer Wachteln und eine vortreffliche Gans herfielen, die ihr Wirt als sehr schlechte Bewirtung ansah. Aber als sie erzählten, wie lange wir von allen europäischen Kolonien abwesend gewesen, wie lange wir uns von gesalzenem Fleisch genährt und wie oft wir Seehunde, Pinguine und Albatrosse als Delikatessen genossen, ließen der Kapitän und seine Steuermänner die Messer fallen, und alle wollten aus Mitleid mit ihren Gästen nichts mehr genießen. Beim Weggehen gab ihnen Kapitän Broadley ein fettes Schwein und etliche Gänse, womit wir uns die beiden folgenden Tage gütlich taten.

Wir passierten das Kap Agulhas am 20. Februar und hätten uns beinahe von einem sehr heftigen Sturm am Kap der Guten Hoffnung vorbeitreiben lassen, wenn wir nicht am 21. frühmorgens durch den Nebel das Land gesehen hätten. Am 22. morgens gingen wir glücklich in der Tafelbai vor Anker, man rechnete aber den 21., indem wir durch unsere Reise um die Welt einen ganzen Tag gewonnen hatten.

25. Kapitel

Zweiter Aufenthalt am Kap der Guten Hoffnung – Lauf von dort nach St. Helena und Ascensions-Eiland

Wir fanden viele Schiffe in der Tafel-Bai, darunter auch ein englisches Indienschiff, die »Ceres«, Kapitän Newt. Sobald wir die Einfahrt der Bai erreicht hatten und an unserem gealterten Aussehen erkannt wurden, schickte Kapitän Newt einen Steuermann mit einer Ladung von frischen Lebensmitteln und dem Anerbieten seiner Dienste, und wir fühlten mit großer Freude, daß wir wieder mit Menschen zu tun hatten. Wir gingen darauf an Land, statteten dem Gouverneur und anderen Herren der Compagnie unseren Besuch ab und kehrten endlich bei Herrn Brand ein. Das Wetter war so erstaunlich heiß, wie wir es auf der ganzen Reise nicht gefunden hatten, demungeachtet speisten wir nach holländischer Sitte gerade um ein Uhr mittags, da die Hitze am größten war, und fraßen mit einer Gier, die unser langes Fasten und alles Ungemach weit lebhafter malte als die beste Beschreibung. Kapitän Cook schickte einige Skorbutkranke ins Hospital. Die übrigen sammelten in kurzer Zeit neue Kraft beim Genuß frischer Lebensmittel, wovon vorzüglich allerlei Küchengewächse und eine Art schwarzes Roggenbrot die beste Wirkung hatten.

Wer kann die Freude beschreiben, die wir beim Öffnen der Briefe von Verwandten und Freunden empfanden? Wer kann sich vorstellen, wieviel der Umgang mit Europäern dazu beitrug, alles erlittene Elend zu verwischen und unsere ganze Lebhaftigkeit wiederherzustellen? Wir sammelten aus allen Zeitungsblättern die Geschichte der letzten Jahre, da wir sozusagen aus der Welt verbannt gewesen waren. Die großen, merkwürdigen Begebenheiten, die sich während unserer Abwesenheit in Europa zugetragen hatten, waren uns ganz unerwartet neu. Ein junger Held hatte in Gustav Wasas Geist Schweden vom Joch der aristokratischen Tyrannei befreit. Die finstere Barbarei, die sich im Osten von Europa und Asien, selbst gegen Peters herkulische Kräfte, zu erhalten gewußt, war entflohen vor einer Fürstin, deren Gegenwart, so wie das Wunder am nordischen Himmel, mit Lichtstrahlen die Nacht in Tag verwandelt.

Endlich nach den Greueln des bürgerlichen Krieges und der Anarchie hatten die großen Mächte in Europa sich vereinigt, den lang erwünschten Frieden in Polen wiederherzustellen, und Friedrich der Große ruhte von seinen Siegen und opferte den Musen im Schatten seiner Lorbeeren, selbst von seinen ehemaligen Feinden bewundert und geliebt. Dies waren große, unerwartete Aussichten, die uns auf einmal eröffnet wurden, die das Glück der Menschheit versprachen und eine Zeit zu verkündigen schienen, wo das menschliche Geschlecht in erhabenerem Lichte als je zuvor erscheinen wird.

Während unseres Aufenthaltes am Kap machten wir eine Fahrt nach der False Bai, wo Herr Brand von der holländischen Ostindischen Compagnie zum Kommandanten ernannt war. Die Gegend um diese Bai ist noch öder als um die Tafelbai. Das ganze Land gleicht einer Wüstenei, wenn man das Wohnhaus des Kommandanten, zwei oder drei Privathäuser und einige Magazine der Compagnie ausnimmt. Die Simons-Bai ist der Teil der False Bai, wo die Schiffe am besten gegen die winterlichen Nordweststürme geschützt liegen. Eine Mole, die vom Haus des Kommandanten in die See geht, macht es den Schiffsleuten hier ebenso bequem wie in der Tafelbai, Wasser und allerlei Güter zu laden. Fische und andere Nahrungsmittel können von den Plantagen auf der Landenge oder von der Kapstadt, die zwölf Meilen entfernt liegt, hierhergeschafft werden. Nach drei Tagen kamen wir in die Stadt zurück, wo wir den Tiergarten besuchten und zu allen Pelzhändlern gingen, um eine Sammlung Antilopenfelle zu bekommen. Man zeigte uns auch einen Orang-Utan, den javanischen Affen, dem verschiedene Philosophen die Ehre angetan haben, ihn für ihren nahen Verwandten zu erklären.

Während unsres Aufenthaltes wurden wir mit Kapitän Crozet bekannt, der auf Kapitän Cooks Einladung nebst allen seinen Offizieren mit uns speiste und uns mit den Begebenheiten seiner Entdekkungsreise unterhielt. Wir lernten hernach auch die spanischen Offiziere kennen. Sie besuchten unseren Astronomen Wales und bewunderten die Längenuhren, die er in Verwahrung hatte. Unsere Offiziere bewunderten ihre Fregatten »Juno«, »Asträa« und »Venus« als sehr schöne Schiffe. Kapitän Cook wollte aber keinen Umgang mit den Spaniern haben und mied sie bei jeder Gelegenheit, wofür niemand den Grund anzugeben wußte.

Nachdem unser Schiffsvolk gut erholt, das Schiff ausgebessert und neu bemalt worden war, nahmen wir Proviant an Bord und machten uns fertig, mit dem ersten günstigen Wind abzugehen. Am 27. morgens kamen wir aufs Schiff, nachdem wir von allen Freunden Abschied genommen, besonders aber von Dr. Sparman, der die Gefahren und das Elend der Reise mit uns ausgestanden und sich bei allen beliebt gemacht hatte. Um Mittag ging die »Dutton«, ein Schiff der englischen Compagnie, unter Segel, und wir folgten dem Beispiel, nachdem wir die Festung gegrüßt hatten. Die spanische Fregatte »Juno« grüßte uns mit neun Kanonen, und unsere langsamen Constabel erwiderten diese unerwartete Höflichkeit eine volle Viertelstunde nachher. Ein dänisches Schiff, Kapitän Hansen, grüßte darauf mit elf Schüssen. Beide Schiffe gingen ebenfalls unter Segel und ließen uns bald weit zurück.

Am 28. morgens wurde ein Mann im unteren Schiffsraum versteckt gefunden. Bei der Untersuchung stellte sich heraus, daß einer der Bootsmänner ihn etliche Tage zuvor dort versteckt und seine Portionen mit ihm geteilt hatte. Seine Gutherzigkeit wurde nun mit einem Dutzend Streichen belohnt, und der arme Sünder bekam zum Willkommen auch ein Dutzend. Er war ein ehrlicher Hannoveraner, der von einem »Zielverkoper« (Seelenverkäufer) in holländische Dienste gezwungen worden war. Er hatte sich an Kapitän Cook gewandt und um seinen Schutz gebeten, der ihm aber als einem Deutschen rundweg abgeschlagen worden war. So mußte er verstohlen an Bord kommen, um einem harten Dienst zu entgehen, zu dem man ihn gezwungen hatte. Er zeigte sich bald als einer der fleißigsten Leute auf dem Schiff und machte sich bei der Mannschaft beliebt, die sonst nicht glaubte, daß ein Hannoveraner ein tüchtiger Kerl sein könne.

Wir richteten unseren Lauf nach der Insel St. Helena. Die »Dutton« blieb in unserer Nähe, weil sich der Kapitän auf die Genauigkeit unserer Berechnungen verließ. Früh am 15. Mai entdeckten wir die Insel gerade vor uns, und um Mitternacht gingen wir in der James-Bai vor Anker. Am folgenden Morgen begrüßte uns das Fort James, und nach unserer Antwort hatten wir noch einen Gruß der »Dutton« zu erwidern. Die Stadt lag in einem engen Tal mit steilen, öden Bergen, die beinahe elender als Oster-Eiland aussahen. Am Ende des

Stadt und Hafen Jamestown auf Sankt Helena

Tales erblickte man aber doch einige grüne Berge, und in der Stadt standen ein paar Kokospalmen. Wir landeten an einer Treppe, die erst kürzlich erbaut und wegen der Brandung sehr nötig war. Wir gingen nach einem Tor mit einer Zugbrücke, die von verschiedenen kleinen Batterien verteidigt werden konnte, und gelangten an eine größere Batterie vor einer Esplanade. Der Gouverneur, Herr Skottowe, empfing Kapitän Cook und ließ ihn beim Eintritt ins Haus mit einem Gruß von dreizehn Stücken beehren. Dieser würdige, brave Mann, der im Dienst für sein Vaterland alt geworden war, versäumte keine Gelegenheit, unseren Aufenthalt auf der Insel angenehm zu machen und besonders unsere Untersuchungen als Naturkundige zu erleichtern.

Früh am folgenden Morgen machten Herr Stuart (ein Passagier der »Dutton«), Kapitän Cook und ich einen Ausritt in die Berge. Der Weg ging im Zickzack bergan und war recht bequem. An vielen Stellen hängen Lavastücke über den Weg und stürzen bisweilen zum Schrecken der Bewohner herunter, was meist durch die am Berg weidenden Ziegen bewirkt wird. Die Soldaten der Garnison haben deshalb Befehl, alle Ziegen abzuschießen, die sich auf den Klippen zeigen, und da ihnen die erlegten Ziegen zufallen, lassen sie es an Befolgung des Befehls nicht mangeln. Als wir die Spitze des Berges erreichten, hatten wir mit einem Male den schönsten Prospekt vor Augen. Er bestand aus grünen Hügeln mit fruchtbaren Tälern, in denen sich Gärten und Plantagen befanden. Einige Weideplätze waren mit einem Gehege von Steinen umgeben und mit einer zwar kleinen, aber schönen Art von Hornvieh und mit englischen Schafen gefüllt. Jedes Tal hatte einen kleinen Bach, einige davon schienen an den hohen Bergen zu entspringen, die in der Mitte der Insel liegen.

Wir wurden einige Male durch heftige Regengüsse durchnäßt, aber in wenigen Minuten hatte uns die Sonne wieder getrocknet. Unterwegs fragten wir jeden Sklaven, dem wir begegneten, wie er von seinem Herrn gehalten werde, weil wir festzustellen wünschten, ob den Nachrichten von der Grausamkeit der hiesigen Einwohner gegen ihre Sklaven zu trauen wäre. Im Ganzen genommen waren die Antworten der Sklaven günstig und völlig ausreichend, die hiesigen Europäer von dem Vorwurf der Grausamkeit freizusprechen. Einige klagten freilich darüber, daß sie sehr knapp gehalten würden, aber das müssen sich, wie mir glaubwürdig versichert wurde, auch ihre Herren oft gefallen lassen, die sich zu gewissen Zeiten mit Pökelfleisch behelfen. Die Soldaten sind am übelsten dran, denn sie bekommen jahraus, jahrein nichts als eingesalzene Speisen, die die Ostindische Compagnie auch nur spärlich austeilen läßt. Wir ritten an der anderen Seite des Berges zur Stadt zurück. Die Pferde bringt man vom Kap hierher, sie sind klein von Wuchs, aber in bergigen Gegenden sehr geschickt.

Am folgenden Tage bat der Gouverneur zu einer großen Gesellschaft in seinem Landhaus. Wir passierten denselben Berg, den wir gestern bestiegen hatten, und drei Meilen von der Stadt kamen wir zu dem Landhaus, wo wir herrlich bewirtet wurden. Das Haus ist nicht groß, hat aber eine schöne Lage inmitten eines Gartens, in dem wir verschiedene amerikanische, afrikanische und europäische Pflanzen antrafen, vornehmlich aber einen Überfluß an Rosen und Lilien, Myrthen und Lorbeerbäumen, dazu Alleen von Pfirsichbäumen, die mit Früchten beladen waren. Gartengewächse gedeihen vortrefflich, werden aber meist von den Raupen gefressen, wie Gerste und anderes Getreide von den Ratten, die man hier in unendlicher Menge findet, weshalb man das Land mehr als Grasland nutzt.

Man hat hier die stachelige Pfriemenstaude (Ulex europaeus) gepflanzt, die unsere Landsleute mit großer Mühe auszurotten suchen. Aber man hat diesen Strauch (Gaspeldorn) hier zu nutzen gewußt. In seinem Schatten gedieh das Gras, jetzt aber gibt man sich große Mühe, die Pfriemenstaude auszurotten, und nutzt sie als Brennholz, womit ich nirgends sparsamer habe umgehen gesehen. Es ist wirklich zu bewundern, welch eine Menge Speisen auf einem Feuer bereitet werden, das eine englische Köchin zum bloßen Kochen eines Teekessels gebrauchen würde.

Wir brachten den folgenden Tag auf Herrn Masons Landgut zu, vier bis fünf Meilen von der Stadt gelegen. Beim Hinreiten machten wir einen Umweg, um einen Berg zu besteigen, wo wir einige seltene Pflanzen sammelten. Auch fanden wir auf diesem Spazierritt eine kleine Art blauer Tauben, die wie die rotfüßigen Rebhühner hier zu Hause sind. Gegen Abend kamen wir in die Stadt zurück, wo Herr Graham den Einwohnern einen Ball gab. Beim Eintritt ins Zimmer hatte ich das Vergnügen, durch den Anblick eines Kreises von wohlgebildeten und mit Geschmack gekleideten Frauenzimmern angenehm überrascht zu werden. Ich glaubte in eine der glänzendsten Hauptstädte von Europa versetzt zu sein. Am folgenden Abend erschien dieselbe Gesellschaft wieder auf einem Ball, und wir fanden neue Ursache, ihre Lebhaftigkeit und Aktivität zu bewundern. Die Frauen übertrafen die Männer weit an Zahl, obschon viele Offiziere und Passagiere von beiden Schiffen zugegen waren. Man erzählte uns bei dieser Gelegenheit, daß auf der Insel und auch am Kap ungleich mehr Mädchen als Knaben geboren würden. Die Zahl der Einwohner von St. Helena übersteigt nicht zweitausend Personen, ungefähr fünfhundert Soldaten und sechshundert Sklaven mitgerechnet. Viele Sklaven sind mit der Fischerei beschäftigt, die längs den felsigen Ufern der Insel sehr ergiebig ist.

Dieselbe Gesellschaft, die abends auf dem Ball gewesen war, kam frühmorgens in die Kirche. Wir speisten darauf nochmals beim Gouverneur, und nachdem wir von unseren neuen Bekannten Abschied genommen hatten, gingen wir aufs Schiff zurück. Kapitän Cooks Abreise wurde wie seine Ankunft mit einer Salve beehrt. Gegen Abend lichteten wir die Anker und segelten nordwärts in Begleitung der »Dutton«. Die Ostindische Compagnie hatte vor kurzem ihren Schiffen verboten, die Insel Ascension zu berühren, wo sie vormals Schildkröten zu fangen pflegten. Kapitän Cook, der diese Insel gern besuchen wollte, verließ die »Dutton« am 24. abends, nachdem wir alle an Bord dieses Schiffes gespeist und von Kapitän Rice und seinen Passagieren viele Höflichkeiten genossen hatten. Am 28. erblickten wir frühmorgens das Land und ankerten gegen Abend in der Kreuz-Bai. Diese Insel wurde 1501 von Joao da Nova Galego, einem Portugiesen, entdeckt und 1503 von Alfonso d'Albuquerque zum zweitenmal gesehen. Schon damals war sie in dem wüsten Zustande, darin man sie jetzt noch sieht. Wir schickten sogleich einige Leute an Land, die des Nachts auf Schildkröten aufpassen mußten, wenn sie aus dem Wasser kamen, um ihre Eier in den Sand zu legen. Der öde Anblick dieser Insel war so fürchterlich, daß wir Oster-Eiland gar nicht damit vergleichen konnten und sogar Tierra del Fuego mit seinen Schneegebirgen vorziehen mußten. Es war ein wilder Felsenhaufen, der größtenteils, soweit wir vom Schiff aus sehen konnten, von vulkanischem Feuer verbrannt war.

Wir landeten frühmorgens an einigen Felsen und stiegen zwischen schwarzen, löcherigen Steinen hinauf, die der Lava des Vesuvs und von Island völlig ähnlich waren. Nachdem wir zwölf bis fünfzehn Ellen hinaufgestiegen waren, befanden wir uns auf einer weiten Ebene, die mit unzähligen Haufen von Lavabrocken bedeckt war. Die kegelförmigen Hügel bestanden aus einer roten, weichen Lava, die man ohne Mühe zerreiben konnte. Einer steht mitten vor der Bai und hat oben ein hölzernes Kreuz, wonach die Bucht ihren Namen bekommen hat. Die schwarze Felsenlava diente unzähligen Fregattvögeln und Tölpeln als Nistplatz, und sie ließen uns ganz nahe herankommen. Die Fregattvögel haben meist einen großen scharlachroten Beutel oder Kropf unterm Schnabel hängen, den sie aufblasen können, bis er faustgroß ist. Um Mittag kehrten wir ans Schiff zurück und sahen dort nur sechs Schildkröten, die über Nacht gefangen worden waren. Ein Offizier, den wir ostwärts geschickt hatten, fand dort die Trümmer eines gestrandeten Schiffes, das zum Teil in Brand gewesen und von der Mannschaft vermutlich an den Strand gesetzt worden war. Ihr Unglück war aber nun unser Vorteil, denn da wir Mangel an Brennholz hatten, schickte der Kapitän die Boote hin, das übriggebliebene Gerippe an Bord zu schaffen.

Wir landeten zum zweitenmal und gingen über die Ebene bis zu einem fürchterlichen, von sechs bis acht Ellen tiefen Rinnen durchschnittenen Lavastrom. Nachdem wir ihn mit großer Mühe überquert hatten, gelangten wir an den Fuß des grünen Berges, den wir vom Schiff aus gesehen hatten. Er war mit einer erstaunlichen Menge von Portulak bewachsen, wovon sich verschiedene Herden wilder Ziegen nährten. In der größten Mittagshitze kehrten wir zur Kreuz-Bai zurück. Wir waren völlig ermattet und im Gesicht und im Nakken von der Sonne verbrannt. Nachdem wir in einer Bucht gebadet hatten, schickte man auf unser Signal ein Boot ab, das uns zum Schiff zurückbrachte. Am folgenden Nachmittag hoben wir alle Boote ein und gingen unter Segel, nachdem wir vierundzwanzig Schildkröten an Bord genommen hatten, deren jede zwischen drei und vier Zentner wog. Sie reichten drei Wochen, indem täglich eine oder zwei geschlachtet wurden, auch die Mannschaft bekam von diesem gesunden, wohlschmeckenden Fleisch so viel, als sie verzehren konnte.

Die Insel Ascension mit der Sandy Bay

26. Kapitel

Lauf von der Ascensions-Insel an der Insel Fernando de Noronha vorüber nach den Azoren – Aufenthalt zu Fayal – Rückkehr nach England

Nachdem wir die Insel Ascension verlassen hatten, liefen wir so weit nach Westen, daß wir am 9. Juni nachmittags die Insel Fernando de Noronha unweit der brasilianischen Küste zu Gesicht bekamen. Kapitän Cook richtete seinen Lauf dorthin, um die astronomische Länge dieser Insel, die noch ungenau war, zu bestimmen. Wir näherten uns ihr von der Ostseite, liefen um die Ratteninsel und erblickten die Bahia de Remedios, die durch fünf Kastelle geschützt wird. Die Insel war mit Waldungen bedeckt, und einige Berge hatten das Ansehen, als ob sie vulkanisch wären. Die fünf Festungen ließen ihre Flaggen wehen, und von einer wurde eine Kanone abgefeuert. Wir zeigten ebenfalls unsere Flagge und feuerten ein Stück unterm Winde ab.

Am 11. Juni passierten wir den Äquator zum zweitenmal, nachdem wir uns zwei Jahre und neun Monate auf der südlichen Halbkugel aufgehalten hatten. Die hier gewohnten Windstillen hielten vom 14. bis zum 18. an, worauf wir den Nord-Ost-Passat bekamen. Die Mannschaft hatte einige Haifische und ein Meerschwein gefangen und mit gutem Appetit verspeist. Fast die Hälfte einer Sammlung lebender Tiere, die mein Vater am Kap der Guten Hoffnung gekauft hatte, waren gestorben. Wollte er die übrigen am Leben erhalten, so mußte er sich jetzt in neue Kosten stürzen, um sie gegen die Matrosen zu schützen, die fast alle bisher gestorbenen heimtückisch umgebracht hatten.

Der Passatwind führte uns innerhalb zwölf Tagen über den heißen Erdgürtel hinaus und hielt hernach noch fünf Tage an. Am 4. Juli bekamen wir kurze Windstöße, dann zwei Tage lang eine völlige Windstille. Die Breite, wo diese Windstillen meist herrschen, nennen die Seeleute die Pferdebreiten, da sie den Pferden und anderem Vieh, das nach Amerika gebracht wird, sehr schädlich sind. Es gibt Fälle, in denen die Windstillen einen ganzen Monat angehalten haben.

Am 9. bekamen wir guten Wind, womit wir unseren Lauf nach den Azoren richteten. Am 13. nachmittags erblickten wir auch schon die Insel Fayal. Um sieben Uhr gelangten wir in die Bai, wo die Schiffe gewöhnlich ankern. Der portugiesische Oberpilot kam uns in einem Boot entgegen, um uns einen sicheren Platz im Hafen anzuweisen, wo bereits drei Schiffe vor Anker lagen. Nachdem wir den Anker hatten fallen lassen, wurde ein Offizier mit der gewöhnlichen Anfrage nach der Art der Begrüßung geschickt, nachdem er aber einige Stunden aufgehalten worden war, entließ man ihn mit der Antwort, daß das Kastell allemal zwei Kanonenschüsse weniger zurückgebe, als es bekommen hätte, weshalb wir es denn gar nicht begrüßten.

Gleich nach Mittag ging Kapitän Cook mit meinem Vater und mir unter dem südlichen Kastell ans Ufer. Wir hatten kaum den Fuß aufs Land gesetzt, da entdeckten wir schon, warum die Portugiesen nicht Schuß für Schuß auf unsere Salve antworten wollten. Die Kanonen lagen auf veralteten Lafetten, und da war es freilich nicht ratsam, sie der gewaltigen Erschütterung beim Abfeuern auszusetzen. Außerdem erklärte man uns, daß der jetzige ökonomische Minister in Portugal es für überflüssig halte, bei dergleichen Gelegenheiten Schießpulver zu verschwenden. Wir gingen durch einen Teil der Stadt, die aus einer Hauptstraße besteht, die von einigen Quergassen durchschnitten wird. Nachdem wir die Pfarrkirchen besucht hatten, die alle im gotischen Stil gebaut sind, wurden wir zum englischen Vizekonsul geführt, der uns sehr höflich empfing und den Herren Wales und Hodges, sowie meinem Vater und mir sein Haus während unseres Aufenthalts anbot. Hierauf führte er uns in die verschiedenen Klöster. Eins gehört den Franziskanern nebst verschiedenen Laien, die der hiesigen Jugend Unterricht in Beredsamkeit, Philosophie und Theologie geben. Ein anderes Kloster mit zwölf Karmelitern und ihren Laienbrüdern liegt auf einer Anhöhe. Das dritte gehört zwölf Kapuzinern und einigen Laien. Das vierte steht im besten Teil der Stadt und war bisher das Jesuitenkloster, allein es dient jetzt als Gerichtshof.

Wir besuchten darauf die beiden Nonnenklöster, wovon eins dem heiligen Johannes gewidmet ist und von einhundertfünfzig Nonnen vom Orden St. Clara und von ebenso vielen Mädchen be-

Fayal, Insel der Azoren

wohnt wird. Sie tragen einen langen Rock von dunkelbrauner Serge über einem anderen von weißem Kattun. Im zweiten Kloster wohnen achtzig bis neunzig Nonnen vom Orden der Nossa Senhora de Conceiçao mit ebenso vielen Aufwärterinnen. Sie tragen weiße Kleider und auf der Brust eine silberne Platte mit dem Bilde der heiligen Jungfrau.

Am folgenden Morgen besuchten wir die Offiziere der im Hafen liegenden französischen Fregatte, die im Hause einer englischen Witwe, Madame Milton, wohnten. Diese Frau brach gleich in Tränen aus, als sie hörte, daß wir um die Welt gesegelt seien, denn diese Reise erinnerte sie an den Verlust eines Sohnes, der mit Kapitän Furneaux gefahren und mit dem unglücklichen Rowe von den Neuseeländern den grausamsten Tod erlitten hatte. Madame Milton hatte nach reiflicher Erwägung der vielen Widerwärtigkeiten, die sie in ihrem Leben erfahren, den Entschluß gefaßt, ihrer Tochter Ruhe und Glückseligkeit zu sichern und sie in eins der hiesigen Klöster zu schicken, ohne dabei zu bedenken, daß im vierzehnten Jahre des Lebens die Welt solche Reize und Annehmlichkeiten hat, die freilich im fünfzigsten ihre anziehende Kraft verlieren. Einer unserer Offiziere nahm sich also ihrer an und suchte Madame Milton von ihrem Vorhaben abzubringen, indem er sie in den plumpsten Ausdrücken eines groben Seefahrers versicherte, daß sie, statt ein verdienstliches Werk zu tun, den ewigen Fluch Gottes auf sich ziehen würde. Die Leser mögen entscheiden, ob die Ermahnungen eines Seemanns überhaupt und in diesem Ton großen Eindruck machen konnten.

Wir machten hernach einen Spaziergang auf die Hügel um die Stadt. Sie waren stark bebaut und alle Felder mit Mauern umgeben. Die Bewohner bauen meist Weizen an, dazu etwas Gerste und Mais, der zwischen den Kastanienbäumen gesät wird, die das Land sehr verschönern. Um die Häuser fanden wir Felder mit Gurken, Kürbissen und Melonen. Ihre Obstgärten enthalten Zitronen, Orangen, Pflaumen, Aprikosen, Feigen, Birnen und Apfelbäume. Sie pflanzen Kohl, ihre Möhren- und Rübenarten aus, weshalb sie jährlich frischen Samen aus Europa beziehen müssen. Die Regierung hat den Anbau von Kartoffeln befohlen, sie werden auch häufig gepflanzt, aber wohlfeil verkauft, weil das Volk sie nicht gern ißt. Große Zwiebeln und Knoblauch werden als die schmackhaftesten Gewächse in großer Menge gezogen, wie auch die Liebesäpfel (Tomaten) und Erdbeeren. Man findet auch einige Weingärten, allein es wird nur wenig und schlechter Wein davon gemacht.

Die Wege sind gut gebaut, aber die Karren machen einen unerträglichen Lärm, den man ihrer schlechten Konstruktion zuschreiben muß. Die Räder bestehen aus drei großen Stücken Holz, mit Eisen beschlagen und an einer starken Achse befestigt, die sich folglich mit den Rädern in einem runden Loche dreht, das sich unter dem Karren in einem dort befestigten Balken befindet. Die Kleidung der Männer besteht aus groben linnenen Hemden und Hosen mit blauen Jacken und Stiefeln. Die Frauen tragen einen kurzen Rock und Leibchen oder Jacken. Das Haar ist hinten in einen Knoten gebunden. Wenn sie zur Stadt gehen, legen sie einen Mantel um, der den Kopf bedeckt und nur eine kleine Öffnung für die Augen läßt.

Wir fanden sie alle entweder auf dem Felde oder im Hause bei der Arbeit, und nicht ein einziger müßiger Bettler war zu sehen. Wir gingen in einige Wäldchen und Gebüsche auf den Hügeln, wo wir unter hohen Espen viele wilde Myrthen und auch Myrica (Gagel) fanden. Stadt und Reede lagen zu unseren Füßen und die Insel Pico in einer Entfernung von zwei bis drei Seemeilen gerade gegenüber. Auf allen Seiten ließen sich unzählige Kanarienvögel, Drosseln und andere Singvögel hören, deren Konzert um so lieblicher klang, als es uns an europäische Szenen erinnerte, die wir so lange nicht gesehen hatten.

Die Hitze nötigte uns gegen Mittag, zur Stadt zurückzukehren. Die Gegend war mir jedoch zu reizend, als daß ich den ganzen Tag in der Stadt geblieben wäre. Ich unternahm also mit einigen Herren noch einen Spaziergang, und weil wir einen Bach oder ein Flüßchen zu sehen wünschten, nahmen wir einige kleine Burschen als Wegweiser mit. Wir wurden anfänglich ziemlich in unserer Erwartung betrogen, weil wir nur das breite, tiefe Bett eines Stromes erblickten, worin an einer Seite ein kleiner Bach zwischen den Klippen und Kieseln hinabrieselte. Auf Zureden der kleinen Burschen gingen wir aber hinunter und kamen bald an eine Quelle, wo mehrere Mädchen Wasser schöpften. Wir folgten nun dem Bett dieses Regenbaches, das, wie man uns versicherte, im Winter ganz mit Wasser gefüllt ist. Die Einwohner erwarteten eben jetzt den Regen und hatten daher viele Flachsbündel in das trockene Flußbett gelegt, um sie hier einweichen zu lassen. Unterwegs hielten wir bei einer Bauernhütte an, wo wir den gewöhnlichen Landwein probierten, der zwar etwas herbe, aber gesund und gut war. Der Regen, den die Leute erwartet hatten, fiel wirklich gleich nach unserer Rückkehr, und man sagte, er sei gerade zu dieser Jahreszeit unschätzbar, weil er die Trauben fülle, die sonst nicht größer als Johannisbeeren würden.

Am Sonntag begleiteten wir den Kapitän zu den Klöstern. Jedes hat eine eigene Kirche, wo wir gewöhnlich zwei einander gegenüberstehende Kanzeln gewahr wurden. Es ist hier zu gewissen Zeiten üblich, daß man dem Teufel gestattet, sich zu verteidigen. Er besteigt also die eine Kanzel, während er von der anderen herab verklagt und verdammt wird, denn man kann sich wohl vorstellen, daß der arme Teufel immer den kürzeren ziehen muß. Abends sahen wir eine große Prozession, bei der alle Priester der Stadt und die vornehmsten Einwohner in schwarzen Mänteln zugegen waren.

Am folgenden Morgen gingen wir nach den nordwärts liegenden Bergen. Wir konnten eine weite Ebene und jenseits derselben eine Reihe von Bergen überschauen, die den höchsten Teil der Insel ausmachen. Nach Aussage der Einwohner liegt oben auf einem Berge ein großes Tal, in dessen Mitte ein kreisförmiger See zu finden ist, auf dem sich unzählige wilde Enten aufhalten. Die Mulde, die wegen ihrer Figur la Caldeira, der Kessel, genannt wird, scheint der Krater eines erloschenen Vulkans zu sein, was um so wahrscheinlicher ist, weil auf den Azoren bekanntlich verschiedene Vulkane existiert haben. Auch Erdbeben sind nicht ungewöhnlich auf den Azoren, und drei Wochen vor unserer Ankunft hatte man auf Fayal noch drei Erdstöße erlebt.

Wir kamen in die Stadt zurück, und obgleich wir den heißen Erdgürtel verlassen hatten, war uns die Hitze doch recht beschwerlich. Am folgenden Tag nahmen wir Abschied von allen unseren Bekannten und fuhren zu Mittag mit dem Konsul und verschiedenen portugiesischen Herren ans Schiff. Der Nachmittag verstrich recht angenehm, da unsere Gäste ungezwungen und aufgeräumt waren. Abends gingen sie ans Land zurück, und um vier Uhr am folgenden Morgen lichteten wir die Anker und segelten mit günstigem Winde ab.

Wir fuhren an San George und Graciosa vorüber und erblickten Terceira gegen Mittag. Um drei Uhr nachmittags liefen wir an der nördlichen Küste hin, wo wir die reichsten Kornfelder und verschiedene mit Bäumen umgebene Dörfer sahen. Gegen Abend richteten wir unseren Lauf nach dem englischen Kanal. Am 29. Juli nachmittags entdeckten wir Start-Point und den Leuchtturm auf Eddystone, die Gegenden der englischen Küste, die wir zu Beginn der Reise zuletzt gesehen hatten. Am folgenden Morgen liefen wir bei den Nadelklippen (needles) vorbei, zwischen der Insel Wight und den fruchtbaren Ufern von Hampshire, bis wir kurz vor Mittag zu Spithead die Anker fallen ließen.

So vollendeten wir nach unzähligen Gefahren und Mühseligkeiten eine Reise, die drei Jahre und achtzehn Tage gedauert hatte. Wir hatten in diesem Zeitraum eine größere Anzahl Meilen zurückgelegt als je ein anderes Schiff vor uns, indem alle unsere Kurslinien zusammengerechnet mehr als dreimal den Umkreis der Erde ausmachten. Auch waren wir glücklich genug gewesen, nicht mehr als vier Mann zu verlieren, wovon drei zufälligerweise ums Leben gekommen und der vierte an einer Krankheit gestorben war, die ihn, wäre er in England geblieben, vermutlich weit eher ins Grab gebracht hätte.

Der Hauptzweck unserer Reise war erfüllt, wir hatten nämlich entschieden, daß in der südlichen Halbkugel innerhalb des gemäßigten Erdgürtels kein festes Land liege. Wir hatten sogar das Eismeer jenseits des antarktischen Zirkels durchsucht, ohne so beträchtliche Länder anzutreffen, wie man dort vermutet hatte. Zu gleicher Zeit hatten wir die für die Wissenschaft wichtige Entdeckung gemacht, daß die Natur mitten im großen Weltmeer Eisschollen bildet, die kein Salz enthalten, sondern alle Eigenschaften des reinen und gesunden Wassers haben. In anderen Jahreszeiten hatten wir das Stille Meer innerhalb der Wendezirkel befahren und dort den Erdbeschreibern neue Inseln, den Naturkundigen neue Pflanzen und Vögel und den Menschenfreunden insbesonders verschiedene unbekannte Abänderungen der menschlichen Natur aufgesucht. In einem Winkel der Erde hatten wir nicht ohne Mitleid die armseligen Wilden von Tierra del Fuego gesehen, halbverhungert, stumpf und gedankenlos, unfähig sich gegen die Rauheit der Witterung zu schützen und zur niedrigsten Stufe der menschlichen Natur bis an die

Grenzen der unvernünftigen Tiere herabgewürdigt. In einer anderen Gegend hatten wir die glücklichen Völker der Sozietätsinseln gefunden, schön von Gestalt und in einem vortrefflichen Klima lebend, das alle ihre Wünsche und Bedürfnisse befriedigt. Ihnen waren schon die Vorteile des geselligen Lebens bekannt, bei ihnen fanden wir Menschenliebe und Freundschaft, ihnen war es aber auch zur Gewohnheit geworden, der Sinnlichkeit bis zur Ausschweifung Raum zu geben.

Durch die Betrachtung dieser verschiedenen Völker müssen jedem Unparteiischen die Vorteile und Wohltaten, die Sittlichkeit und Religion über unseren Weltteil verbreitet haben, immer deutlicher und einleuchtender werden. Übrigens ist wohl nichts augenscheinlicher und gewisser, als daß die Zusätze, die auf dieser Reise zum Ganzen der menschlichen Kenntnisse gemacht wurden, obschon nicht ganz unbeträchtlich, dennoch von geringem Wert sind, sobald wir sie mit dem vergleichen, was uns noch verborgen bleibt. Unzählig sind die unbekannten Gegenstände, die wir noch immer erreichen können. Jahrhunderte hindurch werden sie noch neue Aussichten eröffnen, wobei wir Gelegenheit finden werden, unsere Geisteskräfte in ihrer ganzen Größe und in ihrem herrlichsten Glanze anzuwenden.

ANHANG

Ein Leben in Sturm und Drang

Georg Forster war nicht ganz einundzwanzig Jahre alt, als er mit seinem Vater wieder englischen Boden betrat, nachdem sie mehr als tausend Tage lang auf der »Resolution« unter James Cook, dem erfolgreichsten Entdecker und besten Kapitän aller Zeiten, das Südmeer bis an die Eisgrenze durchkreuzt und die Erde umsegelt hatten. Sie brachten reichhaltige Sammlungen von Pflanzen, Vogelbälgen, Muscheln und anderen Naturdingen mit, dazu Geräte, Waffen und Schmuck der Südseevölker, und ihre Skizzenbücher hatten die Ereignisse jedes Tages festgehalten und stellten damit einen lückenlosen Reisebericht dar. Da traf es sie wie ein Schlag, daß gleich in der ersten Nacht an Land alle wertvollen Dinge ihrer Habe von Dieben gestohlen wurden, die aber die wertvollsten Schätze, die Sammlungen und Aufzeichnungen, achtlos liegengelassen hatten.

Reinhold Forster, der Vater, konnte also ans Werk gehen, aber er geriet mit Lord Sandwich, dem Ersten Lord der Admiralität, in scharfe Auseinandersetzungen über Inhalt und Ausstattung des Werkes, vor allem auch über gegensätzliche wissenschaftliche Auffassungen. Reinhold Forster ließ sich zu heftigen Entgegnungen hinreißen, so daß der Lord, der ein brutaler Seemann und Trunkenbold gewesen sein soll, kurzerhand die Herausgabe des Berichtes verbot. Damit waren auch alle finanziellen Abmachungen, die unglücklicherweise nur mündlich gegeben worden waren, null und nichtig. Reinhold Forster tröstete sich zunächst damit, daß seine naturwissenschaftlichen Arbeiten nicht unter das Verbot fielen, aber er fand keinen Verleger. Da kam der stets von Schulden geplagte Vater, der sogar schon den Schuldturm kennengelernt hatte, auf den rettenden Einfall, daß die Admiralität nur ihm, dem Vater, die Herausgabe des Reiseberichts untersagt hatte, nicht aber seinem Sohn Georg, der ohnehin während der Reise die Hauptlast der Vorarbeiten getragen hatte. Georg Forster machte sich also an die Arbeit und brachte in kurzer Zeit den Bericht heraus, zuerst in England, später auch bei Spener in Berlin.

Der Reisebericht erregte in Deutschland Aufsehen, nicht nur

wegen des Stoffes – die Südsee und Tahiti waren faszinierende Zauberworte –, sondern auch wegen des für solche Berichte gänzlich ungewohnten packenden Stils, nicht zuletzt auch wegen der Unbekümmertheit, aber doch moralischen Verantwortung, mit der der junge Gelehrte Gedanken und Forderungen vertrat, die von den Zeitströmungen geprägt waren und die gebildete Welt beherrschten. In England aber wurden die beiden Forster als »Preußen« angesehen, die sogar höchst verdächtigen Umgang mit dem preußischen Gesandten pflegten. Dieser Gesandte hatte Reinhold Forster sogar einmal vor dem Schuldturm bewahrt, ein Grund mehr, dem Unruhestifter nicht zu trauen.

Im Oktober 1777 reiste Georg Forster nach Frankreich in der Hoffnung, dort Interesse für die Sammlungen und wissenschaftlichen Arbeiten, vor allen einen Verleger für die französische Ausgabe des Reisewerks zu finden. Er wurde in den Salons und Zirkeln als »Weltumsegler« gefeiert, wobei das Interesse der Zuhörer weniger den Entdeckungen im Eismeer als den Erlebnissen auf Tahiti galt und die Pariser Damen den jungen Helden besonders über die venerischen Krankheiten ausfragten. Für Georg Forster war die Begegnung mit Benjamin Franklin, dem Botschafter der jungen Vereinigten Staaten, besonders fruchtbar, sowohl in politischen als auch in naturwissenschaftlichen Fragen. Zu seiner großen Enttäuschung aber fand er keinen Verleger für seinen Reisebericht, da sie die hohen Kosten scheuten.

Wieder in London, schlug Georg Forster sich neben seinem Vater mit Sprachunterricht und Übersetzungen durch. Da eröffneten sich in Deutschland bessere Aussichten, und kurzentschlossen reiste er von London ab und ging an der Rheinmündung an Land, während das Frachtschiff mit seinen Kisten an der Küste von Jütland strandete und nur ein Teil der unersetzlichen Fracht wieder in seinen Besitz kam. In Deutschland reiste er von Fürstenhof zu Fürstenhof wie in der Südsee von Insel zu Insel. Nach kurzer Zeit klärten sich die Verhältnisse zum besten, da der Landgraf Friedrich II. von Hessen ihm auf Empfehlung des Grafen von Schlieffen, den die Forster in London kennengelernt hatten, die Stelle eines Professors der Naturkunde am Collegium Carolinum in Kassel übertrug, dem verschuldeten Reinhold Forster aber eine ansehnliche Summe zur Tilgung der Schulden zukommen ließ, womit wenigstens ein Teil des Gewinns aus dem berüchtigten hessischen Soldatenhandel zu einer guten Tat verwandt wurde, woran eben der Graf Schlieffen hier wie dort beteiligt war.

Georg Forster reiste aber zunächst nach Berlin, um beim Verlag Spener, in dem sein Bruder Karl arbeitete, die Herausgabe seines Reisewerkes zu besorgen. Auf dem Wege dorthin besuchte er in Göttingen das geistige Haupt der Universität, den klassischen Philologen Heyne, in dessen Haus er die sechzehnjährige Tochter Therese und ihre Freundin Karoline Michaelis kennenlernte, die nicht genug von den Frauen auf Tahiti erfahren konnten, wenn auch nicht ganz so viel wie die Pariserinnen vordem. Eine fruchtbare Freundschaft schloß Georg Forster mit Georg Christoph Lichtenberg, der gleicherweise berühmt als Naturwissenschaftler wie als Verfasser von bissig-scharfen Aphorismen war. Auf der Weiterreise besuchte er Lessing in Wolfenbüttel, der gerade die Arbeit am »Nathan« beendete. Der Herzog von Braunschweig-Wolfenbüttel fühlte sich, darum ersucht, zur Ablösung der Schulden Reinhold Forsters verpflichtet, woran sich der Herzog von Dessau, der Landgraf von Hessen und der Preußenkönig beteiligten. In seinem Brief an den Vater schrieb Georg, er gehe nun an die Arbeit mit der Überzeugung, »daß Fürsten doch wirklich Menschen sein können, wenn sie nur wollen.« König Friedrich II. von Preußen berief Reinhold Forster außerdem auf den Lehrstuhl für Naturwissenschaften in Halle, den er bis 1798 innehatte. Nach der Antrittsaudienz soll der König gesagt haben, dieser Weltreisende sei »ein erzgrober Kerl«, der völlig pietätlos zu ihm gesagt habe, fünf Könige habe er bereits gesehen, drei wilde, zwei zahme, »aber noch keinen wie Eure Majestät.« In Halle genoß Reinhold Forster dann einen guten Ruf als universaler Naturwissenschaftler, aber er entwickelte sich zu einem mürrischen Greis, starb nicht ganz siebzigjährig und »hinterließ seinem König ein Haus voller Waisen«, wie sein Sohn Georg schrieb.

Georg Forster selber hatte in Kassel in kurzer Zeit einen beachtlichen Rang unter den Geistesgrößen erstiegen. Er gab mit Lichtenberg das »Göttingische Magazin für Wissenschaften und Literatur« heraus, aber die zunächst fruchtbare Zusammenarbeit der Freunde scheiterte schließlich an der schroffen Verschiedenheit der Charaktere. Lichtenberg warf Forster, dem Logenbruder und Anhänger der »Rosenkreuzer«, Schwärmerei vor, während Forster dem Freunde gerade Mangel daran anlastete. Es war ja die Zeit, in der Wissenschaft und Scharlatanerie oft eng beieinanderlagen und neben wahren Geistesgrößen okkulte Zirkel blühten und Betrüger wie der berüchtigte Graf Cagliostro zu wahrhaft europäischem Rang aufsteigen konnten, ehe sie entlarvt wurden.

Glücklicherweise hatten aber für Georg Forster die realen Naturdinge, die er im Südmeer gesammelt hatte und die nun das Naturalienkabinett, das er verwaltete, um vieles bereicherten, mehr Realität als der obskure »Stein der Weisen«, nach dem selbst ernsthafte Wissenschaftler suchten. Das interessanteste Stück des Kabinetts war aber nicht von Georg Forster beschafft worden, es war ein Elefantenskelett, das einzige in Europa. Dieser Rarität hatte er den Besuch Goethes zu verdanken, dem eine lange wissenschaftlich fundierte Freundschaft folgte. Beide verband neben anderen Disziplinen besonders die vergleichende Anthropologie, für die es in Kassel merkwürdige Studienobjekte gab. Der Landgraf hatte bei Wilhelmshöhe ein leibhaftiges Negerdorf anlegen lassen. Menschenhandel war ihm ja nicht fremd. Als nun die schwarzen Dorfgenossen infolge der ungewohnten Lebensbedingungen frühzeitig starben, wurden ihre Skelette zu einer kompletten Sammlung vereinigt, die vorzügliche Studien zur Anthropologie ermöglichte, wie sie von Goethe und Forster leidenschaftlich betrieben wurden.

Georg Forster wurde in Kassel nicht schlecht besoldet, aber er steckte bald ebenso tief in Schulden wie in den Kabalen, die das Leben auch in dieser Residenz vergifteten. Da kam ein rettender Ruf von seinem Vater, dem eine Professur in Wilna angeboten worden war. Der nunmehr preußische Professor zeigte aber keine Neigung, seine sichere Stellung gegen eine unsichere polnische zu tauschen, man hatte ihm aber freigestellt, die Berufung an seinen Sohn weiterzuleiten, und Georg erblickte darin seine Rettung. Er sah eine große Mission vor sich, denn er sollte nicht nur an der Universität Wilna lehren, sondern auch in dem heruntergekommenen Restpolen den Bergbau, die Forstwirtschaft und die Landwirtschaft reformieren, er sollte Fachberater für alle Zweige des Fortschritts werden.

Mit wahrem Enthusiasmus begann er die Reise nach Wilna, die

zu einer Studienreise durch Europa wurde. Sie führte ihn über den Harz nach Thüringen und Sachsen, dann über Prag nach Wien, er studierte den Bergbau und andere Produktionsstätten, besuchte Institute und Forschungsstätten und nahm alles in sich auf, was seiner künftigen Lebensaufgabe, so glaubte er, dienen könnte. Im August 1784 stand er in Wien vor Joseph II., der ihn, den dreißigjährigen Feuerkopf, umsonst für seine Reformpläne gewinnen wollte.

Georg Forster reiste weiter nach Krakau und war bestürzt, als er durch den »traurigen Ort mit seinen baufälligen Häusern« wanderte und nichts »als Unreinlichkeit« und »Schweinerei« fand. In Grodno stand er Stanislaus II. gegenüber, dem letzten König von Polen, den eine korrupte Regierung und zügellose Aristokratie zu einem Schattendasein verurteilt hatte. Als nun der mächtige Fürstprimas dem mit großen Versprechungen angelockten Forster eröffnete, daß die finanziellen Mittel vorerst nur die Aufnahme der Lehrtätigkeit erlaubten, die darin bestand, schlecht vorgebildete Schüler in die Naturwissenschaft einzuführen und Damen der Gesellschaft in Botanik zu unterweisen, brach er buchstäblich zusammen.

Aber hätte er umkehren sollen? Oder auch können? Er reiste im November in einem Panjewagen durch die traurige weite Ebene weiter nach Wilna. Endlich erblickte er »am Abhang eines Tales eine große Stadt mit schönen Türmen«, aber als er durch die Straßen fuhr, sah er nichts als »enge, kotige Gassen und Ruinen in Menge«. Seine junge Frau Therese, die er später nach Wilna holte, fand sich ebensowenig zurecht in einem Lande, in dem niemand »das Volk vor der Habsucht des Edelmannes, vor den Soldaten und vor Krankheiten schützte«. Und Georg Forster schrieb verzweifelt: »Gott! Ist das die Lage, von der ich totblinder, unglücklicher Mensch glaubte, sie könnte und müßte mich aus allen Schwierigkeiten reißen?« Aber wie immer, wenn er in Not geriet, stürzte er sich in neue Arbeit. Er korrespondierte mit Kant, Herder und anderen Geistesgrößen, schrieb über die Pflanzenwelt des Stillen Ozeans, übersetzte Cooks Bericht über die dritte Reise und verfaßte auch eine Würdigung des berühmten Weltumseglers, schließlich studierte er noch Medizin und machte eine Praxis auf, um seine stets mißliche Lage zu bessern. Mit dreiunddreißig Jahren stand er in der Höhe seines Lebens, aber stets vor dem Ruin.

Da hielt an einem Sommertag des Jahres 1787 eine prächtige Kutsche vor dem ehemaligen Jesuitenhause, in dem die Professoren der Universität wohnten. Nachdem die Lakaien den Wagenschlag geöffnet hatten, stieg der junge russische Seekapitän Mulowsky aus und überbrachte dem überraschten Forster einen Brief des Gesandten Graf Stackelberg in Grodno. Darin wurde dem überraschten Forster eröffnet, daß die Zarin im Spätsommer eine Flotte von fünf Schiffen von Plymouth aus in unerforschte Gebiete des Stillen Meeres schicken wolle. Kapitän Mulowsky sollte die nautische, Georg Forster die wissenschaftliche Führung der Expediton übernehmen. Forster sagte beglückt zu und unterschrieb auch einen Vorvertrag, in dem ihm ein Jahresgehalt von 1500 Rubeln zugesichert wurde, dazu eine Lebensrente in gleicher Höhe. Seine Frau Therese sollte während seiner Abwesenheit jährlich 1000 Rubel erhalten.

Georg Forster richtete nun den Sommer über seine ganze Aktivität auf die Vorbereitung der geplanten Expediton, er warb Wissenschaftler für die Mitreise, fragte bei Goethe, Herder und anderen Großen nach Vorschlägen und Anregungen und erhielt lange Fragebogen und Auftragslisten. Schließlich löste er seinen Lehrvertrag, verließ Wilna und kam nach vierwöchiger Reise in Göttingen an. Nun aber wartete er vergeblich auf Nachrichten aus Petersburg, und erst nach einem halben Jahr, im Januar 1788, schrieb Kapitän Mulowsky, der Ausbruch des Krieges mit der Türkei habe die Entsendung einer Expedition unmöglich gemacht. Später kam eine Mitteilung aus Petersburg, die Zarin suche einen Lehrer für die adligen Kadetten, aber dies Angebot war fast schon eine Beleidigung, die allerdings durch eine überwiesene Entschädigung, die ihm für einige Zeit die materiellen Sorgen nahm, gemildert wurde.

Einflußreiche Freunde rieten nun dem fast verzweifelten Forster, einmal die kurfürstliche Residenz Mainz zu besuchen. Als er diesem Rat folgte, vermittelten sie ihm auch eine Audienz, in deren Verlauf sich der fast siebzigjährige Erzbischof Friedrich Karl von Ehrtal als ein gebildeter und toleranter Weltmann erwies, der auch Protestanten an seinen Hof berief, sofern sie in der Wissenschaft einen guten Ruf hatten. Einige Tage nach dieser Audienz ging ein Angebot bei Forster ein, für ein Jahresgehalt von 1800 Gulden die Leitung der

Universitätsbibliothek zu übernehmen und außerdem Naturgeschichte zu lehren. Seine Freunde rieten ihm, die Berufung anzunehmen, und er siedelte mit seiner Familie nach Mainz über.

In der Bibliothek fand er fast nur alte kirchliche Pandekten, Heiligenschriften und geistliche Liederbücher, und es gelang ihm kaum, die Bücherei auf den neuesten wissenschaftlichen und literarischen Stand zu bringen. Gesellschaftlich spielten die Gelehrten ohnehin keine Rolle, denn der Hofadel schloß sie aus, und ein junger Offizier galt mehr als ein verdienstvoller Gelehrter oder gar ein Dichter. Die Wirtschaft des Fürstbistums lag völlig im argen, die Landwirtschaft und vor allem der Weinbau waren völlig verschuldet, weshalb gerade die Bauern alle anderen Stände an Aufsässigkeit überboten. Wie sollte es aber anders sein, wenn es überall in Europa gärte!

Da kamen im Juli 1789 die ersten Nachrichten über den Aufstand in Paris an den Rhein, und Georg Forster begrüßte sie mit dem Ausruf: »Frankreich schüttelt den Todesschlummer ab!« Im September kam sein Freund Wilhelm von Humboldt von Paris zurück und berichtete als Augenzeuge von den ersten Tagen der Revolution nach dem Sturm auf die Bastille. Er sprach von der »Leichenfeier des französischen Despotismus«, während Forster sich noch abwartend verhielt und voller Zweifel schrieb: »Vollkommenes kann indessen nicht werden; immer genug, wenn es in seiner Art etwas Gutes und Großes wird.« Aber er schrieb auch: »Schön ist es zu sehen, was die Philosophie in den Köpfen gereift und dann im Staate zustande gebracht hat, ohne daß man ein Beispiel hätte, daß je eine so gänzliche Veränderung so wenig Blut und Verwüstung gekostet hätte.« Noch enthusiastischer schrieb Wilhelm von Humboldt, der junge preußische Adlige, in sein Tagebuch: »Die Hefe des Volkes ist in Bewegung gekommen... des armen gedrückten Volkes, das mit der Gefahr seines Lebens seine Freiheit erkaufte und seinem untätigen König wahrlich nur aus unverdienter Gnade Leben und Krone läßt ...« Er fürchtete, keine Gelegenheit zu haben, »wenigstens den zweiten Akt der großen Weltbegebenheit anzusehen«. Im Für und Wider sprach er aber auch recht skeptisch von der »parisischen – weniger paradiesischen Freiheit«. Dazu regte sich in dem Preußen oft das Standesbewußtsein, während Forster sich sorgte: »Wenn man nur nicht zu rasch verfährt!«

In dieser Zeit des Zweifelns und des Wankelmutes machte Wilhelm von Humboldt seinem jüngeren Bruder Alexander den Vorschlag, eine Rheinreise mit Georg Forster zu unternehmen, die auch im März 1790 in Mainz begann. Die Frucht dieser dreimonatigen Reise war das dreibändige Werk »Ansichten vom Niederrhein, von Brabant, Flandern, Holland, England und Frankreich, im April, Mai und Junius 1790«. Der Besuch in England hat Forster in mehrfacher Hinsicht enttäuscht. Zwar besuchten sie die Witwe des im Jahre zuvor auf Hawai ermordeten Kapitäns Cook, die den Gefährten ihres berühmten Mannes herzlich aufnahm, aber ein Besuch bei Sir Banks, dem Präsidenten der Royal Society, hinterließ einen zwiespältigen Eindruck, insofern der junge Humboldt in ihm einen »liebenswürdigen Sir« fand, der aber nach Georg Forsters Darstellung »höflich und kalt und im Herzen eines jeden Feind war, der etwas über die Südsee weiß«. Georg Forster hatte allerdings vergeblich gehofft, die Erfüllung alter Versprechungen durchsetzen und für seine Arbeiten, besonders über die Pflanzenwelt der Südsee, einen Verleger finden zu können. Da war allerdings Sir Banks, Teilnehmer der ersten Reise Cooks, Erforscher der isländischen Pflanzenwelt und Gründer des berühmten Londoner Herbariums, ein scharfer Konkurrent.

Die Heimreise führte über Paris, wo die beiden Kosmopoliten am 14. Juli 1790 an der Feier auf dem Marsfelde teilnahmen und erlebten, daß der König den Eid auf die Verfassung ablegte. »Wir haben den großen Fortschritt gewonnen«, schrieb Forster begeistert, »von der rohen Tierheit zur Anerkennung der Majestätsrechte der Vernunft, der alles die höchste Ehre erweist.«

Nun wieder in Mainz, ging er mit großem Eifer daran, die aus England mitgebrachten Werke über Indien zu studieren. Er übertrug das Drama »Sakontala« des Inders Kalidasa aus dem Englischen ins Deutsche, worüber Goethe seine Freude sogar in Versen ausdrückte und Herder in der Vorrede der zweiten Auflage, die er nach Forsters Tode herausgab, die Worte schrieb: »Uns Deutschen wird Georg Forsters Name eben auch mit der Sakontala in lieblichem Andenken bleiben.«

Auch in Mainz kam es zu Demonstrationen und Zusammenrottungen, es gab Schlägereien zwischen den Studenten und Handwerksgesellen, und die durch Mißernten und hohe Abgaben in Not geratenen Winzer und Bauern traten offen für die Rebellion und Revolution ein. Die kurfürstliche Regierung ließ harte Strafen verhängen und setzte Spitzel und Agenten ein, um die leiseste freiheitliche Bewegung bekämpfen und schon im Keime ersticken zu können. Nur in Forsters Haus fanden sich ungehindert freie Geister und Revolutionäre ein, die keineswegs so ungefährlich waren, wie das Regime sie offensichtlich einschätzte.

Zu den Freunden des Hauses Forster zählte auch der sächsische Geschäftsträger Huber, Verfasser des Dramas »Das heimliche Gericht«, das Schiller in der »Thalia« veröffentlicht hatte. Der junge Huber wollte nun kein Diplomat, sondern ein Dichter sein. Er hielt sich tagtäglich im Hause Forster auf und arbeitete eng mit Georg Forster zusammen. Schließlich gewann er auch, offensichtlich unter Duldung ihres Mannes, die vernachlässigte Frau Therese für sich.

Die Lage in Frankreich verschärfte sich nach der mißglückten Flucht des Königs zugunsten der radikalen Kräfte. Die Haltung Forsters hierzu geht aus einem Brief an seinen Schwiegervater hervor, dem er schrieb: »Die Flucht des Königs hat die Hände der Nationalversammlung sehr gestärkt. Jetzt fehlt nur noch ein auswärtiger Krieg, und die europäischen Fürsten scheinen unbesonnen genug, ihn doch noch anfangen zu wollen. Wir hätten noch ein Jahrhundert ohne Revolution ausgehalten; der Krieg beschleunigt ihre Erscheinung um mehr als fünfzig Jahre; allein der deutsche Adel ist ganz blind vor Wut, und statt den Zeitpunkt wahrzunehmen, um durch vernünftige Entsagungen alles zum Vergleich zu ebnen, hetzt er die Fürsten an zum Kriege gegen Frankreich, zu willkürlicher Gewalt gegen die Untertanen und beschleunigt also die Gärung... Er wird es sich selbst zuschreiben müssen, wenn es ihm nicht besser geht als dort.«

In diesem Brief berichtet Forster auch über die Mainzer Unruhen: »Es ist vorbei, und wir sind alle wohl und unversehrt.« Seit mehreren Wochen betrugen sich die Studenten aus der theologischen und philosophischen Klasse sehr schlecht, schwärmten des Nachts, mißhandelten Bürger und stürmten auch eine Handwerkerherberge. Nun rotteten sich die Handwerksburschen zusammen, schleppten die Studenten aus dem Universitätsgebäude, zerschmissen alle Fenster und trieben sich im Triumph drei Tage lang auf den

Gassen herum. Mit einem Regiment aus Darmstadt und nassauischen Truppen – die Mainzer Truppen waren nach Lüttich beordert worden – wurde die Ruhe wiederhergestellt, nachdem man einige hundert Handwerksburschen aus den Betten geholt und ins Gefängnis geworfen hatte. In Deutschland ging bereits das Gerücht von einer fürchterlichen Mainzer Revolution um, aber Forster schrieb: »Es war ein bloßes Possenspiel. . . Weit entfernt von irgendeiner Gefahr, war es vielmehr lustig, sie singend durch die Straßen ziehen zu sehen. Mit fünfzig Husaren hätte ich sie alle zerstreuen wollen.«

Als in Frankreich die Jakobiner an die Macht kamen, flammte die Revolution immer stärker zu ihrem Höhepunkt auf. Georg Forster war entsetzt über die Auswüchse und Greueltaten, aber er beschwichtigte sich mit dem Gedanken, daß es darauf ankomme, »wo die bessere Sache (in thesi) und wo mehr Rechtschaffenheit und Tugend (in praxi) angetroffen wird, ehe man ein Verdammungsurteil spricht, und da sehe ich in beiden Fällen keine entfernte Möglichkeit, daß die Teilnehmer des Halsbanddiebstahls sich mit den Jakobinern, die Freiheit sich mit dem Despotismus messen dürfte – jacta est alea!« Er sah Frankreich der gänzlichen Vernichtung zutreiben. »Wenn nur einer gewesen wäre, gleichviel auf welcher Seite, so hätte er den Bürgerkrieg verhütet. Es ist unbegreiflich, daß die Nationalversammlung nicht Energie genug hat, den wütenden, aufgehetzten Pöbel in Schranken zu halten.«

Im Juli 1792 war Georg Forster bei der Krönung des jungen Kaisers Franz II. durch den Mainzer Kurfürsten in Frankfurt zugegen. Zwei Tage darauf zog der letzte Kaiser des Heiligen Römischen Reiches Deutscher Nation mit den Königen von Preußen und Neapel, mit Kurfürsten, Herzögen und Landgrafen, mit den Brüdern des französischen Königs und vielen Ministern in Mainz ein, um über kriegerische Maßnahmen gegen das revolutionäre Frankreich zu beraten. Sie gaben das berüchtigte Manifest des Herzogs von Braunschweig heraus, in dem allen führenden Revolutionären das Kriegsgericht und damit der Tod angedroht wurde. Angedroht wurde auch die völlige Vernichtung der Stadt Paris, falls dem König und seiner Familie nur die geringste Gewalttat widerfahren sollte.

»Wahrhaftig,«, schrieb Forster dazu, »wenn man es darauf angelegt hätte, die Franzosen zur Gegenwehr aufzuhetzen, so hätte man es nicht klüger anfangen können. Jetzt müssen sie Schande halber den Kampf der Verzweiflung fechten, und das werden sie auch. So schnell, als man's sich denkt, wird man nicht nach Paris kommen. Spinnt sich aber der Krieg in die Länge, dann ist es um die Ruhe in Europa geschehen. – Und das sind die Menschen, deren Maßregeln man billigen soll?«

So blieb Forster ein kritischer Beobachter, und er hoffte, von den Kriegswirren verschont zu bleiben. In Mainz aber hatte sich ein großer Teil des flüchtigen französischen Adels versammelt, der im Verein mit gleichgesinnten Mainzern eifrig die Konterrevolution betrieb und die Bevölkerung mit Hausdurchsuchungen und Verhaftungen schikanierte. Georg Forsters Haus blieb aber immer noch ein Sammelpunkt freier Geister. Im August kam Goethe auf der Reise zu seinem am Feldzug teilnehmenden Herzog in Mainz an und verlebte »zwei muntere Abende« im Freundeskreis Forsters.

Vier Wochen später traten die Preußen nach der erfolglosen Kanonade von Valmy den Rückzug an, und nach einem weiteren Monat, am 21. Oktober 1792, stand die Revolutionsarmee vor Mainz. Der Kurfürst hatte einige tausend Mann mit auf den »Siegeszug« nach Paris geschickt und war nun außerstande, die Stadt zu verteidigen. Er verließ deshalb mit seinen Höflingen die Residenz und nahm die Kriegskasse mit, die er, wie Forster berichtet, kräftig aufgefüllt hatte, indem er den Bürgern aus seinen Waldungen die zum Bau von Palisaden erforderlichen Baumstämme verkaufte. Als die großen Herren mit ihren hochbeladenen Wagen abgezogen waren, kam es zu Plünderungen und Krawallen, an denen sich besonders die notleidenden Weinbauern beteiligten. Mit dem Einzug der Franzosen kehrte aber schnell Ruhe und Ordnung ein.

Der französische General Custine, übrigens wie manche seinesgleichen adlig und ehemals Offizier des Königs und später Opfer der Guillotine, legte es auf Anweisung des Konvents darauf an, die Mainzer durch Aufhebung aller feudalen Lasten und Privilegien und durch die Proklamierung des Selbstbestimmungsrechts der Völker für die Ideen der französischen Revolution zu gewinnen. Georg Forster und seine Freunde sahen aber ihre erste Aufgabe darin, die Universität zu erhalten, da die Bauern und Bürger ihre Abgaben nicht mehr geleistet hatten und die Magazine geplündert worden waren. Georg Forster ging als Wortführer an der Spitze einer Delegation zum General Custine und bat ihn in bestem Französisch um die Erhaltung der Universität, die der General auch zusagte, allerdings nicht mit Zehnten und anderen Feudalitätsansprüchen, sondern nach der neuen Ordnung mit staatlichen Mitteln. Nachdem Georg Forster sein Geschick als Unterhändler gezeigt hatte, wurde er nun häufig von beiden Seiten in Anspruch genommen, besonders als es darum ging, die Versorgung der Stadt für den kommenden Winter zu sichern.

Wenige Tage nach dem Einmarsch gab General Custine bekannt, das Mainzer Volk habe nun das Recht der freien Wahl, ob es weiter unter der Despotie schmachten oder die französische Verfassung wählen wolle, da aber Frankreich keinen Länderzuwachs brauche, werde man gut daran tun, eine eigene Republik zu gründen. Der Adjutant des Generals riet einigen führenden Mainzern, einen Jakobinerklub zu gründen. Die Bürger folgten dem Vorschlag, Forster aber hielt sich abseits. Er wollte sich nicht durch einen Eid binden lassen, wenige Tage später schrieb er jedoch: »Diese Neutralität ist mißlich, die Krisis naht heran, und man wird Partei ergreifen müssen.« Am 15. November hielt er im Klub seine erste Rede, in der er leidenschaftlich für die Revolution eintrat. Die unmittelbare Folge war seine Berufung in die provisorische Regierung, als deren Mitglied er nun unbekümmert um Postenjäger und Karrieremacher, die wie immer in solchen Zeiten auftraten, die Klubsatzung entwarf, die Zeitung »Volksfreund« herausgab und alle Verhandlungen mit dem General führte.

Als Ludwig XVI. am 21. Januar 1793 die Guillotine besteigen mußte, verlor die Französische Revolution viele Anhänger, besonders im Ausland, und mancher, der wie Forster mit glühender Begeisterung den Weg zu Freiheit, Gleichheit und Brüderlichkeit verfolgt hatte, blickte entsetzt in einen Abgrund des Schreckens. Der Pariser Konvent betrieb nun unter Dantons Führung die Gründung einer Rheinischen Republik, aber die Wahlen fielen ungünstig aus, so sehr Georg Forster sich auch gegen den »politischen Stumpfsinn« der Bürger wandte. Am 17. März 1793 trat in Mainz der Rheinische Konvent mit 130 Abgeordneten zusammen, die von einer kläglichen Minderheit des Volkes gewählt worden waren.

Als Vizepräsident des Konvents entwarf Georg Forster eine Adresse an den Pariser Nationalkonvent, in der es hieß: »Nicht den Sturz eines einzelnen Despoten verkünden wir Euch heute. Das rheinisch-deutsche Volk hat die sogenannten Throne zwanzig kleiner Tyrannen, die alle nach Menschenblut dürsten, alle vom Schweiß der Armen und Elenden sich mästen, auf einmal niedergeworfen. Auf den Trümmern ihrer Macht sitzt das souveräne Volk. Die Stellvertreter des rheinisch-deutschen Volkes haben gegen diejenigen die Todesstrafe erkannt, die es wagen werden, daselbst wieder aufzutreten, um jene Rechte zu behaupten...«

Der Mainzer Konvent beschloß, die Adresse dem Pariser Konvent überbringen zu lassen, und wählte Georg Forster und zwei andere Mitglieder zu Delegierten. Als dann der Wagen mit den drei Sendboten der Rheinischen Republik am 29. März 1793 durch die Gassen von Paris fuhr, lastete die drohende Niederlage an den äußeren Fronten, vor allem aber der mörderische innere Kampf der Revolutionsparteien gegeneinander auf der jungen Republik. Und als die Mainzer Revolutionäre am nächsten Tage vor den Konvent treten wollten, vernahmen sie bestürzt die Nachricht, daß österreichische und preußische Truppen auf dem Vormarsch seien und die Rheinische Republik bereits von Frankreich getrennt hätten. Im Konvent gab der redegewaltige Danton seinen Bericht von der gefährdeten Nordfront, und seine Gegner versuchten ihn niederzuschreien – ein wahrer Hexenkessel. Als Georg Forster endlich die Adresse des Mainzer Klubs verlesen konnte, wurde dies in dem allgemeinen Tumult kaum beachtet.

Die nächsten Tage brachten neue Hiobsbotschaften. General Dumouriez, Sieger von Valmy und Oberbefehlshaber der Nordarmee, hatte Kommissare des Konvents, die ihn wegen seiner Friedensbemühungen zur Rechenschaft ziehen sollten, an den Feind ausgeliefert und war dann selber zu den Österreichern geflohen. General Custine hatte sich vom Rhein zurückgezogen, so daß die Verbindung mit der Mainzer Besatzung abgeschnitten war. Frankreich wollte nur noch sich selbst verteidigen, nicht mehr das Glück aller Völker, wie es verheißen hatte. Im Konvent aber gingen die mörderischen Kämpfe um so erbitterter weiter, kämpften doch die führenden Männer buchstäblich um ihren Kopf.

Georg Forster brach zusammen, und voll Bitterkeit schrieb er: »Alles ist blinde, leidenschaftliche Wut, rasender Parteigeist, schnelles Aufbrausen, das nie zu vernünftigen Resultaten kommen kann... Es ekelt mich an – es sind Teufel, herzlose Teufel... Molche... voller Eigennutz und Leidenschaft. Man kann nichts Böses mehr für unmöglich halten.« Paris erschien ihm als »ekelhaftes Labyrinth – es gehört Mut dazu, es zu ertragen.«

Schlimme Nachrichten erreichten ihn nun auch aus Mainz. Man schrieb ihm, die Stadt sei von dreihundert preußischen Geschützen bombardiert worden. Er selber sei in die Reichsacht erklärt worden, und auf seinen Kopf habe man einen Preis ausgesetzt. Um seine Familie brauchte er sich nicht zu sorgen, denn er hatte sie vor seiner Reise nach Paris in Straßburg untergebracht. Von dort war seine Frau mit den Kindern nach Neuenburg in der Schweiz gezogen, wohin ihr Freund Huber bald nachfolgte. Als Georg Forster ihr dorthin folgen wollte, bekam er eine unverblümte Absage.

Im Juli 1793 wurde Forster als Kommissar an die Nordfront gesandt, wo er mit dem englischen Armeeführer Verhandlungen wegen eines Waffenstillstandes führen sollte. Nach Wochen kehrte Forster ohne Ergebnis zurück, und er bekannte niedergeschlagen: »Ich gebe es auf, eine politische Rolle zu spielen. Meine politische Laufbahn ist beendet.«

Bald standen die Gegner überall auf französischem Boden. Dünkirchen wurde von englischen Truppen belagert, im Süden besetzten die Engländer den Kriegshafen Toulon, und den härtesten Schlag brachte für Forster die Nachricht über den Fall von Mainz, das nach dem vernichtenden Bombardement nur noch eine Trümmerstätte war. Goethe hatte das Artilleriefeuer auf der Seite der Belagerer miterlebt, und nach dem Einmarsch bemühte er sich mit Erfolg, die unschätzbaren Sammlungen Forsters vor Plünderungen zu sichern, aber nach einigen Tagen ging doch ein Teil davon durch Plünderung und Beschlagnahme verloren.

Anfang November reiste Forster nach Pontarlier, um in diesem französischen Grenzort mit den Kindern, Therese und ihrem Freund Huber zusammenzutreffen. Nachdem er vergebens versucht hatte, Therese und ihren Freund zum Zusammenleben mit ihm zu überreden, wurde vereinbart, die Scheidung einzureichen. Georg

Forster wartete aber drei Wochen vergeblich auf die Dokumente, die Therese ihm versprochen hatte, dann reiste er voll Bitterkeit nach Paris zurück.

Schon am ersten Tage spürte er hier »einen fatalen rheumatischen Krampf in der Brust«, eine Folge der Entbehrungen auf der Weltreise, die er immer wieder zu spüren bekam. Noch aber war er rastlos tätig, er las und schrieb unermüdlich. Seine Freunde kümmerten sich Tag für Tag um ihn, sie brachten ihm Gazetten und Bücher und diskutierten mit ihm. Er las und schrieb und beteiligte sich im wahrsten Sinne des Wortes fieberhaft am Zeitgeschehen. Das Ende der Königin Marie Antoinette auf dem Schafott erregte ihn nicht, aber als die Girondisten und Jakobiner in tödliche Kämpfe gerieten, schrieb er wie im Fieberwahn: »Die Lava der Revolution fließt majestätisch und verschont nichts. Wer vermag sie abzugraben? Willkommen, Revolution, mit allen deinen Greueln! Die Lust der Zerstörung ist auch eine schaffende Lust! Wir werden ausrotten, was sich uns widersetzt!«

Am 4. Januar fiel dem Entkräfteten die Feder aus der Hand, und am 12. Januar 1794 nahm der Tod ihn von dieser Welt. Einige Freunde begleiteten ihn auf dem letzten Wege, aber sein Grab ist unbekannt.

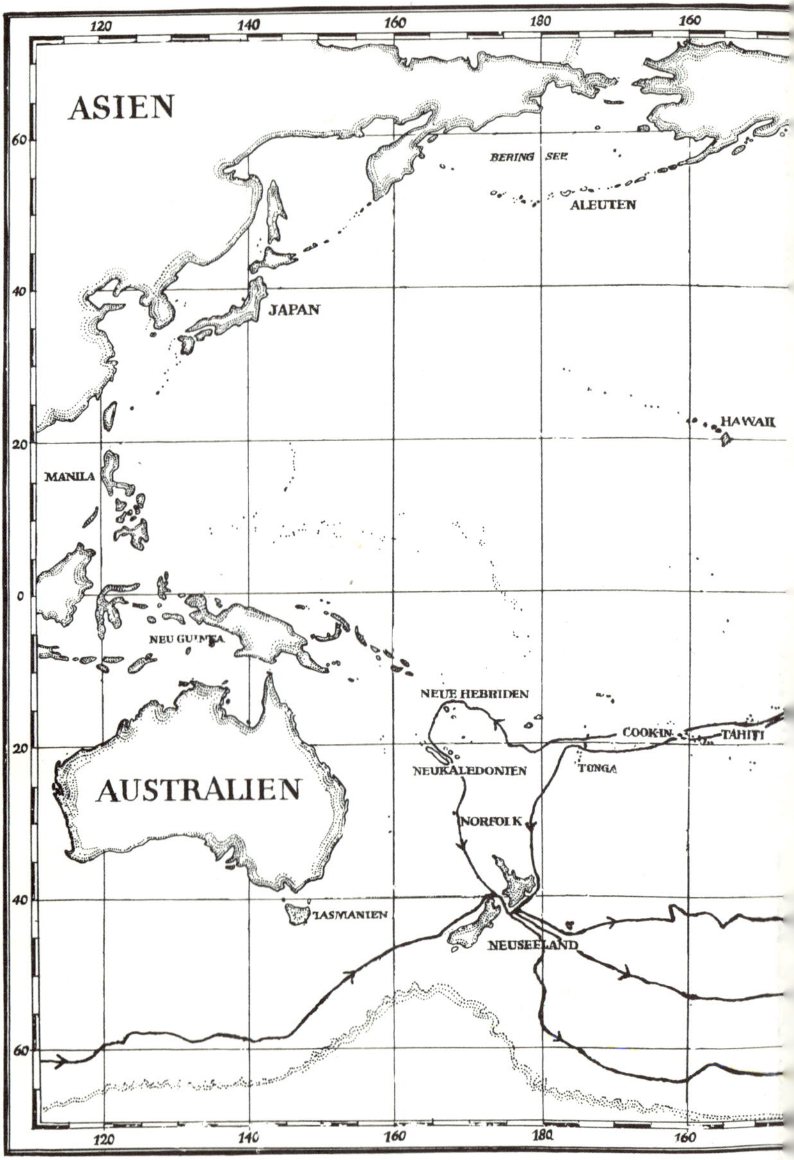
ASIEN
BERING SEE
ALEUTEN
JAPAN
HAWAII
MANILA
NEU GUINEA
NEUE HEBRIDEN
COOK-IN.
TAHITI
NEUKALEDONIEN
TONGA
AUSTRALIEN
NORFOLK
TASMANIEN
NEUSEELAND
120
140
160
180
60
40
20
0